अकथ कहानी प्रेम की

फरीद-वाणी पर प्रश्नोत्तर सहित पुणे में
ओशो द्वारा दिए गए दस अमृत प्रवचनों का अनुपम संकलन

डायमंड बुक्स

OSHO

अकथ कहानी प्रेम की

फरीद-वाणी पर प्रश्नोत्तर सहित पुणे में
ओशो द्वारा दिए गए दस अमृत प्रवचनों का अनुपम संकलन

ओशो

Akath Kahani Prem Ki
Editing: Shanti Tyohar

Published by
Diamond Pocket Books Pvt. Ltd.
X-30, Okhla Industrial Area, Phase-II, New Delhi-20
Tel : 011-40712100, 41611861 Fax : 011-41611866
E-mail : sales@dpb.in
website : www.diamondbook.in

The material in this book is a transcript of a series of original OSHO Talks 'Akath Kahani Prem Ki' given to a live audience. All of Osho's talks have been published in full as books, and are also available as original audio recordings. Audio recordings and the complete text archive can be found via the online OSHO Library at www.osho.com/library

भूमिका

एक तो मार्ग है प्रेम। एक मार्ग है ध्यान। अगर तुम प्रेम न कर पाओ; तुम कहो, किसे प्रेम करें; तुम पूछो, कहां है वह, पहले पता हो तभी तो प्रेम करेंगे; अगर तुम अज्ञात को प्रेम न कर पाओ--और सब प्रेम अज्ञात का प्रेम है। जब तुम किसी साधारण व्यक्ति के भी प्रेम में पड़ जाते हो तो तुम जानते हो, कौन है वह? पहचानते हो? कुछ पता-ठिकाना है? शक्ल-सूरत पहचानते से क्या होता है; कौन है भीतर? वहां तो अजनबी छिपा है, अज्ञात छिपा है। एक स्त्री के प्रेम में पड़ो, एक पुरुष के प्रेम में पड़ो, एक छोटे बच्चे से लगाव लग जाए--कौन है वहां भीतर? पहचानते हो? ठीक-ठीक पता कर लिया? प्रेम जैसा गहन संबंध बांधने चले हो, पहचान ठीक से कर ली है या नहीं?

तो भीतर तो अजनबी है। सभी प्रेम अज्ञात का प्रेम है। प्रेम अज्ञात की ही घटना है।

तो अगर तुम पूछो कि कहां है परमात्मा, पहले पता हो, पहले ठीक से जांच-परख कर लें, पुलिस में जाकर पुलिस के बहीखातों में देख लें कि इस आदमी के संबंध में क्या-क्या लिखा है, कोई काले करनामे तो नहीं हैं, औरों से पूछ लें जो इसके प्रेम में पड़े हैं कि पड़ कर कुछ पाया है कि गंवाया है--अगर तुमने इतनी होशियारी बरतनी चाही तो तुम प्रेम में न पड़ सकोगे। इतना विचार, इतनी कुशलता, इतनी होशियारी, इतनी चालाकी : प्रेम के लिए दरवाजा बंद हो जाता है।

प्रेम तो निर्दोष मन की प्रार्थना है। वह तो भोलेपन का भाव है। वह तो एक छोटे बच्चे के साथ, जैसे छोटा बच्चा बाप का हाथ पकड़ कर चल पड़ता है, बिना फिकर किए कि बाप कहां ले जाएगा। गड्ढे में गिराएगा, क्या करेगा--वैसा ही है। प्रेम तो एक ट्रस्ट, एक श्रद्धा है।

अगर वह न हो सके तो ध्यान मार्ग है। घबराने की कोई जरूरत नहीं। प्रेम न हो सके तो जबर्दस्ती करने की कोशिश में मत पड़ना; क्योंकि जबर्दस्ती प्रेम होता ही नहीं। न हो तो समझना कि वह द्वार तुम्हारे लिए नहीं है लेकिन कुछ चिंता की बात नहीं है; और भी एक द्वार है। और यह मेरी प्रतीति है कि जो भी प्रेम में असमर्थ पाता है, ध्यान में एकदम समर्थ है। जो ध्यान में असमर्थ पाता है, प्रेम में समर्थ है। परमात्मा ने तुम्हें कितने ही दूर भेजा हो, दरवाजे बंद नहीं कर लिए हैं। और तुम कितने ही दूर चले आए होओ उसकी तरफ पीठ करके, लेकिन उस तरफ पहुंचने के द्वार सदा ही खुले हैं। हां, गलत द्वार पर दस्तक मत देना, अपना द्वार ठीक से पहचान लेना।

अगर प्रेम न कर सको तो ध्यान।

ध्यान का अर्थ है : शांत हो जाना अपने में, बिना किसी के सहारे के; मौन हो जाना बिना किसी की मौजूदगी के; अपने तईं मौन हो जाना; अपने एकांत में ही लीन हो जाना। फिर न तो किसी की प्रतीक्षा करनी है, इसलिए धीरज का सवाल नहीं है। प्रतीक्षा ही नहीं करनी है तो अधैर्य कहां से होगा? कोई आना ही नहीं है तो अधैर्य कहां से होगा? तुम ही हो, तुम काफी हो--बस इसी से धीरज पैदा हो जाता है। इसको धीरज कहना भी ठीक नहीं, क्योंकि इसमें अधैर्य को भी मिटाने की भी बात नहीं है। कोई आने को ही नहीं है, किसी के लिए तैयारी ही नहीं करनी है। लेकिन तुम जब अपने भीतर उतरते हो तो तुम पाते हो, जितने तुम पवित्र होते हो उतने आनंदित होते चले जाते हो। अब शील परमात्मा को पाने का उपाय नहीं है; अब तो शील भीतर का आनंद है। तुम जितने पवित्र होते हो उतना ही मधुर संगीत बजने लगता है। पवित्रता का गीत पैदा होता है; वह तुम्हें खींचता चला जाता है। शील बढ़ता चला जाता है।

किसी और के लिए अच्छे होने के लिए नहीं, अपने ही प्रति अच्छे होने की बात है। और जैसे-जैसे तुम शांत होते हो, शील बढ़ता है, धैर्य उपलब्ध होता है--तुम अचानक पाते हो, भीतर एक शून्य उतरने लगा। पूर्ण तो तुम्हें नहीं उतरेगा; क्योंकि तुम्हारी भाषा में, ध्यानी की भाषा में, परमात्मा का नाम शून्य है, पूर्ण नहीं। प्रेमी की भाषा में शून्य का नाम पूर्ण है, परमात्मा है। ये भाषा के भेद हैं, उतरता तो वही है। उसका एक नाम पूर्ण है, एक नाम शून्य है। ध्यानी जब उसे देखता है तो वह शून्य मालूम होता है। प्रेमी जब उसे देखता है तो वह पूर्ण मालूम होता है। ये एक ही सिक्के के दो पहलू हैं। ये देखने के ढंग पर निर्भर हैं।

इसलिए बुद्ध, महावीर शून्य की बात करते हैं। कृष्ण, मीरा, चैतन्य, पूर्ण की बात करते हैं। इनमें कुछ विरोध नहीं है, हो ही नहीं सकता। शब्द कितने ही विपरीत हों, इनकी अनुभूति तो एक है।

तो या तो अपने भीतर उतरते जाओ, धीरे-धीरे तुम शून्य होओगे, दीन हो जाओगे, लेकिन वह दीनता अहोभाग है। उस शून्य में कुछ भी न बचेगा, सब खो जाएगा। तुम परिपूर्ण दीन हो जाओगे, लेकिन उस दीनता से बड़ी कोई संपदा नहीं है। उस दीनता में ही धैर्य होगा, क्योंकि न कहीं जाना है, न कहीं कुछ पाना है। स्वयं को तो पाए ही हुए हो। वह मिली ही हुई बात है। वहां तो तुम पहुंच ही गए हो। वह मंदिर तो सदा तुम्हारे साथ ही था; तुमने आंख न फेरी थी उस तरफ, बस इतनी ही बात थी। अब आंख देख ली मोड़ कर, पहचान गए। अब धैर्य है। अब एक शील की सुगंध उठनी शुरू होती है।

तो चाहे प्रेम, चाहे ध्यान--पर घटनाएं भीतर से बाहर की तरफ बहेंगी, बाहर से भीतर की तरफ नहीं। जैसे गंगोत्री से गंगा बहती है, ऐसे ही तुम्हारे भीतर की गंगोत्री से गंगा बहेगी तुम्हारे जीवन की। गंगा गंगोत्री की तरफ नहीं बहती है तो बाहर से तुम्हारे भीतर के स्रोत की तरफ आचरण न बहेगा। वैसा आचरण पाखंड है और वैसे आचरण से कोई कभी रूपांतरित नहीं होता; उलटे, जो समय रूपांतरण के काम आ जाता, वह व्यर्थ गंवा दिया जाता है। हां, पाखंड से तुम चाहे दूसरों को धोखा दे लो, अपने को धोखा न दे पाओगे और जिसने अपने को धोखा न दिया, वह व्यक्ति आज नहीं, कल क्रांति में से गुजर ही जाएगा।

ओशो

अनुक्रम

पहला प्रवचन

फरीद: खालिस प्रेम

ओशो,
'अकथ कहानी प्रेम की' प्रवचनमाला के शुभारंभ पर कृपया हमारा नमन स्वीकार करें। भक्त शिरोमणि शेख फरीद के कुछ पद इस प्रकार हैं:

बोलै सेखु फरीदु पियारे अलह लगे।
इहु तन होसी खाक निमाणी गोर घरे।।
आजु मिलावा सेख फरीद टाकिम।
कूंजड़ीआ मनहु मचिंदड़ीआ।।
जे जाणा मरि जाइए घुमि न आइए।
झूठी दुनिया लगी न आपु वआइए।।
बोलिए सचु धरमु न झूठ बोलिए।
जो गुरु दसै वाट मुरीदा जोलिए।।
छैल लघंदे पार गोरी मनु धीरिआ।
कंचन वंने पासे कलवति चीरिआ।।
सेख हैयाती जगि न कोई थिरु रहिआ।
जिसु आसणि हम बैठे केते वैसि गइआ।।
कातिक कूंजां चेति डउ सावणि बिजुलीआं।
सीआले संहंदीआं पिर गलि बाहड़ीआं।।
चले चलणहार विचारा लेइ मनो।
गंढेदिआं छिअ माह तुरंदिआ हिकु खिनो।।
जिमी पुछै असमान फरीदा खेवट किनी गए।
जारण गोरा नालि उलामे जीअ सहे।।

ओशो, हमें इन पदों का मर्म समझाने की अनुकंपा करें।

'प्रेम' और 'ध्यान'--दो शब्द जिसने ठीक से समझ लिए, उसे धर्मों के सारे पथ समझ में आ गए।

दो ही मार्ग हैं। एक मार्ग है प्रेम का, हृदय का। एक मार्ग है ध्यान का, बुद्धि का। ध्यान के मार्ग पर बुद्धि को शुद्ध करना है--इतना शुद्ध कि बुद्धि शेष ही न रह जाए, शून्य हो जाए। प्रेम के मार्ग पर हृदय को शुद्ध करना है--इतना शुद्ध कि हृदय खो जाए, प्रेमी खो जाए। दोनों ही मार्ग से शून्य की उपलब्धि करनी है, मिटना है। कोई विचार को काट-काट कर मिटेगा; कोई वासना को काट-काट कर मिटेगा।

प्रेम है वासना से मुक्ति। ध्यान है विचार से मुक्ति, दोनों ही तुम्हें मिटा देंगे। और जहां तुम नहीं हो वहीं परमात्मा है। ध्यानी ने परमात्मा के लिए अपने शब्द गढ़े हैं--सत्य, मोक्ष, निर्वाण; प्रेमी ने अपने शब्द गढ़े हैं। परमात्मा प्रेमी का शब्द है। सत्य ध्यानी का शब्द है पर भेद शब्दों का है इशारा एक ही की तरफ है। जब तक दो हैं तब तक संसार है; जैसे ही एक बचा, संसार खो गया।

शेख फरीद प्रेम के पथिक हैं और जैसा प्रेम का गीत फरीद ने गाया है वैसा किसी ने नहीं गाया। कबीर भी प्रेम की बात करते हैं, लेकिन ध्यान की भी बात करते हैं। दादू भी प्रेम की बात करते हैं, लेकिन ध्यान की बात को बिलकुल भूल नहीं जाते। नानक भी प्रेम की बात करते हैं, लेकिन वह ध्यान से मिश्रित हैं। फरीद ने शुद्ध प्रेम के गीत गाए हैं; ध्यान की बात ही नहीं की है; प्रेम में ही ध्यान जाना है। इसलिए प्रेम की इतनी शुद्ध कहानी कहीं और न मिलेगी। फरीद खालिस प्रेम हैं। प्रेम को समझ लिया तो फरीद को समझ लिया। फरीद को समझ लिया तो प्रेम को समझ लिया।

प्रेम के संबंध में कुछ बातें मार्ग-सूचक होंगी, उन्हें पहले ध्यान में ले लें।

पहली बात: जिसे तुम प्रेम कहते हो, फरीद उसे प्रेम नहीं कहते। तुम्हारा प्रेम तो प्रेम का धोखा है। वह प्रेम है नहीं, सिर्फ प्रेम की नकल है, नकली सिक्का है। और इसलिए तो उस प्रेम से सिवाय दुख के तुमने कुछ और नहीं जाना।

कल ही फ्रांस से आई एक संन्यासिनी मुझे रात पूछती थी कि प्रेम में बड़ा दुख है, आप क्या कहते हैं? जिस प्रेम को तुमने जाना है उसमें बड़ा दुख है, इसमें कोई शक नहीं लेकिन वह प्रेम के कारण नहीं है, वह तुम्हारे कारण है। तुम ऐसे पात्र हो कि अमृत भी विष हो जाता है। तुम अपात्र हो, इसलिए प्रेम भी विषाक्त हो जाता है। फिर उसे तुम प्रेम कहोगे तो फरीद को समझना बहुत मुश्किल हो जाएगा; क्योंकि फरीद तो प्रेम के आनंद की बातें करेगा; प्रेम का नृत्य और प्रेम की समाधि और प्रेम में ही परमात्मा को पाएगा। और तुमने तो प्रेम में सिर्फ दुख ही जाना है--चिंता, कलह, संघर्ष ही जाना है। प्रेम में तो तुमने एक तरह की विकृत रुग्ण-दशा ही जानी है। प्रेम को तुमने नरक की तरह जाना है। तुम्हारे प्रेम की बात ही नहीं हो रही है।

जिस प्रेम की फरीद बात कर रहा है, वह तो तभी पैदा होता है जब तुम मिट जाते हो। तुम्हारी कब्र पर उगता है फूल उस प्रेम का। तुम्हारी राख से पैदा होता है वह प्रेम। तुम्हारा प्रेम तो अहंकार की

सजावट है। तुम प्रेम में दूसरे को वस्तु बना डालते हो। तुम्हारे प्रेम की चेष्टा में दूसरे की मालकियत है। तुम चाहते हो, तुम जिसे प्रेम करो, वह तुम्हारी मुट्ठी में बंद हो, तुम मालिक हो जाओ। दूसरा भी यही चाहता है। तुम्हारे प्रेम के नाम पर मालकियत का संघर्ष चलता है।

जिस प्रेम की फरीद बात कर रहा है, वह ऐसा प्रेम है जहां तुम दूसरे को अपनी मालकियत दे देते हो; जहां तुम स्वेच्छा से समर्पित हो जाते हो; जहां तुम कहते हो : तेरी मर्जी मेरी मर्जी। संघर्ष का तो कोई सवाल नहीं है। निश्चित ही ऐसा प्रेम दो व्यक्तियों के बीच नहीं हो सकता। ऐसा प्रेम दो सम स्थिति में खड़ी हुई चेतनाओं के बीच नहीं हो सकता। ऐसे प्रेम की छोटी-मोटी झलक शायद गुरु के पास मिले; पूरी झलक तो परमात्मा के पास ही मिलेगी। ऐसा प्रेम पति-पत्नी का नहीं हो सकता, मित्र-मित्र का नहीं हो सकता। दूसरा जब तुम्हारे ही जैसा है तो तुम कैसे अपने को समर्पित कर पाओगे? संदेह पकड़ेगा मन को। हजार भय पकड़ेंगे मन को। यह दूसरे पर भरोसा हो नहीं सकता कि सब छोड़ दो, कि कह सको कि तेरी मर्जी मेरी मर्जी है। इसकी मर्जी में बहुत भूल-चूक दिखाई पड़ेंगी। यह तो भटकाव हो जाएगा। यह तो अपने हाथ से आंखें फोड़ लेना होगा। ऐसे ही अंधेरा क्या कम है, आंखें फोड़ कर तो और मुश्किल हो जाएगी। यह तो अपने हाथ में जो छोटा-मोटा दीया है बुद्धि का, वह भी बुझा देना हो जाएगा। यह तो निर्बुद्धि में उतरना होगा। यह संभव नहीं है।

मनुष्य और मनुष्य के बीच प्रेम सीमित ही होगा। तुम छोड़ोगे भी तो सशर्त छोड़ोगे। तुम अगर थोड़ी दूसरे को मालकियत भी दोगे, तो भी पूरी न दोगे, थोड़ा बचा लोगे--लौटने का उपाय रहे; अगर कल वापस लौटना पड़े, समर्पण को इनकार करना पड़े तो तुम लौट सको; ऐसा न हो कि लौटने की जगह न रह जाए। तुम सीढ़ी को मिटा न दोगे, लगाए रखोगे।

साधारण प्रेम बेशर्त नहीं हो सकता, अनकंडीशनल नहीं हो सकता और प्रेम जब तक बेशर्त न हो तब तक प्रेम ही नहीं होता। तुमसे ऊपर कोई, जिसे देख कर तुम्हें आकाश के बादलों का स्मरण आए; जिसकी तरफ तुम्हें आंखें उठानी हों तो जैसे सूरज की तरफ कोई आंख उठाए; जिसके बीच और तुम्हारे बीच एक बड़ा फासला हो, एक अलंघ्य खाई हो; जिसमें तुम्हें परमात्मा की थोड़ी-सी प्रतीति मिले--उसको ही हमने गुरु कहा है।

गुरु पूरब की अनूठी खोज है। पश्चिम इस रस से वंचित ही रह गया है; उसे गुरु का कोई पता ही नहीं है। वह आयाम जाना ही नहीं पश्चिम ने। पश्चिम को दो मित्रों का पता है, शिक्षक-विद्यार्थी का पता है, पति-पत्नी का पता है, प्रेमी-प्रेयसी का पता है; लेकिन फरीद जिसकी बात करेगा--गुरु और शिष्य--उसका कोई पता नहीं है।

गुरु और शिष्य का अर्थ है : कोई ऐसा व्यक्ति जिसके भीतर से तुम्हें परमात्मा की झलक मिली; जिसके भीतर तुमने आकाश देखा; जिसकी खिड़की से तुमने विराट में झांका। उसकी खिड़की छोटी ही हो--खिड़की के बड़े होने की कोई जरूरत भी नहीं है; लेकिन खिड़की से जो झांका, वह आकाश था। तब समर्पण हो सकता है। तब तुम पूरा अपने को छोड़ सकते हो।

धर्म की तलाश मूलतः गुरु की तलाश है, क्योंकि और तुम धर्म को कहां देख पाओगे? और तो तुम जहां जाओगे, अपने ही जैसा व्यक्ति पाओगे। तो अगर तुम्हारे जीवन में कभी कोई ऐसा व्यक्ति आ जाए जिसको देख कर तुम्हें अपने से ऊपर आंखें उठानी पड़ती हों; जिसे देख कर तुम्हें दूर के सपने, आकांक्षा, अभीप्सा भर जाती हो; जिसे देख कर तुम्हें दूर आकाश का बुलावा मिलता हो, निमंत्रण मिलता हो--और इसकी कोई फिकर मत करना कि दुनिया उसके संबंध में क्या कहती है, यह सवाल नहीं है--तुम्हें अगर उस खिड़की से कुछ दर्शन हुआ हो तो ऐसे व्यक्ति के पास समर्पण की कला सीख लेना। उसके पास तुम्हें पहले पाठ मिलेंगे, प्राथमिक पाठ मिलेंगे--अपने को छोड़ने के। वे ही पाठ परमात्मा के पास काम आएंगे।

गुरु आखिरी नहीं है; गुरु तो मार्ग है। अंततः तो गुरु हट जाएगा, खिड़की भी हट जाएगी--आकाश ही रह जाएगा। जो खिड़की आग्रह करे, हटे न, वह तो आकाश और तुम्हारे बीच बाधा हो जाएगी; वह तो सेतु न होगी, विघ्न हो जाएगा।

जिस प्रेम की फरीद बात कर रहे हैं, उसकी झलक तुम्हें कभी गुरु के पास मिलेगी। तुम मुझसे पूछोगे कि हम कैसे गुरु को पहचानें? मैं तुमसे कहूंगा: जहां तुम्हें ऐसी झलक मिल जाए। उसके अतिरिक्त और कोई कसौटी नहीं है। गुरु की परिभाषा यह है कि जहां तुम्हें विराट की थोड़ी-सी भी झलक मिल जाए; जिस बूंद में तुम्हें सागर का थोड़ा-सा स्वाद मिल जाए; जिस बीज में तुम्हें संभावनाओं के फूल खिलते हुए दिखाई पड़ें। फिर ध्यान मत देना कि दुनिया क्या कहती है, क्योंकि दुनिया का कोई सवाल नहीं है। जहां तुम खड़े हो, वहां से हो सकता है, किसी खिड़की से आकाश दिखाई पड़ता हो; जहां दूसरे खड़े हों, वहां से उस खिड़की के द्वारा आकाश दिखाई न पड़ता हो। यह भी हो सकता है कि तुम्हारे ही बगल में खड़ा हुआ व्यक्ति खिड़की की तरफ पीठ करके खड़ा हो और उसे आकाश न दिखाई पड़े। यह भी हो सकता है कि किन्हीं क्षणों में तुम्हें आकाश दिखाई पड़े और किन्हीं क्षणों में तुम्हें ही आकाश न दिखाई पड़े क्योंकि जब तुम ऊंचाई पर होओगे और तुम्हारी आंखें निर्मल होंगी तो ही आकाश दिखाई पड़ेगा। जब तुम्हारी आंखें धूमिल होंगी, आंसुओं से भरी होंगी, पीड़ा, दुख से दबी होंगी--तब खिड़की भी क्या करेगी? अगर आंखें ही धूमिल हों तो खिड़की आकाश न दिखा सकेगी: खिड़की खुली रहेगी, तुम्हारे लिए बंद हो जाएगी। तुम्हें भी आकाश तभी दिखाई पड़ेगा जब आंखें खुली हों और भीतर होश हो। आंख भी खुली हो और भीतर बेहोशी हो तो भी खिड़की व्यर्थ हो जाएगी।

तो ध्यान रखना, जिसको तुमने गुरु जाना है, वह तुम्हें भी चौबीस घंटे गुरु नहीं मालूम होगा। कभी-कभी, किन्हीं ऊंचाइयों के क्षण में, किन्हीं गहराइयों के मौकों पर, कभी तुम्हारी आंख, तुम्हारे बोध और खिड़की का तालमेल हो जाएगा, और आकाश की झलक आएगी। पर वही झलक रूपांतरकारी है। तुम उस झलक पर भरोसा रखना। तुम अपनी ऊंचाई पर भरोसा रखना।

अगर ठीक से समझो तो गुरु पर भरोसा अपनी ही जीवन-दशा की ऊंचाई में हुई अनुभूतियों पर भरोसा है। संदेह अपनी ही जीवन-दशा की नीचाइयों पर भरोसा है। श्रद्धा अपनी ही प्रतीति के

ऊंचाइयों पर भरोसा है। और तुम्हारे भीतर दोनों हैं। तुम कभी इतने नीचे हो जाते हो जैसे पत्थर, बिलकुल बंद, कहीं कोई रंध्र भी नहीं रह जाती कि तुम्हें अपने से पार की कोई झलक मिले। कभी तुम खुल जाते हो, जैसे खिलता हुआ फूल, और तुम्हारी पंखुड़ियों पर सूरज नाचता है, और तुम्हारे पराग से आकाश का मेल होता है। लेकिन जहां तुम्हें झलक मिल जाए वहां से सीख लेना परमात्मा के पाठ, क्योंकि प्रेम की पहली खबर वहीं होगी, वहां तुम झुक सकोगे। जहां तुम झुक सको, वहीं धर्म की शुरुआत है।

लोग कहते है, मंदिर में जाओ और झुको; और मैं तुमसे कहता हूं, जहां तुम्हें झुकना हो जाए वहीं समझ लेना मंदिर है। जिसके पास झुकना सहजता से हो जाए, जरा भी प्रयास न करना पड़े, झुकना आनंदपूर्ण हो जाए, लड़ना न पड़े भीतर--वहां तुम्हें प्रेम की पहली खबर मिलेगी; वहां तुम्हें पहली बार पता चलेगा कि प्रेम दान है--वस्तुओं का नहीं, धन का नहीं; अपना, स्वयं का।

प्रेम मांग नहीं है। जहां मांग है वहां प्रेम धोखा है, फिर वहां कलह है। अगर गुरु से भी तुम्हारी कोई मांग हो--कि समाधि मिले, परमात्मा मिले, आत्म-ज्ञान मिले--अगर ऐसी कोई मांग हो, तो तुम वहां भी सौदा कर रहे हो, वहां भी व्यवसाय जारी है; प्रेम की तुम्हें समझ न आई।

गुरु के पास कोई मांग नहीं है। तुम गुरु को धन्यवाद देते हो कि उसने तुम्हारे समर्पण को स्वीकार कर लिया। फिर समाधि तो छाया की तरह चली आती है। जहां समर्पण है वहां समाधि आ ही जाएगी; उसके विचार की कोई जरूरत नहीं है; विचार किया, रुक जाएगी, असंभव हो जाएगी। क्योंकि विचार से ही खबर मिल जाएगी कि समर्पण नहीं है। और तुम्हारा मन इतना चालाक है, कानूनी है, गणित से भरा है कि तुम्हें पता ही नहीं रहता कि वह किस तरह का धोखा देता है।

वंदना मराठी में एक पत्रिका मेरे लिए निकालती है: योगदीप। सुंदर है। कल मैं उसे देखता था। उसने बड़ी मेहनत वर्षों से की है और पत्रिका को बड़े मापदंड पर उठाया है। लेकिन जब से उसने निकाली है पत्रिका, तब से मैं एक छोटा सा वक्तव्य उसमें हमेशा देखता हूं। उस पत्रिका में सिर्फ मेरे ही विचार वह छापती है; लेकिन जहां संपादकों के नाम हैं, वहां उसने एक पंक्ति लिख रखी है कि इस पत्रिका में प्रकाशित विचारों से संपादक की सहमति अनिवार्य नहीं है।

होशियारी है! मेरे ही विचार छापती है, मेरे लिए ही पत्रिका चलाती है; लेकिन मेरे विचारों से भी संपादक की पूरी सहमति अनिवार्य नहीं है: कोई मुकदमा चले, कोई झंझट हो! समर्पण भी सशर्त है! स्वीकार में भी कानून है! उलझन में पड़ने की किसी की भी हिम्मत नहीं है, साहस नहीं है।

प्रेम दुस्साहस है। वह ऐसी छलांग है जिसमें तुम कल का विचार नहीं करते। जब तुम जाते हो तो तुम पूरे ही साथ जाते हो, या नहीं जाते; क्योंकि आधा-आधा क्या जाना! ऐसे तो तुम्हीं कटोगे और मुश्किल में पड़ोगे। जैसे आधा शरीर तुम्हारा मेरे साथ चला गया और आधा घर रह गया, तो

तुम्हीं कष्ट पाओगे। मेरा इसमें कोई हर्ज नहीं है। लेकिन तुम्हीं दुविधा में रहोगे। या तो पूरे घर रह जाओ, या पूरे मेरे साथ चल पड़ो। जरा सी भी मांग हो, खंडित हो गए!

तुमने कभी खयाल किया? जहां भी मांग आती है वहीं तुम छोटे हो जाते हो; जहां मांग नहीं होती, सिर्फ दान होता है, वहां तुम भी विराट होते हो। जब तुम्हारे मन में कोई मांगने का भाव ही नहीं उठता, तब तुममें और परमात्मा में क्या फासला है? इसलिए तो बुद्धपुरुषों ने निर्वासना को सूत्र माना कि जब तुम्हारी कोई वासना न होगी, तब परमात्मा तुममें अवतरित हो जाएगा।

परमात्मा तुममें छिपा ही है, केवल वासनाओं के बादलों में घिरा है। सूरज मिट नहीं गया है, सिर्फ बादलों में घिरा है। वासना के बादल हट जाएंगे: तुम पाओगे, सूरज सदा से मौजूद था।

गुरु के पास प्रेम का पहला पाठ सीखना, बेशर्त होना सीखना, झुकना और अपने को मिटाना सीखना। मांगना मत। मन बहुत मांग किए चला जाएगा, क्योंकि मन की पुरानी आदत है। मन भिखमंगा है। सम्राट का मन भी भिखारी है; वह भी मांगता है।

आत्मा सम्राट है; वह मांगती नहीं। जिस दिन तुम प्रेम में इस भांति अपने को दे डालते हो कि कोई मांग की रेखा भी नहीं होती, उसी क्षण तुम सम्राट हो जाते हो। प्रेम तुम्हें सम्राट बना देता है। प्रेम के बिना तुम भिखारी हो। वही तुम्हारा दुख है।

दूसरी बात: जब फरीद प्रेम की बात करता है, तो प्रेम से उसका अर्थ है: प्रेम का विचार नहीं, प्रेम का भाव। और उन दोनों में बड़ा फर्क है। तुम जब प्रेम भी करते हो तब तुम सोचते हो कि तुम प्रेम करते हो। यह हृदय का सीधा संबंध नहीं होता; इसमें बीच में बुद्धि खड़ी होती है।

मेरे पास लोग आते हैं, वे कहते हैं, हमारा किसी से प्रेम हो गया है। मैं कहता हूं, ठीक से कहो, सोच कर कहो। वे थोड़े चिंतित हो जाते हैं। वे कहते हैं, हम सोचते हैं कि प्रेम हो गया है; पक्का नहीं, हुआ कि नहीं, लेकिन ऐसा विचार आता है कि प्रेम हो गया है।

प्रेम का कोई विचार आवश्यक है? तुम्हारे पैर में कांटा गड़ता है तो तुम्हारा बोध सीधा होता है कि पैर में पीड़ा हो रही है। ऐसा थोड़े ही तुम कहते हो कि हम सोचते हैं कि शायद पैर में पीड़ा हो रही है। सोच-विचार को छेद देता है कांटा, आर-पार निकल जाता है। जब तुम आनंदित होते हो तो क्या तुम सोचते हो कि तुम आनंदित हो रहे हो, या कि तुम सिर्फ आनंदित होते हो? जब तुम दुखी होते हो--कोई प्रियजन चल बसा, छोड़ दी देह, मरघट पर विदा कर आए--जब तुम रोते हो तब तुम सोचते हो कि दुखी हो रहे हो, या कि दुखी होते हो? दोनों में फर्क है। अगर सोचते हो कि दुखी हो रहे हो तो दुखी हो ही नहीं रहे; शायद दिखावा होगा। समाज के लिए आंसू भी गिराने पड़ते हैं। दूसरों को दिखाने के लिए हंसना भी पड़ता है, प्रसन्न भी होना पड़ता है, दुखी भी होना पड़ता है; लेकिन तुम्हारे भीतर कुछ भी नहीं हो रहा है। लेकिन जब तुम्हारे भीतर दुख हो रहा है तो विचार बीच में माध्यम नहीं होता, यह सीधा होता है।

फरीद जब प्रेम की बात करे तो याद रखना, यह सोच-विचार वाला प्रेम नहीं है; यह पागल प्रेम है, यह भाव का प्रेम है। और जब भाव से तुम्हें कोई बात पकड़ लेती है तो तुम्हारी जड़ों से पकड़ लेती है। विचार तो

वृक्षों में लगे पत्तों की भांति है। भाव वृक्ष के नीचे छिपी जड़ों की भांति है। छोटा सा बच्चा भी जन्मते ही भाव में समर्थ होता है, विचार में समर्थ नहीं होता। विचार तो बाद का प्रशिक्षण है; सिखाना पड़ता है--स्कूल, कॉलेज, युनिवर्सिटी, संसार, अनुभव--तब विचार करना सीखता है; लेकिन भाव, भाव तो पहले क्षण ही से करता है। अभी-अभी पैदा हुए बच्चे को भी गौर से देखो, तो तुम पाओगे, भाव से आंदोलित होता है। अगर तुम प्रसन्न हो और आनंद से उसे तुमने छुआ है तो वह भी पुलकित होता है। अगर तुम उपेक्षा से भरे हो और तुम्हारे स्पर्श में प्रेम की ऊष्मा नहीं है, तो वह तुम्हारे हाथ से अलग हट जाना चाहता है, वह तुम्हारे पास नहीं आना चाहता। अभी सोच-विचार कुछ भी नहीं है। अभी मस्तिष्क के तंतु तो निर्मित होंगे, अभी तो ज्ञान, स्मृति बनेंगे। तब वह जानेगा : कौन अपना है, कौन पराया है। अभी वह अपना-पराया नहीं जानता। अभी तो जो भाव के निकट है वह अपना है, जो भाव के निकट नहीं है वह पराया है। फिर तो वह जो अपना है उसके प्रति भाव दिखाएगा; जो अपना नहीं है उसके प्रति भाव को काट लेगा। अभी स्थिति बिलकुल उलटी है। इसलिए तो छोटे बच्चे में निर्दोषता का अनुभव होता है। और जीसस जैसे व्यक्तियों ने कहा है कि जो छोटे बच्चों की भांति होंगे, वे ही मेरे परमात्मा के राज्य में प्रवेश कर सकेंगे।

फरीद का प्रेम भाव का प्रेम है। और भाव तो तुम बिलकुल ही भूल गए हो। तुम जो भी करते हो वह मस्तिष्क से चलता है। हृदय से तुम्हारे संबंध खो गए हैं। तो थोड़ा सा प्रशिक्षण जरूरी है हृदय का।

यहां मेरे पास लोग आते हैं। उनसे मैं कहता हूं कि थोड़ा तुम हृदय को भी जगाओ; कभी आकाश में घूमते हुए, गुजरते हुए बादलों को देख कर नाचो भी, जैसा मोर नाचता है। बादल घुमड़-घुमड़ कर आने लगे, ऐसे क्षण में तुम बैठे क्या कर रहे हो? बादलों ने घूंघर बजा दिए, ढोल पर थाप दे दी, तुम बैठे क्या कर रहे हो? नाचो! पक्षी गीत गाते हैं : सुर में सुर मिलाओ! वृक्षों में फूल खिलते हैं : तुम भी प्रफुल्लित होओ! थोड़ा, चारों तरफ जो विराट फैला है, जिसके हाथ अनेक-अनेक रूपों में तुम्हारे करीब आए हैं--कभी फूल, कभी सूरज की किरण, कभी पानी की लहर--इससे थोड़ा भाव का नाता जोड़ो। बैठे सोचते मत रहो। इंद्रधनुष आकाश में खिले, तो तुम यह मत सोचो कि इंद्रधनुष की फिजिक्स क्या है, कि यह प्रकाश प्रिज्म से गुजर कर सात रंगों में टूट जाता है। ऐसे पानी के कणों से गुजर कर सूरज की किरणें सात रंगों में टूट गई हैं--इस मूढ़ता में मत पड़ो। इस पांडित्य से तुम वंचित ही रह जाओगे। इंद्रधनुष का सौंदर्य खो जाएगा; हाथ में फिजिक्स की किताब रह जाएगी, जिसमें कोई भी इंद्रधनुष नहीं है। तुम इसके रहस्य को अनुभव करो। तुम किसी सिद्धांत से इसे समझा मत लो अपने को। इंद्रधनुष आकाश में खिला है, तुम्हारे भीतर भी इंद्रधनुष को खिलने दो! तुम भी ऐसे ही रंग-बिरंगे हो जाओ! थोड़ी देर को तुम्हारी बेरंग जिंदगी में रंग उतरने दो!

चारों तरफ से परमात्मा बहुत रूपों में हाथ फैलाता है; लेकिन तुम अपना हाथ फैलाते ही नहीं, नहीं तो मिलन हो जाए। और यहीं प्रशिक्षण होगा। यहीं से तुम जागोगे, और धीरे-धीरे तुम्हें पहली दफे पता चलेगा भेद, कि विचार का प्रेम क्या है, भाव का प्रेम क्या है।

विचार का प्रेम सौदा ही बना रहता है, क्योंकि विचार चालाक है। विचार यानी गणित। विचार यानी तर्क। विचार के कारण तुम निर्दोष हो ही नहीं पाते। विचार ही तो व्यभिचार है। भाव निर्दोष होता है। भाव का कोई व्यभिचार नहीं है। और विचार के कारण तुम कभी सहजता, सरलता, समर्पण--इनका अनुभव नहीं कर पाते, क्योंकि विचार कहता है : सजग रहो! सावधान, कोई धोखा न दे जाए! चाहे विचार तुम्हें सब धोखों से बचा ले; लेकिन विचार ही अंततः धोखा दे जाता है। और भाव के कारण शायद तुम्हें बहुत खोना पड़े; लेकिन जिसने भाव पा लिया उसने सब पा लिया।

फरीद जिस प्रेम की बात करेगा, वह भाव है। और तुम्हें उसकी थोड़ी सी सीख लेनी पड़ेगी। और सीख कठिन नहीं है। किसी विश्वविद्यालय में भर्ती होने की जरूरत नहीं है। अच्छा ही है कि भाव को सिखाने का कोई उपाय नहीं है; नहीं तो संस्थाएं उसको भी सिखा देतीं और खराब कर देतीं। अगर निर्दोषता को सिखाने के लिए भी कोई व्यायामशालाओं जैसी जगह होती तो वहां निर्दोषता भी सिखा दी जाती; तुम उसमें भी पारंगत हो जाते, और तब तुम उससे भी वंचित हो जाते।

भाव को कोई सिखाने का कोई एक उपाय नहीं है; सिर्फ थोड़ा बुद्धि को शिथिल करने की बात है। भाव सदा से मौजूद है; तुम लेकर आए हो। भाव तुम्हारी आत्मा है।

अब फरीद के इन वचनों को समझने की कोशिश करें।

बोलै सेखु फरीदु पियारे अलह लगे।

शेख फरीद कहता है : मेरे प्यारो, अल्लाह से जोड़ लो अपनी प्रीति।

बोलै सेखु फरीदु पियारे अलह लगे।

ऐसा ही इसका अनुवाद सदा से किया गया है कि फरीद कहता है : मेरे प्यारो, अल्लाह से जोड़ लो अपनी प्रीति। लेकिन मुझे लगता है, शाब्दिक रूप से तो अर्थ ठीक है, लेकिन फरीद का गहरा इशारा चूक गया है। मैं इसके अनुवाद में थोड़ा फर्क करना चाहता हूं।

बोलै सेखु फरीदु पियारे अलह लगे।

शेख फरीद कहता है : प्यारो, अल्लाह से लग जाओ। अल्लाह से लग जाना--उसी को मैं कह रहा था भाव का प्रशिक्षण। अल्लाह से अगर तुमने प्रेम करने की कोशिश की तो तुम वही प्रेम करोगे जो तुम अब तक करते रहे हो। तुम्हारी भी मजबूरी है। तुम नया प्रेम कहां से ले आओगे? तुम अल्लाह से भी प्रेम करोगे तो वही प्रेम करोगे जो अब तक करते रहे हो। अनेक भक्त वही तो करते हैं। कोई राम की मूर्ति सजा कर बैठा है, तो उसने राम की मूर्ति ऐसे सजा ली है जैसा कि कोई प्रेयसी अपने पति को सजाती है; हीरे-जवाहरात लगा दिए हैं, सोने-चांदी का सामान जुटा दिया है; भोग लगा देता है; बिस्तर पर सुला देता है, उठा देता है; मंदिर के पट बंद हो जाते, खुल जाते।

अगर तुमने परमात्मा को पिता की तरह देखा तो तुम उसकी सेवा में वैसे ही लग जाओगे जैसे तुम्हें अपने पिता की सेवा में लगना चाहिए। अगर तुमने परमात्मा को प्रेयसी के रूप में देखा, जैसा सूफियों ने देखा है, तो तुम उसके गीत वैसे ही गाने लगोगे जैसे लैला ने मजनू के गाए। लेकिन इस

सबमें तुमने जो प्रेम जाना है, उसी को तुम परमात्मा पर आरोपित कर रहे हो; नये प्रेम का आविर्भाव नहीं हो रहा है।

इसीलिए तो हजारों भक्त हैं, लेकिन कभी कोई एकाध भगवान को उपलब्ध होता है। क्योंकि तुम्हारी भक्ति तुम्हारे ही प्रेम की पुनरुक्ति होती है। अगर तुम्हारे प्रेम से ही परमात्मा मिलता होता तो कभी का मिल गया होता। तुम फिर से परमात्मा से भी वे ही नाते-रिश्ते बना लेते हो जो तुमने आदमियों से बनाए थे। तुम उससे भी वही बातें करने लगते हो जो तुमने आदमियों से की थीं। तुम किसी के प्रेम में पड़ गए थे, तुमने कहा थाः तुझसे सुंदर कोई भी नहीं। अब तुम परमात्मा से यही कहते हो कि तू पतितपावन है, ऐसा है, वैसा है! तुम वही बातें कह रहे हो? शब्द बासे हैं, उधार हैं।

इसलिए मैं फरीद के वचन का अर्थ करता हूंः 'पियारे अलह लगे'--तू अल्लाह से लग जा। अब इसका क्या अर्थ होगा--'अल्लाह से लग जाना?' वही अर्थ होगा कि चारों तरफ अस्तित्व ने घेरा हुआ है; अल्लाह तुझे घेरे ही हुए है; तू ही अलग-थलग है; अल्लाह तो लगा हुआ ही हैः तू भी लग जा। अल्लाह ने तो तुझे ऐसे ही घेरा है जैसे मछली को सागर ने घेरा हो। अल्लाह तो तुझसे लगा ही हुआ है; क्योंकि अल्लाह न लगा हो तो तू बच ही न सकेगा, एक क्षण न जीएगा, श्वास भी न चलेगी, हृदय भी न धड़केगा। वह तो अल्लाह तुझसे लगा हैः इसलिए तू धड़कता है, चलता है, श्वास है, जीवन है। तू गलत भी हो जाए तो भी अल्लाह लगा हुआ है। चोर भी हो जाए, हत्यारा भी हो जाए, तो भी अल्लाह लगा हुआ है। क्योंकि अल्लाह के बिना हत्यारा भी श्वास न ले सकेगा, चोर का हृदय भी न धड़केगा। बुरे हो या भले, अल्लाह चिंता नहीं करताः वह लगा ही हुआ है।

असली सवाल अब यह है कि हम भी उससे कैसे लग जाएं--जैसे वह हमसे लगा है बेशर्तः कहता नहीं कि तुम अच्छे हो तो ही तुम्हारे भीतर श्वास लूंगा; साधु हो तो हृदय धड़केगा, असाधु तो बंद; कानून के खिलाफ गए, दाएं चले, बाएं नहीं चले सड़क पर, अब श्वास न चलेगी। अल्लाह अगर ऐसा कंजूस होता कि सिर्फ साधुओं में धड़कता, असाधुओं में न धड़कता, तो संसार बड़ा बेरौनक हो जाता; तो राम ही राम होते, रावण दिखाई न पड़ते। और तुम सोच सकते हो, राम ही राम हों तो कैसी बेरौनक हो जाए दुनिया! लिए अपना-अपना धनुष खड़े हैं; मारने तक को कोई नहीं जिसको बाण मारें! सीता जी खड़ी हैं, कोई चुराने वाला नहीं है! राम-कथा आगे बढ़ती नहीं!

परमात्मा राम में भी श्वास ले रहा है, रावण में भी; और जरा भी पक्षपात नहीं है, दोनों में लगा हुआ है। परमात्मा बेशर्त, बिना शुभ-अशुभ का विचार किए, तुम्हारी योग्यता-अयोग्यता का बिना विचार किए, तुम्हारे साथ है। तुम उसके साथ नहीं हो। सागर तो तुम्हारे साथ है; तुम उससे लड़ रहे हो!

बोलै सेखु फरीदु पियारे अलह लगे।

फरीद कहता हैः प्यारो, अल्लाह से लग जाओ, वैसे ही जैसा अल्लाह तुमसे लगा है।

हिंदू के अल्लाह से मत लगना, मुसलमान के अल्लाह से मत लगना, नहीं तो शर्त हो जाएगी। मंदिर के अल्लाह से मत लगना, मस्जिद के अल्लाह से मत लगना, नहीं तो शर्त हो जाएगी। जैसे

वह बेशर्त लगा है--न पूछता है कि तुम हिंदू हो, न पूछता है कि तुम मुसलमान हो, न पूछता है कि तुम जैन हो, कि बौद्ध हो, कि ईसाई, पूछता ही नहीं; न पूछता कि तुम स्त्री कि पुरुष, न पूछता कि काले कि गोरे--कुछ पूछता ही नहीं; बस तुमसे लगा है : ऐसे ही तुम भी मत पूछो कि तू मस्जिद का कि मंदिर का, कि तू कुरान का कि पुराण का, कि तू गोरे का कि काले का; तुम भी लग जाओ।

मंदिर और मस्जिद के अल्लाह ने मुसीबत खड़ी की है। तुम उस अल्लाह को खोजो जो सबमें व्याप्त है, सब तरफ मौजूद है; जिसने सब तरफ अपना मंदिर बनाया है : कहीं वृक्ष की हरियाली में, कहीं झरने के नाद में, कहीं पर्वत के एकांत में, कहीं बाजार के शोरगुल में--जिसने बहुत तरह से अपना मंदिर बनाया है। सारा जगत उसके ही मंदिर के स्तंभ हैं! सारा आकाश उसके ही मंदिर का चंदोवा है! सारा विस्तार उसकी ही भूमि है! तुम इस अल्लाह को पहचानना शुरू करो, इससे लगो।

बोलै सेखु फरीदु पियारे अलह लगे।
इहु तन होसी खाक निमाणी गोर घरे।।

और इस शरीर से बहुत मत लगे रहो, क्योंकि जल्दी ही कब्र में सड़ेगा। यह शरीर तो खाक हो जाएगा और इसका घर निगोड़ी कब्र में जा बनेगा। इससे तुम जरूरत से ज्यादा लग गए हो। जिससे लगना चाहिए उसे भूल गए; जिससे नहीं लगना था उससे चिपट गए। जो तुम्हारे जीवन का जीवन है, उससे तुमने हाथ दूर कर लिए; और जो क्षण भर के लिए तुम्हारा विश्राम-स्थल है, राह पर सराय में रुक गए हो रात भर--सराय को तो पकड़ लिया, अपने को छोड़ दिया है।

यह शरीर...'इहु तन होसी खाक'...यह शरीर तो जल्दी ही राख हो जाएगा।...'निमाणी गोर घरे।' और किसी निगोड़ी कब्र में इसका घर बन जाएगा। तुम इससे मत जकड़ो। अगर पकड़ना ही है तो जीवन के सूत्र को पकड़ लो। लहरों को क्या पकड़ते हो; पकड़ना ही है तो सागर को पकड़ लो। क्योंकि लहरें तो तुम पकड़ भी न पाओगे और मिट जाएंगी; तुम मुट्ठी बांध भी न पाओगे और विसर्जित हो जाएंगी।

लहरों को पकड़ना शरीर को पकड़ना है। शरीर तरंग है, पांच तत्वों की तरंग है, पांच तत्वों के इस विराट सागर में उठी एक बड़ी लहर है--सत्तर साल तक बनी रहती है, अस्सी साल तक बनी रहती है। पर विराट को देख कर सत्तर-अस्सी साल क्या है, क्षण भर भी नहीं है। जो समय तुमसे पहले हुआ और जो समय तुम्हारे बाद होगा, और उसे हिसाब में लो तो तुम जितने समय रहे वह न के बराबर है। यह लहर है। इसको तो तुमने जोर से पकड़ लिया है और जिसमें यह लहर उठी है, उसको तुम भूल ही गए हो। जो आधार है वह भूल गया है, पत्तों पर भटक रहे हो।

इहु तन होसी खाक निमाणी गोर घरे।
आजु मिलावा सेख...

यह वचन मुझे बहुत प्यारा रहा है। यह बड़ा अनूठा है! इसे बहुत गौर से जाग कर समझने की कोशिश करना।

'आज उस प्रीतम से मिलन हो सकता है, शेख; यदि तू भावनाओं को काबू कर ले जो तेरे मन को बेचैन कर रही हैं।'

आजु मिलावा सेख...

आज मिलना हो सकता है तेरा। यह बड़ा क्रांतिकारी वचन है। क्योंकि साधारणतः तुम्हारे पंडित-पुरोहित कहते हैं कि जन्मों-जन्मों का पाप है, उसको काटना पड़ेगा, तब मिलन हो सकेगा। और शेख कहता है: 'आजु मिलावा सेख'--यह आज हो सकती है बात; इसी क्षण हो सकती है। इसको एक क्षण भी टालने की जरूरत नहीं है। क्योंकि परमात्मा उतना ही उपलब्ध है जितना कभी था, और इतना ही सदा उपलब्ध रहेगा। उसकी उपलब्धि में रत्ती भर फर्क नहीं पड़ता। तुमने पाप किए कि पुण्य किए--इससे कोई फर्क नहीं पड़ता। तुम जिस दिन भी उसके साथ लगने को राजी हो, उसका आलिंगन सदा ही उन्मुक्त था; आमंत्रण सदा ही था। तुम्हारे पाप बाधा न बन सकेंगे। तुम्हारे पाप...तुम ही क्या हो, तुम्हारे पापों का कितना मूल्य हो सकता है? लहर ही मिट जाती है, तो लहर का इठलाना कितना टिक सकता है?

इसे थोड़ा हम समझें।

यह भी मनुष्य का अहंकार है कि मैंने बहुत पाप किए हैं। यह तुम्हें अड़चन लगेगी समझने में। तुम कहोगे: यह कैसा अहंकार है? लेकिन इससे भी ऐसा लगता है मैं कुछ हूं! और इससे ऐसा भी लगता है कि जब तक मैं इन सब पापों को न काट दूंगा, तब तक परमात्मा न मिलेगा। जैसे परमात्मा का मिलना मेरे किसी कृत्य पर निर्भर है! इसलिए कर्म का सिद्धांत अहंकारियों को खूब जमा, खूब जंचा। अहंकारियों के अहंकार को पुष्टि मिली कि हमने ही कर्म किए थे, इसलिए हम भटक रहे हैं; हम ही कर्म जब ठीक करेंगे तो पहुंच जाएंगे। लेकिन हम, मैं छिपा है भीतर।

यहीं फर्क है भक्तों का। भक्त कहते हैं, पहुंचेंगे उसके प्रसाद से। तुम्हारे प्रयास से नहीं पहुंचोगे। तुम्हारा प्रयास ही तो अटका रहा है। यह खयाल कि मेरे करने से कुछ होगा, यही तो तुम्हें भटका रहा है। कर्म नहीं भटका रहे हैं, कर्ता का भाव भटका रहा है। असली पाप कर्मों में नहीं है, कर्ता के भाव में है। इसलिए कृष्ण ने अर्जुन से गीता में कहा: तू कर्ता का भाव छोड़ दे। तू निमित्तमात्र हो जा। फिर तुझे कुछ भी कर्म न छुएगा। कर्म तू कर, पर ऐसे कर जैसे वही तुझसे कर रहा है, तू बीच में नहीं है। तू बांस की पोंगरी हो जा; उसको ही गाने दे गीत। वह गाए तो ठीक, न गाए तो ठीक। तू बीच में चेष्टा मत कर। तू अपने को बीच में मत ला; अपने को बीच में खड़ा मत कर।

शेख फरीद कहते हैं: आज ही हो सकता है मिलन। यह बड़े हिम्मत के फकीरों ने ऐसी बात कही है। तुम्हारा मन तो खुद भी डरेगा कि यह कैसे हो सकता है आज। वस्तुतः सच्चाई यह है कि तुम आज चाहते भी नहीं। तुम चाहते हो कि कोई समझाए कि कल हो सकता है, आज नहीं; क्योंकि आज और दूसरे काम करने हैं, हजार व्यवसाय पूरे करने हैं। आज ही हो सकता है मिलन! यह जरा जल्दी हो जाएगी। इसमें तो पोस्टपोन करने का, स्थगित करने का उपाय न रहेगा।

तो, मैं तुमसे कहता हूं, कर्म का सिद्धांत अहंकारियों को खूब जंचा। और अहंकारियों को यह भी बात खूब जंची कि जब तक हम कर्मों को बदल न देंगे; बुरे को शुभ से मिटा न देंगे; काले को सफेद से पोत न देंगे; अशुभ को शुभ में ढांक न देंगे; जब तक तराजू बराबर संतुलन में न आ जाएगा; शुभ और अशुभ बराबर न हो जाएंगे--तब तक छुटकारा नहीं हो सकता। इसका अर्थ हुआ कि मैंने ही पाप किए, मुझे ही पुण्य करने होंगे; मेरे ही कारण घटना घटेगी, परमात्मा के प्रसाद से नहीं, उसके अनुग्रह से नहीं। और इसमें बड़ी सुविधा है कि जन्मों-जन्मों के कर्म हैं, वे आज तो कट नहीं जाएंगे, जन्म-जन्म लगेंगे। स्वभावतः जितने दिन मिटाया है उतने दिन बनाना पड़ेगा; जितने दिन बिगाड़ा है उतने दिन सुधारना पड़ेगा। कितनी ही जल्दी करो तो भी जन्मों-जन्म लग जाएंगे। इससे बड़ी सुविधा है। इससे आज कोई झंझट नहीं है। आज दुकान करो, आज चोरी करो; धर्म कल! आज तुम जैसे चलते हो चलते रहो, कोई उपाय ही नहीं है; कल परिवर्तन होगा, कल होगा रूपांतरण!

कल के खयाल ने मनुष्य को अधार्मिक बनाया है। कल बड़ी सुविधा है। उसकी आड़ में हम अपने को छिपा लेते हैं। कल होगा, आज तो कुछ होना नहीं है--तो आज तो हम जो हैं हम रहेंगे! एकदम से तो कोई क्रांति हो न जाएगी! तत्क्षण तो कुछ घट न जाएगा! सिलसिला होगा! क्रमिक विकास होगा! विकास होते-होते समय आएगा, तब कहीं घटना घटेगी! इस जन्म में तो होने वाला नहीं है! तो इस जन्म में जो कर रहे हो, करते रहो; और थोड़ी कुशलता से कर लो! समय जितनी देर मिला है, और भोग लो; कहीं अगले जन्म में मुक्ति हो ही न जाए।

ऐसे पूरब में, जहां कि पुनर्जन्म के सिद्धांत को, कर्म के सिद्धांत को बड़ी स्वीकृति मिली, अधर्म का बड़ा गहरा विस्तार हुआ। होना नहीं चाहिए था। अगर वस्तुतः लोगों ने इसलिए स्वीकार किया था पुनर्जन्म का सिद्धांत कि वे धार्मिक थे, तो पूरब में क्रांति हो जानी चाहिए थी, पूरब में सूर्योदय हो जाता। नहीं हुआ।

पूरब जितना बेईमान है, पश्चिम में भी उतने बेईमान आदमी नहीं पाए जाते। और पूरब जितना अनैतिक है और जितना भ्रष्ट है, वैसा भ्रष्टाचार और वैसी अनैतिकता भी कहीं नहीं पाई जाती। नास्तिक से नास्तिक और भौतिकवादी से भौतिकवादी मुल्कों में भी ऐसी अनीति नहीं है। कारण क्या होगा? पूरब के पास सुविधा है। हम टाल सकते हैं। उनके पास सुविधा नहीं है, यही जीवन सब-कुछ है। अच्छे होना है तो यही जीवन है, बुरे होना है तो यही जीवन है। हमारे पास बहुत जीवन हैं। हमें कोई जल्दी नहीं है।

पूरब के मन में जल्दी नहीं है; इसलिए जो चल रहा है चलने दो, जो हो रहा है होने दो। हम किसी त्वरा में नहीं हैं कि क्रांति अभी हो जाए। समय हमारे पास जरूरत से ज्यादा है: आज नहीं होगा, कल होगा; कल नहीं होगा, परसों होगा। हमें बड़ा धीरज है। धीरज आड़ बन गई है। जहां-जहां धीरज ज्यादा हो जाता है, वहां क्रांति असंभव हो जाती है। अगर तुम्हें आज पता चल जाए कि आज ही हो सकती है यह बात, तो फिर तुम्हें दोष अपने को ही देना पड़ेगा; फिर तुम्हें साफ कर लेना

होगा कि अगर टालना है तो तुम टालते हो, स्थगित करना है तो तुम स्थगित करते हो; परमात्मा आज राजी था। तब तुम्हें बड़ी बेचैनी होगी। तब तुम्हें कोई भी सांत्वना का उपाय न रह जाएगा।

इसलिए फरीद का वचन मैं कहता हूं, बड़ा क्रांतिकारी है:

आजु मिलावा सेख...

आज हो सकता है मिलना, शेख; देर उसकी तरफ से नहीं है।

हमारे मुल्क में एक कहावत है: देर है, अंधेर नहीं। मैं तुमसे कहता हूं: न देर है, न अंधेर है। उसकी तरफ से कुछ नहीं है; तुम्हारी तरफ से दोनों हैं। उसकी तरफ से न तो देर है और न अंधेर है; तुम्हारी तरफ से देर भी है और इसलिए अंधेर है। देर के आधार से ही अंधेर है। टालने की सुविधा है--तो आज जैसी भी स्थिति है, ठीक है; कल सब ठीक हो जाएगा। कल के स्वप्न के आधार पर तुम आज के गंदे यथार्थ को टालते चले जाते हो; कल की आशा में आज की बीमारी झेल लेते हो। आज का नरक भोग लेते हो; कल स्वर्ग मिलेगा!

आजु मिलावा सेख...

आज उस प्रीतम से मिलन हो सकता है। करना क्या है? बस एक छोटी सी बात करनी है:

कूंजड़ीआ मनहु मचिंदड़ीआ।

'यह जो मन में विचारों और भावों का शोरगुल मचा है, यह भर बंद हो जाए।'

कर्मों को नहीं बदलना है; सिर्फ विचारों को शांत करना है। कर्मों को बदलना तो असंभव है। कितने जन्म तुम्हारे हुए, कोई हिसाब है? उसमें क्या-क्या तुमने नहीं किया, कोई हिसाब है? उस सबको बदलने बैठोगे तो यह कथा तो अंतहीन हो जाएगी। यह तो फिर कभी हो ही न पाएगा। लेकिन बुद्ध हुए, महावीर हुए, फरीद हुआ, नानक हुए, दादू हुए, कबीर हुए--इनके जीवन में क्रांति घटित होते हमने देखी। यह घटना घटी है, तो इसके घटने का एक ही कारण हो सकता है कि जो हमने समझा है कि कर्म बदलने होंगे, वह भ्रांति है; सिर्फ विचार गिरा देने काफी हैं।

ऐसा समझो कि एक रात एक आदमी रात सपना देखता रहा है कि उसने बड़ी हत्याएं की हैं, बड़ी चोरियां की हैं, बड़े व्यभिचार किए हैं, और वह बड़ा परेशान है अपने सपने में कि अब कैसे छुटकारा होगा; इतना उपद्रव कर लिया है, अब इस सबके विपरीत कैसे शुभ कर्म करूंगा?--और तब तुम जाते हो, उसे हिला कर जगा देते हो, आंख खुलती है: सपने खो गए! कर्म नहीं बदलने पड़ते; सपना टूट जाए, बस: फिर वह खुद ही हंसने लगता है कि यह भी मैं क्या-क्या सोच रहा था! यह क्या-क्या हो रहा था! और मैं सोच रहा था कि इससे छुटकारा कैसे होगा--लेकिन सपना टूटते ही छुटकारा हो गया!

विचार तुम्हारे स्वप्न हैं। कर्म ने नहीं बांधा है; बांधा है विचार ने। कर्म तो विचारों के स्वप्नों के भीतर घट रहे हैं। अगर विचार टूट जाए, स्वप्न टूट जाए: तुम जाग गए। सारे जन्म तुम्हारे जो हुए, वह एक गहरा स्वप्न था, एक दुखस्वप्न था। उसको बदलने का कोई सवाल नहीं है। उसको मिटाने का भी कोई सवाल नहीं है। जागते ही वह नहीं पाया जाता है।

शेख, यदि तू उन भावनाओं को काबू कर ले जो तेरे मन को बेचैन कर रही हैं...! वे जो तेरे भाव, तेरे विचार, और उनकी जो तरंगें, और झंझावात और ऊहापोह तेरे भीतर मचा है--बस उनको तू शांत कर ले। उसको शांत करने के दो ढंग हैं।

एक ढंग ध्यान है। ध्यान शुद्ध विज्ञान है कि तुम वैज्ञानिक आधार पर मन की तरंगों को एक के बाद एक शांत करते चले जाते हो। लेकिन ध्यान का रास्ता मरुस्थल का रास्ता है। वहां छायादार वृक्ष नहीं हैं, मरूद्यान नहीं हैं। वहां चारों तरफ फूल नहीं खिलते और हरियाली नहीं है; पक्षियों के गीत नहीं गूंजते; अंतहीन रेत का विस्तार है--तप्त-उत्तप्त! ध्यान का मार्ग सूखा है, गणित का है।

दूसरा मार्ग है प्रेम का, कि तुम इतने प्रेम से भर जाओ कि तुम्हारे जीवन की सारी ऊर्जा प्रेम बन जाए, तो जो ऊर्जा भावना बन रही थी, विचार बन रही थी, तरंगें बन रही थी, वह खिंच आए और सब प्रेम में नियोजित हो जाए। इसलिए तो बड़े वृक्ष के नीचे अगर तुम छोटा वृक्ष लगाओ तो पनपता नहीं है; क्योंकि बड़ा वृक्ष सारे रस को खींच लेता है भूमि से, छोटे वृक्ष को रस नहीं मिलता। जो बहुत बड़े वृक्ष हैं, वे अपने बीजों को दूर भेजने की कोशिश करते हैं, क्योंकि अगर बीज नीचे ही गिर जाएं तो वे कभी वृक्ष न बन पाएंगे।

सेमर का बड़ा वृक्ष अपने बीजों को रुई में लपेट कर भेजता है, ताकि हवा में रुई उड़ जाए। वैज्ञानिक कहते हैं कि वह बहुत कुशल और होशियार वृक्ष है, बड़ा चालबाज है! वह तरकीब समझ गया है कि अगर बीज नीचे ही गिर गया तो कभी पनपेगा ही नहीं; उसकी संतति नष्ट हो जाएगी। तो वह उसको रुई में लपेट लेता है। वह रुई तुम्हारे तकियों के लिए नहीं बनाता। तुम्हारे तकियों से सेमर को क्या लेना-देना? वह अपने बीजों को पंख लगाता है, रुई में लपेट देता है: रुई हवा में उड़ जाती है, और जब तक ठीक भूमि न मिल जाए तब तक वह उड़ती चली जाती है। जब ऐसी भूमि मिल जाती है, जहां कोई वृक्ष बड़ा नहीं है आस-पास, तब वह जमीन को पकड़ लेता है।

बड़े वृक्ष के नीचे छोटा वृक्ष नहीं पनपता। ठीक जब तुम्हारे भीतर प्रेम का बड़ा वृक्ष पैदा होता है तो सब छोटी-मोटी तरंगें खो जाती हैं; सब भूमि से रस एक ही प्रेम में चला आता है; प्रेम अकेली अभीप्सा बन जाता है, सब लपेटों को अपने में समा लेता है।

तो, एक तो ध्यान है कि तुम एक-एक तरंग और एक-एक विचार को क्रमशः शांत करते जाओ। फिर एक प्रेम है कि शांत किसी को मत करो, सबको लपेट लो एक महा अभीप्सा में, एक प्रेम की प्रगाढ़ अभीप्सा में: तुम एक महा लपट बन जाओ, सब लपटें उसमें समा जाएं। ये दो उपाय हैं।

प्रेम का रास्ता बड़ा हरा-भरा है। उस पर पक्षी भी गीत गाते हैं, मोर भी नाचते हैं। उस पर नृत्य भी है। उस पर तुम्हें कृष्ण भी मिलेंगे--बांसुरी बजाते। उस पर तुम्हें चैतन्य भी मिलेंगे--गीत गाते। उस पर तुम्हें मीरा भी नाचती मिलेगी।

ध्यान का रास्ता बड़ा सूखा है। उस पर तुम्हें महावीर मिलेंगे, लेकिन मरुस्थल जैसा है रास्ता। उस पर तुम्हें बुद्ध बैठे मिलेंगे, लेकिन कोई पक्षी की गूंज तुम्हें सुनाई न पड़ेगी। तुम्हारी

मर्जी। जिसको मरुस्थल से लगाव हो...। ऐसे भी लोग हैं जिनको मरुस्थल में सौंदर्य मिलता है। व्यक्ति-व्यक्ति की बात है।

एक युवक ने मुझे आकर कहा कि जैसा सौंदर्य उसने मरुस्थल में जाना वैसा उसने कहीं नहीं जाना। यह संभव है, क्योंकि मरुस्थल में जो विस्तार है वह कही भी नहीं है। सहारा के मरुस्थल में खड़े होकर ओर-छोर नहीं दिखाई पड़ता; रेत ही रेत का सागर है अंतहीन; कहीं कोई अंत नहीं मालूम होता। इस अनंत में किसी को सौंदर्य मिल सकता है, कोई आश्चर्य नहीं है। और जैसी रात मरुस्थल की होती है वैसी तो कहीं भी नहीं होती। जैसे मरुस्थल की रात में तारे साफ दिखाई पड़ते हैं वैसे कहीं नहीं दिखाई पड़ते; क्योंकि मरुस्थल की हवाओं में कोई भी भाप नहीं होती; हवा बिलकुल शुद्ध होती है, पारदर्शी होती है; तारे इतने साफ दिखाई पड़ते हैं कि हाथ बढ़ाओ और छू लो।

तो ध्यान का अपना मजा है। ध्यान जिसको ठीक लग जाए वह उस तरफ चल पड़े। प्रेम का अपना मजा है। ध्यान का पूरा मजा तो जब मंजिल मिलेगी तब आएगा। ध्यान का मजा तो पूरा अंत में आएगा; प्रेम का मजा कदम-कदम पर है। प्रेम की मंजिल पूरे रास्ते पर फैली है। ध्यान की मंजिल अंत में है और रास्ता बहुत रूखा-सूखा है। प्रेम की मंजिल अंत में नहीं है, कदम-कदम पर फैली है, पूरे रास्ते पर फैली है मंजिल। तुम जहां रहोगे वहीं आनंदित रहोगे। तुम्हारी मर्जी! व्यक्ति-व्यक्ति को अपना चुनाव कर लेना चाहिए।

आज उस प्रीतम से मिलन हो सकता है, शेख; यदि तू उन विचारों को काबू में कर ले, उन तरंगों को रोक ले जो तुझे बेचैन कर रही हैं।

कूंजड़ीआ मनहू मचिंदड़ीआ।

जिन्होंने तेरे मन में बड़ा उपद्रव मचा रखा है, झंझावात, तूफान--उनको तू सम्हाल ले।

और ध्यान रखना, प्रेम का रास्ता सुगम है; क्योंकि तुम सारे उपद्रव को परमात्मा के चरणों में समा देते हो। तुम कहते हो : तू ही सम्हाल! हम तेरे साथ लग लेते हैं, तू फिकर कर!

तुम एक बड़ी नाव में सवार हो जाते हो।

ध्यान का रास्ता छोटी नाव का है।

बुद्ध के जमीन से विदा हो जाने के बाद दो संप्रदाय हो गए उनके अनुयायियों के। एक का नाम है : हीनयान। हीनयान का अर्थ होता है : छोटी नाव; छोटी नाव वाले लोग। हीनयान ध्यान का रास्ता है। अपनी-अपनी डोंगी, दो भी नहीं बैठ सकें; दो भी बैठें तो उलट जाए; एक ही बैठ सके, और वह भी पूरा सम्हल कर ही चले। और अपने ही हाथ से खेना है, और कोई सहारा नहीं है, और बड़ा तूफान है।

और दूसरे पंथ का नाम है : महायान। महायान प्रेम का मार्ग है। महायान का अर्थ है : बड़ी नाव; जिस पर हजारों लोग एक साथ सवार हो जाएं। हीनयान कहता है : बुद्ध से इशारा ले लो, लेकिन बुद्ध का सहारा मत लो : इशारा ले लो, सहारा मत लो, क्योंकि चलना तुम्हें है। महायान कहता है : इशारा

क्या लेना? सहारा ही ले लेते हैं; बुद्ध के कंधे पर ही सवार हो जाते हैं। जब बुद्ध जा ही रहे हैं, हम उनके साथ लग लेते हैं।

महायान फैला बहुत; हीनयान सिकुड़ गया। क्योंकि हीनयान थोड़े से लोगों का रस हो सकता है। वह मार्ग ही संकीर्ण है। महायान विराट हुआ। जो भी बुद्ध धर्म का विकास हुआ बाद में, वह महायान के कारण हुआ। क्योंकि भक्ति और प्रेम हृदय को छूते हैं, जगाते हैं। क्या जरूरत है रोते हुए जाने की, जब हंसते हुए जाया जा सकता हो? और क्या जरूरत है गंभीर चेहरे बनाने की, जब मुस्कुराते हुए रास्ता कट जाता हो? और क्या जरूरत है अकारण कष्ट पाने की, जब प्रेम की भीनी-भीनी बहार में यात्रा हो सकती हो?

आज उस प्रीतम से मिलन हो सकता है, शेख; बस तू मन की सारी तरंगों को समर्पित कर दे।

जे जाणा मरि जाइए...

शेख कहता है: अगर पता होता कि मरना ही होगा तो जिंदगी ऐसी न गंवाते। इस जिंदगी में जिसको भी पता हो जाता है कि मृत्यु है, वही बदल जाता है; और जिसको पता नहीं होता कि मृत्यु है, वही बर्बाद हो जाता है। धर्म तुम्हारे जीवन में उसी दिन उतरता है जिस दिन तुम्हारे जीवन में मृत्यु का बोध आता है, जिस दिन तुम्हें लगता है कि मौत आती है। मौत का आना, मौत के आने का खयाल, मौत के पैरों की पगध्वनि, जिसे सुनाई पड़ गई, वह आदमी तत्क्षण रूपांतरित हो जाता है। मौत जब आती हो तो चांदी के ठीकरों में क्या अर्थ रह जाता है? मौत जब आ ही रही हो तो बड़े महल बना लेने से क्या होगा? मौत जब आ ही रही है, चल ही पड़ी है, रास्ते पर ही है, किसी भी क्षण मिलन हो जाएगा, तो दुश्मनी, वैमनस्य, ईर्ष्या, इनका क्या मूल्य है?

तुम इस तरह जीते हो जैसे कभी मरना ही नहीं, इसलिए तुम गलत जीते हो। अगर तुम इस तरह जीने लगो कि आज ही मरना हो सकता है, तुम्हारी जिंदगी से गलती विदा हो जाएगी। गलती के लिए समय चाहिए। गलती के लिए सुविधा चाहिए।

थोड़ा सोचो, आज अचानक तुम्हें खबर आ जाए कि बस आज सांझ विदा हो जाओगे, तो आज तुमने सोचा था किसी की हत्या कर देने का--क्या करोगे? बजाय हत्या करने के तुम जाकर उसको गले लगा लोगे; कहोगे कि भाई जा रहे हैं, अब कोई सवाल ही न रहा। अब झगड़ा ही क्या! विदा होने का वक्त आ गया! तुम खुश रहो, आबाद रहो; हम तो जाते हैं। किसी की चोरी करने की तैयारी पर ही थे, कि जेब काटने को ही थे--अब क्या जेब काटनी है! अब तो उलटा मन होगा कि अपनी जेब भी उसी को दे दो, क्योंकि अब जाने का वक्त आ गया! इंच-इंच जमीन के लिए लड़ रहे थे--अब कोई अड़चन न रही; क्योंकि जमीन मरे हुए को तो--सम्राट को भी उतनी ही मिलती है, भिखारी को भी उतनी ही मिलती है। छह फीट जमीन काफी हो जाती है।

फरीद कहता है: यदि मुझे पता ही होता, फरीद, कि मरना होगा और फिर लौटना नहीं है, तो इस झूठी दुनिया से प्रीति जोड़ कर मैं अपने को बर्बाद न कर बैठता। तब फिर मैंने प्रेम तुझसे ही लगाया होता।

हम व्यर्थ की चीजों से प्रेम लगाते रहे। खुद विदा होना था जहां से वहां हमने प्रेम के बीज बोए। जहां से हमको ही चले जाना था वहां अपना हमने हृदय जोड़ा। तो स्वभावतः हम टूटेंगे, हृदय टूटेगा, दुख और पीड़ा होगी। 'जे जाणा मरि जाइए'... तब तो क्रांति घट जाती।

पशुओं में कोई धर्म पैदा नहीं हुआ। और जिस मनुष्य के जीवन में धर्म की किरण न उतरे वह पशु जैसा है। एक बात में समानता है उसकी और पशु की। पशुओं में धर्म क्यों पैदा न हुआ? क्योंकि पशुओं को मृत्यु का कोई बोध नहीं है। मरते जरूर हैं; लेकिन जब एक कुत्ता दूसरे कुत्ते को मरते देखता है तो वह समझता है: अच्छा, तो तुम मर गए! मगर उसे कभी यह खयाल नहीं आता कि मैं मरूंगा। यह आ भी कैसे सकता है? क्योंकि कुत्ता सदा दूसरे को मरते देखता है, अपने को तो कभी मरते देखता नहीं। इसलिए तर्कयुक्त है कि दूसरे मरते हैं, मैं नहीं मरता। हरेक मरते कुत्ते को देख कर उसकी अकड़ और बढ़ती जाती है कि मैं तो मरने वाला नहीं, हरेक मर रहा है, सब मर रहे हैं, मैं अमर हूं।

ऐसी नासमझी मनुष्य के भीतर भी है। तुम दूसरे को मरते देख कर दया करते हो, सहानुभूति करते हो, दो आंसू बहाते हो, कहते हो: बहुत बुरा हुआ। लेकिन तुम्हें याद आता है कि उसकी मौत में तुम्हारी मौत ने भी तुम्हें संदेश दिया कि उसकी मौत तुम्हारी भी मौत है?

एक अंग्रेज कवि ने लिखा है--उसके गांव का नियम है कि जब कोई मर जाता है तो चर्च की घंटियां बजती हैं--तो उसने लिखा है कि पहले मैं भेजता था लोगों को पता लगाने कि देखो, कौन मर गया; अब मैं नहीं भेजता, क्योंकि जब भी चर्च की घंटी बजती है तो मैं ही मरता हूं।

हर मनुष्य की मौत मनुष्यता की मौत है। हर मनुष्य की मौत में तुम्हारी मौत घटती है। अगर यह दिखाई पड़ने लगे तो तुम क्या ऐसे ही रहोगे जैसे अब तक रहे हो? इन्हीं खेल-खिलौनों से खेलते रहोगे? इन्हीं व्यर्थ की चीजों को इकट्ठा करते रहोगे या बदलोगे? मौत बदल देगी, झकझोर देगी, सपना तोड़ देगी।

जे जाणा मरि जाइए...

पता होता कि मर जाना है, तो कभी के बदल गए होते। फरीद तुमसे कह रहा है--उसे तो पता ही है--वह तुमसे कह रहा है कि जागो! जिसे तुमने जीवन समझा है वह जीवन नहीं है; वह मरने की लंबी प्रक्रिया है। जीवन कहीं और है, जहां तुमने खोजा ही नहीं। जीवन तो परमात्मा के साथ है।

बोलै सेखु फरीदु पियारे अलह लगे।

उसके साथ मरना कभी नहीं होता। संसार के साथ जो जुड़ता है वह बार-बार मरता है, क्योंकि यह टूटेगा ही संबंध। यह नदी-नाव संयोग है। यह कोई थिर रहने वाली बात नहीं है। नदी बदली जा रही है, प्रतिक्षण भागी जा रही है; उसी नदी से उसी नाव का संयोग कैसे रहेगा?

हेराक्लतु ने कहा है: एक ही नदी में दुबारा उतरना असंभव है। क्योंकि जब तुम दुबारा उतरने जाओगे, वह नदी तो जा चुकी। एक ही आदमी से दुबारा मिलना असंभव है; क्योंकि जब तुम दुबारा

मिलने जाओगे, वह आदमी अब कहां रहा! सब बदल चुका! गंगा में कितना पानी बह गया! पहली दफा मिले थे तब बड़ा प्रेमपूर्ण था; अब मिले तो बड़ा उदास था। वह आदमी वही नहीं है। पहली दफा मिले थे तो बड़ा क्रुद्ध था; अब मिले तो बड़ा दयावान था। यह आदमी वही नहीं है।

बुद्ध पर एक आदमी थूक गया और दूसरे दिन क्षमा मांगने आया। बुद्ध ने कहा: नासमझी मत कर। तू कर तो कर, मुझसे तो मत करवा। जिस पर तू थूक गया था वह आदमी अब कहां! और जो थूक गया था वह आदमी अब कहां! वह बात गई-गुजरी हो गई। भूल! जाग! मैं वही नहीं हूं। चौबीस घंटे में गंगा का कितना पानी बह गया! तू वही नहीं है। मेरी तो फिकर छोड़; लेकिन तेरी तो बात साफ है: कल तू थूक गया था; आज तू क्षमा मांगने आया है! तू वही कैसे हो सकता है? थूकने वाला और क्षमा मांगने वाला दो अलग दुनिया हैं। जाग!

जे जाणा मरि जाइए...

जिसने जाना कि मौत होगी उसने असली जीवन की खोज शुरू कर दी। समय खोने जैसा नहीं है। इसके पहले की समय हाथ से निकल जाए, अवसर खो जाए, जीवन पर जड़ें पहुंच जानी चाहिए।

बोलिए सचु धरमु न झूठ बोलिए।
जो गुरु दसै वाट मुरीदा जोलिए।।

इसका अनुवाद सदा से किया जा रहा है कि तू धरम से सच बोल, झूठ न बोल। जो रास्ता गुरु दिखा दे, उसी पर चल। इसमें मैं थोड़ा फर्क करता हूं।

बोलिए सचु धरमु...

फरीद का शब्द है: 'बोलिए सचु धरमु'--सत्य धर्म से बोल, सत्य से बोल। 'सचु धरमु' का अर्थ होता है: स्वभाव से बोल। जो तेरा वास्तविक स्वभाव है वही धर्म है। अपनी प्रामाणिकता से बोल। अपने अस्तित्व से बोल। धर्म से सच बोल में बात चली जाती है। धर्म से सच बोल--जैसे कि हम किसी को कसम दिलवा रहे हों कि खा धर्म की कसम और सच बोल; खा ईमान की कसम और सच बोल। नहीं, धर्म से सच बोल, ऐसा नहीं; सत्य धर्म से बोल; वह तेरा जो स्वभाव है, वह तेरा जो सच्चा धर्म है--जिसको कृष्ण ने स्वधर्म कहा है: 'स्वधर्मे निधनं श्रेयः।' तू वहां से बोल जो तू है; तू अपनी वास्तविकता से बोल।

ये दोनों अलग बातें हैं। धर्म से सच बोलने का मतलब यह है कि झूठ मत बोल; जैसा तूने जाना हो वैसा बोल; तथ्य बोल। और जो अनुवाद मैं कर रहा हूं, वह है: तू अपनी वास्तविकता से बोल; तथ्य कि फिकर मत कर, सत्य बोल। क्योंकि बहुत बार सत्य तथ्य के विपरीत होता है। बहुत बार तथ्य बोलने से सत्य नहीं बोला जाता। बहुत बार तुम बोलते हो, बिलकुल फैक्चुअल होता है, तथ्यगत होता है; लेकिन सत्य नहीं होता, क्योंकि तुम्हारी वास्तविकता से नहीं बोला गया होता।

ऐसा समझो, हिंदुओं और मुसलमानों का दंगा हो रहा है। एक हिंदू ने भी दंगा देखा है, एक मुसलमान ने भी दंगा देखा है। दोनों अदालत के सामने वक्तव्य देते है। हिंदू कुछ और देखेगा जो मुसलमान ने देखा ही नहीं। मुसलमान कुछ और देखेगा जो हिंदू ने देखा ही नहीं। दोनों तथ्य बोल रहे हैं। न तो हिंदू झूठ बोल रहा है, न मुसलमान झूठ बोल रहा है। हिंदू भी वही बोल रहा है जो उसने देखा। लेकिन सवाल तो यह है कि देखने में ही व्याख्या हो जाती है। अगर हिंदू देख रहा है तो व्याख्या तो वहीं हो गई। कुछ चीजें हिंदू देख ही नहीं सकता; वे हिंदू होने के कारण असंभव हैं। और कुछ चीजें मुसलमान नहीं देख सकता; वे मुसलमान होने के कारण असंभव हैं।

जैसे समझो कि किसी ने कुरान जला दी, तो मुसलमान के तो प्राण जला दिए; हिंदू के लिए एक किताब, जो रद्दी बाजार में एक रुपये में बिक सकती थी, वह जला दी--इसमें झगड़ा-झांसा क्या है? इसमें क्या बिगड़ रहा है? दूसरी खरीद लो बाजार से! एक रुपये की रद्दी जलाई है!--और मुसलमान की आत्मा जला दी!

जब किसी हिंदू की मूर्ति तोड़ी जाती है, तो मुसलमान के लिए पत्थर है, हिंदू के लिए परमात्मा है। तथ्य काफी नहीं है। मुसलमान कहेगा : एक पत्थर को लोगों ने तोड़ा! उसके लिए इतना उपद्रव मचाने की कोई जरूरत न थी। लोगों ने व्यर्थ शोरगुल मचाया, हत्या की। यह सब अकारण है। एक पत्थर तोड़ा था! हिंदू कहेगा : हमारे परमात्मा पर हमला हो गया, हम पर हमला हो गया। हमारे प्राणों को गहरी से गहरी चोट पहुंचाई गई है। फिर जो भी हुआ वह कुछ भी नहीं है उसके मुकाबले।

तथ्य तो तुम्हारी आंख से तथ्य बनता है; तुम्हारा दृष्टिकोण उसमें सम्मिलित हो गया। मैं किसको कहूंगा सच? मैं दोनों को सच नहीं कहूंगा। क्योंकि जब तक तुम हिंदू हो तुम सच नहीं हो सकते; जब तक तुम मुसलमान हो तुम सच नहीं हो सकते। क्योंकि तुमने कुछ धारणाएं पहले से ही मान लीं जो तुम्हें सच न होने देंगी। तुम जब न हिंदू की तरह बोलोगे, न मुसलमान की तरह बोलोगे; जब तुम एक शुद्ध चैतन्य की तरह बोलोगे, तब तुम सच धर्म से बोले। तब तुम अपनी वास्तविकता से बोले। तब तुमने न तो हिंदू के ढंग से कहा, न मुसलमान के ढंग से कहा। तब तुमने शुद्ध चैतन्य के ढंग से कहा। और यह बड़ी अलग बात है। यह बड़ी भिन्न बात है।

तथ्यों की बहुत फिकर मत करना, सत्यों की फिकर करना; क्योंकि तथ्य तो आदमी का मन ही निर्मित करता है। असली सवाल उस सत्य की खोज का है जो आदमी का बनाया हुआ नहीं, जो परमात्मा का बनाया हुआ है। सत्य वह है जो परमात्मा के द्वारा है, तथ्य वह है जो हमारी व्याख्या है। तो व्याख्याएं तो बड़ी बड़ी अलग-अलग होती हैं।

मुल्ला नसरुद्दीन का एक मित्र है--मित्र भी है और शत्रु भी है, क्योंकि दोनों कवि हैं। और बड़ा वैमनस्य है और बड़ी ईर्ष्या है। वर्षों बाद मित्र से मिलना हुआ है, या शत्रु से। स्वभावतः जैसा कवियों कि आदत होती है, एक-दूसरे ने डींग मारना शुरू कर दी। मित्र ने कहा कि वर्षों बाद मिले, नसरुद्दीन, तुम्हें पता भी न होगा, मेरी कविताओं को पढ़ने वालों की संख्या दुगुनी हो गई है। नसरुद्दीन ने कहा : हद हो

गई, मुझे पता ही न चला कि तुम्हारा विवाह हो गया! वह कह रहा है कि मेरे पढ़ने वालों की संख्या दुगुनी हो गई है और नसरुद्दीन कह रहा है कि मुझे पता ही न चला कि कब तुम्हारा विवाह हो गया। क्योंकि और तो कोई उपाय नहीं कि तुम्हारे पढ़ने वाले दुगुने हो जाएं। तुम अकेले पढ़ने वाले थे; अब औरत और पढ़ती होगी! इसके सिवाय तो कोई...। तुम्हारी कविता कोई और पढ़ेगा?

आंकड़े जितना झूठ बोलते हैं दुनिया में कोई चीज नहीं बोलती। सरकारें जानती हैं अच्छी तरह, इसलिए वे आंकड़ों में बात करती हैं। वे झूठ बोलने के ढंग हैं।

उन्नीस सौ सत्रह में रूस में क्रांति हुई। साल भर बाद, एक छोटे गांव के संबंध में अखबार में खबर छपी कि वहां शिक्षा दुगुनी हो गई है। अब यह आंकड़ा बड़ा है। लेकिन हुआ कल इतना था कि उस स्कूल में एक ही मास्टर था और एक ही विद्यार्थी था; अब दो विद्यार्थी हो गए थे। शिक्षा दुगुनी हो गई! सौ प्रतिशत बढ़ गई!

आंकड़े बड़े झूठ बोलते हैं। राजनीतिज्ञ भलीभांति जानते हैं, कैसे आंकड़ों को उपयोग करना। तुम्हें समझ में ही न आएगा। उनके आंकड़े तुम देखो तो मुल्क अमीर होता जाता है, तुम गरीब होते जाते हो। तुम भूखे मरते हो, मुल्क की संपत्ति बढ़ती चली जाती है। उनके आंकड़े अगर तुम देखो तो कुछ और ही दुनिया है उनके आंकड़ों की। और उनके आंकड़ों में घिरे वे बैठे रहते हैं और हिसाब लगाते रहते हैं। नीचे असलियत बड़ी और है। आंकड़े असलियत को छिपाते हैं, उघाड़ते नहीं।

तथ्य तो तुम्हारी व्याख्या है; तुम्हारी धारणा उसमें समाविष्ट हो गई है। सत्य निर्धारणा होकर देखी गई बात है।

फरीद के वचन का मैं अर्थ करता हूं: 'बोलिए सचु धरमु'--तुम्हारी सच्चाई से, तुम्हारे अस्तित्व से, तुम्हारे स्वभाव से, तुम्हारे धर्म से बोलो; अपनी प्रमाणिकता से बोलो, अप्रमाणिकता से नहीं। और तभी यह संभव होगा, तभी यह संभव होगा: 'जो गुरु दसै वाट मुरीदा जोलिए।' तभी यह संभव होगा कि गुरु जो राह दिखाएगा, तुम उस पर चल सकोगे, उसके पहले नहीं। क्योंकि उसके पहले तो गुरु जो रास्ता बताएगा, उसमें भी तुम अपनी धारणा से हिसाब लगाओगे।

यह मेरा रोज का अनुभव है: मैं कुछ कहता हूं, लोग करते कुछ हैं। और उनसे मैं पूछता हूं तो वे कहते हैं कि आपने ही तो कहा था! तब मैं गौर करता हूं तो मैं पाता हूं कि उन्होंने कहां होशियारी की। जो मैं कहता हूं उसमें से कुछ चुन लेते हैं वे। कभी-कभी ऐसा भी हो सकता है कि वह कुछ पूरे के विपरीत हो।

कुरान में एक वचन है। वचन यह है कि तू शराब पी, नरक में सड़ाया जाएगा। एक मुसलमान शराब पीता था। मौलवी ने उससे कहा: पागल, तू सदा मस्जिद आता है। सदा मेरी बात सुनता है। हजार बार तूने सुना होगा यह वचन कि तू शराब पी और नरक में सड़ाया जाएगा। फिर भी तू पीए चले जा रहा है? तुझे होश नहीं आया?

उसने कहा: अभी मैं आधे वचन को ही पूरा करने में समर्थ हूं--तू शराब पी; अभी बाकी वचन की सामर्थ्य नहीं; धीरे-धीरे...।

कभी-कभी अंश पूरे के विपरीत हो सकता है। कभी-कभी खंड समग्र के विपरीत हो सकता है; क्योंकि समग्र बड़ी और बात है। तो मैं देखता हूं कि कहूं कुछ, परिणाम कुछ हो जाता है। वह चुनने वाला वहां बैठा है। जब तक तुम अपनी प्रामाणिकता से ही बदलने को नहीं राजी हो तब तक कोई तुम्हें बदल न सकेगा। क्योंकि तुम्हें कोई कैसे बदलेगा, जब तुम ही बदलना न चाहते होओ? अगर तुम ही अपने साथ खेल खेल रहे हो, अपने को ही धोखा देने में लगे हो, तो तुम्हें कोई भी नहीं जगा सकता। सोए को कोई जगा दे; और जागा हुआ कोई आंख बंद किए पड़ा है, उसको तुम कैसे जगाओगे? वह जागना ही नहीं चाहता।

बोलिए सचु धरमु न झूठ बोलिए।
जो गुरु दसै वाट मुरीदा जोलिए।।

और फिर जो गुरु राह बता दे, उसे सुनना अपनी वास्तविकता में। उसे सुनना अपनी धारणाओं को हटा कर। उसके इशारे को पहचानने की कोशिश करना उसकी तरफ से, अपनी तरफ से नहीं; क्योंकि तुम तो कुछ गलत ही समझोगे। तुम गलत हो : तुम जो व्याख्या करोगे वह गलत होगी, तुम जो मतलब निकालोगे वह तुम्हारा अपना होगा। वह जो कहता है उसे ठीक से सुन लेना--अपने मन को अलग हटा कर, किनारे रख कर।

'प्रेमी के रास्ता पार कर लेने पर प्रियतमा को हिम्मत बंध जाती है।'

और जैसे-जैसे तुम गुरु की बात मान कर चलोगे, गुरु की आंखों में तुम्हें दिखाई पड़ने लगेगा कि तुम्हारे संबंध में आस्था और आश्वासन आने लगा। तुम अपनी फिकर मत करना; तुम गुरु की आंख में देखना। तुम यह मत सोचना अपनी तरफ से कि मैं खूब बढ़ रहा हूं, खूब कर रहा हूं और ठीक विकास हो रहा है। यह सवाल नहीं है। तुम इस बात को देखना कि गुरु तुम्हारे प्रति आश्वस्त हो रहा है या नहीं।

अभी कल रात मैं एक जर्मन विचारक, हेरिगेल, की किताब पढ़ रहा था। उसने छह वर्ष तक जापान में एक गुरु के पास धनुर्विद्या सीखी। धनुर्विद्या के माध्यम से जापान में ध्यान सिखाया जाता है। वह झेन फकीरों का एक रास्ता है। और धनुर्विद्या में ध्यान बड़ी सुविधा से फलित होता है; मगर बड़ा कठिन भी है। छह साल! और हेरिगेल पहले से ही धनुर्विद्या में कुशल व्यक्ति था। तो उसने सोचा था कि साल-छह महीने में सब सीख कर लौट आऊंगा। तीन साल बीत गए, कुछ भी हल नहीं होता, और गुरु कुछ असंभव मालूम होता है; क्योंकि वह बातें ऐसी कहता है जो हेरिगेल की पकड़ में नहीं आतीं। पहली तो बात वह यह कहता है कि लक्ष्य-भेद हमारा लक्ष्य नहीं है। तीर तुम्हारा ठीक जगह पर लग गया, इससे हमें कुछ लेना-देना नहीं है--लग गया, ठीक; नहीं लगा, ठीक। असली सवाल तुम्हारे हृदय से, तुम्हारे भीतर से जब तीर छूटा तब ठीक छूटा की नहीं, वह सवाल है। ठीक तो कभी-कभी ऐसे भी लग जाता है, अंधेरे में भी लग जाता है। ठीक तो तकनीकी ढंग से भी लग जाता है। अगर कोई आदमी ने तकनीक सीख लिया तो तीर लग जाता है जाकर। यह सवाल नहीं है। ध्यान कहां घटित होगा? तुम्हारे

भीतर जब तीर छूटता है, उस क्षण का सवाल है। उस क्षण ध्यान में छूटता है तो लगा--लगे या न लगे। अगर ध्यान में न छूटा; विचारणा में छूटा तो लग भी जाए तो बेकार।

तीन साल बाद हेरिगेल को लगा कि मैं सिर पचा रहा हूं इस आदमी के साथ; क्योंकि तीर का मतलब होता है कि लगना चाहिए। पश्चिम का सोचने का ढंग यह है कि जब तुम तीर सीख रहे हो तो उसका कुल अर्थ इतना है कि कितनी बार निशाने पर लगता है; अगर सौ प्रतिशत लगने लगा तो तुम पूरे कलाकार हो गए। और यह आदमी पागल है: सौ प्रतिशत तीर लगे तो भी वह सिर हिलाए जाता है; वह कहता है कि नहीं।

और दूसरी बात गुरु ने कही कि जब तुम तीर चलाओ तो तुम्हें नहीं चलाना चाहिए; वह चलाए--परमात्मा! तुम तो सिर्फ तीर लेकर खड़े रहो।

उसने कहा: यह बिलकुल पागलपन हो गया। वह कौन है? वह कहां से चलाएगा? मैं नहीं चलाऊंगा तो तीर कैसे चलेगा?

और गुरु कहता है: चलेगा। और गुरु जब चलाता है तो हेरिगेल भी देखता है कि बात तो ठीक कहता है। जब वह तीर खींचता है तो हेरिगेल ने जाकर उसकी मसल टटोल कर देखी, उसकी मसल पर जोर नहीं है, जो कि होना चाहिए। इतनी बड़ी प्रत्यंचा को वह खींच रहा है, मसल ऐसे हैं जैसे छोटे बच्चे के हों। उसमें मसल है ही नहीं! कहीं कोई तीर खींचने का तनाव नहीं है। चेहरे पर कोई तनाव नहीं है। और वह खड़ा रहता है तीर खींच कर, और जब तीर छूटता है तो ऐसे ही छूटता है जैसे कि वह गुरु उसको जिस ढंग से समझाता है। वह प्रतीक उसको भी ठीक लगता है।

जापान में बांसों का बड़ा प्रेम है। और गुरु कहता है: जैसे बांस की शाखा पर बर्फ पड़ जाती है तो बांस उसे झकझोरता थोड़े ही है; बांस वजन में झुक जाता है; झुकता जाता है, झुकता जाता है; एक घड़ी आती है, बर्फ खुद ही सरक जाती है। फिर बांस अपनी जगह उठ कर खड़ा हो जाता है। ऐसा ही तीर तुम खींच कर खड़े रहो, खड़े रहो, खड़े रहो, खड़े रहो--एक घड़ी आती है, तीर अपने से छूट जाता है, जैसे बर्फ सरक जाती है।

वह उसकी समझ में नहीं आता। उसने बड़े उपाय किए। वह एक महीने भर की छुट्टी लेकर दूर समुद्र के तट पर चला गया। वह आदमी कुशल है, होशियार है। उसने सोचा, कोई तरकीब होगी इसमें, क्योंकि गुरु का हाथ बिलकुल छूट जाता है। तो उसने तरकीब साध ली। एक महीना उसने कई तरह के उपाय किए। उसने एक तरकीब खोज ली। वह तरकीब उसने यह खोजी कि तीर को खींच कर वह खड़ा हो जाए और हाथ को इतने धीमे से छोड़े, इतने आहिस्ते से छोड़े कि छोड़ने का पता न चले; धीमे से छोड़ दे और तीर छूट जाए। वह महीने भर में निष्णात हो गया। उसने कहा कि अरे, इतनी सी बात थी और मैं नाहक परेशान हो रहा था!

वह आया। उसने तीर चला कर गुरु को दिखाया। गुरु एकदम चौंका, इतना कभी नहीं चौंका था। वह पास आया और उसने कहा: वंस अगेन प्लीज, एक बार फिर। यह भी डरा, हेरिगेल भी डरा

कि शायद उसमें कुछ गड़बड़ हो गई है या क्या...? तीर बिलकुल छूटा तो सही है। गुरु को भरोसा न आया कि यह छूट नहीं सकता; क्योंकि यह तो छूट ही तब सकता है जब ध्यानस्थ चित्त हो, यह तो ध्यानस्थ चित्त है नहीं अभी! यह तीर छूटा कैसे? इसने कोई तरकीब सीख ली है।

दुबारा उसने तीर छोड़ कर बताया। गुरु ने उसके हाथ से प्रत्यंचा ले ली और उसकी तरफ पीठ करके बैठ गया--जो कि जापान में बड़े से बड़ा अपमान है जो गुरु शिष्य का कर सकता है: पीठ करके बैठ जाना। उसने कहा कि बात खत्म हो गई। पंद्रह दिन तक बड़ी मिन्नतें की गुरु की, आदमियों से खबरें पहुंचाईं; उसने कहा कि नहीं। जब शिष्य गुरु को धोखा दे तो फिर कोई उपाय नहीं।

हेरिगेल ने लिखा है: मैंने धोखा दिया नहीं था। यह पश्चिमी और पूर्वीय बुद्धि का भेद है। मैंने कोई धोखा दिया नहीं था। मैंने तो सोचा था कि मैंने कोई तरकीब खोज ली है। मगर गुरु ने उसको ऐसा लिया कि धोखा दिया गया है। बामुश्किल गुरु राजी हुआ और उसने कहा: दुबारा ऐसी भूल न हो, अन्यथा मैं तुम्हारी शक्ल न देखूंगा।

वह जो पीठ फेर कर बैठ जाना है...।

छैल लघंदे पार गोरी मनु धीरिआ।

'जैसे कि प्रेमी नदी पार करके आ रहा है और प्रेयसी इस किनारे खड़ी है और प्रेमी उस पार से आ रहा है; नदी तेज है, भयंकर उसका प्रवाह है, या वर्षा की बाढ़ है, उत्तुंग तरंगें हैं और गोरी का डर, और गोरी का मन कंप रहा है कि पता नहीं प्रेमी पार कर पाएगा, नहीं कर पाएगा, नदी बहा तो न ले जाएगी। वह शंकित है। वह आश्वस्त नहीं है। पर जैसे-जैसे प्रेमी पास आने लगता है इस किनारे के, गोरी आश्वस्त होती जाती है, प्रेयसी को धीरज बंधता जाता है: अब, अब डर नहीं है!'

गुरु किनारे खड़े शिष्य को ऐसे ही देखता है। तुम गुरु की नजरों पर नजर रखना। जब तुम उसमें पाओ कि आश्वासन आ गया; जब तुम पाओ कि गुरु प्रसन्न है; जब तुम पाओ कि वह मुस्कुरा रहा है; जब तुम पाओ कि आशीष बरसते हैं उससे; जब तुम पाओ कि अब वह आश्वस्त है--तभी तुम आश्वस्त होना। अपनी तरफ से आश्वस्त मत हो जाना, नहीं तो तुम खुद धोखा दे लोगे अपने को। तुम्हारी धोखा देने की इतनी संभावना है कि जिसका कोई हिसाब नहीं। तुम अपने पर भरोसा मत कर लेना।

छैल लघंदे पार गोरी मनु धीरिआ।

कि प्रेमी पास आ गया, अब ज्यादा दूरी न रही; हाथ दो हाथ मारने की बात है, किनारा लग जाएगा। गोरी के मन धीरज आ गया।

प्रेमी के नदी पार कर लेने पर जैसे प्रियतमा को हिम्मत बंध जाती है, ऐसे ही जिस दिन तुम गुरु की आंख में हिम्मत बंधी देखो तुम्हारे बाबत, आश्वस्त देखो गुरु को, उसी दिन आश्वस्त होना, उसके पूर्व नहीं।

'तू करौत से चीर दिया जाएगा यदि तू कंचन की तरफ लुभाएगा।'

कंचन वंने पासे कलवति चीरिआ।

और प्रेम के जगत में एकमात्र ही भटकाव है, वह धन है। यह बड़ी मनोवैज्ञानिक और बड़ी गहरी बात है। फरीद कह रहा है कि प्रेम से चूकने का एक ही उपाय है और वह है कि तू कंचन में उत्सुक हो जाए, तू धन में उत्सुक हो जाए। अब यह नाजुक है। यह खयाल बड़ा गहरा है। और मनोविज्ञान अब इसकी खोज कर रहा है धीरे-धीरे। और मनोविज्ञान कहता है कि जो आदमी धन में उत्सुक है वह आदमी प्रेम में उत्सुक नहीं होता। ये दोनों बात एक साथ होती ही नहीं--ऐसे ही जैसे जो आदमी पूरब चल रहा है, वह पश्चिम की तरफ नहीं चल रहा है।

क्यों धन और प्रेम में इतना विरोध है?

प्रेम बड़े से बड़ा धन है। जिसने प्रेम को पा लिया, उसे धन मिल गया। वह अपनी गरीबी में भी हीरे-जवाहरातों का मालिक है। लेकिन जिसने प्रेम नहीं पाया, उसके लिए फिर एक ही रास्ता है कि वह धन इकट्ठा करे, ताकि थोड़ा सा आश्वासन तो मिले कि मेरे पास भी कुछ है। धन प्रेम का सब्स्टीटयूट है, परिपूरक है। इसलिए कृपण आदमी प्रेमी नहीं होता। कंजूस प्रेमी नहीं होता--हो नहीं सकता, नहीं तो वह कंजूस नहीं हो सकता। ये दोनों बातें एक साथ नहीं घट सकतीं; ये विपरीत हैं। जितना तुम धन को इकट्ठा करते हो उतना ही तुम्हारा प्रेम पर भरोसा कम है। तुम कहते हो : कल क्या होगा? बुढ़ापे में क्या होगा? हालत बिगड़ जाएगी आर्थिक तो परिस्थिति कैसे सम्हालूंगा?

प्रेमी कहता है : क्या करेंगे; जो प्रेम आज करता है वह कल भी करेगा। जिसने आज प्रेम दिया है और भरपूर किया है वह कल भी फिकर लेगा।

अगर तुम किसी को पाते हो जो तुम्हें प्रेम करता है तो तुम्हें बुढ़ापे की चिंता न होगी। लेकिन अगर तुम्हारा कोई नहीं प्रेमी, तुमने किसी को इतना प्रेम नहीं दिया, न कभी किसी से इतना प्रेम लिया, तो तिजोड़ी ही सहारा है बुढ़ापे में। और फिर तुम्हें डर है, प्रेमी तो धोखा दे जाए; तिजोड़ी कभी धोखा नहीं देती। प्रेमी का क्या भरोसा, आज साथ है, कल अलग हो जाए! धन ज्यादा सुरक्षित मालूम पड़ता है। प्रेमी माने न माने, धन तो सदा तुम्हारी मान कर चलेगा। धन तो कोई अड़चन खड़ी नहीं करता, मालकियत पूरी स्वीकार करता है। फिर धन का तुम जैसा उपयोग करना चाहो, जब करना चाहो, वैसा कर सकते हो। प्रेमी का तुम उपयोग नहीं कर सकते। प्रेमी प्रेम में कुछ करे, ठीक; प्रेमी के साथ जबर्दस्ती नहीं की जा सकती।

मनोवैज्ञानिक कहते हैं, छोटा बच्चा जब पैदा होता है तो अगर मां उसको प्रेम करती हो तो वह ज्यादा दूध नहीं पीता। आपको भी अनुभव होगा, अगर मां बच्चे को ठीक प्रेम करती है तो मां सदा परेशान रहती है कि उसको जितना दूध पीना चाहिए, वह नहीं पी रहा है; जितना खाना खाना चाहिए, वह नहीं खा रहा है। वह उसके पीछे लगी है चौबीस घंटे कि और खा। क्यों? क्योंकि बच्चा जानता है, जिस स्तन से दूध अभी बहा प्रेम से भरा हुआ, जब भूख लगेगी फिर बहेगा। भरोसा है। लेकिन अगर मां बच्चे को प्रेम न करती हो; नर्स हो, मां न हो; तो बच्चा छोड़ता ही नहीं स्तन। क्योंकि बच्चे

को डर है : तीन घंटे बाद जब भूख लगेगी, नर्स उपलब्ध रहेगी नहीं रहेगी, इसका कुछ पक्का नहीं है। भविष्य अंधकारपूर्ण है। इसलिए तुम देखोगे, जिन बच्चों को प्रेम नहीं मिला उनके पेट बड़े पाओगे; जिन बच्चों को प्रेम मिला उनके पेट बड़े नहीं पाओगे। पेट बड़ा, मां की तरफ से प्रेम नहीं मिला, इसका सबूत है। बड़ा पेट यह कह रहा है कि थोड़ा भोजन हम इकट्ठा कर लें वक्त-बेवक्त के लिए, क्योंकि कुछ भरोसा तो है नहीं। नर्स क्या भरोसा ? मां का, अगर वह सिर्फ शरीर की ही मां हो और हृदय से प्रेम न बहता हो, और भरोसा न हो, तो बच्चा बेचारा अपनी सुरक्षा कर रहा है। वह यह कह रहा है, थोड़ा अतिरिक्त हमेशा रखना चाहिए : कभी रात भूख लगेगी, कोई उठाने वाला न होगा, तो पेट भरा होना चाहिए।

तुम ध्यान रखना, गरीब लोग ज्यादा खाते हैं, क्योंकि कल का भरोसा नहीं। अमीर की भूख ही मिट जाती है, क्योंकि जब चाहिए तब मिल जाएगा। अमीरों के पेट बड़े होने चाहिए वस्तुतः। लेकिन तुम पाओगे, अकालग्रस्त क्षेत्रों में लोगों के पेट बहुत बड़े हो जाते हैं; सारा शरीर सूख जाता है, पेट बड़ा हो जाता है। क्योंकि जब मिल जाता है तब वे पूरा खा लेते हैं, जरूरत से ज्यादा खा लेते हैं; क्योंकि दो-चार-पांच दिन चलना पड़ेगा, क्या पता बिना खाने के चलना पड़ेगा!

मां के स्तन पर बेटे को दो रास्ते खुलते हैं : एक प्रेम का रास्ता है। एक पेट का रास्ता है। पेट यानी धन, पेट यानी तिजोड़ी। एक प्रेम का रास्ता है। प्रेम यानी प्राण, प्रेम यानी आत्मा। तिजोड़ी यानी शरीर; प्रेम यानी परमात्मा। तो जिनके जीवन में प्रेम की कमी है, वे धन पर भरोसा रखेंगे।

इसलिए फरीद कहता है :

कंचन वंने पासे कलवति चीरिआ।

और ध्यान रखना, प्रेम के रास्ते में धन के अतिरिक्त और कोई बाधा नहीं है। अगर धन की तरफ झुका, लुभाया, तो आरे से चीर दिया जाएगा। इसका कुछ मतलब ऐसा नहीं है कि कोई आरे से किसी को चीर देगा। लेकिन जब प्रेम कट जाता है तो प्राण ऐसे ही कट जाते हैं जैसे आरे से चीर दिए गए हों।

सेख हैयाती जगि न कोई थिरु रहिआ।

'शेख, इस दुनिया में कोई हमेशा रहने वाला नहीं है। जिस पीढ़े पर हम बैठे हैं, उस पर कितने ही बैठ चुके हैं।'

वैज्ञानिक कहते हैं कि जिस जगह तुम बैठे हो वहां कम से कम दस आदमियों की लाशें दफनाई जा चुकी हैं। इंच-इंच जमीन पर करोड़ों-करोड़ों लोग दफनाए जा चुके हैं। तुम भी थोड़े दिन बाद जमीन के भीतर होओगे, कोई और तुम्हारे ऊपर बैठा होगा। पर्त-दर-पर्त मुर्दे दबते जाते हैं।

शेख, इस दुनिया में कोई भी हमेशा रहने वाला नहीं है।

बुद्ध का बड़ा प्रसिद्ध वचन है : 'सब्बे संघार अनिच्चा।'--इस संसार में सभी कुछ बहावमान है, बहता जा रहा है, परिवर्तनशील है। इसमें कहीं भी कोई किनारा नहीं है। लहरों को किनारे मत

समझ लेना और उनको पकड़ कर मत रुक जाना। और जिस जगह तुम बैठे हो, बैठे-बैठे अकड़ मत जाना, उसको सिंहासन मत समझ लेना। सब सिंहासनों के नीचे कब्रें दबी हैं!

'जैसे कुलंग पक्षी कार्तिक में आते हैं, चैत में दावानल और सावन में बिजलियां आती हैं और जाड़े में जैसे कामिनी अपने प्रीतम के गले में बांहें डाल देती है--ऐसे ही सब क्षण भर को आता है और चला जाता है। इस सत्य पर तू अपने मन में विचार कर कि यहां सब क्षणभंगुर है।'

शाश्वत के सपने मत सजा। शाश्वत के सपने सजाएगा तो भटकेगा। क्षणभंगुर के सत्य को देख। इस पर तू अपने मन में विचार कर।

'मनुष्य के गढ़े जाने में महीनों लगते हैं, टूट जाने में क्षण भी नहीं लगता।'

फरीद कहते हैं: 'जमीन ने आसमान से पूछा, कितने खेने वाले चले गए; श्मशान और कब्रों में उनकी रूहें झिड़कियां झेल रही हैं!'

चले चलणहार विचारा लेइ मनो।

चलती हुई हालत है; चल ही रहे हैं मौत की तरफ। 'चले चलणहार'...चल ही पड़े हैं। जन्म के साथ ही आदमी मरने की तरफ चल पड़ा है।

चले चलणहार विचारा लेइ मनो।

ठीक से सोच ले। यहां घर बनाने की कोई जगह नहीं है। यहां रात रुक जा, ठीक; मंजिल यहां नहीं है। पड़ाव हो, बस; सुबह उठे और डेरा उठा लेना है।

चले चलणहार विचारा लेइ मनो।
गंढेदिआं छिअ माह तुरंदिआ हिकु खिनो।।

'छह महीने लग जाते हैं बच्चे के गढ़ने में, क्षण-भर में मिट जाता है। मरने में क्षण-भर नहीं लगता।'

जिमी पुछै असमान फरीदा खेवट किनी गए।

'जमीन आसमान से पूछती है, फरीद, कितने खेने वाले, नावें चलाने वाले माझी आए और चले गए।'

जारण गोरा नालि उलामे जीअ सहे।

और वे सब कहां हैं जो बड़ा मस्तक उठा कर माझी बने थे: जो नाव पर अकड़ कर बैठे थे; जिन्होंने सिंहासनों को शोभायमान किया था--वे अब सब कहां हैं? वे सब बड़े खेने वाले लोग कहां खो गए?

'श्मशान और कब्रों में उनकी रूहें झिड़कियां झेल रही हैं!'

अब वे अपने लिए ही पछता रहे हैं कि उन्होंने जीवन व्यर्थ खोया। अब वे रो रहे हैं कि उन्होंने कुछ न किया, जो करने योग्य था! और वह सब कमाया जो मिट्टी था! हीरे गंवाए, कंकड़ इकट्ठे किए! कूड़ा-करकट सम्हाला, संपदा खोई। अब वे झिड़कियां झेल रहे हैं; खुद पछता रहे हैं।

जीवन, जिसे तुम जीवन कहते हो, जीवन नहीं है; वह तो केवल मरने की प्रतीक्षा है; मृत्यु के द्वार पर लगा क्यू है: अब मरे, तब मरे! एक और जीवन है, एक महाजीवन है। धर्म उसी का द्वार है लेकिन जो इस जीवन को मृत्यु जान लेगा वही उस महाजीवन की खोज में निकलता है। इस पर ठीक से सोचना।

फरीद ठीक कहता है: खूब मन ठीक से विचार कर ले। यही जीवन हो सकता है, यह क्षणभंगुर, जो अभी है और अभी गया; हवा के झोंके में कंपते हुए पत्ते की भांति, जो प्रतिपल मरने के लिए कंप रहा है। सुबह के उगते सूरज में जैसे ओस समा जाती है, विलीन हो जाती है, खो जाती है, ऐसी मौत किसी भी दिन तुझे तिरोहित कर देगी। यह तेरा होना, कोई होना है? इस पर ठीक से विचार कर ले। जिन्होंने भी ठीक से विचार किया वे ही नये अस्तित्व की खोज में लग गए।

बुद्ध ने देखा मरे हुए आदमी को, पूछा अपने सारथी को: क्या हो गया है इसे?

सारथी ने कहा: सभी को हो जाता है--अंत में सभी मर जाते हैं।

बुद्ध ने कहा: रथ वापस लौटा ले।

सारथी ने कहा: लेकिन हम युवक-महोत्सव में भाग लेने जा रहे थे। वे आपकी प्रतीक्षा करते होंगे, क्योंकि राजकुमार गौतम को ही युवक-महोत्सव का उद्‌घाटन करना था।

गौतम बुद्ध ने कहा: अब मैं युवक न रहा। जब मौत आती है, और मौत आ रही है--कैसा यौवन? कैसा उत्सव? वापस लौटा ले। मैं मर गया। इस आदमी को मरा हुआ देख कर मैं जिसे अब तक जीवन समझता था, वह मिट गया; अब मुझे किसी और जीवन की तलाश में जाना है। उस जीवन की खोज ही धर्म है।

आज इतना ही।

दूसरा प्रवचन

मैं तुमसे बोल रहा हूं

प्रश्न-सार

तड़फते-तड़फते जब सीना छलनी हो जाए व्यक्ति एक घाव हो जाए और फिर भी होश न आए--तब क्या?

लगातार बारह वर्षों तक सत्य-भाषण से क्या मुक्ति उपलब्ध होती है?

मेरा तथा अन्यों का दुख ओशो कैसे जान लेते हैं, और प्रवचन से ही सभी संदेहों और प्रश्नों का समाधान कैसे मिल जाता है?

पहला प्रश्न :

ओशो, तड़फ्ते-तड़फ्ते मेरा सीना छलनी हो गया है और मैं एक घाव हो गई हूं; मगर जागने और होश में आने की फिर भी कोई इच्छा नहीं है। क्या कारण है? और गहरा डोज़ दे ही डालिए।

अतिशयोक्ति से बचना जरूरी है। अतिशयोक्ति असत्य का ही एक रूप है--छिपा हुआ, दिखाई नहीं पड़ता। और अतिशयोक्ति को जिसने भी जीवन में पकड़ लिया, उसकी कोई भी समस्या हल होनी असंभव हो जाएगी; क्योंकि समस्या इतनी बड़ी होती ही नहीं जितनी बड़ी अतिशयोक्ति के कारण दिखाई पड़ती है। जहां सुई से काम हो जाए वहां तलवार की तो कोई जरूरत होती नहीं। लेकिन अगर अतिशयोक्ति के कारण तुम्हें ऐसे दिखाई पड़े कि तलवार की जरूरत है, तो जो काम सुई से हो सकता था वह तो तलवार से न होगा। सुई तो जोड़ती, तलवार और तोड़ देगी; सुई से तो सीना हो जाता, तलवार से तो और कपड़े फट जाएंगे।

धर्म के मार्ग पर भी अतिशयोक्ति एक बहुत बड़ा उपद्रव है, और मन का आग्रह है अतिशयोक्ति का। मन सभी चीजों को बड़ा करके देखता है। न तो तुम्हारा दुख इतना बड़ा है जितना बड़ा करके तुम देखते हो; न तुम्हारी समस्याएं इतनी बड़ी हैं जितनी बड़ी करके तुम देखते हो।

मन सभी चीजों को मैग्निफाई करता है, क्योंकि अहंकार बड़ी चीजों में रस लेता है। दुख की बात होगी तो तुम दुख के हिमालय की चर्चा करोगे। जरा सी अशांति हो जाएगी कि आंधी और तूफानों को ले आओगे। इस बचकानी आदत से बचो। क्योंकि तब प्रारंभ से ही यात्रा गलत हो गई; समाधान का उपाय न होगा।

मैं एक घर में मेहमान था। मेजबान का छोटा सा बच्चा भागा हुआ बाहर से भीतर आया, और उसने पिता से आकर कहा कि मेरे पीछे सैकड़ों शेर लग गए--बब्बर शेर! बाप ने कहा: ठीक से बता। शेर यहां सड़क पर कहां मिल जाएंगे? बब्बर शेर तुझे कहां मिल गए?

लड़का थोड़ा चौंका। उसने कहा: शेर तो नहीं थे, कुत्ते ही थे।

बाप ने कहा: और जरा ठीक से बता। सैकड़ों कुत्ते अचानक कहां से आ जाएंगे?

उसने कहा: सैकड़ों तो नहीं थे, एक ही था।

बाप ने पूछा: वह तेरे पीछे लगा था? तुझ पर हमला किया था?

उसने कहा: वह हमला क्या करेगा? पड़ोसी का लंगड़ा कुत्ता! मगर वह पीछे-पीछे आ रहा था।

बाप का नाराज होना स्वाभाविक था। उसने कहा: दस करोड़ दफे तुझसे कह चुका हूं कि अतिशयोक्ति मत किया कर।

लड़का तो चला गया। मैंने बाप से पूछा: इस लड़के की उम्र कितनी है? उसने कहा कि होगी कोई तीन साल की।

तो मैंने कहा: अगर इसके जन्म से लेकर तुम रोज एक लाख बार कह रहे हो तब कहीं तीन साल में दस करोड़...। अतिशयोक्ति तुम इसकी रुकवाना चाहते हो; अतिशयोक्ति तुम भी कर रहे हो, और इससे ज्यादा कर रहे हो। शायद इसकी अतिशयोक्ति में तो थोड़ा सच है--थोड़ा सच यह है कि यह डर गया है; कुत्ता ही सही, लेकिन इसको डर शेर का लग गया होगा। यह घबड़ा गया है; घबड़ाहट में हजारों-सैकड़ों कर डाले इसने; कुत्ते का शेर हो गया। लेकिन इसकी अतिशयोक्ति में भी थोड़ा सच है; तुम्हारे दस करोड़ में तो इतना भी सच नहीं है। पर अपनी अतिशयोक्ति दिखाई नहीं पड़ती। दूसरे की अतिशयोक्ति सरलता से दिखाई पड़ जाती है।

पूछा है: 'तड़फते-तड़फते मेरा सीना छलनी हो गया है!'

अगर सच में ही इतना तड़पा हो कि सीना छलनी हो जाए तो परमात्मा से मिलना हो ही जाता है; क्योंकि तड़प ही तो उसकी प्रार्थना है और तड़प ही तो उसकी पूजा है। और जो इतना तड़पा हो कि सीना छलनी हो जाए...।

थोड़ा सोचना कि छलनी का मतलब क्या होता है? छेद ही छेद हो गए हों जहां, कुछ भी पकड़ने की सुविधा न रह गई हो। छलनी कुछ भी सम्हाल नहीं सकती; भरो पानी, सब बह जाता है। सीना छलनी हो जाने का मतलब यह होता है कि अब कुछ भी पकड़ने की सामर्थ्य न रही; कोई आसक्ति न रही; किसी भी चीज को परिग्रह करने का उपाय न रहा। अहंकार भी नहीं भर सकता,

सीना छलनी हो जाए तो, क्योंकि वह भी बह जाएगा; वासना नहीं भर सकती; महत्वाकांक्षा नहीं भर सकती; ईर्ष्या, घृणा नहीं भर सकती; मोह, आसक्ति, माया-मत्सर, कुछ भी नहीं भर सकता।

सीना छलनी हो गया, तो तुम शून्य हो जाओगे। सीना छलनी हो जाए, तुम शून्य हो जाओ, तो पूर्ण से मिलने में बाधा और क्या है?

नहीं, लेकिन कविता करना एक बात है; जीवन के सत्यों को समझना बिलकुल दूसरी बात है। लंगड़े कुत्ते को देख कर शेर बब्बर याद आ गया है।

'तड़फते-तड़फते मेरा सीना छलनी हो गया है!'

और ध्यान रखना, अच्छे शब्दों में खतरा है, सुंदर शब्दों में खतरा है; क्योंकि एक शब्द के पीछे दूसरा शब्द बंधा चला आता है। तुमने कविता शुरू की; शुरू भला तुमने की हो, अंत तुमसे नहीं होता। तुमने एक पंक्ति कविता की बना ली, दूसरी पंक्ति पहली पंक्ति से अपने आप पैदा हो जाती है। इसे थोड़ा मन में सोचना और समझना और विश्लेषण करना।

जहां तुम कल्पना में उतरना शुरू हुए कि अनंत कल्पनाओं के द्वार खुल जाते हैं। फिर सब तरफ से कल्पनाएं बहना शुरू हो जाती हैं। मनुष्य का मन तो सपने देखने में बड़ा कुशल है। झूठ तो उसकी एकमात्र कला है। और तो मन कुछ जानता ही नहीं। सत्य से तो उसका कोई संबंध नहीं है।

'और मैं एक घाव हो गई हूं!'

अगर तुम घाव ही हो जाओ, अगर तुम्हारे प्राण सिर्फ पीड़ा ही पीड़ा से भर जाएं, तो फिर और करने को बचा क्या? फिर और तुम करोगे भी क्या? फिर भी अगर परमात्मा न मिले तो उसका एक ही अर्थ होता है कि परमात्मा होगा ही नहीं। तो ऐसी चित्त-दशा के दो ही अर्थ हो सकते हैं: या तो परमात्मा है ही नहीं, क्योंकि अब और क्या किया जा सकता है--जो करना था वह सब किया जा चुका: तुम घाव हो गए, सीना छलनी हो गया! और या फिर परमात्मा तो है; यह घटना तुम्हें नहीं घटी है। इसकी तुमने कल्पना कर ली है। हालांकि तुम्हारा मन भी यही होगा कि जहां तक तो परमात्मा ही न होगा; क्योंकि अपने पर शक नहीं आता, परमात्मा तक पर शक लाना आसान है। मेरा सीना तो छलनी हो ही गया है, मैं तो घाव हो ही गया हूं--मन यही कहेगा, इससे साफ है कि परमात्मा नहीं है। इसलिए तो नास्तिकता पैदा होती है।

नास्तिकता अपने पर भरोसा है--जरूरत से ज्यादा, अतिशयोक्तिपूर्ण। नास्तिकता यह कहती है, मैं तो हूं, परमात्मा नहीं है। आस्तिक कहता है, मैं नहीं हूं, परमात्मा है। बस तीर को जरा सा बदल लेना है। नहीं का तीर अपने पर लगा लेना है। वही तीर परमात्मा पर लग जाए--तीर वही है: मैं हूं, परमात्मा नहीं है; अपने होने को तुम बड़ा करके देख लो और परमात्मा के सारे होने को पी जाओ, उसको भी अपने अहंकार में जोड़ लो--तो नास्तिक। और तुम परमात्मा को इतना होना दे दो कि अपना होना भी उसी में सम्मिलित हो जाए, उसके अतिरिक्त अपना होना न बचे--तो आस्तिक।

और दो ही तो विकल्प हैं: या तो अहंकार का भरोसा है...।

यह सब भाषा अहंकार की है। तुम यह तो मान ही नहीं सकते कि तुम्हारी तरफ से कोई कमी रह गई है। परमात्मा अगर नहीं मिल रहा है तो परमात्मा की तरफ से ही कमी होगी; अगर नहीं मिल रहा है तो कठोर होगा; अगर नहीं सुन रहा है तो बहरा होगा; अगर नहीं दौड़ा चला आता है तुम्हारे घाव को देख कर तो उसके पास कोई हृदय नहीं है। अगर इसी से तुम चलते रहे--इसी तर्क पर, तो एक न एक दिन तुम कहोगे कि मैं तो ज़ार-ज़ार, छलनी-छलनी हो गया, परमात्मा कहीं है नहीं। तुम्हारे भीतर नास्तिक चल रहा है; नास्तिक पैदा होने की तैयारी कर रहा है। नास्तिक तुम्हारे गर्भ में छिपा है। अतिशयोक्ति में असत्य छिपा है, असत्य में नास्तिक छिपा है। इससे जागो!

तो, पहली तो बात यह है कि हजार छेद न हुए हों तो हजार छेदों की बात मत करो। अगर तुम आस्तिक से पूछो, ठीक आस्तिक से, तो वह यही कहेगा, मैंने तुझे पाने के लिए कुछ भी तो नहीं किया। अगर दो फूल चढ़ा दिए तो उसमें भी मेरा क्या है; तेरे ही फूल थे; तुझ पर चढ़े ही थे, उनको तोड़ लाया। कुछ बड़ा उपक्रम नहीं हो गया है। अगर तेरे सामने बैठ कर दो आंसू गिरा दिए, तो तेरी ही आंखें थीं, तेरे ही आंसू थे। तेरी ही चीज थी गोविंद, तुझी को समर्पित कर दी। मेरा इसमें क्या है?

आस्तिक तो अपने हृदय को भी उतार कर रख देगा परमात्मा के सामने; गर्दन भी उतार कर रख देगा, तो भी यह कहेगा कि मैं कौन हूं! तूने ही जन्म दिया था, तूने ही वापस ले लिया।

आस्तिक अपने में कर्तृत्व नहीं देखेगा; देखेगा परमात्मा को ही। और ऐसी घड़ी में कोई द्वार बंद कैसे रह सकता है? कभी नहीं रहा है। कोई तुम्हारे लिए कोई विशेष नियम थोड़े ही लागू करना होगा? एक भी छेद हो जाए हृदय में तो तुम खाली हो जाओगे। हजार छेदों की जरूरत थोड़े ही है। नाव एक छेद से डूब जाती है; कोई छलनी थोड़े ही होना पड़ता है।

मैं तुमसे कहता हूं, अभी एक भी छेद नहीं हुआ। यह छेद की बातचीत तुम्हारी कल्पना होगी। यह भी तुम्हारे मन का मजा है। और तरह के मजे देख लिए हैं--कि मेरे पास बहुत धन है, मेरे पास बड़ा मकान है, बड़ा पद है; अब उससे तुम ऊब गए हो, अब तुम एक नई महत्वाकांक्षा में लगे हो, मगर खेल वही है कि मेरे हृदय में हजार-हजार छेद हैं; किसी के हृदय में इतने छेद परमात्मा की पीड़ा से नहीं हुए; मैं छलनी हो गया! अगर कोई दूसरा दावा करेगा की मेरे छेद तो गिनो, तुमसे ज्यादा हैं, तो बड़ी पीड़ा होगी, दुख लगेगा। वही महत्वाकांक्षा, वही अहंकार नये रूपों में पकड़ रहा है। तो ऐसे तो यह मूढ़ता कभी भी न टूटेगी।

तो पहली बात तो गौर से देखो, फिर से सोचना--'तड़फते-तड़फते मेरा सीना छलनी हो गया है!'

क्या तड़पे हो? धन के लिए भी जितने तड़पे हो उतने परमात्मा के लिए नहीं तड़पे। कामवासना के लिए जितने तड़पे हो उतने राम के लिए नहीं तड़पे। अगर अभी जेब कट जाए तो जितने रोओगे उतने भी परमात्मा के खोने से नहीं रोए हो; कि अभी मकान गिर जाए तो जैसा छाती पर दुख का पहाड़ गिरेगा, ऐसा मंदिर के गिर जाने से कब पीड़ा हुई है? अभी छोटा सा बच्चा तुम्हारा चल बसे,

या पत्नी चल बसे, या पति चल बसे, तो जैसी दहाड़ मार कर तुम रोओगे, ऐसे तुम परमात्मा के खो जाने से रोए हो?

'तड़फते-तड़फते मेरा सीना छलनी हो गया है!'...फिर से सोचना। कविता करनी हो तो कोई हर्जा नहीं है।

यूनान में एक बहुत बड़ा विचारक हुआ, प्लेटो। उसने एक ऐसे समाज की कल्पना की है--भविष्य के एक उटोपिया की, जहां सब सुंदर होगा; मगर एक उसने अजीब बात अपने उस उटोपिया में, रिपब्लिक में लिखी है कि उस दुनिया में कवि बिलकुल नहीं होंगे। प्लेटो के कल्पना के लोक में, रामराज्य में, कवियों को कोई जगह नहीं है। शिष्यों ने पूछा कि यह आप क्या कह रहे हैं; यह तो हम सोच ही नहीं सकते--और सब होगा, सब सुंदर, और सुंदर के पुजारी न होंगे?

प्लेटो ने कहा: काव्य एक झूठ है। और कवियों से ज्यादा झूठे लोग पाना मुश्किल है।

इसमें सच्चाई है। सौ कवियों में निन्यानबे झूठे होते हैं, और एक जो झूठा नहीं होता उसको हमने ऋषि कहा है, कवि नहीं कहा है। हमने फर्क किया है इस मुल्क में। उपनिषद के कवियों को हमने ऋषि कहा है, क्योंकि वे वही कह रहे हैं जो उन्होंने जाना है। और तुम्हारे कवि-सम्मेलनों में जो कवि इकट्ठे हो रहे हैं, उनका जानने से कोई लेना-देना नहीं है। वे कल्पना करने में कुशल हैं, सपने संजोने में कुशल हैं। उनकी कविताएं सिवाय झूठ के और कुछ भी नहीं है। तुम्हें भी प्रीतिकर लगती हैं उनकी कविताएं, क्योंकि झूठ से झूठ का तालमेल हो जाता है। तुम भी प्रफुल्लित होते हो, क्योंकि ऐसा लगता है, जो तुम कहना चाहते थे वह उन्होंने कह दिया। तुम इतनी सुघड़ता से न कह पाते शायद, उन्होंने ज्यादा सुडौल शब्द चुने, ज्यादा लयबद्ध, ज्यादा संगीतपूर्ण! वे ज्यादा कुशल हैं मात्रा, व्याकरण, काव्य-शास्त्र, छंद में। तुम जो कहना चाहते थे वह उन्होंने कह दिया। लेकिन झूठ तुम्हारे भीतर भी घनीभूत है।

प्लेटो ठीक कहता है। मैं भी जानता हूं कि कवि नहीं हो सकते सुंदर लोक में, ऋषि होंगे। वे उतने की ही बात करेंगे जितना है। तुम इंच भर सत्य से हटे कि तुम बहुत दूर हट गए, जमीन-आसमान का फासला हो गया। इंच भर का फासला, जमीन-आसमान का फासला है।

'तड़फते-तड़फते मेरा सीना छलनी हो गया है!'

फिर से सोचना। अगर ऐसा हो ही गया होता तो कहने वाला भी न बचता।

'और मैं एक घाव हो गई हूं!'

अगर ऐसा हो ही गया होता तो प्रश्न न उठते; तुम्हारी पीड़ा ही अहर्निश उठती।

'मगर जागने और होश में आने की कोई इच्छा नहीं है!'

इससे सब बात साफ है। क्योंकि जब इतनी पीड़ा हो तो कोई सोया रह सकता है?

कभी तुमने खयाल किया, सुंदर सपना चलता हो तो नींद नहीं टूटती है; लेकिन नाइटमेयर, दुखस्वप्न चलता हो तो नींद टूट जाती है? एक सीमा है दुख के झेलने की। तुम देख रहे हो कि तुम्हारी

छाती पर भयंकर यमदूत बैठे हुए हैं--रात सपने में--हाथ में कृपाण उठा ली है, गर्दन पर गिरने ही वाली है, बस तुम पाओगे कि जब वह गर्दन को छूने के ही करीब थी धार उसकी, तभी नींद खुल गई।

एक सीमा है--पीड़ा को झेलने की और सोने की। जब तक तुम पीड़ा को झेलते हो और सोते हो, तब तक समझना कि पीड़ा में भी एक मिठास होगी। पीड़ा भी मीठी होती है। तुम पीड़ित भला सोचते हो कि हो रहे हो, लेकिन पीड़ा नींद को तोड़ने वाली नहीं है तो पीड़ा नहीं है।

जब वस्तुतः कोई दुखी होता है तो सपना कैसे टिक सकता है? सपना टूट जाता है। दुख तो दूर की बात है, जरा सा अलार्म बजता है घड़ी का और सपना टूट जाता है। अलार्म इतना व्याघात उत्पन्न कर देता है। और तुम्हारा जीवन घाव हो गया है, अभी भी अलार्म नहीं बजता? तुम्हारा सीना छलनी हो गया और अभी तक नींद से जगने की आकांक्षा पैदा नहीं होती? आकांक्षा का सवाल कहां है! इतनी पीड़ा में तो नींद टूट ही जाएगी। नींद के लिए सुविधा चाहिए।

तुमने खयाल किया होगा, जरा सा कंकड़ पड़ा हो बिस्तर पर तो नींद नहीं आती। छोड़ो कंकड़, तकिया तुम्हारे रोज की आदत के अनुकूल ऊंचा-नीचा न हो तो नींद नहीं आती। जरा सी तकलीफ हो तो नींद नहीं आती; और सीना छलनी हो जाए, हृदय घाव बन जाए और नींद से उठने की इच्छा न हो--यह असंभव है।

नहीं, कहीं तुम्हारे स्वयं को देखने में भूल हो गई। देखने की तुमने फिकर ही न की। तुमने तो कविता बनाने की कोशिश की। प्रश्न नहीं लिखा, एक कविता लिख दी है, झूठ लिख दिया है। तुमने अच्छा प्रश्न बनाने की कोशिश की, सच्चा प्रश्न नहीं। तुमने मुझे प्रभावित करना चाहा, अपने को रूपांतरित नहीं। लेकिन तुम्हारी कविताओं से मैं प्रभावित होने वाला नहीं हूं। तुम्हारी कविताएं कूड़ा-करकट हैं, उनको कचरे-घर में फेंक दो। तुमसे सत्य-काव्य का जन्म नहीं हो सकता, यह मैं जानता हूं, क्योंकि तुम सत्य नहीं हो। तुम्हारी कविता तुम्हारे अंधेरे जगत का ही हिस्सा होगी।

'मगर जगने और होश में आने की फिर भी कोई इच्छा नहीं है!'

यह सबूत है कि दुख हुआ नहीं। हां, यह हो सकता है कि मेरी बात सुन-सुन कर तुम्हें परमात्मा को पाने की लालसा जगी हो; लेकिन संसार से जागने की बात पैदा नहीं हुई है। यह हो सकता है। मुझे सुनो, मैं रोज परमात्मा को पाने का आनंद तुमसे कहे जाऊं। कबीर को सुनो, नानक को, दादू को, फरीद को, बुद्धों को सुनो, मीरा का नाच देखो, चैतन्य के गीत सुनो--तो तुम्हारे मन में एक लोभ उठेगा परमात्मा को पाने का। लेकिन इन लोगों ने लोभ के कारण परमात्मा को नहीं पाया है; इन्होंने तो--जीवन की पीड़ा, जीवन का दुख, जीवन का संताप, इतना गहन हो गया कि इनका हृदय टूट गया, ये जाग गए, नींद उखड़ गई--इन्होंने जाग कर पाया है। जब ये अपने जाग कर पाने की तुमसे बात करते हैं तो तुम्हारे भीतर लोभ का कीड़ा सरकता है; वह कहता है, ऐसा सुख हमें भी चाहिए, ऐसा आनंद हमें भी चाहिए, सच्चिदानंद मैं भी घर में बांध कर लाऊंगा! तब तुम्हारी अड़चन शुरू होती है। तुम इनसे पूछते

हो : कैसे मिलेगा यह सच्चिदानंद? वे कहते हैं : जागोगे, जीवन का दुख पहचानोगे, जीवन के चुभते कांटे को समझोगे...! तुम कहते हो : जागने की तो इच्छा नहीं होती।

वस्तुतः तुम जिसे ईश्वर कहते हो, वह तुम्हारा और एक गहरा स्वप्न है। तुम ईश्वर के नाम से भी सो जाना चाहते हो। संसार की नींद पूरी नींद नहीं है, इसमें बड़ी तकलीफें हैं; तुम परमात्मा की नींद चाहते हो, तकलीफ बिलकुल ही न हो। तुम्हारा मोक्ष तुम्हारे संसार का ही परिष्कृत रूप है, आखिरी शुद्धतम रूप है। इसलिए तुम्हारा मोक्ष और महावीर का मोक्ष अलग-अलग बातें हैं। तुम्हारे मोक्ष का नाम स्वर्ग है। महावीर के मोक्ष का नाम स्वर्ग नहीं है। स्वर्ग का मतलब है, जिन सुखों को तुम यहां पृथ्वी पर पाना चाहते हो और नहीं पा पाते, उन सबकी तुमने आकांक्षा स्वर्ग में कर ली।

सोचो : जिन्होंने स्वर्ग में कल्पवृक्षों का विचार किया है, वे संसारी लोग ही होंगे।

कल्पवृक्ष का मतलब क्या होता है?

कल्पवृक्ष के नीचे तुम भी बैठना चाहते हो। संसार में भी तुम्हारी चेष्टा यही है कि कल्पवृक्ष मिल जाए। नहीं मिलता; यह संसार की कृपा है कि नहीं मिलता। मिल जाए तो तुम वहीं ढेर हो जाओ सदा के लिए, फिर तुम वहां से हिलो न! तुम्हारी भी आकांक्षा तो यही है कि श्रम न करना पड़े और फल मिल जाए। कल्पवृक्ष का मतलब इतना है कि वहां तुम बैठ जाओ, आकांक्षा करो, पूरी हो जाती है; आकांक्षा और पूर्ति में जरा भी फासला नहीं होता। कृत्य कुछ भी नहीं करना पड़ता; बस कामना की और फल मिला।

तो स्वर्ग में तुमने कल्पवृक्ष बनाया है। वह तुम्हारी वासनाओं का वृक्ष है।

मुसलमान मानते हैं कि स्वर्ग में शराब के चश्मे बह रहे हैं। हिंदुओं का कल्पवृक्ष है। मुसलमानों के शराब के चश्मे हैं। यहां शराब वर्जित है और वहां शराब के झरने बह रहे हैं। वहां कोई बनानी भी नहीं पड़ती। वहां पानी पीने को है ही नहीं, शराब ही है। उसी में नहाओ, उसी में धोओ, उसी में डूबो, तैरो, और कोई पाबंदी नहीं है!

आदमी की वासना उसके स्वर्ग को बनाती है। वहां सुंदर स्त्रियां हैं जिनके शरीर से पसीना नहीं बहता और जो कभी बूढ़ी नहीं होतीं। उनकी उम्र सोलह पर ही टंगी रह जाती है, उससे आगे नहीं चलती; सोलह पर घड़ी बंद हो जाती है। उर्वशी की उम्र मालूम है, कितनी है? अप्सराएं बस सोलह पर रुक गई हैं, उससे आगे नहीं जातीं।

यह किन कामनाग्रस्त लोगों ने इनकी कल्पना की होगी, थोड़ा सोचो। यह किन्हीं ऋषियों का अनुभव है? यह किन्हीं बुद्धों की प्रतीति है? यह तुम्हारी वासना है।

और यहां तक सीमा पहुंच जाती है कि ऐसे लोग भी हैं जमीन पर जिन्होंने स्वर्ग में न केवल सुंदर स्त्रियों की कल्पना की है, सुंदर छोकरों की भी कल्पना की है, होमोसेक्सुअलिटी का भी इंतजाम किया हुआ है। अब परवर्शन और विकृति और क्या हो सकती है!

तुम्हारा स्वर्ग तुम्हारी ही छाया है। महावीर का मोक्ष महावीर के मिट जाने से अनुभव में आता है। तुम्हारा स्वर्ग तुम्हारा ही विस्तार है। यहां तुम्हें जो नहीं मिला है वह तुम स्वर्ग में पाना चाहते हो।

संसार में तुमने जो नहीं पाया...चाहते थे दिल्ली पहुंच जाएं, नहीं पहुंच पाए; चाहते थे राष्ट्रपति हो जाएं, नहीं हो पाए। आसान नहीं है। पा लो तो मिलता कुछ नहीं है लेकिन पाना बहुत मुश्किल है; क्योंकि कोई तुम अकेले थोड़े ही पागल हो, इस मुल्क में पचास करोड़ पागल हैं--वे सभी राष्ट्रपति होना चाहते हैं। तो ये पचास करोड़ तो सिंहासन पर तो हो नहीं सकते, एक ही हो पाएगा। और जो एक किसी तरह पहुंच जाएगा, वह इन पचास करोड़ से लड़ कर पहुंचेगा; लड़ने में ही पागल हो जाएगा, इतना भयंकर उपद्रव है! और पहुंच कर भी यह निश्चिंत तो बैठ नहीं सकता सिंहासन पर, क्योंकि ये पचास करोड़ पागल धक्का दे रहे हैं सिंहासन को। ये कह रहे हैं: अब छोड़ो सिंहासन, जनता आती है! वे चैन से थोड़े ही बैठने देंगे; कोई टांग खींच रहा है, कोई हाथ खींच रहा है। धक्के देने की तैयारी चल रही है। यह कोई स्थिति थोड़े ही हो सकती है सुख की।

जिनको मिल जाता है वे दुख में हैं; जो नहीं पहुंच पाते हैं वे दुख में हैं। फिर तुम्हारी कल्पना कहती है, इस संसार में कुछ सार नहीं। इसलिए नहीं कि तुम्हें दिखाई पड़ गया कि संसार में कोई सार नहीं है; सार तो तुम्हें संसार में ही है; तुम्हारी असफलता के कारण तुम अपने को समझा रहे हो: अंगूर खट्टे हैं। अब तुम मोक्ष, परमात्मा, प्रार्थना-पूजा की आकांक्षा से भरते हो। वे तुम्हारी जीवन की समझ से पैदा नहीं हो रही हैं, जीवन के राग से ही पैदा हो रही हैं। फिर परमात्मा नहीं मिलता। होश में आने की इच्छा भी नहीं होती। ध्यान करने का मन भी नहीं होता। तुम परमात्मा को मुफ्त पाना चाहते हो।

'मगर जगने और होश में आने की फिर भी कोई इच्छा नहीं है!'

स्वभावतः बात साफ है कि अभी नींद में रस है, इसलिए तुम जगना नहीं चाहते।

और इसलिए आखिरी बात तुमने पूछी है: 'क्या कारण है?'

कारण बिलकुल साफ है। मुझसे क्या पूछना है? अपने भीतर ही देखो, कारण साफ है। तुम जगना नहीं चाहते। अभी जगने योग्य समझ ही नहीं है। समझ से जागरण आता है। समझ है इस बात की समझ कि संसार में सिवाय दुख के और कुछ भी नहीं है। जीवन एक अंतहीन श्रृंखला है पीड़ा की। मौत ही मौत है यहां प्रत्येक कदम पर; कांटे ही कांटे बिछे हैं। फूल दिखते हैं--वह तुम्हारा प्रक्षेपण है। फूल तुम्हारी आकांक्षा है, लेकिन मिलते कांटे हैं। चाहते फूल हो, मिलता कांटा है। खेलना फूल से चाहते थे, उलझ कांटे से जाते हो।

तुम्हारी वही दशा है जो किसी मछली की होती है। मछलीमार आटे को लटका देता है बांसुरी में बांध कर। मछली आटा पकड़ने आती है, आटे में कांटा छिपा होता है। मछली कोई कांटा थोड़े ही पकड़ने आती है? कौन कांटा पकड़ने जाता है? सभी आटा पकड़ने जाते हैं। पकड़ती है आटा, फंस जाती है कांटे से। वह जो बंसी लटकाए बैठा हुआ मछलीमार है, वह कोई मछलियों पर करुणा करके यहां आटा बांटने नहीं आया है। आटा तो प्रलोभन है। वह तो सेल्समैनशिप है। वह तो विज्ञापन है। भीतर तो कांटा छिपा है। नजर तो इस पर है कि आटा पकड़ ले मछली तो बस कांटे से उलझ जाए, फंसे।

संसार में जहां-जहां तुम्हें आटा दिखता है वहीं-वहीं कांटे तुम पाओगे। तुमने सदा पाए भी हैं, लेकिन फिर भी तुम्हारी मूर्च्छा नहीं टूटती। मन कहता है : अब तक जिन आटों को पकड़ा, कांटे पाए; लेकिन भविष्य में भी क्या सदा ऐसा ही होगा? फिर जब नया आटा लटकता है--नये रंग में नई सुगंध के साथ, फिर तुम अपने को नहीं सम्हाल पाते। तुम सोचते हो : कौन जाने, इस बार आटा ही हो! कांटा तो दिखाई नहीं पड़ता जब तक चुभे न।

जिसको तुम संसार में सुख कहते हो, वह सभी दुख का आवरण है। दुख सुख के वस्त्र ओढ़े हुए है।

एक बहुत पुरानी अरबी कथा है, कि परमात्मा ने पृथ्वी बनाई, और उसने सौंदर्य और कुरूपता की देवियां बनाईं और उनको पृथ्वी पर भेजा। स्वर्ग से पृथ्वी तक आते-आते धूल-धवांस से भर गईं, एक झील के किनारे उन्होंने वस्त्र उतारे और दोनों नग्न होकर स्नान करने झील में उतर गईं। सौंदर्य की देवी तो तैरती दूर चली गई; कुरूपता की देवी किनारे के पास ही रही। जैसे ही सौंदर्य की देवी जरा दूर गई, वह निकली, उसने सौंदर्य की देवी के वस्त्र पहने और चलती बनी। जब सौंदर्य की देवी वापस किनारे पर आई तो सुबह हो गई थी, गांव के लोग जगने लगे थे, आवागमन शुरू हो गया था; वह नग्न खड़ी थी, और वस्त्र तो नदारद थे। मजबूरी में उसे कुरूपता के वस्त्र पहन लेने पड़े, और कोई उपाय न था। वे ही वस्त्र उपलब्ध थे। और कहते हैं, तब से सौंदर्य की देवी कोशिश कर रही है खोजने की कि कुरूपता की देवी मिल जाए तो उससे अपने वस्त्र ले ले, लेकिन वह मिलती नहीं। और तब से सौंदर्य कुरूपता के वस्त्र पहने घूम रहा है और कुरूपता सौंदर्य के वस्त्र पहने घूम रही है। तब से सब चीजें उलटी हो गई हैं।

कहानी बड़ी महत्वपूर्ण है।

इस जगत में तुम सौंदर्य के भीतर छिपी हुई कुरूपता को पाओगे। इस जगत में सुख के भीतर छिपा हुआ दुख पाओगे। द्वार पर तख्ती लगी होगी स्वर्ग की; भीतर पहुंचोगे, नरक पाओगे। लेकिन जिस दिन तुम्हें यह अनुभव प्रगाढ़ हो जाएगा--मेरे कहने से नहीं, या बुद्ध के कहने से नहीं--जिस दिन तुम्हें यह दिख जाएगा कि जहां-जहां आटा है वहां-वहां कांटा है, उस दिन हृदय को छलनी बनाने की जरूरत न रहेगी, एक छेद काफी हो जाएगा। एक छेद पर्याप्त है डुबाने को। एक छेद पर्याप्त है उबारने को भी। कोई डुबने के लिए पूरी नाव को छलनी नहीं बनाना पड़ता। बस एक छेद तुम्हारे जीवन में हो जाए--इस बोध का कि इस जगत में सुख असंभव है, यह तुम्हारी गहन प्रतीति हो जाए--तो परमात्मा की तरफ जो प्रार्थना उठेगी, वह पहली बार वास्तविक होगी। वह सांसारिक नहीं होगी प्रार्थना। वह तुम्हारी नींद का हिस्सा नहीं होगी। अन्यथा तुम्हारी नींद में ही तुमने मंदिर भी बनाए हैं और मूर्तियां भी सजाई हैं और पूजा भी की है और दीये भी जलाए हैं--पर तुम्हारी नींद में ही।

इसीलिए तो दुनिया में इतने मंदिर हैं और आदमी जागा हुआ दिखाई नहीं पड़ता! इतनी मस्जिद, इतने गिरजे, इतने गुरुद्वारे, और आदमी बेहोश! यह हो कैसे सकता है? जरूर यह सब नींद में ही

चल रहा है। तुम मंदिर भी चले जाते हो, पूजा भी कर लेते हो : न तुम्हें पता है, तुम क्यों कर रहे हो, न तुम्हें पता है यह मंदिर क्या है। और तुम इतने डरे हुए हो कि कहीं पता न चल जाए। इसलिए तुम चुपचाप करके निकल आते हो। अगर कोई तुम्हें पकड़े और झकझोरे तो तुम नाराज होते हो। इसलिए तुम बुद्धों को माफ नहीं कर पाते। जीसस को सूली देनी पड़ती है। सुकरात को जहर पिलाना पड़ता है। ये वे लोग हैं जो तुम्हें रास्ते में पकड़ लेते हैं और तुमसे कहते हैं : कहां जा रहे हो? यह मंदिर झूठा है। तुम खुद अभी सोए हो। सोए हुए आदमी का मंदिर सच्चा कैसे हो सकता है?

शराब पीए कोई पूजा कर रहा है, क्या उसकी पूजा सच हो सकती है? शराब पीए आदमी की न तो गाली का कोई भरोसा होता है, न पूजा का कोई भरोसा होता है। जब होश में आ जाए तब समझना। होश में आने पर शायद खुद ही हंसे कि यह मैं क्या कर रहा था; शायद छिपाए कि किसी को पता तो नहीं चल गया कि मैं पूजा करता देख लिया गया हूं। नहीं तो लोग हंसेंगे, कहेंगे : इतना समझदार होकर अभी तक अंधविश्वासी है।

शराब पीए हुए आदमी पूजा करे तो व्यर्थ, झगड़ा करे तो व्यर्थ; उससे सार्थक तो हो ही नहीं सकता है।

कारण पूछते हो : 'क्या कारण है?'

कारण साफ है : संसार अभी दुख नहीं हुआ और उसके पहले ही तुमने परमात्मा की मांग शुरू कर दी। नहीं, यह नहीं हो सकता। पके बिना कोई उपाय नहीं है। पकना ही होगा। दुख इतना पक जाए, जैसे वृक्ष पर फल पक जाते हैं, तो पका हुआ फल गिर जाता है--ऐसे ही पका हुआ संसार गिर जाता है, पका हुआ दुख गिर जाता है। और तब तुम उठते हो तुम्हारी निर्दोषता में। तब तुम्हारे भीतर से एक गूंज उठती है ओंकार की। तब तुम्हारे भीतर से अनाहत का नाद उठता है। तब तुम यह मुझसे पूछोगे नहीं कि इतने छेद हो गए हैं हृदय में, अब तक देर क्यों हो रही है! देर कभी हुई ही नहीं है; छेद ही नहीं हुए हैं, इसलिए देर हो रही है।

और तुमने यह भी मुझसे पूछा है : 'और गहरा डोज़ दे ही डालिए!'

जैसे मेरा कोई कसूर है! जैसे जिम्मेवारी मेरी है! जागो तुम नहीं, तो तुम कहते हो : तुमने ही ठीक से न जगाया होगा! जागो तुम नहीं, तो तुम कहते हो : तुमने जोर से क्यों न हिलाया?

इमेनुएल कांट जर्मनी का एक बड़ा विचारक हुआ। वह सुबह तीन बजे उठता था। जीवन भर तीन बजे ही उठा। लेकिन तीन बजे उठने की उसकी इच्छा बिलकुल नहीं थी। पूरी जिंदगी उठ कर भी तीन बजे उसे उठाना कष्टपूर्ण रहा। वह उसके शरीर को जमता न था। उसने एक नौकर रख छोड़ा था : जो इतना ही काम करता था कि उसे जबर्दस्ती उठा दे। कभी-कभी मार-पीट भी हो जाती थी, क्योंकि नौकर उठा रहा है, वह नहीं उठना चाह रहा है। झगड़ा हो जाए : नौकर खींच रहा है और बिस्तर में, पल्ली में छिप रहा है। वह नौकर को मारे भी; सुबह क्षमा भी मांगे। पहली-पहली दफे जब उसने नौकर रखा था तो उसने कहा : तीन बजे उठा देना। नौकर ने जाकर उठा दिया। वह करवट

लेकर सो गया। नौकर हट गया। उसने कहा, बात खत्म हो गई। सुबह बहुत नाराज हुआ कि उठाने का मतलब उठाना; चाहे कुछ भी हो जाए--मैं अगर तुझे मारूं भी तो तू फिकर मत करना; तू भी मारना; उस वक्त न कोई नौकर है, न कोई मालिक है--मगर तीन बजे उठना है! नौकर भी नहीं समझता था कि यह मामला क्या है। अगर उठना ही है तो उठ जाओ। अगर नहीं उठना है तो यह मार-पीट की नौबत क्या लानी! लेकिन यह जिंदगी भर चला, ऐसे ही चला।

यह भी उठना कोई उठना हुआ? और ऐसे उठ कर क्या ब्रह्ममुहूर्त का आनंद लिया जा सकता है? उठ आता होगा; आंख में तो नींद घिरी रहेगी। उठ आता होगा, लेकिन मन में तो अभी भी सपने चलते रहेंगे। उठ आता होगा--किसी तरह; खींचता होगा देह को अपनी। लेकिन जिंदगी भर जब लड़-लड़ कर, मार-पीट करके उठना पड़ता हो, इस उठने में मजा न रहा।

नहीं, मैं तुम्हें मार-पीट करके पहीं उठाना चाहता। यह बात ही बे-मजे की हो गई। तुम इशारे से उठ आओ तो ठीक है; न उठो तो जाहिर है कि तुम अभी सोना चाहते हो। मैं तुम्हारी नींद क्यों खराब करूं? इसमें मेरा कोई कसूर नहीं है।

मेरे डोज़ के कम-ज्यादा देने से कुछ भी न होगा; क्योंकि यह सवाल तुम्हारी गहन आकांक्षा का है। इसकी कोई दवा नहीं हो सकती।

चिकित्सक कहते हैं कि अगर मरीज बीमार हो तो ठीक किया जा सकता है, दवा दी जा सकती है; लेकिन अगर मरीज ने जीने की आशा छोड़ दी हो तो कोई उपाय नहीं है। अगर कोई मरीज मरना ही चाहता है तो बीमारी भी ठीक हो जाए तो भी मर जाएगा, क्योंकि जीने की आकांक्षा ही छोड़ दी हो तो फिर कोई उपाय नहीं है।

ठीक ऐसी ही दशा है। अगर तुमने जागने की आकांक्षा ही न जगाई हो तो मैं लाख उपाय करूं, तुम जागोगे न; सिर्फ मुझसे नाराज हो जाओगे; सिर्फ मुझे गालियां दोगे; सिर्फ क्रोध जाहिर करोगे। लेकिन अगर तुमने जागना चाहा है तो जरा सा इशारा काफी है।

बुद्ध ने कहा है: कुछ तो घोड़े ऐसे होते हैं कि अगर उनको मारो न तो अटक-अटक कर खड़े हो जाते हैं। वे मार-पीट से ही चलते हैं। कुछ घोड़े ऐसे होते हैं कि मारने की जरूरत नहीं होती, सिर्फ कोड़ा फटकारना पड़ता है; चोट की जरूरत नहीं होती है, कोड़े की आवाज, और घोड़ा सतेज होकर चलने लगता है।

और बुद्ध ने कहा: कुछ घोड़े ऐसे भी हैं कि कोड़ा फटकारना भी नहीं पड़ता, क्योंकि वह भी अपमानजनक है। सिर्फ कोड़ा है--इतना काफी है; कोड़े की छाया चला देती है। फटकार नहीं, कोड़े की छाया!

बुद्ध ने अपने शिष्यों से कहा है: तुम तीसरे तरह के घोड़े बनना। मार-मार कर तुम्हें चला भी लिया तो कुछ हल न होगा। क्योंकि मार-मार कर, तुम अगर घसिट-घसिट कर पहुंच भी गए, तो कोई घसिट-घसिट कर कभी परमात्मा के मंदिर तक पहुंचा है? वह मंजिल नाच कर ही पहुंची जाती

है। वह मंजिल ऐसी है कि तुम उत्सव से ही चले तो ही पहुंच सकोगे; तुम गीत गाते, मौज से ही चले, तो ही पहुंच सकोगे। जबर्दस्ती तुम्हें धकाने का उस तरफ कोई उपाय नहीं है। यह तो सीधी समझ में आ सकने वाली बात है।

मोक्ष जबर्दस्ती नहीं मिल सकता, क्योंकि मोक्ष का मतलब ही परम स्वतंत्रता है। अगर परम स्वतंत्रता भी जबर्दस्ती मिलती हो तो क्या खाक स्वतंत्रता रह गई; वह तो एक तरह की गुलामी हो गई। उसे तुम्हें कोई भी नहीं दे सकता। तुम जिस दिन चाहोगे उस दिन सारा संसार तुम्हारे लिए सहयोगी हो जाएगा। तुम जब तक नहीं चाहते हो, परमात्मा भी कुछ नहीं कर सकता।

यह बड़े मजे की बात है। धर्मशास्त्रियों ने सदा से इस पर विचार किया है कि परमात्मा अगर है तो आदमी दुख में क्यों है? वह खींच क्यों नहीं लेता? यह बात विचारने जैसी है। परमात्मा महा करुणावान होगा। उसके हृदय में तो प्रेम ही प्रेम होगा। तुम नरक में सड़ रहे हो, वह खींच क्यों नहीं लेता तुम्हें, उठा क्यों नहीं लेता? इससे जाहिर होता है कि नहीं है। अगर होता, करुणावान होता तो तुम्हें खींच लेता। या तो इससे जाहिर होता है कि है ही नहीं और या इससे जाहिर होता है कि वह शैतान है, भगवान नहीं है। वह रस ले रहा है। तुम्हें सता रहा है। सैडिस्ट है। मजा ले रहा है। तुम सताए जा रहे हो नरक में, दुख में, पीड़ा में उबाले जा रहे हो उबलते तेल में, और वह बैठा मजा ले रहा है। वह उस सम्राट नीरो की भांति है जिसने पूरे रोम में आग लगवा दी थी और बैठ गया था पास की पहाड़ी पर, बांसुरी बजा रहा था, और यहां लोग जल रहे थे। और उसने पूरे रोम के चारों तरफ सिपाही खड़े कर दिए थे कि कोई भाग कर बाहर न जा सके। वे मशालें लिए खड़े थे : जो भी बाहर भागता उसको मशालों से धक्का देकर भीतर कर देते। आग ही आग थी, और नीरो बांसुरी बजा रहा था।

तो या तो परमात्मा नीरो जैसा है कि तुम जल रहे हो; भागने भी नहीं देता। आत्महत्या भी करो तो सरकारें रोकती हैं, सिपाही लगा रखे हैं। कहीं जा नहीं सकते भाग कर। आत्महत्या करते पकड़े गए तो फांसी की सजा लगेगी! बड़े मजे की बात है, वह हम खुद ही करने जा रहे थे, वह सरकार कर देगी। कोई भाग नहीं सकता। और परमात्मा बैठा ऊपर जरूर बांसुरी बजा रहा होगा--और क्या करेगा?

हिंदुओं ने ठीक सोचा कि कृष्ण बांसुरी बजा रहे हैं। वह परमात्मा बैठा बांसुरी बजा रहा है! तुम सड़ रहे हो! या तो शैतान है, भगवान नहीं। और अगर भगवान है तो बड़ा बेबूझ है! उठा क्यों नहीं लेता? साधारण महात्मागण तक तुम्हें दुख से उठाने की कोशिश करते हैं, और परमात्मा कोशिश नहीं करता!

धर्मशास्त्री बड़ी चिंता में रहे हैं कि क्या करें। बात तो तर्कयुक्त लगती है कि या तो वह दुखवादी है, और लोग दुखी हों इसमें रस आता है उसे; तुम्हारे घाव में अंगुलियां डालता है। उसको खुद ही मनोचिकित्सा की जरूरत है। और या फिर है ही नहीं।

और ध्यान रखना, जो कहते हैं नहीं है, वही ज्यादा ठीक कह रहे हैं, बजाय उनके जो कहें कि वह दुखवादी है। शैतान होने से बेहतर है कि न हो। इसलिए तो महावीर और बुद्ध ने कह दिया, कोई

परमात्मा नहीं है। क्योंकि उनके सामने दो ही विकल्प थे : या तो वे मानें कि वह दुखवादी है... दोनों तर्कयुक्त व्यक्ति थे; दोनों राजघरानों से आए थे, ठीक से सुसंस्कृत हुए थे; ठीक तर्कशास्त्र का अध्ययन किया था; विचार में पारंगत थे--उनको बात साफ दिखाई पड़ गई कि यह विकल्प तो सीधा है! अगर परमात्मा है तो शैतान है--ऐसे परमात्मा का इनकार जरूरी है। और या फिर परमात्मा नहीं है; क्योंकि यह हम कैसे मानें कि परमात्मा है और लोग सदियों से, अनंतकाल से दुख में सड़ रहे हैं, और वह बैठा मजा कर रहा है, लीला कर रहा है, और उठाता नहीं किसी को?

मेरा क्या उत्तर है? मैं कहता हूं : परमात्मा है और शैतान नहीं है। मेरा उत्तर यह है कि परमात्मा है और तुम दुख में उसके कारण नहीं हो, तुम्हारी स्वतंत्रता के कारण हो। परमात्मा है और जगत स्वतंत्र है। परमात्मा की महिमा यही है कि उसने तुम्हें स्वतंत्र बनाया है, उसने परिपूर्ण स्वतंत्रता दी है। वह कोई तानाशाह नहीं है, और न ही उसने कोई इमरजेंसी की अवस्था घोषित कर रखी है। परमात्मा मनुष्य को गरिमा दिया है परिपूर्ण स्वतंत्र होने की।

निश्चित ही स्वतंत्रता में खतरा है। स्वतंत्र होने का अर्थ ही यह है कि दुख भोगने की भी स्वतंत्रता है, सुख भोगने की भी। स्वतंत्रता का अर्थ ही यह है कि अपने को नष्ट कर लेने की भी स्वतंत्रता है, अपने को सृजन करने की भी। स्वतंत्रता का सीधा अर्थ है कि तुम जो भी होना चाहो--अगर तुम दुख ही भोगना चाहो तो भी बाधा न दी जाएगी। तुम्हारे ऊपर ही सब छोड़ दिया है। यही मनुष्य के लिए जोखिम है, यही उसका गौरव भी है कि वह स्वतंत्र है। वह अगर गिरना चाहे सीढ़ी से तो आखिरी खड्डु तक गिर सकता है, कोई रोकने न आएगा। वह चढ़ना चाहे तो कोई रोकने न आएगा; वह आखिरी ऊंचाई तक चढ़ सकता है।

नरक भी तुम हो, स्वर्ग भी तुम हो। तुम्हारा निर्णय ही आत्यंतिक है। तुम जिम्मेवारी किसी और पर मत छोड़ो। ऐसे ही तो तुमने सदा जिम्मेवारी किसी और पर छोड़ी है। और तब तुम निश्चिंत हो जाते हो, तुम सोच लेते हो कि मैं ही तुम्हें ठीक से डोज़ नहीं दे रहा हूं जागने का, नहीं तो तुम कभी के जाग गए होते। तुम्हारे हृदय में तो छलनी हो गई है और तुम्हारा प्राण तो घाव हो गया है! अब तुमने तुम्हारे तरफ से तुमने कोई कमी नहीं छोड़ी है! अगर कमी होगी तो मेरी तरफ से होगी!

इस तरह की गलतियों में मत पड़ो, क्योंकि इस तरह तो फिर तुम कभी भी न जाग सकोगे।

ध्यान करो : दुखी हो तो तुम्हीं कारण हो; सुखी हो तो तुम्हीं कारण हो। मैं तुम्हें जगा नहीं सकता; मैं तुम्हें जागने के उपाय बता सकता हूं।

बुद्ध ने कहा है : मैं राह बता सकता हूं, चलना तुम्हीं को पड़ेगा। मैं तुम्हें चला नहीं सकता। और जो गुरु तुम्हें चलाने की कोशिश करे, जानना वह तुम्हारा दुश्मन है। क्योंकि अगर वह तुम्हें घसीटे, अपने कंधे पर रख कर चले, तुम्हारी बैसाखी बन जाए, तो फिर तुम्हारे पैर कभी भी चलने में समर्थ न होंगे। जिस दिन वह गुरु विदा होगा उस दिन तुम वहीं पहुंच जाओगे जहां तुम पाए गए थे। फिर तुम वहीं गड्ढे में गिर जाओगे।

नहीं, सदगुरु मार्ग दिखाते हैं, चलना प्रत्येक को स्वयं पड़ता है।

जैसे एक छोटा बच्चा चलना शुरू करता है, कोई उसके लिए चल थोड़े ही सकता है। कई बार गिरेगा। बाप को कितनी इच्छा न होती कि मैं इसके पैर बन जाऊं! मां की कितनी आकांक्षा न होती होगी कि इसके घुटनों में चोट लगती है, मैं इसकी सुरक्षा बन जाऊं; मैं इसके लिए चलूं, इसे कंधे पर रखे रहूं। लेकिन अगर कोई मां ऐसा करे तो वह दुश्मन है, क्योंकि यह बच्चा फिर सदा के लिए पंगु हो जाएगा; यह कभी चल ही न सकेगा। नहीं, मां प्रेम से देखेगी; इशारा भी देगी कि चलो; दूर बैठे बच्चे को बुलाएगी कि आ जाओ; दोनों हाथ भी फैला कर कहेगी : घबड़ाओ मत, मैं मौजूद हूं; गिरोगे तो सम्हाल लूंगी। हालांकि बच्चा फिर भी गिरेगा, क्योंकि बिना गिरे कभी कोई चलना सीखा है? अगर कोई बच्चा गिरे ही न, बार-बार सम्हाल लिया जाए, तो भी लंगड़ा हो जाए। गिरने भी देना होगा। घुटने पर चोट भी लगेगी, तो ही मजबूती आएगी शरीर की, व्यक्तित्व की, अपने पैरों पर खड़ा होना आएगा।

मैं तुम्हारी गुलामी नहीं बनना चाहता हूं; न तुम मुझ पर निर्भर होने की कोशिश करना। मैं चाहूंगा कि तुम परिपूर्ण स्वतंत्र हो जाओ, अपने पैर से चल सको; क्योंकि तुम्हारा मंदिर तुम्हारे चलने से ही तुम्हारे करीब आएगा। तुम्हारा परमात्मा तुम्हें लंगड़ों की तरह आया हुआ देख कर प्रसन्न न होगा। तुम्हें दौड़ते और नाचते हुए आते देख कर ही तुम्हारा स्वागत हो सकता है।

दूसरा प्रश्न :

ओशो, एक पुरानी धारणा है कि यदि कोई व्यक्ति लगातार बारह वर्षों तक सत्य-भाषण का व्रत पूरा करे तो वह मुक्ति को उपलब्ध हो सकता है। बताएं कि इस धारणा में कितना बल है?

बारह वर्ष तक अगर कोई व्यक्ति सत्य-भाषण का व्रत पूरा करे तो मुक्त हो जाता है--यह धारणा कोई गणित की धारणा नहीं है। कोई ऐसा नहीं है कि बारह ही वर्ष में ऐसा होगा, कि ग्यारह में नहीं हो सकता और तेरह में नहीं हो सकता। यह तो प्रतीक-धारणा है, इशारा है, एक इंगित है। इंगित कीमती है।

सच्चाई यह है कि बारह वर्ष तो दूर, बारह दिन भी बिना स्वभाव को उपलब्ध हुए तुम सत्य-भाषण का व्रत पूरा नहीं कर सकते। बारह वर्ष तो बहुत दूर, बारह दिन भी; बारह दिन में भी तुम हजार बार झूठ बोल चुके होओगे। शायद तुम्हें पता भी न चले कि तुमने कब झूठ बोला; क्योंकि कई झूठ तो ऐसे हैं जिनको तुम सच मानते हो। और तुमने कभी खयाल ही नहीं किया कि यह झूठ है और तुम इसे सच मानते हो। कई झूठ तो ऐसे हैं कि तुम्हारे रग-रेशे में, खून में समाए हुए हैं--मां के दूध के साथ तुम्हें मिले हैं।

अगर कोई तुमसे रास्ते पर पूछे कि तुम कौन हो : अगर तुमने कहा, मैं हिंदू हूं, तुमने झूठ बोला; तुमने कहा, मैं मुसलमान हूं, तुमने झूठ बोला। भीतर खोजो : तुम मुसलमान हो, हिंदू हो? मगर यह

तुम्हें खयाल ही न आएगा; यह तो खून में मिल गया। तुम पैदा तो हुए थे, तब तुम न हिंदू थे, न मुसलमान थे; अचानक तुम हिंदू-मुसलमान कैसे हो गए? यह सिखावन है किसी की, एक सामाजिक झूठ है, प्रचारित झूठ है। तुम्हारे चारों तरफ जो लोग थे, वे इस झूठ में भरोसा करते थे कि हिंदू हैं, या मुसलमान हैं, या जैन हैं। उन्होंने भरोसा तुम्हें भी दिला दिया। यह एक कंडिशनिंग है। उन्होंने संस्कारित कर दिया मन को, थोप दिया बार-बार कि तुम हिंदू हो, तुम हिंदू हो, तुम हिंदू हो! अब तुम्हें पता ही नहीं। तुमसे कोई पूछेगा नींद में भी कि तुम कौन हो, तो तुम कहोगे हिंदू हूं!

तुमसे अगर कोई पूछेगा कि तुम्हारा नाम क्या, क्या तुम कहोगे कि मैं अनाम हूं? क्योंकि पैदा तो तुम बिना नाम के हुए थे। तुम्हारा नाम राम हो कि अब्दुल्ला हो, इससे क्या फर्क पड़ता है? नाम तो झूठ हैं, ऊपर से चिपकाए गए हैं। नाम लेकर तुम आए नहीं, दूसरों ने दिया है। लेकिन इतना गहरा हो जाता है तादात्म्य--अगर तुम यहां सब सो जाओ रात और मैं आऊं और पुकारूं: राम! तो किसी को सुनाई न पड़ेगा, लेकिन जिसका नाम राम है वह चौंक कर खड़ा हो जाएगा कि कौन नींद खराब करने आ गया! रात भी न सोने दोगे? किसी को पता न चलेगा; लेकिन जिसका नाम राम है, उसको कैसे पता चल गया? उसने कैसे सुन लिया? झूठ बहुत गहरा चला गया, अचेतन, अनकांशस में बैठ गया।

छूटना होगा इस तरह के झूठों से।

बारह दिन भी सत्य-भाषण का पालन कैसे करोगे? और हो सकता है, दिन में कर लो, रात सपनों का क्या होगा? सोचो। मान लो कि दिन भर होश रखा, सम्हाल कर चले, दरवाजा बंद ही करके रहे, बोलने का मौका ही न आने दिया बारह दिन--न बोलेंगे, न झूठ निकलेगा--तो रात सपनों का क्या करोगे? सपनों में तो बहुत झूठ चलते हैं। सपना तो पूरा ही झूठ है। रात भर चलते हैं। और अगर बारह दिन कोठरी में बंद रहे तो दिन में बैठे-बैठे भी क्या करोगे, सपना देखोगे। हजार तरह के झूठ चलने लगेंगे।

झूठ तो तभी छोड़ा जा सकता है जब तुम आत्मस्थ हो जाओ। इसलिए मैंने कल फरीद की वाणी का अर्थ यह नहीं किया कि तुम सच बोलो; यह किया कि तुम सच हो जाओ। सच बोलना असंभव है जब तक तुम सच न हो जाओ। यह तो ऐसे ही है कि चंपा के वृक्ष पर चमेली के फूल लगाने की कोशिश चल रही है। तुम झूठ हो तो तुम पर झूठ के फूल लगेंगे।

बड़ी पुरानी कहानी है--सम्राट सोलोमन की। यहूदी कहते हैं, सोलोमन से बुद्धिमान आदमी दुनिया में कभी दूसरा नहीं हुआ। सोलोमन का नाम तो लोकलोकांतर में व्याप्त हो गया है। हिंदुस्तान में भी गांव के लोग भी, कोई अगर बहुत ज्यादा बुद्धिमानी दिखाने लगे, तो कहते हैं: बड़े सुलेमान बने हो! वह सोलोमन का नाम है। उनको पता भी नहीं कि कौन सोलोमन था, कौन सुलेमान था; लेकिन वह प्रविष्ट हो गया है।

सेबा की रानी सोलोमन के प्रेम में पड़ गई। वह चाहती थी, दुनिया के सबसे ज्यादा बुद्धिमान आदमी से प्रेम करे। बुद्धुओं से तो प्रेम बहुत आसान है, लेकिन परिणाम सदा दुखकर होता है। तो

सोलोमन की जब खबर सुनी हो सेबा की रानी ने, तो उसने कहा कि अगर प्रेम ही करना है तो इस बुद्धिमान से करेंगे, अन्यथा प्रेम दुख लाता है। बुद्धुओं से प्रेम करो--दुख में पड़ोगे। उसने सब प्रेम करके देख लिए थे। वह बड़ी सुंदर थी। कहते हैं, जैसा सोलोमन बुद्धिमान था, ऐसी सेबा की रानी सुंदर थी। उसने सोचा कि सौंदर्य और समझ, इनका मेल हो।

वह गई। पर इसके पहले कि वह सोलोमन को चुने, परीक्षा लेनी जरूरी है: बुद्धिमान है भी या नहीं? तो अपने साथ एक दर्जन बच्चे ले गई। छह उनमें लड़कियां थीं और छह उनमें लड़के थे; लेकिन उनको एक से कपड़े पहनाए गए थे और सबकी उम्र चार-पांच साल की थी। पहचान बिलकुल मुश्किल थी। उनके बाल एक से काटे गए थे, कपड़े एक से पहनाए गए थे। और वह जाकर खड़ी हो गई उन बारह, एक दर्जन बच्चों को लेकर, और उसने दूर से सोलोमन से कहा कि अब तुम देख लो। तुम इनमें बता दो, कौन लड़कियां हैं और कौन लड़के? यह तुम्हारी पहली परीक्षा है।

बड़ा मुश्किल था। दरबारी भी थोड़े घबड़ा गए कि यह परीक्षा तो बड़ी कठिन मालूम पड़ती है: समझ में नहीं आता कि कौन लड़का है, कौन लड़की! पर सोलोमन ने परीक्षा कर ली। उसने कहा: एक दर्पण ले आओ। लड़कों के सामने दर्पण रखा गया, वे ऐसे ही खड़े देखते रहे; लड़कियों के सामने रखा गया, वे उत्सुक हो गईं। लड़की, और दर्पण सामने हो! बात ही बदल गई। उसने छह लड़कियां अलग निकाल दीं। कपड़े ऊपर से पहना दो, लेकिन भीतर की सत्ता अगर स्त्रैण है तो बहुत मुश्किल है बदलना। लड़की दर्पण में और ही ढंग से देखती है: कोई लड़का देख ही नहीं सकता। वह असंभव ही है।

मैंने सुना है कि एक दिन नसरुद्दीन अपने घर में मक्खियां मार रहा था। उसकी पत्नी ने पूछा: कितनी मार चुके? उसने कहा कि दो मादाएं और दो पुरुष। पत्नी ने कहा: हद हो गई! यह कभी सुना नहीं। तुमने पता कैसे लगाया कि कौन मादा और कौन पुरुष?

उसने कहा: दो दर्पण पर बैठी थीं। वे मादा होनी चाहिए। दर्पण पर पुरुष क्या करेगा बैठ कर! वे घंटों से बैठी थीं, वहीं बैठी थीं।

भीतर का अस्तित्व, भीतर का ढंग...।

दूसरी बार सेबा दो फूलों के गुलदस्ते लेकर आई, दूर खड़ी हो गई। उसमें एक फूलों का गुलदस्ता नकली था, कागजी था, पर बड़े-बड़े कलाकारों ने बनाया था। दूसरा गुलदस्ता असली था। उसने कहा: बस, यह आखिरी परीक्षा। कौन सा असली है? क्योंकि सेबा ने सोचा कि लड़के-लड़कियां को तो इसने दर्पण से पहचान लिया; फूलों का क्या करेगा? और वह इतनी दूर खड़ी थी कि गंध न आ सके। दरबारी घबड़ाए। सोलोमन ने कहा: दरवाजे-खिड़कियां खोल दिए जाएं महल के। दरवाजे-खिड़कियां खोल दिए गए। दो क्षण में तय हो गया। दो मक्खियां उड़ती भीतर आ गईं। वे असली फूलों पर जाकर बैठ गईं। उसने कहा: वे असली फूल हैं।

मक्खियों को कैसे धोखा दोगे? मक्खी नकली फूल पर किसलिए जाएगी? असली फूल की गंध उसे बुला लाई।

जब तुम्हारे भीतर सत्य होता है तभी तुम्हारे बाहर...जब तुम्हारे भीतर सत्य नहीं होता तब तुम लाख उपाय करो, नकली फूल हो। दूसरों को भी धोखा दे दोगे; अपने को कैसे दोगे? हो सकता है, कुछ बुद्धू मक्खियां हों, मूढ़ हों, नशे में हों, और बैठ जाएं, तो भी क्या फर्क पड़ता है? लेकिन इससे भी तो कोई नकली फूल असली न हो जाएगा।

इसलिए कहावत तो बिलकुल ठीक है, क्योंकि बारह वर्ष तक कोई सत्य-भाषण का उपयोग तभी कर सकता है जब वह सत्य हो गया हो, अन्यथा कोई उपाय ही नहीं है। तो मोक्ष तो उपलब्ध हो ही जाएगा। ऐसा नहीं की बारह साल के बाद में होगा, वह पहले ही हो गया; वह बारह साल की शुरुआत में ही हो गया। जो सत्य हो गया वह मुक्त हो गया। हां, अगर तुम चेष्टा करोगे सत्य की, तो तुमसे बहुत झूठ हो जाएंगे। चेष्टा का मतलब ही यह है कि तुम भीतर आश्वस्त नहीं हो। तुम्हें निर्णय करना पड़ेगा : क्या बोलूं, क्या न बोलूं; कैसा कहूं, कैसा न कहूं; क्या ठीक होगा, क्या गलत होगा! और जिंदगी इतनी तेजी से बही जाती है कि ऐसे व्यक्ति तो कुछ बोल ही नहीं पाते। सत्य बोलना तो असंभव है; क्योंकि सत्य तो क्षण-क्षण के संवेदन से पैदा होता है।

अगर यह सोलोमन सच में ही बुद्धिमान न होता तो मुश्किल में पड़ जाता। तुम्हें खयाल आता दर्पण का? मुश्किल होती। तुम्हें खयाल आता खिड़कियां खुला छोड़ देने का? अब आ सकता है क्योंकि कहानी मैंने तुमसे कह दी। कहानी कहने के बाद कोई मतलब हल नहीं होता। बात खत्म हो गई। अब दुबारा रानी सेबा सोलोमन का इन ढंगों से परीक्षण नहीं कर सकती। और जिंदगी की रानी नये-नये उपाय खोजती है और कभी कोई सुलेमान पार हो पाता है, उत्तीर्ण हो पाता है।

कहावत ठीक है कि यदि कोई व्यक्ति लगातार बारह वर्षों तक सत्य-भाषण के व्रत का पालन करे तो वह मुक्त हो जाएगा। लेकिन बारह साल तक सत्य-भाषण का व्रत पालन वही कर सकता है जो मुक्त हो ही गया हो, इसलिए कहावत ठीक है।

मैं नहीं कहता कि बारह साल की फिकर करो। बारह क्षण जांच लेंगे। बारह क्षण काफी हैं। तुम अगर भीतर झूठ हो, बारह क्षण में कुछ न कुछ झूठ हो जाएगा; क्योंकि तुम्हारे भीतर का रूप बार-बार बाहर आ रहा है। तुम्हारे होने के ढंग में, तुम्हारे बैठने के ढंग में झूठ हो जाएगा। तुम किसी आदमी के पास से निकलोगे और तुम्हारे चलने के ढंग में झूठ आ जाएगा। हो सकता था, इसके पहले तुम सहजता से चल रहे थे; तुम एक आदमी के पास आए और सम्हल गए--झूठ शुरू हो गया। सम्हलने का क्या मतलब? क्यों सम्हल रहे हो? तुम इस आदमी को कुछ दिखलाना चाहते हो जो तुम नहीं हो। तुम इस आदमी को कुछ बतलाना चाहते हो जो तुम नहीं हो।

तुम अपने कमरे में अकेले बैठे हो, तुम और ही आदमी हो। फिर मेहमान घर में आ गए--तुम तत्क्षण बदल गए, तुम्हारे चेहरे पर रंग बदल गया। अभी तुम उदास बैठे थे, मुर्दे कि भांति; अब तुम मुस्कुराने लगे, हंस-हंस कर बातें करने लगे। तुम पड़ोसियों को दिखाना चाहते हो, तुम बड़े प्रसन्न हो। यह प्रसन्नता झूठ है।

बोलने का ही थोड़े ही सवाल है; भाव-भंगिमा से झूठ निकलेगा। मुद्रा से झूठ निकलेगा। उठते-बैठते तुम्हारी श्वास-श्वास से झूठ निकल रहा है। तुम अगर झूठ हो तो झूठ के फूल तुममें लगते ही रहेंगे, तुम उनसे बच न सकोगे। मैं तुमसे कहता भी नहीं कि झूठ रहते हुए तुम सच के फूल अपने ऊपर लगाओ। वह नकली गुलदस्ता होगा। उस पर मक्खियां भी न बैठेंगी, आदमियों की तो बात दूर, परमात्मा को तो तुम भूल ही जाओ। मक्खियों तक को धोखा देना आसान नहीं; परमात्मा को तुम, मोक्ष को कैसे धोखा दोगे?

नहीं, मैं तुमसे कहता हूं, सच हो जाओ; सच बोलने की फिकर छोड़ो, वह अपने आप आ जाएगा। तुम सच हो जाओ। इसलिए फरीद की वाणी का मैंने अर्थ कियाः सत्य-धर्म, तुम्हारे स्वभाव का धर्म तुम्हें उपलब्ध हो जाए। फिर सब अपने आप ठीक होता रहेगा।

कोई बुद्ध सोचते थोड़े ही हैं चलते वक्तः कैसे चलूं, कैसे उठूं, कैसे बैठूं? क्या कहूं, क्या न कहूं? क्या ठीक होगा, क्या गलत होगा? यह सवाल ही नहीं है। जैसे वृक्ष में फूल लगते हैं, ऐसे बुद्ध में सत्य लगता है। इसलिए सत्य की चिंता मत करो; सत्य होने की चिंता करो। सच बोलने से क्या होगा? बोलना तो ओंठों की बात है। अगर कंठ के नीचे झूठ है तो ओंठों के बाहर सत्य कैसे आएगा? हां, सत्य जैसा लगता है, लेकिन सत्य नहीं होगा।

एक झेन फकीर हुआ। वह अपने गुरु के पास था। उसने सब उपाय किए गुरु को तृप्त करने के लिए, लेकिन गुरु तृप्त न हो। वह उसे कहे ही जाए कि और ध्यान कर, और ध्यान कर। आखिर उसने दूसरों से पूछा कि वर्षों बीत गए, मैं ध्यान करता हूं, किसी तरह गुरु की परीक्षा में उत्तीर्ण नहीं होता हूं। अब तो मैं थक भी गया। क्या करूं? जिससे पूछा था, उसने कहा कि और तो हम किसी का नहीं जानते, लेकिन हम कैसे स्वीकृत हुए वह हम बता देते हैं। मैं भी वर्षों परेशान हुआ। लेकिन जब तक मैं परेशान हो रहा था, मैं अपने को बचा रहा था। मैं सिद्ध करना चाहता था कि मैं सत्य को उपलब्ध हो गया हूं। फिर मैं थक गया। जब सच में ही थक गया तो मैंने सिद्ध करने के उपाय छोड़ दिए। मैं मुर्दे की भांति हो गया। मैंने यह भी फिकर छोड़ दी कि अब उत्तीर्ण होता हूं कि नहीं होता। गुरु के पास जाता, बैठ रहता--जैसे मुर्दा हूं। और जिस दिन मैं मुर्दे की भांति हो गया, उसी दिन गुरु ने मेरी पीठ थपथपाई और कहाः तूने पा लिया! कहां पाया? तो इतना मैं तुझे बता सकता हूं।

उसने कहाः नासमझ, पहले ही क्यों न कहा? यह तो हम कभी का कर देते। तीन साल ऐसे ही गंवाए। और तू यहां पड़ोस में ही रहता है, इतनी भी करुणा नहीं की! मैं अभी जाता हूं।

वह गया। जैसे ही गुरु ने पूछाः कैसे आए हो, वह धड़ाम से जमीन पर गिर पड़ा। जब अभिनय ही करना हो तो पूरा ही करना, बैठना क्या? मुर्दे कहीं बैठते हैं? वह धड़ाम से जमीन पर गिर पड़ा। उसने आंख मूंद ली और पड़ रहा। गुरु ने कहाः बड़े भले लग रहे हो! बिलकुल ठीक! ध्यान का क्या हुआ? तो उसने एक आंख खोली और कहाः वह तो अभी कुछ नहीं हुआ। तो गुरु ने एक डंडा उसके सिर पर मारा और कहाः उठ! मुर्दे कहीं बोलते हैं? तू जरूर किसी से कहानी सुन कर आ गया है।

यहूदी फकीर हुआ, बालसेन। वह एक गांव से गुजर रहा था। एक स्त्री उसके पीछे आ गई। उसका पैर पकड़ कर रोने लगी रास्ते पर। भीड़ लग गई। बालसेन ने पूछा: मामला क्या है?

उस स्त्री ने कहा: मेरे बच्चे नहीं होते। और मैंने सुना है कि तुम्हारी मां को भी बच्चे नहीं होते थे, और एक सदगुरु ने आशीर्वाद दिया।

बालसेन ने कहा: बात ठीक है। मेरी मां को भी बच्चे नहीं होते थे, और एक सदगुरु के पैरों पर ऐसे ही मेरी मां भी पड़ गई थी। ऐसा मैंने सुना है। सदगुरु ने कहा: तू ऐसा कर, मेरी टोपी खो गई है, तू एक टोपी बना ला। तू टोपी दे, हम तुझे बेटा देंगे। तो वह गई और एक अच्छी टोपी बना लाई। गुरु ने टोपी लगा ली और उसी रात वह गर्भस्थ हुई। ऐसे मैं पैदा हुआ।

उसी स्त्री ने कहा कि अरे! रुको, मैं अभी टोपी लेकर आती हूं।

गुरु ने कहा: ठहर! अब यह कहानी काम न करेगी। अब यह कहानी काम न करेगी; यह तो मैंने तुझे कह ही दी। अब कुछ और करना पड़ेगा। क्योंकि अब तो यह नकल होगी। अब तो यह केवल पुनरुक्ति होगी। अब तो यह उधार होगी। अब तो यह असत्य हो गई बात; अब इससे काम नहीं चलेगा।

वह स्त्री बोली: अब मत लौटाओ अपने वचन को। एक टोपी नहीं हजार टोपी ला दूंगी। अभी बाजार से खरीद लाती हूं। जितनी टोपी बाजार में होंगी, सब ला दूंगी। बस एक दफा तुम आशीर्वाद दे दो।

टोपियों का सवाल नहीं है--बालसेन ने कहा--यह कहानी काम न करेगी; कुछ और कहानी मुझे बनानी पड़ेगी।

थोड़ा समझना: जीवन में आदमी की बड़ी आकांक्षा होती है अनुकरण करने की। अनुकरण असत्य है।

बुद्ध बोधिवृक्ष के नीचे बैठे थे--ज्ञान हुआ। तब से हजारों लोगों ने बोधिवृक्ष के नीचे बैठ कर ठीक बुद्ध का आसन लगा कर आकांक्षा की है कि ज्ञान हो जाए, वह नहीं हुआ। महावीर बारह वर्ष मौन रहे, तब उन्हें ज्ञान हुआ। लाखों लोगों ने इन पच्चीस सौ वर्षों में मौन रहने की कोशिश की है--न केवल कोशिश की है, बल्कि जैन साधु अपने को मुनि कहता है, इसी कारण; मौन नहीं रहता, मुनि कहता है। अनुकरण कर रहा है। महावीर को मौन से ज्ञान उपलब्ध था, तो उसने अपने नाम के सामने मुनि लगा रखा है--मुनि नथमल, मुनि तुलसी, मुनि फलां-ढिकां! अब कोई मुनि लिखने से थोड़े ही ज्ञान हो जाएगा। अब कहानी पता हो गई। अब तो तुम बारह वर्ष भी मौन रहो तो धोखा होगा। महावीर ने किसी का अनुकरण न किया था। यह सहज आविर्भाव था। यह भीतर का स्वभाव था। इससे बात उठी थी।

महावीर नग्न हो गए, तो न मालूम कितने लोग महावीर के पीछे नग्न खड़े हो गए हैं। महावीर की नग्नता में एक निर्दोषता थी; इनकी नग्नता में अनुकरण है। अनुकरण असत्य है। सत्य होने की

जरूरत है। अन्यथा तुम कोई न कोई झूठ में पड़ जाओगे। तुम झूठ हो तो झूठ से न बच सकोगे। तुमसे झूठ का धुआं ही उठता रहेगा। सच कैसे तुम हो जाओगे।

सच होने का एक ही उपाय है, और वह उपाय यह है कि तुम इस जगत में दिखावे की आकांक्षा छोड़ दो। सब झूठ उससे पैदा होता है। तुम इस जगत में वही हो रहो जो तुम हो : बुरे तो बुरे, भले तो भले, चोर तो चोर, ईमानदार तो ईमानदार, साधु तो साधु, असाधु तो असाधु, तुम जो हो--तुम परमात्मा के सामने और संसार के सामने अपने को वैसा ही छोड़ दो, कह दो : यही मेरा होना है। यही परमात्मा ने मुझे चाहा है। जैसी उसकी मर्जी वैसे रहेंगे। अपना अब क्या करने को बचा!

तुम अगर बिलकुल निष्कपट भाव से अपने को ऐसा ही खोल दो जैसे तुम हो, तुम्हारे जीवन से असत्य विदा हो जाएगा। असत्य पैदा होता है दिखावे की भावना से, प्रदर्शन से। असत्य इस बात की कोशिश है, जो मैं नहीं हूं वैसा तुम्हें दिखाई पड़ूं; जो मैं नहीं हूं वैसा लोग मुझे मानें; जो मेरी प्रतिमा नहीं है, वह लोगों के मन में मेरा आदर्श हो।

नहीं, तुम जैसे हो, जहां हो, वैसा ही खोल दो। रत्ती भर यहां-वहां डोलने डांवाडोल होने की जरूरत नहीं है।

तुम यहां किसी की प्रशंसा पाने नहीं आए हो और न किसी से प्रमाण-पत्र इकट्ठे करने। तुम यहां किसी की अपेक्षाएं भी पूरा करने को नहीं हो। यहां तुम स्वयं होने को हो। बस तुम स्वयं हो रहो। फिर जो हो...। और तुम अचानक पाओगे : तुम उठने लगे और ढंग से, बैठने लगे और ढंग से, बोलने लगे और ढंग से, देखने लगे और ढंग से, छूने लगे और ढंग से--तुम्हारे सारे जीवन का ढंग बदल गया! तुम्हारा अंतस बदल गया, तो तुम्हारा आचरण बदल जाएगा।

कहावत ठीक ही है कि बारह वर्ष अगर कोई सत्य-भाषण करे तो मुक्त हो जाएगा। लेकिन बारह वर्ष क्या, बारह दिन भी सत्य-भाषण करना असंभव है। इसलिए कहावत यह कह रही है कि तुम सत्य हो जाओ तो ही सत्य-भाषण कर सकोगे। और जो सत्य हो गया, वह बारह वर्ष बाद मुक्त नहीं होता; वह सत्य होते ही मुक्त हो जाता है। क्योंकि सत्य और मोक्ष एक ही सिक्के के दो पहलू हैं।

आखिरी प्रश्न :

ओशो, दुख के बारे में जब आप बोलते हैं तब मुझे तथा कई अन्यों को भी ऐसा लगता है कि यह तो मेरे जीवन का दुख है, उसे ओशो ने कैसे जान लिया! साथ ही मन में उठने वाले अनेक संदेहों और प्रश्नों का समाधान भी आप ही आप प्रवचन से मिल जाता है। बताएं कि इसका रहस्य क्या है?

पहली बात : तुम्हारा दुख और दूसरे का दुख अलग-अलग नहीं है। मनुष्यमात्र का दुख एक है। थोड़ी-बहुत मात्राओं के भेद होंगे, थोड़े-बहुत रंग-आकार के भेद होंगे; लेकिन दुख का स्वभाव एक है।

इसलिए जब मैं दुख के संबंध में बोलता हूं, तुम समझोगे तो जरूर लगेगा कि तुम्हारे ही दुख के संबंध में बोल रहा हूं। तुम्हारे दुख के संबंध में बोल नहीं रहा हूं; दुख के संबंध में बोल रहा हूं। दुख का स्वभाव एक है : वह तुम्हारा हो कि पड़ोसी का हो कि किसी और का हो; अतीत के किन्हीं मनुष्यों का हो या भविष्य के मनुष्यों का हो--एक ही है। दुख का स्वभाव एक है।

ऐसा समझो कि कोई आदमी अंगारे से जल गया, कोई आदमी चिराग जलाते हुए जल गया, कोई आदमी चकमक तोड़ रहा था और जल गया--जलन तो एक ही होगी--चकमक अलग है, चिराग अलग है, अंगारा अलग है; मगर हाथ में आग से जो जलन होती है वह तो एक है। मैं जलन के संबंध में बोल रहा हूं, चकमक के संबंध में क्या बोलना? कहां तुम जले, इससे क्या लेना-देना है? कैसे तुम जले, इससे क्या प्रयोजन है? तुम्हारी जलन, जलन के शुद्ध स्वभाव के संबंध में बोल रहा हूं--इसलिए सभी को लगेगा कि उसके ही दुख के संबंध में बोल रहा हूं। इससे तुम भ्रांति में मत पड़ना कि मैं तुम्हारे दुख के संबंध में बोल रहा हूं। क्योंकि अहंकार बड़ा सूक्ष्म है; वह इसमें भी मजा लेता है कि देखो, मेरे ही दुख के संबंध में बोल रहे हैं! तुम्हारे दुख से क्या लेना-देना? तुम्हारा मुझे पता ही कहां है? दुख के संबंध में बोल रहा हूं!

लेकिन तुमने भी दुख जाना है, सबने दुख जाना है। जब तुम आनंद जानोगे तब जो मैं आनंद के संबंध में बोल रहा हूं वह भी ऐसा ही लगेगा कि तुम्हारे आनंद के संबंध में बोल रहा हूं।

तुम तो केवल निमित्तमात्र हो, जहां घटनाएं घटती हैं। उन घटनाओं का स्वभाव क्या है? अगर मैं एक-एक व्यक्ति के दुख के संबंध में बोलूं तब तो बड़ा मुश्किल हो जाए; तब तो विस्तार अनंत होगा; सभी के हृदय तक पहुंच पाना असंभव होगा। दुख के संबंध में बोलता हूं, बस--सबके हृदय तक पहुंच जाता हूं।

ऐसा समझो कि मैं सागर के संबंध में बोल रहा हूं : हिंद महासागर ने सुना, प्रशांत महासागर ने सुना, कि अरब महासागर ने सुना, कि अटलांटिक महासागर ने सुना--क्या फर्क पड़ेगा? मैंने अगर कहा कि सागर का पानी खारा है, वे सभी समझेंगे कि मेरे संबंध में बोल रहे हैं। सभी सागरों का पानी खारा है। यही तो तुम्हीं समझना है कि तुम्हारा दुख और पड़ोसी का दुख अलग-अलग नहीं है।

तुम मनुष्य हो : तुम्हारे होने के ढंग में थोड़े-बहुत भेद होंगे, लेकिन तुम्हारी अंतःसत्ता तो एक है। तुम्हारे आंगन में जो आकाश समाया है वही तुम्हारे पड़ोसी के आंगन में भी समाया है। तुम्हारा आंगन तिरछा होगा, तुम्हारे आंगन में साधारण गरीब आदमी की मिट्टी की दीवाल होगी, पड़ोसी का आंगन कीमती होगा, संगमरमर जड़ा होगा--पर आकाश तुम्हारे मिट्टी के आंगन में भी वही है, संगमरमर के आंगन में भी वही है। मैं आकाश के संबंध में बोल रहा हूं, तुम्हारे आंगन के संबंध में नहीं। इसलिए तुम्हें स्वाभाविक लगेगा। इसमें रहस्य कुछ भी नहीं है, सीधा गणित है।

और स्वभावतः मैं शून्य में नहीं बोल रहा हूं; मैं तुमसे बोल रहा हूं; तुम्हारी गहनतम मनुष्यता से बोल रहा हूं। इसलिए मेरा, जिनको मेटाफिजिकल, पारलौकिक विषय कहें, उनमें मेरा कोई रस नहीं

है; वह फिजूल की बकवास है। मैं तो मनोवैज्ञानिक सत्यों पर बोल रहा हूं। मैं तो तुम्हारे संबंध में बोल रहा हूं, ताकि तुम जहां हो वहां से ही यात्रा शुरू हो सके।

मुझे फिकर नहीं है कि परमात्मा ने संसार बनाया कि नहीं बनाया, कि किस तारीख में बनाया, किस दिन में बनाया, कि हिंदुओं के ढंग से बनाया कि मुसलमानों के ढंग से बनाया--यह सब बकवास है, इस सबमें कोई अर्थ नहीं है। मैं कोई पागल नहीं हूं। मेरी दृष्टि में सभी दार्शनिक पागल हैं। वे जो बोल रहे हैं, उसका कोई मूल्य नहीं है, कोई अर्थ नहीं है।

तुम दुखी हो, यह सत्य है। तुम हिंदू हो तो दुखी हो, मुसलमान हो तो दुखी हो। तुम मानते हो कि ईश्वर ने संसार बनाया तो दुखी हो, तुम मानते हो कि ईश्वर ने बनाया नहीं संसार, ईश्वर है ही नहीं, तो भी दुखी हो। तुम्हारे दुख को मिटाना है। और मेरे अनुभव में ऐसा है कि जब तुम्हारा दुख मिट जाएगा तो जो शेष रह जाता है वही परमात्मा है।

परमात्मा कोई धारणा नहीं है; धारणा-शून्य चित्त का अनुभव है। परमात्मा कोई सिद्धांत नहीं है कि जिसे सिद्ध करना है; परमात्मा एक प्रतीति है--आनंद की, परम आनंद की, अहोभाव की!

तो दो बातें : एक तो व्यक्ति-व्यक्ति से क्या लेना-देना है; सब व्यक्तियों के भीतर जो एक सा है उसी के संबंध में बोल रहा हूं। और चेष्टा तुम्हें आकाश के सिद्धांत समझाने की नहीं है; पृथ्वी पर जहां तुम खड़े हो, जहां से तुम्हारी यात्रा शुरू होगी, उस संबंध में बोल रहा हूं।

इसलिए स्वभावतः अगर तुमने मुझे सुना है तो तुम्हें ऐसा ही लगेगा कि तुम्हारे संबंध में बोला हूं, बिलकुल तुमसे बोला हूं। यह ठीक भी है लगना। लेकिन इस कारण अहंकार को मत खड़ा करना, अन्यथा तुम्हें लगेगा कि मैंने तुम्हें कोई विशेषता दी; यहां इतने लोग मौजूद थे, मैं तुम्हारे दुख के संबंध में बोलता रहा। इस तरह अहंकार को मत बचा लेना, नहीं तो दुख कभी भी न मिटेगा; क्योंकि अहंकार दुख की सुरक्षा है।

आज इतना ही।

तीसरा प्रवचन

प्रेम प्रसाद है

(क) तपि तपि लुहि लुहि हाथ मरोरऊं। बावली होई सो सहु लोरऊं।।
तैं सहि मन महि कोआ रोसु। मुझु अवगुन सह नाही दोसु।।
तैं सहिब की मैं सार न जानी। जोबनु खोई पीछे पछतानी।।
काली कोइल तू कित गुन काली। अपने प्रीतम के हउ विरहै जाली।।
पिरहि विहून कतहि सुखु पाए। जा होइ कृपालु ता प्रभु मिलाए।।
विधण खूही मुंध अकेली। ना कोइ साथी ना कोइ बेली।।
बाट हमारी खरी उडीणी। खंनिअहु तिखी बहुत पिईणी।।
उसु उपरी है मारगु मेरा। सेख फरीदा पंथु सम्हारि सवेरा।।

सलोक

(ख) जितु दिहाड़ै धनवरी साहे लह लिखाइ।
मलकु जिकंनी सुणीदा मुहु देखाले आइ।।
जिंदु निमाणी कढीए हडा कूं कड़काइ।
साहे लिखे न चलनी जिंदु कूं समझाइ।।
जिंदु बहूटी मरणु बरु लैजासी परणाइ।
आपण हथी जोलिकै कै गलि लगे धाइ।।
वालहु निकी पुरसलात कंनी न सुणीआइ।
फरीदा किड़ी पवंदई खड़ा न आपु मुहाइ।।

जीवन का प्रारंभ तो सभी का एक सा है, लेकिन अंत नहीं। सुबह तो समान है, सांझ सबकी बड़ी भिन्न-भिन्न है। क्योंकि जन्म के साथ तो आता है व्यक्ति कोरे कागज की भांति; मृत्यु के क्षण जीवन की पूरी कथा लिख जाती है कागज पर।

जन्म निर्वैयक्तिक है, मृत्यु वैयक्तिक। मरने के करीब पहुंचते-पहुंचते तुम्हारा एक व्यक्तित्व, तुम्हारा एक ढंग, तुम्हारी एक शैली नियत हो जाती है। जन्मता तो परमात्मा है, मरते तुम हो। आते तो कोरे हो, जाते समय बहुत भर जाते हो। उसी भराव के कारण भेद है। उसी भराव का नाम अहंकार है।

अहंकार सबके अलग-अलग हैं; आत्मा एक है। आत्मा तो उस तत्व का नाम है जिसे तुम जन्म के साथ लेकर आए और अहंकार उस तत्व का नाम है जिसे तुमने ही जीवन में बनाया; जिसे तुम लाए न थे; जिसे तुमने ही संवारा-सजाया। तुम्हें तो परमात्मा ने बनाया है, लेकिन अहंकार के निर्माता तुम हो।

तो, एक तो संसार है परमात्मा का, उसका तो तुम्हें तो कुछ पता नहीं; एक संसार है तुम्हारे अहंकार का, बस उसमें ही तुम जीते हो, उसी में समाप्त हो जाते हो।

अहंकार का अर्थ है: तुम जान ही न पाए उसे जो तुम थे। इसके पहले की तुम जानते अपने कोरेपन को, तुमने लिखावट से स्वयं को भर लिया। इसके पहले कि तुम जानते निर्मलता को--चैतन्य की, तुमने बहुत कूड़ा-कबाड़ इकट्ठा कर लिया।

इसलिए मैं फिर दोहराता हूं: जन्मते तो सभी एक जैसे हैं, मरते सभी अलग-अलग हैं। मौत का व्यक्तित्व है; जन्म निर्वैयक्तिक निराकार शून्यता है। और इसीलिए, मौत से ही पता चलता है: तुम कैसे जीए; क्योंकि मौत घोषणा है तुम्हारे पूरे जीवन की, वक्तव्य है तुम्हारे पूरे जीवन पर। मरने के क्षण में तुम संग्रहीभूत हो जाते हो, तुम्हारा सत्तर-अस्सी साल का, सौ साल का जीवन एक क्षण में समा जाता है। उस क्षण में तुम प्रकट होते हो। जीवन भर चाहे तुम अपने को छिपाए रहे हो, मृत्यु के क्षण में न छिपा सकोगे; क्योंकि छिपाने का होश भी न रह जाएगा। जीवन भर चाहे तुमने धोखा दिया हो, मृत्यु के क्षण में तुम धोखा न दे पाओगे। मृत्यु तुम्हारी असलियत खोल ही देगी। मृत्यु तो बता ही देगी कि तुम क्या थे। अगर तुम धन को पकड़ कर जीए थे तो हंसते हुए कैसे मर सकोगे? क्योंकि धन तो छूटता होगा। रोओगे, ज़ार-ज़ार होओगे। अगर तुम संपदा, पद-प्रतिष्ठा को सब-कुछ मान कर जीए थे, मरते वक्त कैसे शांति से विदा हो सकोगे? क्योंकि तुम्हारी नाव तो छूटने लगेगी; तुम्हारी पद और प्रतिष्ठाएं इसी तट पर पड़ी रह जाएंगी। तुम चीखोगे-चिल्लाओगे। तुम्हारा रोआं-रोआं तड़फेगा। तुम इस किनारे को पकड़ लेना चाहोगे; आखिरी टूटती श्वास से भी तुम इसी किनारे से अपनी खूंटी बांध रखना चाहोगे। तुम्हारी विदाई बड़ी दुखद होगी! तुम्हारी विदाई बड़ी विषाक्त होगी। तुम एक फूल की भांति मुस्कुराते हुए, एक सुगंध की भांति आकाश में मुक्त न हो जाओगे। तुम्हारे जाने में रुदन होगा, विषाद होगा। तुम्हारा जाना दुखांत होगा!

लेकिन जिसने जीते-जी जान लिया कि मौत करीब आती है; जिसने जीते-जी पहचान लिया कि मरना होगा; और जिसे यह बात इतनी गहराई से समझ में आ गई कि उसने मरने के पहले ही अपने को छोड़ दिया, मरने के पहले ही मार डाला अपने को; जिसने यह जान लिया कि मैं वैसा ही जाऊंगा जैसा आया था, कोरा, खाली, सब पकड़ व्यर्थ है; जो मरने के पहले फिर कोरा कागज हो गया;

जिसने अपनी मौत को वैसा ही निर्विकार और शुद्ध कर लिया जैसा जन्म था--उसका जीवन एक वर्तुल हो गया; उसके जीवन में अधूरापन न रहा, एक परिपूर्णता हो गई। उसकी विदाई बड़ी भिन्न होगी। उसकी विदाई पर सारा अस्तित्व प्रसन्न होगा; क्योंकि उसकी विदाई एक परिपूर्णता की विदाई होगी। वह रोता हुआ न जाएगा। उसके ओंठों पर गीत होंगे। उसके प्राणों में उल्लास होगा, आनंद होगा। वह नाचता हुआ विदा होगा। वह जाते समय किसी से उसकी कोई शिकायत न होगी, आशीर्वाद होंगे। इस किनारे को वह धन्यवाद दे सकेगा। इस किनारे पर इतनी देर रहा, इस किनारे ने इतनी देर सम्हाला; अब वह दूसरे किनारे के लिए विदा हो रहा है--इस किनारे के प्रति भी उसके मन में बड़ी गहन कृतज्ञता होगी। उसकी विदाई ऐसे होगी जैसे कोई फूल अपनी सुगंध को मुक्त करे। वह दुर्गंध की तरह नहीं जाएगा। और उसकी मृत्यु फिर स्वभावतः मृत्यु जैसी न होगी, महाजीवन का प्रारंभ होगा।

तो अगर हम सभी व्यक्तियों की मृत्युओं को बांटना चाहें तो दो मोटी कोटियों में बांट सकते हैं : एक, अधिक लोगों की मृत्यु जिस भांति होती है; और दूसरी, कुछ बुद्धपुरुषों की। करोड़ में एक जैसा मरता है और करोड़ जैसे मरते हैं--दो मोटे विभाजन हम कर सकते हैं। वह जो करोड़ों लोगों के मरने का ढंग है वह ऐसा है कि उसमें एक जीवन तो समाप्त हो जाता है, दूसरे का प्रारंभ नहीं होता।

इसे तुम ठीक से समझो। यह बात थोड़ी बारीक है; और तुम्हारे खयाल में आ जाए तो तुम्हारे भीतर चेतना का एक तल ऊपर उठ जाएगा।

एक तो मौत ऐसी है--अधिक लोगों की मौत कि जीवन तो समाप्त हो जाता है, महाजीवन की शुरुआत नहीं होती, व्यक्ति अधर में टंग जाता है। सीढ़ी तो छूट जाती है। अब तक जिस सीढ़ी पर खड़े थे वह तो छूट जाती है, नई भूमि नहीं मिलती जहां पैर को रख लें--जैसे कोई गड्ढे में गिर गया। एक द्वार तो बंद हो जाता है, जिसे अब तक पहचाना था; कोई नया द्वार नहीं खुलता, सामने दीवाल आ जाती है। एक राह तो पूरी हो जाती है, जिस पर अब तक चले थे जन्म से लेकर; लेकिन कोई नई राह शुरू होती मालूम नहीं होती। यही तो करोड़ों जनों के मरते समय की पीड़ा है। काश, नया द्वार खुल जाए तो कौन रोता है पुराने द्वार के लिए! नया मार्ग खुल जाए तो कौन व्यथित होता है पुराने मार्ग के लिए! नई भूमि मिल जाए पैर रखने को तो कौन चीखता-चिल्लाता है, कौन पागल पीछे लौट कर देखता है!

वह जो दूसरी मौत है, बहुत थोड़े से गिने-चुने लोगों की--जो कि सबकी हो सकती है, लेकिन सबकी है नहीं; जिसके सभी अधिकारी हैं, लेकिन अपने अधिकार की घोषणा नहीं कर पाते; जो सभी को मिल सकती थी, लेकिन जो उसे कमा नहीं पाते, जो जीवन को यूं ही गंवा देते हैं--उस मृत्यु में जीवन तो समाप्त होता है, महाजीवन उपलब्ध होता है। बूंद तो छूट जाती है हाथ से, लेकिन सागर हाथ में उतर आता है। रोने का प्रश्न नहीं है; महोत्सव का क्षण है! छोटा सा क्षुद्र द्वार तो बंद होता

है--जैसे कि कोई टनल में, बोगदे में चलता रहा हो--और अचानक खुला आकाश आ जाता है! कौन पागल लौट कर रोएगा! सरकते थे, घसिटते थे; छोटी राह थी, संकीर्ण मार्ग था--कीड़ों की तरह चलना पड़ रहा था; अचानक बोगदा समाप्त हुआ, खुला आकाश सामने आ गया--तारों से भरा : कौन लौट कर पीछे देखता है! एक द्वार बंद हो जाता है, नया द्वार खुल जाता है! और नया द्वार महाद्वार है! अब तक जिसे जीवन कहा था वह मृत्यु जैसा मालूम पड़ता है; क्योंकि महाजीवन के समक्ष उसे जीवन कहना उचित नहीं।

श्री अरविंद ने कहा है कि जब जाना तब पाया कि जिसे जीवन कहते थे वह तो मृत्यु थी; और जिसे अब तक प्रकाश समझा था, वह तो अंधकार का एक ढंग था; और जिसे अब तक अमृत मान कर चले थे, वह महाविष सिद्ध हुआ, जहर सिद्ध हुआ। लेकिन यह तुलना तो तभी होगी संभव जब तुम अपने संकीर्ण द्वार से बाहर आ जाओगे।

ऐसा ही समझो कि एक बच्चा मां के पेट में बंद है, नौ महीने तक वह उसे ही जीवन समझता है, कोई और जीवन जानता भी नहीं, वही एकमात्र जीवन है। मां के पेट में होना भी कोई जीवन है? ज्यादा से ज्यादा जीवन की तैयारी हो सकती है, जीवन नहीं। थोड़ा सोचो, अगर तुम सदा के लिए मां के पेट में ही बंद रह जाते, न सूरज की किरणें तुम्हें छूतीं, न पक्षियों के गीत तुम्हें सुनाई पड़ते, न तुम्हारे जीवन में प्रेम का आविर्भाव होता, न तुम प्रार्थना से परिचित होते, न तुम जीवन के झंझावात और तूफानों में खड़े होते, न तुम सागर की लहरें जानते, न तुम्हें हिमालय के उत्तुंग शिखर दिखाई पड़ते, तुम बंद रहते एक खोल में मां के पेट में--तो चाहे कितनी ही सुविधा रही होती, तुम थोड़ा सोचो, तुम उसे जीवन कहते? तुम उसके लिए राजी होते?

लेकिन हर बच्चा पैदा होने के पहले घबड़ाता है--मनोवैज्ञानिक कहते हैं उसे बर्थ-ट्रामा--हर बच्चा घबड़ा जाता है जन्म के पहले; क्योंकि उसे तो ऐसा ही लगता है, उसकी जानकारी में ऐसा ही आता है कि यह तो मरना हो रहा है। वह और तो कोई जीवन जानता नहीं, इस मां के पेट में बंद जीवन को ही जीवन जाना था, और इसमें सब तरह की सुविधा थी; कोई चिंता न थी, कोई बेचैनी न थी, कोई नौकरी न करनी थी, कोई बाजार न जाना था, कोई दफ्तर में काम न करना था। सब बैठे-बैठे मिल जाता था, सोए-सोए मिल जाता था। मां का खून खून बनता था, मां के भोजन से भोजन मिल जाता था, मां की श्वास श्वास बन जाती थी; खुद कुछ करने की बात ही न थी। कर्म तो था ही नहीं कुछ।

बच्चा डरता है, घबड़ाता है। और जब मां के पेट से बच्चे को पैदा होना पड़ता है तो एक सुरंग से, एक टनल से गुजरता है। मनोवैज्ञानिक कहते हैं, इसलिए सुरंग से गुजरने में डर लगता है। और जहां भी तुम्हें सरकना पड़े और जगह संकीर्ण हो जाए वहीं भय मालूम होने लगता है। क्योंकि बच्चे का जो पहला भय है, वह सुरंग का भय है। मां के पेट से पैदा होते वक्त जिस नली से उसे गुजरना पड़ता है वह अत्यंत संकरी है; वह सब तरफ से दबोचती है, सब तरफ से प्राण उसके संकट में पड़

जाते हैं। मनोवैज्ञानिक कहते हैं कि जीवन भर जहां भी तुम्हें फिर कहीं ऐसी स्थिति आ जाएगी जहां तुम दबाए हुए अपने को अनुभव करोगे, तत्क्षण तुम्हें बर्थ-ट्रामा, वह जो जन्म की पीड़ा थी, उसका पुनः स्मरण हो जाएगा, तुम फिर घबड़ा जाओगे। इसलिए तो तुम्हें भीड़ में घबड़ाहट मालूम होती है। अगर चारों तरफ भीड़ ही भीड़ दबोच रही हो, तो तुम्हें बड़ी हैरानी मालूम होती है, बड़ी भीतर बेचैनी--जैसे गला घोंटा जा रहा हो। वह घबड़ाहट जन्म के समय बच्चे ने जो पहला अनुभव किया है उसकी घबड़ाहट है। बच्चे को ऐसा ही लगता है वह मरा। और यह बिलकुल तर्कयुक्त है लगना; क्योंकि और तो कोई जीवन बच्चा जानता नहीं; जो जीवन था, उजड़ा; जिसे अब तक सुख-सुविधा मानी थी, वह मिटी।

मृत्यु भी एक सुरंग है। अगर घबड़ा न गए, अगर इतने न घबड़ा गए कि बेहोश हो गए घबड़ाहट में, इतने दुखी और बेचैन न हो गए, जो छूट रहा है उसके कारण कि जो मिल रहा है वह दिखाई ही न पड़े--कई बार तुम्हारे हाथ से कंकड़-पत्थर छीने जाते हैं, लेकिन कंकड़-पत्थरों को तुमने हीरे समझा था; तुम उन्हें छोड़ते नहीं, तुम मुट्ठी बांधते हो; तुम सारी ताकत लगाते हो कोई छुड़ा न ले--तुम्हें पता नहीं है कि हीरे-जवाहरात दिए जाने की तैयारी की जा रही है। तुम्हें पता हो भी कैसे सकता है? तो तुम इतना उपद्रव मचा सकते हो कंकड़-पत्थर छोड़ने में कि तुम बेहोश हो जाओ; तुम इतने दुखी हो सकते हो कि चैतन्य खो दो--फिर हीरे-जवाहरात पड़े रह जाएंगे। तुम इसी पीड़ा में पड़े रहोगे कि तुम्हारे जीवन का सब सार छीन लिया गया।

मृत्यु एक सुरंग है। जो घबड़ा गया, जो डर गया, जिसने जोर से पकड़ा, वह आगे खुलने वाले आकाश को न देख पाएगा। जो न डरा, जो न घबड़ाया, बल्कि जो उत्सुक रहा, जो बड़ी गहन जिज्ञासा से प्रतीक्षा किया, और जिसने जाना कि यह सुरंग है, पार हो जाएगी--और जिसे मैंने अब तक जीवन कहा था, वह एक सुरंग का जीवन था, संकीर्ण था बहुत, गला घोंटा जा रहा था उसमें, कुछ मिल नहीं रहा था--उसे जैसे ही खुले आकाश के दर्शन होंगे, उसके अहोभाव की कोई सीमा नहीं! उस क्षण पता चलेगा कि जिसे जीवन कहा वह मृत्यु थी; जिसे प्रकाश कहा वह अंधकार था; जिसे अमृत कहा वह जहर था। पर तुलना अभी तो नहीं पैदा हो सकती।

तो दो तरह की मृत्युएं हैं मोटे अर्थों में। ऐसे तो प्रत्येक व्यक्ति की मृत्यु बड़ी निजी और वैयक्तिक है। जैसे तुम्हारे हस्ताक्षर अलग हैं ऐसे तुम्हारी मौत अलग है। जैसे तुम्हारे अंगूठे का चिह्न अलग है ऐसे तुम्हारी मौत अलग है। तुम्हारा जीवन तो एक है, लेकिन मौत अलग-अलग है। तुम्हारे भीतर छिपा विराट तो एक है, लेकिन तुम्हारी क्षुद्रता अलग-अलग है। तुम्हारे भीतर का आकाश तो एक है, लेकिन तुम्हारे आंगनों की दीवाल अलग-अलग है, अलग-अलग ढंग की है।

फिर भी मोटे अर्थों में दो विभाजन हो सकते हैं और वे दो विभाजन कीमती हैं। एक तो जागे हुए व्यक्ति की मृत्यु है--जागा हुआ यानी वह जिसने मरने के पहले मृत्यु को स्वीकार कर लिया; जो मरने के पहले मर गया। और दूसरी मृत्यु सोए हुए व्यक्ति की मृत्यु है। और तुम्हारे ऊपर निर्भर है कि तुम

कैसे मरोगे; क्योंकि तुम जैसे जीओगे वैसे ही तुम मरोगे। मृत्यु तुम्हारे पूरे जीवन का सार-निचोड़ निष्कर्ष होगी, निष्पत्ति होगी। अगर तुम गलत जीए, तुम गलत मरोगे। अगर तुम सम्यक जीए, तुम सम्यक मरोगे। अगर तुम छोड़ते हुए जीए तो मृत्यु के पहले तुमने वह सब छोड़ ही दिया होगा जो किनारा तुमसे छीना जाने वाला है; तुम खुद ही छोड़ कर नाव में बैठ गए थे, तुम तैयार ही थे कि कब पाल खुल जाए, कब इशारा मिले और नाव यात्रा पर निकल जाए।

त्याग का इतना ही अर्थ है। त्याग का अर्थ घर छोड़ कर भाग जाना नहीं, न दुकान छोड़ कर भाग जाना है। त्याग का अर्थ इतना ही है कि तुम जहां भी हो, जिस स्थिति में भी हो, उससे इतने ग्रसित मत हो जाना कि जब वह छीनी जाए तो तुम पीड़ा से भर जाओ--बस! छोड़ कर भागने की कोई जरूरत नहीं है, छोड़े हुए होने का भाव पर्याप्त है। तुम कैसे, कहां जी रहे हो--यह सवाल नहीं है; तुम्हारे भीतर की दृष्टि क्या है...। अगर तुम यह जान कर जी रहे हो कि यह सब छिन जाएगा, और इस छिनने से तुम्हें कोई पीड़ा होने की संभावना नहीं है, तो तुम जहां भी जी रहे हो, तुम संन्यासी हो। अगर तुम जंगल भाग गए और एक लंगोटी रख ली पास और एक झोपड़ी बना ली, और तुम्हें डर लगता है कि अगर यह छिनेगी तो मैं छोड़ न पाऊंगा, जब मौत आकर लंगोटी मांगेगी तो मेरे हाथ सरलता से खुलेंगे नहीं--तो तुम वहां भी संसारी हो।

संसार और संन्यास दृष्टिकोण हैं, तुम्हारे भीतर की बड़ी आत्यंतिक भाव-दशाएं हैं।

जो व्यक्ति संन्यासी की तरह जीया, उसकी मृत्यु महाजीवन का द्वार बन जाती है। जो व्यक्ति संसारी की तरह जीया, उसकी मृत्यु--सिर्फ जीवन का अंत तो हो जाता है, नये जीवन का आविर्भाव नहीं होता। पुराना दीया बुझ जाता है, नया सूरज उगता नहीं। सब जाना-माना खो जाता है और अपरिचित का अवतरण नहीं होता। हाथ से कंकड़-पत्थर तो छूट जाते हैं--जिन्हें हीरे-जवाहरात समझा था--और हीरे-जवाहरात हाथ में आते नहीं। इसलिए मृत्यु ऐसे व्यक्ति की बड़ी विडंबना हो जाती है।

ये दो मृत्युएं खयाल में रखें, फरीद के वचन समझ में आ सकेंगे।

'विरह-ज्वर से मेरा अंग-अंग जल रहा है और मैं अपने हाथों को मरोड़ती हूं। प्रीतम से मिलने की लालसा ने मुझे बावली बना दिया है।'

तपि तपि लुहि लुहि हाथ मरोरऊं। बावलि होई सो सहु लोरऊं।।

इसके पहले फरीद ने कहा कि एक ऐसी घड़ी आती है जब आशिक माशूक हो जाता है; एक ऐसी घड़ी आती है प्रेम के ज्वार की जब कि प्रेमी प्रेयसी हो जाता है। अब ये सारे वचन फरीद प्रेयसी की भांति कहं रहा है। अब परमात्मा प्रीतम है, फरीद प्रेयसी है। परमात्मा पुरुष है, फरीद स्त्री है। ये उस घड़ी के बाद के वचन हैं, खयाल रखना; अन्यथा तुम्हें हैरानी होगी कि फरीद अचानक स्त्री के ढंग से क्यों बोलने लगा!

मैंने तुम्हें कहा कि जब तुम परमात्मा के प्रेम में शुरू-शुरू में उतरते हो तब तुम्हारा प्रेम भी आक्रामक होता है; तुम इस तरह जाते हो जैसे परमात्मा पर कोई आक्रमण बोल दिया हो, धावा बोल

दिया हो; तुम्हारी प्रार्थना भी आक्रामक होती है, तुम्हारी पूजा भी आक्रामक होती है। स्वाभाविक है। लेकिन जैसे-जैसे तुम्हें पूजा और प्रार्थना का आनंद मिलना शुरू होता है और जैसे-जैसे तुम्हें यह समझ में आता है कि मेरे आक्रमण का भाव ही मेरी पूजा की कमी है, मेरे आक्रमण का भाव ही मेरी प्रार्थना का दंश है; जैसे-जैसे तुम्हें समझ में आता है कि आक्रमण के भाव के कारण ही मेरे पूजा के दीये से अंधेरा निकलता है, प्रकाश नहीं निकलता; आक्रमण के भाव के कारण मेरा अहंकार मजबूत बना है, पूजा होगी कैसे, प्रार्थना होगी कैसे, मेरा अहंकार मुझे मंदिर के भीतर आने कैसे देगा?

मंदिर के भीतर तो तभी प्रवेश होता है जब तुम अहंकार को वहीं रख आते हो जहां तुम जूते उतार आते हो; वहीं छोड़ आते हो अहंकार को!

बंगाल में एक पुरानी बाउलों की कथा है कि एक व्यक्ति वृंदावन की यात्रा को गया। बाउल भक्तों के लिए वृंदावन परमात्मा का घर है, वह बैकुंठ है। यह सब छोड़ दिया है इसने, सब त्याग कर दिया; क्योंकि उस परमात्मा के घर तक जाने में क्या ले जाया जा सकता है! परमात्मा के घर की यात्रा तो ऐसे है जैसे कोई पहाड़ पर चढ़ता है, जैसे-जैसे ऊंचाई बढ़ती है वैसे-वैसे बोझ कम करना पड़ता है; क्योंकि जितनी ऊंचाई बढ़ने लगती है, उतना बोझ ज्यादा बोझ मालूम होने लगता है। ऊंचाई पर चढ़ना हो तो बोझ कम करते जाना है। जब कोई गौरीशंकर के शिखर पर पहुंचता है तो सभी बोझ छूट जाता है, अकेला ही खड़ा होता है।

तो वृंदावन आते-आते उसने सब त्याग कर दिया, कुछ भी न बचा; सिर्फ एक जोड़ी कपड़ा रह गया--पहना हुआ, और एक जोड़ी कपड़ा रह गया--स्नान करके बदलने को। वह भी इसीलिए बचा लिया कि वृंदावन के मंदिर में बिना स्नान किए कैसे प्रवेश हो सकेगा? तो एक छोटी सी पोटली जिसमें एक जोड़ी कपड़ा, बस यही कुल सामान रह गया। वह भी स्नान की दृष्टि से ही बचाया था। वह भी कोई अपने शरीर को सजाने का सवाल न था--लेकिन परमात्मा के मंदिर में बिना स्नान के कैसे प्रवेश करूंगा! वह द्वार पर खड़ा हो गया मंदिर के, लेकिन द्वारपाल ने दोनों हाथ से उसे द्वार पर रोक दिया, और कहा: भीतर न जा सकोगे। भीतर तो वही जाता है जिसके पास कुछ भी न हो।

वह बाउल हंसने भी लगा, रोने भी लगा। वह हंसने लगा। उसने कहा: तुम भी पागल मालूम होते हो! मेरे पास क्या बचा है? एक पोटली है, इसमें एक जोड़ी कपड़ा है सिर्फ। वह भी मेरे लिए नहीं है, वह भी इसलिए कि मंदिर में बिना स्नान किए कैसे जा सकूंगा! और मेरे पास कुछ भी नहीं है, इसलिए तुम्हारी बात पर हंसी भी आती है। और तुम्हारी बात से रोता भी हूं कि अगर तुमने भीतर न जाने दिया तो अब क्या होगा? इसी एक आशा से तो चलता रहा हूं।

उस द्वारपाल ने कहा कि तुम्हारी पोटली में अगर कपड़े ही होते तो हम जाने देते; बड़ा सूक्ष्म अहंकार छिपा है! यह बिना स्नान किए तुम कैसे जाओगे--यह भी परमात्मा का सवाल नहीं है! परमात्मा तो तुम्हें बिना स्नान किए भी स्वीकार कर लेगा। उसके लिए तो तुम सद्यःस्नात हो, स्नान किए ही हो। उसके लिए कुछ अपवित्र कभी हुआ ही नहीं है। लेकिन तुम बिना स्नान किए कैसे

जाओगे! तुम और बिना स्नान किए जाओगे! नहीं, यह तुम्हारे अहंकार को बात नहीं रुचती। पोटली में कपड़े ही होते तो चले जाने देते; पोटली में भारी अहंकार तुम लिए हो--इसे छोड़ आओ। मंदिर के द्वार तब तक नहीं खुल सकते जब तक तुम अपने को बाहर नहीं छोड़ आए हो।

अगर स्नान का भाव तक अहंकार हो सकता है तो तुम्हारी पूजा, तुम्हारी प्रार्थना, तुम्हारी अर्चना, तुम्हारी गीता, तुम्हारी कुरान, तुम्हारी बाइबिल--बाइबिल, कुरान, गीता से तुम्हें कुछ लेना नहीं है--तुम्हारा! पूजा-अर्चना के तुम्हारे ढंग, विधियां, शैलियां! ये भी नहीं। तुम्हारा भगवान!

किसी का कृष्ण भगवान है, किसी का महावीर, किसी का बुद्ध। जो बुद्ध को भगवान मानता है, कृष्ण के सामने सिर नहीं झुकाता। अपने-अपने भगवान के सामने लोग सिर झुकाते हैं। ऐसा हर किसी, ऐरे-गैरे-नत्थू-खैरे के भगवान के सामने सिर झुका देंगे!

मैं बहुत वर्षों तक जबलपुर में रहा। वहां एक बार गणपति विसर्जन के समय एक बड़ी झंझट हो गई। नियम था कि जब भी गणपति विसर्जित होते, तो जो शोभायात्रा निकलती, उसमें ब्राह्मणों के मोहल्ले के गणेश सबसे आगे, फिर क्रमशः और लोगों के गणेश होते। एक वर्ष ब्राह्मणों के गणेश को आने में थोड़ी देर हो गई। और जुलूस को तो समय पर निकलता था, क्योंकि समय पर उसे कहीं पहुंचना था विसर्जन के लिए। इसलिए जुलूस तो निकल गया; ब्राह्मण बाद में पहुंचे। बड़ा उपद्रव मच गया। और बीच रास्ते में उन्होंने जुलूस रुकवा दिया और जो बात हुई वह बड़े मजे की थी। वह आदमी के संबंध में बड़ी खबर देती है। हुआ यह कि चमारों के गणेश आगे हो गए। अब चमारों के गणेश की कोई हैसियत! तो ब्राह्मणों ने कहा: हटाओ चमारों के गणेश को पीछे! अपनी-अपनी हैसियत से रहना ठीक है। देर भले हो जाए, लेकिन गणेश तो ब्राह्मणों के ही आगे होंगे।

गणेश भी चमारों के और ब्राह्मणों के अलग-अलग हैं! वहां भी ब्राह्मण का अहंकार है!

तुम अपने भगवान के सामने झुकते हो। इसका मतलब हुआ कि तुम अपने ही सामने झुकते हो, तुम किसी के सामने नहीं झुकते। यह तुम्हारा भगवान तुम्हारे ही अहंकार की पूजा है। अन्यथा तुम झुकते; क्या लेना-देना था कि मस्जिद होती कि मंदिर होता कि चैत्यालय होता कि गुरुद्वारा होता--क्या फर्क पड़ता था? तुम्हें झुकने में अगर मजा आ गया होता तो तुम कहते, चलो मस्जिद के बहाने झुक जाएं यहां, वहां मंदिर के बहाने झुक जाएंगे; यहां कृष्ण के बहाने झुकने का मौका मिलता है, क्यों छोड़ें; वहां महावीर के बहाने भी झुक जाएंगे--क्योंकि जहां जितना मौका मिल जाए झुकने का उतना अच्छा है; क्योंकि उतने ही टूटने की सुविधा है, उतनी ही प्रार्थना बनेगी, उतना ही प्रार्थना में से दुर्गंध हट जाएगी।

लेकिन नहीं, लोग अपनी ही पूजा कर रहे हैं। तुमने कृष्ण की प्रतिमा में अपने अहंकार को ही बिठा लिया है और तुमने महावीर में भी अपने को ही खड़ा कर लिया है। यह तो दूर की बात है, मैं एक गांव में ठहरा। वहां एक जैन मंदिर है, उस पर झगड़ा चलता है वर्षों से, मुकदमा है, लट्ठबाजी हो गई। अहिंसक हैं और लट्ठबाजी होती है। दो दल हैं: श्वेतांबर और दिगंबरों के। दोनों में लट्ठबाजी

हो गई। हालत यहां तक हो गई कि पुलिस को उनके भगवान पर ताला लगा देना पड़ा। मैंने पूछा कि तुम तो दोनों अहिंसक हो! उन्होंने कहा कि अहिंसक होना ठीक है, लेकिन जब भगवान की रक्षा का सवाल हो तो चाहे जान रहे की जाए...मर जाएंगे, मिटा देंगे, मगर भगवान का सवाल है! मैंने उनको कहा : मैंने तो सुना है कि भगवान तुम्हारी रक्षा करता है; तुम कब से भगवान की रक्षा करने लगे? और अगर तुम्हारे हाथ में भगवान की रक्षा पड़ जाएगी तो भगवान बड़ी मुसीबत में पड़ेगा। तुम अपनी नहीं कर पा रहे हो रक्षा, इसलिए तो भगवान की तलाश है। अब यह तुमने और उलटा उपद्रव ले लिया। खोजने गए थे रक्षक को और तुम खुद ही रक्षक हो गए।

और झगड़ा क्या है? झगड़ा ऐसा बचकाना है कि सिर्फ धार्मिक अंधों को दिखाई नहीं पड़ता। जिनके पास जरा सी भी समझ की आंख है उनको तत्क्षण दिखाई पड़ जाएगा, हंसी आएगी कि यह कोई झगड़ा है!

झगड़ा यह है कि श्वेतांबर महावीर की मूर्ति की पूजा करते हैं--उसी मूर्ति की जिसकी दिगंबर करते हैं, कोई खास भारी फर्क नहीं है, जरा सा फर्क है--वह फर्क यह है कि श्वेतांबर खुले आंख वाले महावीर की पूजा करते हैं और दिगंबर बंद आंख वाले महावीर की पूजा करते हैं। दिगंबर कहते हैं कि तीर्थंकर तो बंद आंख किए ध्यानस्थ खड़े हैं, अंतर्मुखी हैं, यह खुली आंख तो बहिर्मुखता का लक्षण है। श्वेतांबर कहते हैं कि जिसने अपने को जान ही लिया वह किसलिए आंख बंद किए खड़ा है? अब तो आंख खोल सकता है यह। यह तो साधक की बात है कि आंख बंद करे और ध्यान करे, सिद्ध की तो नहीं। सिद्ध की तो आंख खुल गई, अब क्या है? आंख ही खुल गई--अब बंद करने का कहां सवाल है? यह तो रास्ते पर चलने वालों कि बात है।

यह झगड़ा है।

तो एक ही मंदिर में पूजा करते हैं, एक ही प्रतिमा की पूजा करते हैं; लेकिन समय बांध दिए हैं : बारह बजे तक दिगंबर पूजा करेंगे--तो बंद आंख भगवान की! अब पत्थर कि मूर्तियां हैं, उनकी आंखें इतनी सरलता से खोली नहीं जा सकतीं, तो ऊपर से झूठी आंखें चिपका देते हैं, ऊपर से फिक्स करने वाली; जैसा तुम चश्मा लगा लेते हो ऐसा ऊपर से लगा देने वाली आंखें हैं। श्वेतांबर जब पूजा करते हैं वे आंखें लगा लेते हैं; दिगंबर जब पूजा करते हैं वे आंखें अलग कर दी जाती है। कभी-कभी ऐसा हो जाता है कि दिगंबरों की पूजा में जरा देर हो गई और श्वेतांबर पहुंच गए तो लट्ठबाजी हो जाती है कि हटाओ, अब भगवान की आंख खुलने का वक्त आ गया! इस पर मुकदमे चलते हैं, मार-पीट हो जाती है।

पर थोड़ा सोचो, तुम्हें महावीर से लेना-देना है? अगर तुम्हें महावीर से लेना-देना होता तो ये दोनों आग्रह गलत हैं। न तो महावीर ने चौबीस घंटे आंख बंद की होगी और न महावीर ने चौबीस घंटे आंख खोली होगी; झपकते होंगे; कभी बंद भी करते होंगे, कभी खोलते भी होंगे। रात सो जाते होंगे तो आंख बंद करके सोते थे। दिन जगते थे तो आंख खोल कर ही चलते थे रास्तों पर, भिक्षा मांगने

जाते थे। आंख जैसी आंख थी, जैसी तुम्हारी आंख झपकती है। जिंदा आंख झपकती है, मुर्दा आंख रुक जाती है: बंद तो बंद, खुली तो खुली। तुम मरी हुई आंख को पूज रहे हो। जिंदा आंख को पूजते तो तुम कहते, दोनों ही घटनाएं घटती हैं, दोनों ही सही हैं। कुछ चुनाव नहीं है। जैसे नदी के दो किनारे होते हैं ऐसे चेतना की अंतर्मुखता और बहिर्मुखता है। जैसे श्वास भीतर आती है बाहर जाती है, ऐसे ही चेतना भी भीतर जाती है बाहर आती है। जिसने दोनों के मध्य अपने को साध लिया वही सिद्ध है। जो एक में जकड़ गया वही पंगु है।

लेकिन तुम्हारे भगवान वस्तुतः भगवान नहीं हैं; तुम्हारे हैं, इसलिए भगवान हैं। भगवान होने के कारण तुम्हारे होते तो बात और होती; तब तो तुम्हें मस्जिद में भी पहचान में आ जाते, जहां कोई मूर्ति न थी। तुम कहते, भगवान यहां निराकार है। कृष्ण के मंदिर में जाते, तुम कहते, भगवान यहां बांसुरी बजा रहे हैं। महावीर के मंदिर में जाते, तुम कहते, भगवान यहां ध्यान कर रहे हैं। तुम्हें भगवान ही दिखाई पड़ता! लेकिन तुम्हारा 'मैं' भगवान को नहीं देखता, न देखने का उसे कोई सवाल है; वह अपने भगवान को देखता है। वह ठीक से देख लेता है: अपने ही हैं? कहीं कोई धोखाधड़ी तो नहीं?--तब झुकता है।

तुम अपने ही अहंकार के सामने झुकते हो। अच्छा होता--तुम क्यों व्यर्थ की मूर्तियां बनाते हो?--तुम एक आईना लगा लो घर में, उसी में अपने को देखो, अपना रूप निहारो, पूजा के थाल सजाओ, आरती उतारो। वह कम से कम सच्चाई तो होगी; तुम्हारे संबंध में कम से कम झूठ तो न होगा। और उसमें एक फायदा है, और वह फायदा यह है कि बहुत मूर्तियों की जरूरत न रहेगी; तुम जब उतारो मूर्ति की पूजा तब तुम रहोगे; तुम्हारी पत्नी उतारे तब वह रहेगी, तुम्हारा लड़का उतारे तब वह रहेगा--एक दर्पण सभी के लिए मंदिर का काम दे देगा। हिंदू आ जाए तो हिंदू, मुसलमान आ जाए तो मुसलमान, चोटी बांधे हुए हो तो चोटी, चोटी न हो तो बिना चोटी--कम से कम दर्पण तुम्हीं को बताता रहेगा। मूर्तियों ने तुम्हें धोखा दे दिया है, लेकिन हैं वे तुम्हारी ही मूर्तियां।

यह जो फरीद कहते हैं कि ऐसी घड़ी आई...ऐसी घड़ी आती है भक्त के जीवन में जब आक्रमण बिलकुल खो जाता है।

आक्रमण यानी अहंकार।

अहंकार शुद्धतम आक्रमण है। जब तक तुम्हारे भीतर अहंकार है तब तक तुम अहिंसक न हो सकोगे; तब तक तुम्हारी अहिंसा में भी हिंसा ही छिपी होगी, तब तुम अहिंसा के नाम पर भी हिंसा ही करते रहोगे, और तुम्हारी हिंसा बड़े सुंदर रूप संवार लेगी। भीतर तो भयंकर कुरूपता होगी, ऊपर से अहिंसा के वस्त्र हो जाएंगे, आवरण हो जाएंगे।

नहीं, अहंकार के रहते कोई अहिंसक नहीं हो सकता। और अहंकार के रहते जब अहिंसक ही नहीं हो सकते तो प्रेमी क्या खाक हो सकोगे? अहिंसक का तो कुल इतना ही मतलब होता है कि दूसरे को दुख न देंगे; प्रेमी का मतलब होता है, दूसरे को सुख देंगे। जब अहिंसक ही नहीं हो सकते तो क्या खाक

प्रेमी हो सकोगे? प्रेम तो अहिंसा की पराकाष्ठा है। अहिंसा तो प्रेम की शुरुआत है--क ख ग घ, बिलकुल प्रारंभ है बारहखड़ी का। अहिंसा का तो मतलब है, हम कम से कम दूसरे को दुख न देंगे; इतना तो हम नहीं कह सकते कि हम सुख दे सकेंगे, इतना हमें अभी हम पर भरोसा नहीं--लेकिन इतना हम निर्णय करते हैं कि दुख न देंगे। अहिंसा निषेधात्मक है। फिर दूसरे कदम पर चेष्टा करेंगे; जब दुख न देंगे--ऐसी घड़ी आ जाएगी, तो फिर सुख देने की संभावना खुलती है--तो फिर हम सुख देंगे।

अहंकार न तो अहिंसक होने देता है, प्रेमी तो कैसे होने देगा? भक्त होने का तो कोई उपाय ही नहीं; क्योंकि भक्ति तो प्रेम से भी ऊपर है। अहिंसक कहता है, दूसरे को दुख न देंगे; हिंसक कहता है, दूसरे को दुख देने में ही सुख है। अहिंसक कहता है, दूसरे को दुख न देने में सुख है। प्रेमी कहता है, दूसरे को सुख देने में सुख है। और भक्त कहता है, दूसरा दूसरा न रह जाए, मेरा मेरा न रह जाए, पराया पराया न रह जाए--तब सुख है।

भक्ति परम स्थिति है; वह आखिरी बात है। उससे ऊपर फिर कोई और ऊंचाई नहीं है। वह अंतिम आकाश है।

फरीद कहते हैं: ऐसी घड़ा आती है भक्त की जब आक्रमण चला जाता है; जब वह ऐसे नहीं जाता मंदिर की तरफ जैसे कुछ छीनने जा रहा हो; ऐसे नहीं जाता मंदिर की तरफ जैसे भगवान से कोई शिकायत कर रहा हो कि इतनी देर से प्रार्थना कर रहा हूं, अभी तक नजर न हुई, इस तरफ कब देखोगे? नहीं, वह मंदिर ऐसे जाता है--शिकायत की तरह नहीं, अहोभाव की तरह--कि जो दिया है वह जरूरत से ज्यादा है; मेरी कोई योग्यता न थी और दिया है; मेरी कोई पात्रता न थी और तुम बरसाए चले जाते हो; तुम रोज मेघ बनाए चले जाते हो; तुम अमृत गिराए चले जाते हो; तुम यह भी फिकर नहीं करते कि मेरा पात्र सीधा रखा है कि उलटा रखा है, कि मेरे पात्र में सम्हलता है कि नहीं सम्हालता है! तुम औघड़दानी हो! तुम दिए ही चले जाते हो; इसकी फिकर ही नहीं करते कि दूसरे को चाहिए भी, अभी अक्ल भी है लेने की या नहीं! तुम लुटाए जाते हो!

इसका धन्यवाद देने जब भक्त जाने लगता है तब उसके जीवन में स्त्रैण-भाव आता है; तब वह सिर्फ स्वीकार की अवस्था में होता है, आक्रमण की नहीं। वह कहता है: तुम जो दोगे, ले लेंगे और नाचेंगे। तुम जो न दोगे, समझ लेंगे कि हमारे लिए खतरा था। तुम्हारे न देने को समझ कर नाचेंगे। तुम हमारे नाच को न रोक सकोगे अब! बरसोगे तो नाचेंगे, न बरसोगे तो नाचेंगे; क्योंकि अब हम जानते हैं कि तुम्हारे हाथों में छोड़ दिया, अब तुम जहां ले जाओगे!

एक तो वृक्ष है: अपने सहारे खड़ा होता है; एक लता है: वृक्ष के सहारे कंधे पर टिक कर खड़ी होती है। एक तो पुरुष है: अपने सहारे खड़ा होता है वृक्ष की भांति; एक स्त्री है: लता की भांति वह पुरुष के कंधे का सहारा लेकर खड़ी होती है, अपने से तो गिर जाएगी।

जब तक तुम्हारी प्रार्थना तुम्हारा संकल्प है तब तक पुरुष; जब तुम्हारी प्रार्थना समर्पण है, तुम लता की भांति हो गए कि तुमने परमात्मा पर ही अपने को सौंप दिया कि अब तू सम्हालेगा तो

सम्हलेंगे, तू गिराएगा तो समझेंगे कि गिरने में ही हित है; अब तेरी मर्जी! जैसा दादू कहते हैं: तू जैसा रखेगा वैसे रहेंगे! जैसा जीसस ने कहा: तेरी मर्जी पूरी हो!

जहां मेरी मर्जी नहीं रह जाती, जहां मैं नहीं रहा जाता--वहीं स्त्रैण चेतना काम करना शुरू कर देती है। भक्ति के मार्ग पर पुरुष भी स्त्रैण हो जाते हैं।

रामकृष्ण के जीवन में ऐसा उल्लेख है। पता नहीं, रामकृष्ण को फरीद का पता भी था या नहीं; अगर पता होता तो रामकृष्ण उसके लिए सबसे बड़े गवाह हो जाते। इसकी कोई कहानी नहीं है कि फरीद के जीवन में यह जो क्रांति घटी, जब वह अपने को समझने लगा प्रेयसी, तब उसके शरीर में भी कुछ हुआ या नहीं; चेतना में तो हुआ, यह पक्का है, लेकिन शरीर में भी कुछ हुआ या नहीं, यह पक्का नहीं है। रामकृष्ण के जीवन में तो ऐसी घटना घटी जो इतिहास में अनोखी है; उनका शरीर भी स्त्रैण होने लगा था। जब उन्होंने भक्ति की गहन साधना की तो उनके स्तन बड़े हो गए। जब उन्होंने भक्ति की और प्रगाढ़ साधन की तो उसकी चाल बदल गई; वे स्त्रियों जैसे चलने लगे, जो की चमत्कार है। क्योंकि बड़ा कठिन है किसी पुरुष को स्त्री जैसा चलना। क्योंकि वह सवाल चलने का नहीं है, सवाल भीतर के हड्डियों के ढांचे का है। स्त्री के पेट में तो गर्भ की जगह है; उस जगह के कारण उसकी चाल अलग है। पुरुष के पेट में तो गर्भ की कोई जगह नहीं है, इसलिए उसकी चाल भिन्न है। वह दोनों की हड्डियों का ढांचा अलग है। स्त्री दौड़ नहीं सकती पुरुष जैसा। वह दौड़ेगी भी तो तुम दूर से कह सकते हो कि स्त्री है।

रामकृष्ण स्त्रियों जैसा चलने लगे। और बात यहीं रुक जाती तो ठीक थी; बात आखिरी कदम पर पहुंच गई, जो कि इतिहास में कभी भी जिसका उल्लेख नहीं; हुआ तो होगा बहुत बार, शायद बात छिपा ली गई होगी, क्योंकि भरोसे की भी नहीं है। कौन भरोसा करेगा? रामकृष्ण को मासिक धर्म शुरू हो गया। भाव इतना गहनता से स्त्रैण हो गया--निश्चित ही आशिक माशूक हो गया। पुरुष का भाव ही न रहा। आवाज बदल गई। कंठ स्त्रैण हो गया। मगर यह सब हो सकता है: कंठ भी स्त्रैण हो सकता है, क्योंकि माधुर्य का भाव आ जाए तो हो सकता है। लेकिन मासिक धर्म का शुरू हो जाना--जैसे शरीर ने पूरा रूपांतरण कर लिया; जैसे शरीर के भीतर के हारमोन भी चेतना के रूपांतर के साथ प्रवाहित हो गए और बदल गए।

इसलिए फरीद अब ऐसी बात कर रहा है जैसे वह प्रेयसी है।

तपि तपि लुहि लुहि हाथ मरोरऊं।

अब स्त्री क्या कर सकती है और? हाथ मरोड़ती है, जलती है।

'विरह से मेरा अंग-अंग जल रहा है, और मैं अपने हाथों को मरोड़ती हूं।'

पुरुष होता तो हमला कर देता। हाथ मरोड़ना स्त्रैण है। अगर तुम पुरुष को हाथ मरोड़ते देखो तो तुम समझोगे कि कुछ गड़बड़ है। या कुछ करना हो तो हाथ चलाओ; मरोड़ क्या रहे हो? मरोड़ने का मतलब है चलाने का भाव नहीं है। कुछ समझ में नहीं आता, क्या करें? बड़ी बेबूझ दशा है। करने

का भी मन होता है और यह भी समझ में आता है कि करने से क्या होगा! उसकी कृपा होगी तो होगा! तो ऐसी दशा में हाथ मरोड़ना बड़ा ठीक प्रतीक है।

'विरह-ज्वर से मेरा अंग-अंग जल रहा है, और मैं अपने हाथों को मरोड़ती हूं।'

करने को कुछ बचा नहीं। करना गिर गया। अब कोई उपाय नहीं है। प्रतीक्षा करती हूं, हाथ मरोड़ती हूं, राह देखती हूं। आओगे, तब आओगे। जब आने की तुम्हारी मर्जी होगी, तभी आओगे। मेरे किए कुछ हो नहीं सकता। मैं द्वार पर खड़ी हूं; दरवाजा खुला रखा है। सेज तैयार रखी हैः तुम आओगे तो विश्राम की तैयारी है! तुम्हारे लिए भोजन बना रखा है। लेकिन अब मैं और क्या कर सकती हूं? दौड़-दौड़ आ जाती हूं द्वार पर, हाथ मरोड़ती हूं!

'अंग-अंग जल रहा है ज्वर से।'

इसे थोड़ा समझो।

जिस जीवन में प्रेम नहीं है, उस जीवन में एक तरह का उत्ताप होता है, एक तरह का ज्वर होता है। जिस जीवन में प्रेम अवतरित होता है, एक शीतलता आ जाती है, एक ज्वर खो जाता है। साधारणतः जब तुम बुखार से ग्रस्त होते हो तो होता क्या है? बुखार है क्या? ज्वर किस घटना का नाम है? और तुम्हारा शरीर उत्तप्त क्यों हो जाता है? अगर तुम समझते हो कि शरीर का उत्तप्त हो जाना ही ज्वर है तो तुम गलत समझे, तो तुमने लक्षण को बीमारी समझ लिया। शरीर का उत्तप्त हो जाना तो लक्षण है, बीमारी तो गहरे में है।

चिकित्सक कहते हैं कि बीमारी है तुम्हारे शरीर में किसी विजातीय द्रव्य का प्रवेश, विजातीय रोगाणुओं का प्रवेश; तुम्हारे शरीर में कुछ ऐसे रोगाणु प्रविष्ट हो गए हैं जो तुम्हारे शरीर के अणुओं से लड़ रहे हैं; एक गृह-युद्ध मचा है; तुम्हारा शरीर कुरुक्षेत्र हो गया है, एक महाभारत मचा है; तुम्हारे शरीर के अणु विजातीय अणुओं से संघर्ष कर रहे हैं। उस संघर्ष के कारण गर्मी पैदा होती है। जैसे तुम दो हाथों को रगड़ो और गर्म हो जाएं; और तुम दो चकमक पत्थरों को रगड़ो और आग पैदा हो जाए; तुम दो बांसों को रगड़ो और जंगल में आग लग जाए--ऐसे जहां भी रगड़ है, संघर्षण है, वहां उत्ताप पैदा हो जाता है। तुम्हारे शरीर के अणु विजातीय द्रव्यों से लड़ रहे हैं। जब तक उनको निकाल कर बाहर न फेंक देंगे तब तक शीतलता नहीं हो सकती। इसलिए बीमार कोई बुखार से हो तो उसका शरीर ठंडा करने में मत लग जाना, कि बर्फ से नहला दो, कि ठंडा कर दो तो ठीक हो जाएगा; ठीक नहीं होगा, समाप्त हो जाएगा।

बुखार बीमारी नहीं है, सिर्फ लक्षण हैः भीतर युद्ध मचा है, संघर्षण हो रहा है।

जब तुम किसी की प्रतीक्षा में रत हो, जब जिसे मिलना चाहिए वह तुम्हें नहीं मिला है, तब भी एक गहरा संघर्षण होता है। संसार में होना एक संघर्षण में होना है। संसार में होना बंटे हुए होना है। तुम अपने भीतर ही खंड-खंड हो; तुम्हारे खंड ही आपस में लड़ रहे हैं। तुम अखंड नहीं हो। तुम एक नहीं हो, तुम दो हो, अनेक हो। तुम एक भीड़ हो; उस भीड़ में घर्षण हो रहा है; उस संघर्ष का

परिणाम है कि तुम उत्तप्त हो। तुम्हारी बेचैनी, तुम्हारा तनाव, तुम्हारी अशांति, उसी गहरे ज्वर के अलग-अलग रूप हैं।

'विरह-ज्वर से मेरा अंग-अंग जल रहा है, और मैं अपने हाथों को मरोड़ती हूं। कुछ सूझता नहीं, क्या करूं! यह मेरी दशा है विक्षिप्त जैसी। कुछ करने को नहीं है, हाथ मरोड़ती हूं और ज्वर से ग्रस्त हूं।'

प्रेम ही शांति ला सकता है। प्रेम का अर्थ है : उससे मिल जाना जो हमारा स्वभाव है। प्रेम का अर्थ है : उससे मिल जाना जिससे मिलना हमारी नियति है। प्रेम का अर्थ है : उसे पा लेना जिसे पाने को हम बने हैं। प्रेम का अर्थ है : बीज फूल हो जाए, तो सब शांत हो जाएगा। जब तक बीज बीज है तब तक भीतर एक संघर्ष चलता ही रहेगा, क्योंकि अंकुर पैदा होना है। अंकुर भी लड़ता रहेगा, क्योंकि अभी वृक्ष बनना है। वृक्ष भी संघर्षशील रहेगा, क्योंकि कलियां लानी हैं। लेकिन एक बार फूल आ गए, फल लग गए : वृक्ष का पूरा प्राण शांत हो जाता है; जो होना था वह पूरा हो गया, अब बेचैनी का कोई कारण नहीं।

जब तक व्यक्ति परमात्मा न हो जाए तब तक ज्वरग्रस्त रहेगा, तब तक कोई उसके ज्वर को मिटा नहीं सकता। और जो उसके ज्वर को मिटाने की कोशिश करते हैं वे दुश्मन हैं। क्योंकि इसका तो मतलब हुआ कि ज्वर भीतर से मिटेगा भी नहीं, ऊपर से मिटने का धोखा भी हो जाएगा--तो व्यक्ति अपनी मंजिल से भटक जाएगा।

'विरह-ज्वर से मेरा अंग-अंग जलता है, मैं अपने हाथों को मरोड़ती हूं। प्रीतम से मिलने की लालसा ने मुझे बावली बना दिया है। मैं बिलकुल पागल हुई जा रही हूं।'

पागल होने से कम में काम न चलेगा। भक्ति परमात्मा के लिए पागलपन है। पागल तो तुम भी हो : तुम संसार के लिए पागल हो। तुम उसके लिए पागल हो जिसको पाकर भी कुछ न मिलेगा। भक्त भी पागल है, पर वह उसके लिए पागल है जिसको पाकर सब मिल जाएगा। तब तुम खुद ही सोच लो कि दोनों में कौन ज्यादा पागल है? कौन असली में पागल है? तुम ही असली में पागल हो। क्योंकि ऐसा पागलपन जो तुम्हें अपने स्वभाव से जुड़ा देगा, भला अभी पागलपन दिखता हो, अंततः वही समझदारी सिद्ध होगी। और ऐसा पागलपन जो अभी भला समझदारी दिखती हो कि धन कमा लो, पद कमा लो, प्रतिष्ठा कमा लो, बड़े महल बना लो, बड़ा साम्राज्य फैला दो--अभी बिलकुल समझदारी दिखती है, वही अंततः पागलपन सिद्ध होगी।

एक बाउल फकीर का गीत मैं पढ़ रहा था। वह परमात्मा से कह रहा है कि पागल तो हम सब हैं : कुछ तेरी तरफ पागल हैं, कुछ तेरे विरोध में पागल हैं; कुछ तेरी तरफ आने को दीवाने हैं, कुछ तुझसे दूर जाने को दीवाने हैं। हे परमात्मा, तू ही बता, हम दोनों में कौन ज्यादा दीवाना है? कौन ज्यादा पागल है? क्योंकि जो तुझसे दूर जा रहा है, वह कहां जाएगा? वह कितने ही दूर चला जाए तो भी मंजिल तो न आएगी। और दूर जाता रहे, और दूर जाता रहे--और जितना दूर जाएगा उतना

ज्वर से भरता जाएगा। इसलिए अभागे हैं वे लोग जिनको तुम्हारी जिंदगी में तुम सफल कहते हो। और धन्यभागी हैं वे लोग जो तुम्हारे हिसाब से सफल नहीं होते, असफल हो जाते हैं। जिनको धन मिल गया और जीवन जिन्होंने गंवा दिया, उनको तुम सफल कहते हो। उनके जैसी असफलता तुम और कहां पाओगे? सिकंदर और नेपोलियन--इनसे ज्यादा असफल आदमी तुम कहां खोजोगे?

मैं एण्ड्रू कारनेगी का जीवन पढ़ता था। वह अमरीका का सबसे बड़ा अरबपति हुआ। वह मरा तब दस अरब रुपये छोड़ कर मरा। मरते वक्त ऐसे ही कुतूहलवश, दो दिन पहले, जो व्यक्ति उसके सेक्रेटरी का काम करता था और उसका जीवन लिख रहा था, उससे उसने पूछा, एक दिन ऐसा पड़े-पड़े आंख खोली, और कहा कि सुनो, लिखना बाद में, पहले एक सवाल का जवाब दो। अगर तुम्हें परमात्मा यह चुनाव का मौका दे--कि चाहो तो तुम एण्ड्रू कारनेगी हो जाओ और चाहो तो एण्ड्रू कारनेगी के सेक्रेटरी हो जाओ--तुम दोनों में से क्या होना पसंद करोगे?

उस सेक्रेटरी ने कहाः इसमें सोचने-विचारने का कोई सवाल ही कहां है?

एण्ड्रू कारनेगी ने समझा कि शायद वह यह कह रहा है कि इसमें सोचने का सवाल कहां है; एण्ड्रू कारनेगी होना पसंद करूंगा। वह हंसने लगा। उसने कहा कि मैं समझा।

सेक्रेटरी ने कहाः आप समझे नहीं। मैं यह कह रहा हूं कि मैं सेक्रेटरी होना ही पसंद करूंगा, एण्ड्रू कारनेगी नहीं।

एण्ड्रू कारनेगी के मन में बड़ी चिंता आ गई। उसने कहाः तुम्हारा मतलब क्या? तुम क्यों सेक्रेटरी होना चाहोगे जब तुम एण्ड्रू कारनेगी हो सकते हो?

उसने कहाः मैं सेक्रेटरी होना चाहूंगा। सुनिए--मैं आपका जीवन लिख रहा हूं और आपके जीवन को समझने की कोशिश कर रहा हूं। जो मैं समझ पाया उससे एक बात तो सिद्ध हो गई कि जिनको हम सफल कहते हैं वे सफल नहीं हैं। तुम्हारा जीवन लिखते-लिखते मुझे अपने संबंध में बड़ी गहरी समझ आ गई। जो भूल तुमने की है वह मैं न करूंगा।

एण्ड्रू कारनेगी अपने दफ्तर सुबह नौ बजे पहुंच जाता था, चपरासी दस बजे पहुंचते, क्लर्क साढ़े दस पहुंचते, मैनेजर्स बारह बजे पहुंचते, डायरेक्टर्स एक बजे पहुंचते--डायरेक्टर्स तीन बजे विदा हो जाते, फिर मैनेजर्स विदा हो जाते, चपरासी भी साढ़े पांच बजे चले जाते; एण्ड्रू कारनेगी रात नौ बजे घर लौटता। नौ बजे से नौ बजे! चपरासियों से गई-बीती उसकी हालत थी। और घर कहीं एण्ड्रू कारनेगी जैसे लोग लौटते हैं? क्योंकि एण्ड्रू कारनेगी की पत्नी ने कहा है उसी सेक्रेटरी को कि भूल हो गई; इतने महत्वाकांक्षी आदमी से विवाह करने में कोई अर्थ नहीं; इससे तो बिना विवाह के रह जाना भी बराबर है। क्योंकि इतनी जिसकी महत्वाकांक्षा है वह प्रेम करने के लिए समय ही नहीं निकाल पाता।

एण्ड्रू कारनेगी के बच्चों ने लिखा है कि हमें अपने पिता से कोई संबंध नहीं हो पाया। हम ऐसे ही आते-जाते नमस्कार करते रहे, बस। एक अजनबी थे वे, क्योंकि उनको फुर्सत कहां

थी! जिसको करोड़ों-अरबों रुपये छोड़ जाना हो, उसे बच्चों के साथ समय गंवाने की कहां सुविधा हो सकती है!

और यह आदमी मरते वक्त खुद क्या कहा? मरते वक्त किसी ने कहा कि अब तो तुम तृप्त होकर मर रहे हो?--क्योंकि जमीन पर तुमसे ज्यादा धन किसी के भी पास नहीं है।

उसने आंख खोली और उसने कहा कि तृप्त! एण्ड्रू कारनेगी तृप्ति जानता ही नहीं। दस अरब रुपये छोड़ कर मर रहा हूं, लेकिन योजना सौ अरब कमाने की थी। हारा हुआ हूं। नब्बे अरब से हारा हूं।

यही सभी सफल लोगों की कथा है। असफलता सफल लोगों की कहानी है।

मैं तुमसे कहता हूं: धन्यभागी हो, अगर तुम्हारे जीवन में सफलता का भूत सवार न हो।

एक मेरे मित्र हैं। एक राज्य में मंत्री हैं, कई वर्षों से मंत्री हैं; उससे आगे नहीं बढ़ पाते। मुख्यमंत्री होने की चेष्टा करते हैं, लेकिन सफल नहीं हो पाते। थोड़े भले आदमी हैं! मुख्यमंत्री होने के लिए जैसा आदमी चाहिए, उतनी बुराई नहीं है, उतने दुर्गुण नहीं हैं, उतनी शैतानी, चालबाजी नहीं है, उतना षडयंत्र नहीं कर पाते; करते हैं, फिफ्टी-फिफ्टी हैं; करते भी हैं और भीतर से मन में भी लगता है कि गलती काम कर रहे हैं, नहीं करना चाहिए। अटक गए हैं। आदमी अच्छे हैं, इसलिए कोई पीछे भी नहीं धकेलता। क्योंकि जो भी मुख्यमंत्री... कई मुख्यमंत्री बन गए हैं--आए, गए; मगर वे मंत्री बने हैं। जो भी मुख्यमंत्री बनता है, उनसे कोई डर नहीं है। हटाते लोग उसको हैं जिससे डर हो। वे गऊ-पुरुष हैं: किसी सांड को उनसे कोई डर नहीं है। तो उनको हटाते भी नहीं हैं। और उनको बढ़ाए कौन? क्योंकि बढ़ना अपनी ताकत से पड़ता है; वह ताकत भी उनमें नहीं है। वे मेरे पास कई बार आते हैं। पिछली बार मेरे पास आए, कहने लगे: अब आप आशीर्वाद दे दो। बस, अब एक दफा मुख्यमंत्री हो जाऊं!

मैंने कहा: आशीर्वाद कहते हो उसको कि अभिशाप? मैं तो अगर आशीर्वाद तुम मुझसे मांगते हो तो एक ही दे सकता हूं कि तुम मंत्री भी न रह जाओ, ताकि तुम आदमी बन सको। तुम असफल हो जाओ तो तुम्हें कुछ अक्ल आए। तुम मंत्री ही बन कर क्या पा लिए हो, वह मुझे बताओ। तो तुम मुख्यमंत्री बन कर और क्या पा लोगे? हां, मैं तुम्हें बताता हूं कि मंत्री बन कर तुमने क्या-क्या खो दिया है। मुख्यमंत्री बन कर तुम और भी कुछ खो दोगे। तुम असफल हो जाओ एक बार। तुम बिलकुल हार जाओ, टूट जाओ, तो शायद तुम्हारे नये जीवन की यात्रा शुरू हो जाए।

नहीं, सफलता सौभाग्य नहीं है। और जिसको संसार समझदारी कहता है वह समझदारी नहीं है। समझदारी का कुल इतना मतलब है कि बाकी सब लोग भी तुमसे सहमत हैं कि हां, यही समझदारी है। धन कमाओ: यह समझदारी है! गंवाओ: कौन कहेगा समझदारी है? बुद्ध को भी बुद्ध के बाप नहीं मानते कि यह समझदार है, नासमझ है, बुद्धि नहीं है। बुद्ध के पिता को तो छोड़ दो, बुद्ध का जो सारथी उन्हें छोड़ने जंगल तक गया था, उससे भी न रहा गया। उसने भी कहा कि मैं नौकर हूं और छोटे मुंह बड़ी बात नहीं करनी चाहिए; लेकिन अब यह ऐसा मौका है कि करनी पड़ेगी। तुम

नालायकी कर रहे हो। सारी दुनिया पागल है धन पाने को, राज्य पाने को; तुम छोड़ कर जा रहे हो! पछताओगे, भटकोगे। और एक बार बाप अगर नाराज हो गया और उसके द्वार बंद हो गए तो फिर जीवन भर तड़फोगे। अभी लौट चलो, अभी कुछ बिगड़ा नहीं है, किसी को खबर नहीं है। मैं किसी को न कहूंगा, मैं पुराना तुम्हारे घर का नौकर हूं। तुम्हारे बाप से मेरी उम्र ज्यादा है। मेरी सुनो।

स्वाभाविक है। सारथी : गरीब आदमी! उसकी आकांक्षाएं महलों में अटकी हैं। वह यह बात नहीं समझ सकता कि यह बुद्ध को क्या पागलपन हो गया है कि सब छोड़ कर जा रहा है। सुंदर तेरी पत्नी है--उसने बुद्ध से कहा--नया-नया पैदा हुआ नवजात बच्चा है। अभी तो बगिया बस रही थी, तू उजाड़ने लगा। संन्यास भी लेना हो तो यह तो आदमी आखिरी समय में लेता है। तुझे पता नहीं है (?) : धर्म, अर्थ, काम, मोक्ष--ये सब जो चार पुरुषार्थ हैं, इनकी एक श्रृंखला है। मोक्ष आखिरी है। वह तो बुढ़ापे के लिए है। जब देह जरा-जीर्ण हो जाती है और आदमी चलने-चलने को हो जाता है और दूसरे लोग अरथी बांधने लगते हैं, तब आदमी मोक्ष की चिंता करता है। जब एक कदम कब्र में उतर जाता है और दूसरा अटका होता है कि बस अब गया, अब गया--तब आदमी परमात्मा का नाम ले लेता है। वह कहानी तूने नहीं सुनी (?) कि एक पापी मरा था और मरते वक्त--उसके लड़के का नाम नारायण था। और उसने जोर से बुलाया : नारायण! और ऊपर के नारायण धोखे में आ गए। वह मर गया और मोक्ष को उपलब्ध हुआ। ऐसे आदमी मुक्त हो जाता है। ये तो अंतिम बातें हैं, आखिरी हैं। इनको अभी करने की क्या जरूरत है?

स्वभावतः बुद्ध पागल लगे होंगे।

इस जगत में पागल होना इतना सामान्य है कि यहां बुद्धिमान पागल मालूम होते हैं।

पश्चिम के बहुत बड़े विचारक लुई पाश्चर ने लिखा है कि समझदारों को मैंने इतना नासमझ पाया कि मैं मानता हूं कि यहां समझदार होने का मतलब सारी दुनिया की आंखों में नासमझ होना होगा। और दुनिया इतनी विक्षिप्त है कि यहां विक्षिप्त न होना एक तरह की विक्षिप्तता मालूम होती है।

पागल तो परमात्मा का प्रेमी भी है। पागल धन और पद का प्रेमी भी है। जो कहता है, चलो दिल्ली, वह भी पागल है। वह जो मोक्ष की यात्रा कर रहा है वह भी पागल है। लेकिन पागलपन पागलपन में बड़ा भेद है। तुम उस पागलपन को चुनना जिससे तुम्हारी नियति पूरी हो। तुम उसके लिए दीवाने होना--क्योंकि दीवानेपन से कम में काम न चलेगा--जो तुम्हारे बीज को अंकुरित करे, जो तुम्हें वहां पहुंचा दे जो तुम होने को हो; क्योंकि अन्यथा कभी शांति न मिलेगी; अन्यथा तुम्हारे जीवन में आनंद-उत्सव न आ पाएगा।

'विरह-ज्वर से मेरा अंग-अंग जल रहा है और मैं अपने हाथों को मरोड़ती हूं। प्रीतम से मिलने की लालसा ने मुझे बावली बना दिया है।'

'प्यारे, तू अपने मन में मुझसे रूठ गया है; सो इसमें मेरा ही दोष था, तेरा नहीं।'

यह भक्त का भाव है।

तैं सहि मन महि कोआ रोसु। मुझु अवगुन सह नाही दोसु।।

तू मुझसे रूठा है, यह बात पक्की है, अन्यथा मिल जाता; लेकिन यह बात भी पक्की है कि तू रूठा होगा मेरे ही किसी अवगुण के कारण, क्योंकि तू तो रूठना जानता ही नहीं।

यह भक्त का मन है, समझने की कोशिश करो।

तू रूठा है, यह बात पक्की है।

भक्त अनुभव करता है कि मैं पुकार रहा हूं, द्वार खुले रखे हैं, तू आता नहीं, तेरे रथ के पहियों कि कोई आवाज नहीं आती। भागा-भागा द्वार पर आता हूं, पाता हूं हवा ने थपेड़े दिए थे। सोए रात आधी रात जग जाता हूं, लगता है कोई आया; बाहर जाकर देखता हूं, कुछ भी नहीं, सूखे पत्ते हवा में उड़ रहे हैं। कितनी बार तेरे आने का धोखा हो जाता है, तू आता नहीं : निश्चित रूठा है। आंखें बिछा दी हैं तेरी राह पर, न नींद है, न चैन है। ज्वरग्रस्त है रोआं-रोआं, अंग-अंग तप रहा है। निश्चित ही तू रूठा है। इसमें कोई शक नहीं है। अन्यथा तू आ ही गया होता। लेकिन...।

और उस 'लेकिन' में ही भक्त का पूरा हृदय है।

इसमें मेरा ही दोष था, तेरा नहीं। मैंने ही तुझे रूठा दिया है। मैं ही ऐसा गलत चलता रहा जन्मों-जन्मों तक। मैंने ही ऐसे-ऐसे उपाय किए तुझे पास न आने देने के। मैंने ही इतनी दीवालें बनाईं। मैं ही इतना तेरी तरफ पीठ किए रहा। तेरे सन्मुख होने के जितने उपाय थे, मैंने गंवा दिए; और तुझसे विमुख होने के जितने मार्ग थे, सबका मैंने अनुकरण किया। जानता हूं कि आज यह कहना उचित नहीं है कि तू रूठ गया है; तुझे मैंने ही रूठा दिया है। रूठना तेरा गुण नहीं, तेरा धर्म नहीं। तू तो कभी का आ गया होता; लेकिन मेरे ही अनंतकाल के व्यवहार ने पर्दे डाल दिए हैं, आड़ें खड़ी कर दी हैं।

भक्त स्मरण भी करता है कि परमात्मा रूठा है तो भी दोषी अपने को मानता है। भक्त शिकायत भी करता है तो भी शिकायत का तीर सदा अपनी तरफ होता है।

भक्त की शिकायत ऐसी है...जैसा मैंने सुना : रोज़ा लग्ज़मबर्ग जर्मनी की एक बहुत महत्वपूर्ण विचारक महिला हुई। किसी ने उसके खिलाफ अनर्गल बातें अखबारों में लिखीं। वह चुप ही रही, कोई जवाब न दिया। मित्र भी संदिग्ध हो गए। मित्रों ने कहा : जवाब क्यों नहीं देती हो? क्योंकि ऐसे जवाब न दोगी तो लोग समझेंगे कि सही होगा तभी जवाब नहीं देते।

रोज़ा लग्ज़मबर्ग ने कहा कि मैं छोटी थी, और मेरे पिता ने मुझे एक शिक्षा दी थी जो मुझे भूलती नहीं। और वह यह थी कि जब भी तुम किसी दूसरे की तरफ निंदा की अंगुली उठाते हो तो एक अंगुली तो दूसरे की तरफ होती है, तीन अंगुलियां तुम्हारी तरफ होती हैं। जब भी तुम किसी का अवगुण खोजते हो तो एक अंगुली तो उसकी तरफ होती है, लेकिन तीन अंगुलियां तुम्हारे अवगुणों की तरफ होती हैं।

भक्त अगर शिकायत भी करता है तो एक अंगुली परमात्मा की तरफ उठाता हो भला, लेकिन होशपूर्वक तीन अंगुलियां अपनी तरफ उठाता है। वह जानता है कि दोष उस तरफ नहीं हो सकता है।

'प्यारे, तू अपने मन में मुझसे रूठ गया है; सो इसमें मेरा ही दोष था, तेरा नहीं।'

'मेरे स्वामी, मैंने तेरे गुणों को पहचाना नहीं। मैंने अपना यौवन गंवा दिया और पीछे बहुत पछताई।'

मुझु अवगुण सह नाही दोसु।

तैं साहिब की मैं सार न जानी। जोबनु खोई पाछे पछतानी।।

जिन्होंने भी जवानी खो दी है, वे सभी पछताते हैं। क्योंकि जवानी का अर्थ है शक्ति का क्षण, जवानी का अर्थ है ऊर्जा का क्षण। जब ऊर्जा थी तब तुमने व्यर्थ को कमाने में लगा दी, और जब ज्वार उतर गया ऊर्जा का, हाथ में कुछ भी न रहा तब तुम पूजा-प्रार्थना करने लगे! जब तक शक्ति थी तब तक तुम संसार में दौड़ते रहे; जब दौड़ते न बना तब तुम परमात्मा की तरफ चलने लगे! अशक्ति को तुम परमात्मा में लगाते हो; शक्ति को परमात्मा में लगाते नहीं, संसार में लगाते हो। ऊर्जा होती है तो तुम धन पाना चाहते हो, पद पाना चाहते हो; जब ऊर्जा नहीं रह जाती तब थके-हारे तुम कहते हो: अच्छा, परमात्मा, अब तू ही सही!

'मेरे स्वामी मैंने तेरे गुणों को पहचाना नहीं। मैंने अपना यौवन गंवा दिया, पीछे बहुत पछताई।'

'री काली कोयल, तू किस कारण काली हुई? अपने प्रीतम के विरह में जल-भुन कर?'

और अब मैं काली हुई जा रही हूं कोयल की तरह। अब तेरे लिए जलती हूं, भुनती हूं, लेकिन ताकत नहीं है; हाथ मरोड़ती हूं। अब कोई शक्ति पास में नहीं है। शक्ति तो व्यर्थ गंवा दी। तेरे गुणों का न पहचाना। तब धन में तुझे देखा। तब पद में तुझे देखा। तब कौड़ियों में तुझे खोजा, और हीरे पास पड़े थे और मुझे कोई परख न थी; मेरे पास कोई जौहरी का मन न था, कोई कसौटी न थी।

'री काली कोयल, तू किस कारण काली हुई? अपने प्रीतम के विरह में जल-भुन कर?'

क्या जो दशा मेरी है वही तेरी है? क्या तू प्यारे को गा-गा कर, पुकार-पुकार कर काली हो गई? क्योंकि मैं तो जली जा रही हूं। आखिरी क्षण आ गए जीवन के। अब तो सिवाय जलने-भुनने के कोई उपाय नहीं रहा। अब तो यही प्रार्थना है, यही पूजा है, यही तपश्चर्या है कि रोऊं, विरह में तड़पूं और दीवानी, और दीवानी हो जाऊं।

काली कोइल तू कित गुण काली। अपने प्रीतम के हउ विरहै जाली।।

क्या जो दशा मेरी है वही तेरी भी है?

'अपने प्रीतम से विलग होकर क्या कभी किसी को सुख मिला? उस प्रभु से मिलना उसी की कृपा से होता है।'

पिरहि विहून कतहि सुखु पाए। जा होइ कृपालु ता प्रभु मिलाए।।

अपने प्रीतम से विलग होकर क्या कभी किसी को सुख मिला?

अपने प्रीतम से विलग होने का अर्थ है अपने से ही विलग हो जाना। प्रीतम से मिलने का अर्थ है अपने से ही मिल जाना। प्रीतम तो बहाना है; उसके बहाने हम अपने से मिल जाते हैं।

साधारण जीवन में भी जब तुम्हें कभी किसी के प्रेम का अनुभव होता है तो उस प्रेम में तुम अपने से ही मिलते हो; उस प्रेम में तुम अपने से ही जुड़ जाते हो। प्रेमी के माध्यम से तुम अपने को ही पहचान पाते हो। साधारण जीवन में भी यही होता है तो उस असाधारण प्रेम की तो बात क्या कहनी! जब व्यक्ति परम से मिलता है तब उसका सारा का सारा रूप अपने सामने प्रकट हो जाता है।

परमात्मा तो बहाना है; उसके नाम, उसकी याद से अपने को ही खोजना है, अपने से ही मिलना है।

अपने प्रीतम से विलग होकर क्या कभी किसी को सुख मिला?

आनंद का एक ही अर्थ है: अपने से मिल जाना। अपने से मिलने के मैंने तुमसे दो ढंग कहे। एक: ध्यान; उसमें परमात्मा की कोई जरूरत नहीं; तुम सीधे-सीधे अपने से मिलते हो। एक: प्रेम; उसमें परमात्मा की जरूरत है; तुम परमात्मा के बहाने, परमात्मा के माध्यम से अपने से मिलते हो। घटना तो एक ही घटती है--अपने से मिलने की।

ध्यान का रास्ता सूखा-सूखा है, क्योंकि सीधे-सीधे मिलना है, कोई यात्रा नहीं है उसमें। ध्यान के रास्ते पर कोई तीर्थयात्रा नहीं है; सीधा अपने से मिल जाना है; कहीं जाना न आना है; बस आंख बंद करनी है और अपने में डूब जाना है। लेकिन प्रेम के रास्ते पर बड़े तीर्थ हैं: काशी है, काबा है। प्रेम के रास्ते पर बड़े तीर्थ हैं! बड़ी लंबी यात्रा है, मधुर है, प्रीतिकर है! बल हो तो करने जैसी है! ऊर्जा हो तो जाने जैसा है! पंख हों तो उड़ने जैसा है!

'उस प्रभु से मिलना लेकिन उसी की कृपा से होता है।'

यह बात सदा याद रखना: ध्यान तो अपने श्रम से हो सकता है; प्रेम उसकी कृपा से होता है। क्योंकि प्रेम कोई कृत्य नहीं है, प्रेम तो उसके आशीर्वाद की वर्षा है। वह दे तो होता है, न दे तो नहीं होता है। तो तुम क्या करोगे?

'विरह-ज्वर से मेरा अंग-अंग जल रहा है और मैं अपने हाथों को मरोड़ती हूं। प्रीतम से मिलने की लालसा ने मुझे बावली बना दिया है।'

तुम हाथ मरोड़ो। तुम जलो। तुम बावले हो जाओ। बस इतना ही कर सकते हो, और क्या करोगे? तुम रोओ। तुम्हारी आंखें आंसुओं के झरने बन जाएं और तुम्हारे हृदय में सिर्फ उसके ही विरह का कांटा चुभने लगे। अहर्निश उसी की याद तुम्हें सताए। तुम्हारा रोआं-रोआं उसी को पुकारे। और तुम क्या करोगे? करने को कुछ और है भी नहीं।

प्रेम प्रसाद है। जिस क्षण तुम तैयार हो जाओगे; जिस क्षण तुम्हारे भीतर अहंकार पूरा ही विरह में डूब जाएगा; जिस दिन तुम्हारे भीतर तुम्हारा आपा उसके रुदन से बिलकुल धुल जाएगा; तुम्हारे आंसू तुम्हारे आपे को बहा ले जाएंगे; तुम तुम न रहोगे; उसकी याद ही मात्र रह जाएगी; उसकी सुरति, उसका स्मरण ही बस तुम्हारा होना हो जाएगा--उसी क्षण वर्षा हो जाएगी।

प्रभु का मिलन, प्रेम का मिलन तो उसी की कृपा से होता है।

'कुआं यह बहुत दुखदायी है, और वह बेचारी उसमें अकेली जा पड़ी है। न उसकी वहां कोई सहेली है और न बेली।'

यह परमात्मा से निवेदन चल रहा है। यह बातचीत अपने प्रीतम से हो रही है, जिसका कोई पता-ठिकाना नहीं है। यह बातचीत अपने प्रीतम से हो रही है जो कभी मिलेगा, लेकिन जिसका पक्का नहीं है। यह बड़ी नाजुक बात है।

मैंने एक कहानी पढ़ी है। एक छोटे से गांव में जर्मनी के--छोटा गांव था--चर्च था गांव का, लेकिन गांव बहुत गरीब था। वर्षों से चर्च पर पुताई भी न हुई थी, और चर्च का घंटा तो सदियों पहले कभी टूट गया था, वह दुबारा नहीं लाया जा सका था। गांव के पंच मिले। उन्होंने कहा : कुछ करना जरूरी है। यह परमात्मा का घर ऐसा अधूरा-अधूरा खंडहर पड़ा रहे, यह शोभा नहीं देता। इसकी लिपाई-पुताई करनी है, व्यवस्था जमानी है और नया घंटा खरीदना है। बिना घंटे के गांव, जिसके चर्च में घंटी न बजती हो, मुर्दा मालूम पड़ता है। अगर तुमने चर्च की घंटियां सुनी हैं सांझ-सुबह, तो तुम समझोगे कि चर्च की घंटियों का नाद गांव को एक जीवन देता है। मंदिर की घंटियों का नाद गांव को एक सुवास देता है दूसरे लोक की।

पैसे इकट्ठे किए गए। गांव बहुत गरीब था। बामुश्किल पैसे इकट्ठे हुए। बड़ा घंटा खरीदना था। और गांव जो मुखिया था वह घंटा खरीदने भेजा गया। वह गया, जिस गांव में घंटे बनते थे और बिकते थे। एक-एक दुकान पर गया। एक-एक घंटे को बजा कर उसने गौर से सुना; लेकिन कहा कि नहीं, यह आवाज नहीं है। सैकड़ों घंटे देख डाले। वे दुकानदार भी पूछने लगे कि तुम भी पागल मालूम पड़ते हो; तुम कौन सी आवाज चाहते हो, यह पहले बताओ। तुम नाहक हमारा समय खराब कर रहे हो। जो घंटा तुम सुनते हो, कहते हो आंख बंद करके कि नहीं, यह आवाज नहीं। तुम कौन सी आवाज चाहते हो?

उसने कहा : यह तो बताना मुश्किल है; क्योंकि उसे मैंने अब तक सुना नहीं है, लेकिन मैं जानता हूं कि मैं पहचान लूंगा। यह जरा समझने की बात है। उसने कहा कि मैंने सुना नहीं है, क्योंकि जब से मैं पैदा हुआ, गांव के चर्च में घंटा नहीं है। लेकिन मैं तुमसे कहता हूं कि मैं जानता हूं। हालांकि मैंने सुना नहीं है कि मैं कौन सी आवाज खोज रहा हूं, लेकिन भीतर अंतर-हृदय में मुझे पता है कि जब वह आवाज होगी, तत्क्षण मैं पहचान लूंगा कि यह आवाज है।

परमात्मा की खोज ऐसी ही है। तुम उसे कभी मिले नहीं, लेकिन तुम भलीभांति जानते हो कि जब वह मिलेगा, तुम तत्क्षण पहचान लोगे। एक क्षण की देरी न होगी। संदेह भी न उठेगा, प्रश्न भी न उठेगा। उसके पदचाप पड़ेंगे नहीं तुम्हारे द्वार पर कि तुम पहचान लोगे, हालांकि तुमने कभी उसके पदचाप सुने नहीं।

और अंततः उसने एक घंटा चुन लिया। बस उसे उस घंटे की आवाज आई, उसने कहा कि बस, ज्यादा बजाने की कोई जरूरत नहीं, जरा सा स्वाद काफी है। पहचान में आ गया, यही घंटा है। इसकी ही हम तलाश में हैं।

तुम्हें भी कई बार जीवन में ऐसा अनुभव हुआ होगा; न हुआ हो तो थोड़ा जाग कर अनुभव करने की कोशिश करना। बहुत बार ऐसा हुआ होगा : किसी स्त्री को तुमने देखा, देखते ही तुम्हें ऐसा लगा कि यही स्त्री है! इसलिए तो पहले प्रेम की बड़ी महिमा है। तुम कभी इससे मिले न थे, कभी इसे देखा न था। कोई कारण न था कि तुम कहो कि यही स्त्री है। लेकिन अगर तुम्हारे हृदय से कोई तालमेल हो गया, जिस स्त्री की प्रतिमा को तुम हृदय में छिपाए हो उससे इसकी धुन मिल गई--तो तुम पहचान लेते हो। और ऐसी स्त्री मिल जाए तो प्रेम शाश्वत हो जाता है; ऐसा पुरुष मिल जाए तो प्रेम शाश्वत हो जाता है। फिर कोई बदलाहट नहीं है। तुमने अपने मन की स्त्री को खोज लिया! ऐसी स्त्री न मिल पाए तो रोज बेचैनी है, तो रोज हर स्त्री के निकलने में तुम्हें फिर शक होता है कि शायद वह स्त्री आ रही हो जिसकी प्रतीक्षा है।

प्रेम एक बड़ी आंतरिक पहचान है--बिना जाने, बिना पूर्व परिचय के; और हृदय पहचान लेता है। रहस्यपूर्ण है बात, अतर्क्य है; गणित और तर्क से समझाई नहीं जा सकती। लेकिन बहुत बार तुम्हें भी कभी-कभी जीवन में इसका अनुभव हुआ होगा : कभी किसी व्यक्ति के पास आए और सहज भरोसा आ गया; अभी इसका कोई कृत्य नहीं देखा, न इसके व्यवहार से कोई पहचान हुई है--पर, बस हृदय ने पहचान लिया, हृदय ने कहा कि भरोसा करो। अब यह अगर तुम्हें लूट भी ले तो भी तुम यही कहोगे कि लूटने में मेरा कोई हित रहा होगा; क्योंकि वह आदमी तो लूट न सकता था।

'प्यारे, तू अपने मन में मुझसे रूठ गया है; इसमें मेरा ही दोष है, तेरा नहीं।'

वह तो लूट ही न सकता था; वह तो आदमी भरोसे का था। श्रद्धा पूरी थी। लुट भी गए तो भी तुम पाओगे कि लूट जाने में भी तुम्हारा हित है, सौभाग्य है।

गुरु का मिलन ऐसे ही होता है। इसलिए गुरु के मिलने की बड़ी झंझट है। तुम किसी को भी समझा न सकोगे कि इस आदमी को तुमने कैसे चुन लिया! इसका व्यवहार देखा, चरित्र का आंकलन किया? इसका अतीत इतिहास देखा? इसके भविष्य की सब संभावनाएं खोजीं? तुमने कैसे इसे चुन लिया? किस कसौटी पर कसा? कौन से तराजू में तोला? तुम कहोगे, कसौटी और तराजू का यहां सवाल ही नहीं है; जहां हृदय की कसौटी लग गई है, फिर किसी कसौटी की बात ही नहीं उठती। फिर कोई और तराजू नहीं चाहिए जो हृदय के तराजू पर तुल गया। तुम अंधे हो जाते हो।

सब प्रेम अंधे हैं; क्योंकि हृदय के देखने के ढंग और हैं। हृदय के ढंग, आंख और है। बुद्धि से उसका कुछ लेना-देना नहीं है। इसलिए तुम न तो कभी दुनिया को समझा पाओगे कि तुम इस स्त्री को प्रेम क्यों किए, इस पुरुष को तुमने क्यों चाहा! न तुम दुनिया को कभी समझा पाओगे कि यह गीत तुम्हें क्यों प्रीतिकर लगता है! न तुम दुनिया को समझा पाओगे कि यह गुलाब या कमल या यह फूल तुम्हें क्यों प्यारा है! तुम कहोगे बस, पसंद पड़ता है। न तुम कभी दुनिया को समझा पाओगे कि तुमने बुद्ध को क्यों चुन लिया, महावीर को क्यों चुन लिया, कृष्ण को क्यों चुन लिया! तुम कहोगे, यह भी बात कोई समझाने की है, यह निजी है, यह आत्यंतिक है। इसे बाजार में खोलने का सवाल

नहीं है। और दुनिया चाहे विपरीत में कुछ भी कहे, तुम्हारा हृदय कहे ही चला जाएगा कि यही है वह जिसकी तुम्हें तलाश थी।

यह चर्चा उससे चल रही है जिससे अभी मिलन नहीं हुआ। यह चर्चा उससे चल रही है जिससे मिलन होने को है। यह चर्चा उस धुन और स्वर से चल रही है जिसका पता भी है और पता नहीं भी है। कह सकते हैं एक अर्थ में कि पहचानते हैं, क्योंकि जब आएगा सामने तो पहचान लेंगे; और कह सकते हैं दूसरे अर्थ में कि बिलकुल नहीं पहचानते, क्योंकि अभी तो कहीं कोई मिलना ही नहीं हुआ, पहचानेंगे कैसे?

'कुआं यह बहुत दुखदायी है, और वह बेचारी उसमें अकेली जा पड़ी है। न उसकी वहां कोई सहेली है, न बेली।'

फरीद कह रहे हैं: जरा खयाल तो करो। कुएं में पड़ी हूं, संसार में पड़ी हूं। बड़ा गहरा कुआं है! और बिलकुल अकेली हूं। संगी-साथी भी नहीं है और तुम भी छोड़ बैठे हो और तुम भी रूठ गए। और यह कुआं बड़ा अंधेरा है; इससे निकलने का कोई उपाय भी नहीं सूझता और इसमें होना बिलकुल अकेला है।

जब तक परमात्मा नहीं मिलता तब तक तुम अकेले ही रहोगे। तब तक तुम लाख धोखे दे लो अपने को--कभी पत्नी, कभी पति, कभी मित्र, कभी इसमें-उसमें कि अपने संगी-साथी है, अकेले नहीं हैं--लेकिन धोखा ही है। जरा ही गौर करोगे तो पाओगे बिलकुल अकेले हो। तुम अपने कुएं में पड़े हो, तुम्हारी पत्नी अपने कुएं में पड़ी है: दोनों के कुएं अलग-अलग हैं। पास होंगे, निकट ही होंगे, पड़ोस में ही होंगे--लेकिन दोनों के कुएं अपने-अपने हैं। तुम अपने भीतर पड़े हो--अपनी गहराई, अपने एकांत में; पत्नी अपनी गहराई, अपने एकांत में पड़ी है। एक-दूसरे का साथ दे देते हो, क्योंकि जरूरत है; अन्यथा अकेलापन बहुत भारी हो जाएगा, झेलना असंभव हो जाएगा। एक-दूसरे का हाथ पकड़ लेते हो।

तुमने देखा, आदमी अंधेरे में चलता है तो सीटी बजाने लगता है, गीत गाने लगता है: अपनी ही आवाज सुन कर हिम्मत बढ़ती है कि जैसे कोई और भी है! बस सीटी बजा रहे हैं हम। हमारा सब संग-साथ सीटी बजाने जैसा है। हम दूसरे को हिम्मत दे देते हैं, दूसरा हमें हिम्मत दे देता है: न तो हमारा अकेलापन मिटता, न उसका अकेलापन मिटता।

विधण खूही मुंध अकेली।

बेचारी अकेली पड़ी है और तुम भी रूठ गए।

ना कोइ साथी ना कोइ बेली।

न कोई संगी है, न कोई साथी है, एकदम अकेलापन है।

'मेरी बड़ी विकट बात है--दुधारी तलवार से भी तेज और पैनी।'

बड़ी विकट राह है, बड़ी विकट बाट है।

दुधारी तलवार से भी तेज और पैनी! उस पर मुझे ही चलना है। कोई संगी-साथी नहीं। शेख फरीद, तैयार हो जा उस मार्ग पर चलने को, अभी समय है।

खंनिअहु तिखी बहुतु पिईणी। उसु उपरि है मारगु मेरा।

दुधारी तलवार की तरह है राह। उसके ऊपर चलना है, उसके ऊपर है मेरा मार्ग। इधर गिरो तो कुआं है, उधर गिरो तो खाई; मध्य में सम्हालना है।

इसे थोड़ा समझो।

अगर अकेले रह जाओ, संगी-साथी मत बनाओ तो मुसीबत--कुआं। एकांत मालूम पड़ता है। डूबे! कोई सहारा भी नहीं। कोई स्वर भी नहीं जो आवाज दे दे, पुकार दे दे, भरोसा दे दे कि कोई और भी है--एकदम सन्नाटा है। अगर संगी-साथी न बनाओ तो--कुआं। अगर संगी-साथी बनाओ तो भीड़-भाड़ हो जाती है; लेकिन भीतर का अकेलापन तो मिटता ही नहीं--तो खाई। दोनों के मध्य में खड़ा होना है। अकेले भी रहना है और अकेले नहीं भी रहना है। इसका मतलब है कि इतना एकांत साध लेना है भीतर कि भीड़ में तो कोई झूठा लगाव न रह जाए; लेकिन अपने एकांत में बिलकुल डूब कर मर भी नहीं जाना है, क्योंकि वह तो आत्महत्या होगी। उस एकांत को ही प्रार्थना बनानी है और परमात्मा से संग जोड़ना है। अकेले होना है ताकि परमात्मा के साथ हो सकें। भीड़ में नहीं होना है, कहीं परमात्मा का साथ और न छूट जाए।

इसलिए मेरी बड़ी विकट बाट है--दुधारी तलवार से भी तेज और पैनी! उस पर ही मुझे चलना है। शेख फरीद, तैयार हो जा उस मार्ग पर चलने को, अभी समय है।

उसु उपरी है मारगु मेरा। सेख फरीदा पंथु सम्हारि सवेरा।।

बड़ा प्यारा वचन है।

इसका जो अनुवाद है वह बिलकुल ठीक-ठीक चोट नहीं करता। अनुवाद है: उस मार्ग पर चलने को तैयार हो जा, फरीद, अभी समय है।

बात तो हो जाती है लेकिन चोट नहीं पड़ती। फरीद का मतलब कुछ और गहरा है।

सेखु फरीदा पंथु सम्हारि सवेरा।

शेख फरीद, जिस दिन पंथ को सम्हाल लिया, उसी दिन सवेरा है। माना कि बहुत समय जा चुका। माना, मैंने अपना यौवन गंवा दिया, अब पीछे बहुत पछताई।

लेकिन जिस दिन भी तुम जाग गए, उसी दिन सवेरा है। कितना ही गंवाया हो तो भी परमात्मा कुछ ऐसा है कि तुम गंवा नहीं सकते। कितनी ही देर लगाई हो तो भी परमात्मा कुछ ऐसा है कि देर आत्यंतिक नहीं हो सकती।

कहावत है: सुबह का भूला सांझ घर लौट आए तो भूला नहीं समझा जाता। अगर अंत-अंत तक भी उसका स्मरण आ गया और उसका स्मरण ही सब-कुछ प्राणों का प्राण बन गया तो कोई फिकर मत कर।

सेखु फरीदा पंथु सम्हारि सवेरा।

अब तू डर मत। माना कि सवेरा निकले बहुत देर हो गई, धूप भी चढ़ गई; सूरज भी उतर गया, सांझ करीब आ रही है; पर मत घबड़ा।

सेखु फरीदा पंथु सम्हारि सवेरा।

अगर अभी भी तू पैर रख दे अपनी यात्रा पर तो अभी भी सवेरा हो सकता है! अभी भी समय है। कभी भी समय गंवाया नहीं है। बड़ी दुविधा की बात है: देर भी बहुत हो गई है। अगर अपनी तरफ देखें तो बड़ी देर हो गई है। अगर उसकी तरफ देखें तो अभी भी सवेरा है। अगर अपने सामर्थ्य की तरफ देखें तो सब चुक गया, यौवन खो बैठे। अब पछतावा ही पछतावा है। अगर उसकी करुणा की तरफ देखें, अभी भी रास्ते पर आ जाएं तो अभी सवेरा हो सकता है। अपनी तरफ देखने से तो हम चुक गए हैं; उसकी तरफ देखने से कुछ भी बिगड़ा नहीं है। क्योंकि हमारे लिए समय की सीमा है; उसके लिए समय की कोई सीमा नहीं। हमारा समय तो बंधा है; उसका समय तो अनबंधा है।

भक्त दोनों तरफ देखता है--अपनी तरफ देखता है तो रोता है कि रोने के सिवाय कुछ उपाय नहीं है अब; उसकी तरफ देखता है तो हंसता है। कहता है: तेरे लिए तो सब उपाय हैं। और तेरे ही द्वारा तो होने वाला है; हमारे द्वारा तो होना भी न था। युवा भी होते, यौवन भी होता तो भी हमारे द्वारा तो तू मिलने वाला न था। मिलना तो तेरी कृपा से है।

'वह दिन पहले ही लिख दिया गया था जिस दिन धनवंती का ब्याह होना था।'

शेख फरीद बड़ी प्यारी बातें कर रहा है।

'जिस दूल्हे के बारे में सुन रखा था, वह अपना मुखड़ा दिखाने आ पहुंचा है। हड्डियों को खड़खड़ा कर वह उस बेचारी धनवंती को अपने साथ ले जाएगा। अपनी जीवात्मा को तू समझा दे कि जो घड़ी नियत हो चुकी है उसे बदला नहीं जा सकता। जीवात्मा दुल्हन है और मृत्यु दूल्हा है; वह उसे ब्याह कर अपने साथ ले जाएगा। विदा होते समय वह बेचारी किसके गले में बांहें डालेगी? क्या तुमने सुना नहीं कि वह दुल्हन बाल से भी अधिक महीन है? फरीद, जब तेरा बुलावा आए, उठ कर खड़ा हो जाना; और अपने आप को धोखा न देना।'

जीवन दो ढंग से समाप्त हो सकता है। एक: मरना तो हो जाए, अमृत का उदय न हो। एक: इधर मृत्यु घटे उधर अमृत की शुरुआत हो जाए। मृत्यु के पार दो तरह के दूल्हा तुम्हारी प्रतीक्षा करते हैं। दो घोड़ों पर अलग-अलग सवार। एक तो मृत्यु है, वह भी दूल्हे की तरह आती है। अगर जीवन तुमने गंवा दिया हो तो मृत्यु ही आती है। और दूसरा परमात्मा है। अगर जीवन तुमने सम्हाला हो--एक गीत की तरह, संगीत की तरह--तो परमात्मा आता है। मृत्यु के द्वार पर या तो तुम्हारा मृत्यु से मिलना होता है या महाजीवन से।

फरीद कहता है:

जितु दिहाड़ै धनवरी साहे लह लिखाइ।

वह दिन पहले ही लिख दिया गया था। मौत का दिन तो पहले ही से तय था। वह तो जिस दिन पैदा हुए उसी दिन लिख दिया गया। जिस दिन धनवंति का विवाह होना था, वह भी लिख दिया गया था।

जिस दूल्हे के बारे में सुन रखा था, वह मुखड़ा दिखाने आ पहुंचा है। अब मौत करीब आ रही है।

साधारणतः करोड़ में एक को छोड़ कर बाकी का विवाह तो मौत से ही होता है। वह दूल्हा आ गया है, द्वार पर खड़ा है।

हड्डियों को खड़खड़ा कर वह बेचारी धनवंती को अपने साथ ले जाएगा।

फरीद कहता है : मौत तो तय है। मिटना तो निश्चित है। इसलिए मौत के खिलाफ मत लड़ो। वह दूल्हा तो आएगा ही। वह तो आ ही चुका है। वह तो राह ही देख रहा है। वह तो घड़ी ही तय हो चुकी है। उसके लिए तुम कुछ कर न सकोगे। इसलिए मौत से बचने की कोशिश मत करो। बचने की कोशिश में जीवन गवां दोगे। मौत को स्वीकार कर लो। मृत्यु को दूल्हे की तरह स्वीकार कर लो, यमदूत की तरह नहीं--और तब दूल्हे का रूप बदल जाता है।

धनवंती को अपने साथ ले जाएगा। अपनी जीवात्मा को तू समझा दे फरीद कि जो घड़ी नियत हो चुकी है, उसे बदला नहीं जा सकता।

भाग्य का अर्थ यही है कि जीवन जैसा है उसे स्वीकार कर लो; क्योंकि उससे लड़ने में तुम्हारा समय ही व्यर्थ व्यतीत हो जाएगा। जीवन जैसा है, स्वीकार कर लो। उसे इतनी परिपूर्णता से स्वीकार कर लो कि उससे संघर्ष में जरा भी शक्ति व्यय न हो। और तब तुम अचानक पाओगे; जो शक्ति लड़ने में लग जाती थी, संघर्ष में खो जाती थी, वही शक्ति लहर बन गई समर्पण की, वही तुम्हें ले चली।

मौत से तुम अगर लड़ो तो बस मौत ही पाओगे। अगर मौत के साथ जाने को राजी हो जाओ, तुम अमृत को उपलब्ध हो जाओगे। इतना सा ही फर्क है और फर्क बहुत बड़ा भी है। मौत से जो लड़ने लगा वह मरेगा। वह भी मरेगा जो मौत के साथ जाने को राजी हुआ; लेकिन जो मौत के साथ जाने को राजी हुआ, उसके लिए मौत का मुखड़ा बदल जाता है; तब उसके लिए मौत नहीं है, अमृत का दूल्हा आया है। और जो लड़ा, उसके लिए मौत ही है केवल। तुम्हारे लड़ने के कारण परमात्मा मृत्यु जैसा दिखाई पड़ता है। तुम्हारे समर्पण की संभावना हो तो मृत्यु परमात्मा हो जाती है।

जितु दिहाड़ै धनवरी साहे लह लिखाइ।
मलकु जिकंनी सुणीदा मुहु देखाले आइ।।
जिंदु निमाणी कढीए हडा कूं कड़काइ।
साहे लिखे न चलनी जिंदु कूं समझाइ।।

समझा दे अपनी आत्मा को कि जो घड़ी नियत हो चुकी, हो चुकी, उसे बदला नहीं जा सकता, इसलिए बदलने की आकांक्षा मत कर।

'जीवात्मा दुल्हन है और मृत्यु है दूल्हा; वह उसे विवाह कर अपने साथ ले जाएगा।'

जिंदु बहूटी मरणु बरु लैजासी परणाइ।
आपण हथी जोलिकै कै गलि लगे धाइ।।

और ध्यान रख, मरते समय जब तू विदा होगा, तू इतना अकेला होगा कि किसी के कंधे पर हाथ रख कर रोने और विदा लेने की भी सुविधा न होगी।

विदा होते समय वह बेचारी किसके गले में बांहें डालेगी? क्या तुमने सुना नहीं कि वह दुल्हन बाल से भी अधिक महीन है।

और वह जो भीतर की आत्मा है, इतनी महीन है, बाल से भी अधिक महीन है; इतनी सूक्ष्म है कि किन्हीं स्थूल कंधों पर हाथ रख भी नहीं सकती। उसके लिए तो सिर्फ एक ही कंधा काम आ सकता है, वह परमात्मा का है। सूक्ष्म के लिए सूक्ष्म का ही कंधा काम आ सकता है। इस शरीर के लिए सहारा लेना हो तो किसी शरीर का सहारा लिया जा सकता है। इस आत्मा का सहारा खोजना हो तो बस आत्मा का ही सहारा खोजा जा सकता है।

फरीद, जब तेरा बुलावा आए, तो तू उठ कर खड़ा हो जाना।

वालहु निकी पुरसलात कंनी न सुणीआइ।
फरीदा किड़ी पवंदई खड़ा न आपु मुहाइ।।

जब तेरा बुलावा आए, तू उठ कर खड़ा हो जाना। घसीट कर ले जाना पसंद मत करना। मौत छीना-झपटी करके ले जाए, यह भी कोई जाना हुई? यह भी कोई बात हुआ? यह भी कोई इज्जत की बात हुई? ऐसी प्रतिष्ठा मत गंवाना। फरीदा, जब तेरा बुलावा आए, उठ कर खड़े हो जाना। मौत तुझे तैयार पाए। अगर मौत ने तुझे तैयार पाया तो तूने मौत को असफल कर दिया। अगर मौत को तुझे घसीटना पड़ा, जबर्दस्ती करनी पड़ी तो मौत जीत गई, तू हार गया। फरीदा, उठ कर खड़ा हो जाना; और अपने आप को धोखा न देना। क्योंकि उस वक्त अगर तूने अपने आप को धोखा दिया, एक मौका फिर खो गया। फिर एक जन्म होगा। फिर एक लंबी यात्रा होगी। फिर वह घड़ी वर्षों बाद आएगी। तो मौत की घड़ी को चूक मत जाना, जीवन की घड़ी को तो चूक गया। यौवन जा चुका; वह तो गफलत में बीत गया दिन। अब एक और अवसर बाकी है जागने का; उसको मत चूक जाना। उस समय अपने आप को धोखा न देना।

क्या है धोखा देना? मौत जब आती है तो एक तो धोखा यह है कि तुम सोचते हो, शायद इससे बचा जा सकता है। बस, बचने की कोशिश में लग जाते हो--घसीटे जाते हो। बचने की कोशिश ही मत करना। मन को कह देना जो नियत हो गया हो गया और जब दूल्हा आ गया तो आ गया। अब विदा लेनी है। तैयार हो जाना। उठ कर खड़े हो जाना। पीछे लौट कर भी मत देखना। इस किनारे की बात ही मत उठाना। मौत झेंप जाए तुम्हारी तैयारी देख कर, मौत संकोच करने लगे कि तुम इतने तत्पर हो जाने को, तो मौत हार जाती है।

अपने को धोखा देने की कोशिश मत करना। जिंदगी भर तो चीजों को पकड़ा, मरते वक्त फिर मत पकड़ लेना। जिंदगी भर सहारे पकड़े, संबंध पकड़े; अब मरते वक्त फिर मत पकड़ लेना, अन्यथा फिर एक अवसर खो जाएगा। उस वक्त तो सब छोड़ ही देना। जिंदगी भर पकड़ पर ध्यान रखा, मरते वक्त त्याग को उपलब्ध हो जाना। लेकिन यह तभी संभव है जब जीवन भर तुमने धीरे-धीरे साधा हो।

तुम यह मत समझना फरीद की वाणी से कि चलो ठीक हुआ, मरते वक्त देखेंगे। तब तो तुम चूक जाओगे। क्योंकि मरने की कोई घड़ी कल थोड़े ही है, अभी है, इसी क्षण है। अभी मौत आ सकती है। तैयार रहो। कल के लिए मत टालना, क्योंकि मौत जब भी आती है अभी जाती है, कल कभी नहीं। तुमने कभी किसी को कल मरते देखा? लोग आज मरते हैं जब भी मरते हैं। हां, कल जी सकते हैं, कल की कल्पना में जी सकते हैं; लेकिन कल मर नहीं सकते हैं, मरेंगे तो अभी। मृत्यु सदा अभी घटती है, आज घटती है।

फरीदा, जब तेरा बुलावा आए, तो उठ कर खड़े हो जाना।

वह यह कह रहा है कि लेटे-लेटे भी मत मरना। कहीं मौत ऐसा न समझे कि जाने की तेरी इच्छा नहीं है, और थोड़ा रुक जाना चाहता है, थोड़ा और विश्राम कर लेने का मन है।

उठ कर खड़े हो जाना और अपने आप को धोखा न देना।

जिसने अपने को धोखा न दिया, उसे मौत हरा नहीं पाती। जो सजग रहा, प्रवंचना से मुक्त रहा, होश को सम्हाले रहा, और जिसने स्वीकार किया बेशर्त भाव से--परमात्मा जो भी करे; मौत तो मौत, जीवन तो जीवन--जिसने अपनी मर्जी के अनुसार जीवन और मौत को चलाना न चाहा, बल्कि जो उस विराट की मर्जी से चल गया, बहने लगा उसके साथ--वह अमृत को उपलब्ध हो जाता है।

आज इतना ही।

चौथा प्रवचन

धर्म समर्पण है

प्रश्न-सार

पश्चिम का मृत्यु पर बहुत अन्वेषण क्या धर्म की खोज है?

धर्मग्रंथों में प्रार्थनाएं मांग जैसी क्यों हैं? क्या प्रकाश और प्रज्ञा की प्रार्थना भी मांग है?

परमात्मा के प्रति प्रेमानुभूति से भरना क्या उन्नत और श्रेष्ठ आत्मा की संभावना है?

अंधविश्वास और शोषण पर खड़े मंदिरों और धर्माचार्यों के चरणों में झुकना क्या उचित है?

पहला प्रश्न :

ओशो, कल के प्रवचन में आपने मृत्यु की विशद चर्चा की। पश्चिम में अभी मृत्यु पर बहुत अन्वेषण होता है और चर्चा भी। क्या यह अनजाने ही धर्म की खोज है?

धर्म की खोज नहीं, धर्म से बचने की खोज है।

मृत्यु के संबंध में आदमी के दो उपाय रहे हैं। एक उपाय है : मृत्यु को स्वीकार कर लेना, मृत्यु के तथ्य को परिपूर्ण भाव से अंगीकार कर लेना। उस भांति धर्म की क्रांति घटित होती है। क्योंकि जो मरने को राजी है, मृत्यु उसके सामने असफल हो जाती है। जो मरने को सहज तत्पर है, उसके लिए मृत्यु ही अमृत हो जाती है।

एक दूसरी राह रही है--मृत्यु को पराजित करने की : कुछ उपाय खोजना है कि आदमी न मरे; कुछ ऐसा करना है कि आदमी सदा-सदा के लिए बच जाए; देह नष्ट न हो, अंत न आए।

पश्चिम में जो मृत्यु की चर्चा चलती है, वह इसलिए चलती है कि कैसे मृत्यु को पीछे हटाया जाए; कैसे मृत्यु से बचा जाए; हम कैसे वैज्ञानिक उपाय खोज लें कि आदमी मरे न। यदि किसी दिन ऐसा हो जाए कि आदमी न मरे तो अधर्म जीत जाएगा, धर्म हार जाएगा। क्योंकि जैसे ही मृत्यु की

बात समाप्त हो गई, मोक्ष की बात भी समाप्त हो गई। जैसे ही मृत्यु को जीत लिया गया, वैसे ही परमात्मा शेष ही न रहा।

मनुष्य के जीवन में मुक्ति की धारणा पैदा होती है मृत्यु के कारण; जीवन को बदलने की आकांक्षा जगती है मृत्यु के कारण। यह जीवन तो चला जाएगा। इसलिए जो समझदार हैं वे इसी जीवन को जीवन मानने को राजी नहीं हो पाते। जो चला ही जाएगा वह जीवन नहीं है। इसलिए शाश्वत की खोज होती है। मृत्यु के कारण ही शाश्वत की खोज होती है। थोड़ी देर को तुम सोचो, कि मृत्यु न हो, तो तुम शाश्वत की खोज किसलिए करोगे? तुम स्वयं ही शाश्वत हो। मृत्यु न हो तो मोक्ष का प्रश्न कहां है? मुक्त होने की बात ही व्यर्थ है। और मृत्यु न हो तो धर्म तत्क्षण विदा हो जाएगा। पशुओं-पक्षियों में धर्म नहीं है, क्योंकि उन्हें अपनी मृत्यु का पता नहीं है। मनुष्य में भी धर्म शून्य हो जाएगा अगर यह पक्का हो जाए कि मृत्यु नहीं होने वाली है।

इसे ठीक से समझना।

तुम्हारे जीवन में मृत्यु का बोध जितना प्रगाढ़ और स्पष्ट हो जाएगा उतने ही तुम्हारे पैर परमात्मा की तरफ बढ़ने शुरू हो जाएंगे। अगर तुम्हें ऐसा लगने लगे की मृत्यु किसी भी क्षण घटित हो सकती है, जो कि सच है, आने वाला क्षण हो सकता है मृत्यु का क्षण हो; हो सकता है जो श्वास बाहर जाती है फिर भीतर न आए--तो इसी क्षण तुम्हारा जीवन दूसरा हो जाएगा; तुम्हारे जीवन का अर्थ, आयाम, सब बदल जाएगा; तुम वही न कर सकोगे जो एक क्षण पहले तक कर रहे थे। मृत्यु की घटना सब बदल देगी।

मैंने सुना है, एक युवक एक संत के पास आता था। एक ही प्रश्न बार-बार पूछता था। प्रश्न यह था कि मैंने तुम्हें सब तरफ से देखा और परखा, वर्षों से तुम्हारी पहचान की; कहीं कोई भूल नहीं दिखाई पड़ती। तुम्हारा जीवन ऐसा निर्मल है, तुम्हारे जीवन की धारा ऐसी निर्दोष है कि कहीं कोई मलिनता नहीं दिखाई पड़ती। इस पर मुझे भरोसा नहीं आता कि आदमी इतना शुद्ध कैसे हो सकता है! मैं भी आदमी हूं, और भी आदमी हैं; तुम विश्वास योग्य नहीं मालूम पड़ते। लगता है, एक सपना हो। हो नहीं सकते। और अगर हो तो मेरी खोज में कहीं कमी रह गई है; भूल-चूक कहीं छिपी होगी। आदमी मात्र में भूल-चूक है। मैं खोज न पाया होऊंगा। तुमने इस भांति ढांका होगा पर्त-दर-पर्त कि मैं उघाड़ न पाता होऊंगा। मेरी खोजने की सामर्थ्य तुम्हारे छिपाने की सामर्थ्य से कम होगी, ऐसा संदेह मन में होता है।

संत सुनता रहा। लेकिन यह बार-बार उठाया गया था सवाल तो एक दिन संत ने कहाः अब जवाब दे देना जरूरी है। तेरा हाथ देखना चाहता हूं।

युवक कुछ समझा नहीं कि हाथ देखने से मेरे प्रश्न का क्या संबंध होगा? हाथ संत ने देखा और कहा कि कहना तो नहीं चाहिए, लेकिन सत्य को छिपाना उचित नहीं है। कल सुबह सूरज उगने के साथ ही तेरा अंत हो जाएगा। इधर सूरज उगेगा, उधर तेरा सूरज डूब जाएगा। तेरी मौत की घड़ी

करीब आ गई है। तेरी उम्र की रेखा कट गई है। कई दफे तेरे हाथ पर नजर गई, लेकिन मैं सोचता था, अभी तो देर है, अभी तो देर है; अभी क्यों मारने के पहले मार देना! लेकिन अब देर नहीं है। यह आखिरी मिलन है। कल सुबह के बाद तो फिर तू मिल न पाएगा मुझे। अब मैं निश्चिंत हुआ। यह तुझसे कह दिया, मेरा बोझ हलका हो गया। अब तू पूछ, क्या पूछना है।

वह जो प्रश्न सदा से युवक ने पूछा था, भूल गया। जब अपनी मौत आ गई हो तो किसमें दोष है, किसमें दोष नहीं है--किसको प्रयोजन है? यह तो सुविधा के समय की बातचीत है। वह उठ कर खड़ा हो गया। उसने कहा कि अभी मुझे कोई प्रश्न नहीं सूझता। मुझे घर जाने दें।

संत ने कहा: रुको भी। इतनी जल्दी क्या है? कल सुबह को अभी काफी देर है। अभी तो दिन पड़ा है, रात पड़ी है--चौबीस घंटे लगेंगे। इतनी घबड़ाने की कोई जरूरत नहीं है।

उस युवक ने कहा: बातचीत बंद करो। मेरी मौत आ गई है, तुम्हें यहां बैठ कर बकवास करने की पड़ी है।

संत ने कहा: लेकिन, भई तुम सदा एक प्रश्न पूछते थे; फिर कभी न पूछ पाओगे, क्योंकि कल सुबह तुम विदा हो जाओगे। आज मैं उसका उत्तर देने को तैयार हूं।

उस युवक ने कहा: रखो अपना उत्तर अपने पास। मुझे घर जाने दो, मुझे पकड़ो मत।

उसके हाथ-पैर कंप रहे हैं। अभी आया था बल से भरा। अभी पैर रखता था तो ताकत थी। सब शक्ति खो गई। कहीं कुछ बदलाहट नहीं हुई है, सब वैसा का वैसा है। कोई बीमार नहीं हो गया है अचानक; लेकिन स्वास्थ्य खो गया। बीमारी तो नहीं आई, स्वास्थ्य जा चुका। उतरा। आया था, तब सीढ़ियों पर चलने में एक नृत्य था, जवानी थी। लौटता था तो सीढ़ियों के पास की दीवाल का सहारा लेकर उतरने लगा। आंख पर धुंध छा गई। पैर कंपने लगे।

फकीर ने कहा: भई, ऐसी क्या बात है? अभी आए थे तब भले-चंगे थे, अब इतने क्या परेशान हो रहे हो? ऐसा क्या दीवाल पकड़ रहे हो? जवान आदमी हो! लेकिन अब उसे कुछ सुनाई न पड़ा: कान जैसे बहरे हो गए; आंखें जैसे अंधी हो गईं।

सारी इंद्रियों का खेल है जब तक जीवन है। जब जीवन ही जाता हो तो सब इंद्रियां उदास हो गईं। वह घर जाकर बिस्तर से लग गया। घर के लोगों ने कहा: क्या हुआ है? कोई बीमारी हो गई है, कोई दुख, कोई पीड़ा, कोई चिंता?

उस युवक ने कहा कि न कोई चिंता है, न कोई बीमारी है, न कोई दुख है; लेकिन सब गया। चिंता भी नहीं है। चिंता भी क्या करनी है? एकदम शून्य हो गया हूं। सब डगमगा गया है। भीतर एक कंपकंपी है। मरना है कल सुबह। फकीर ने कहा है: उम्र की रेखा कट गई है।

बार-बार अपना हाथ देखता है, रेखा देखता है। घर के लोग रोने-पीटने लगे। मोहल्ले-पड़ोस के लोग इकट्ठे हो गए। दूसरे दिन सुबह सूरज के उगने के पहले वह युवक बुझी-बुझी हालत में था--अब गया, तब गया; जैसे दीया आखिरी टिमटिमाहट लेता है। तभी फकीर ने द्वार पर दस्तक

दिया। पत्नी रो रही थी, बाप रो रहा था, मां रो रही थी, बच्चे रो रहे थे, मोहल्ला इकट्ठा था। फकीर ने कहा : रोओ मत। मुझे भीतर आने दो। चुप हो जाओ।

उस युवक को हिलाया : आंख खोल। उसने आंख खोली, लेकिन पहचान न सका कि कौन खड़ा है। प्रत्यभिज्ञा नष्ट हो गई। फकीर ने कहा : तेरे सवाल का जवाब देने आया हूं।

उस युवक ने कहा : बंद भी करो। सवाल का जवाब मांगता कौन है?

उस फकीर ने कहा : लेकिन जो मैंने यह तेरे हाथ की रेखा की बात कही है, यह तेरे सवाल का जवाब है। अभी तेरी मौत आई नहीं है। मैं तुझसे यह पूछता हूं कि इन चौबीस घंटों में तूने कोई पाप किया?

'सवाल का उत्तर है?' युवक उठ कर बैठ गया--'तो मौत नहीं आ रही है?'

फकीर ने कहा : यह सिर्फ मजाक था; सिर्फ यह बताने को कि अगर मौत आती हो तो आदमी के जीवन से पाप खो जाता है। चौबीस घंटे में कोई पाप किया? किसी को दुख पहुंचाया?

उस युवक ने कहा : दुख की बात करते हैं; दुश्मनों से क्षमा मांग ली। सिवाय प्रार्थना के इन चौबीस घंटों में कुछ भी नहीं किया है।

फकीर ने कहा कि मेरे जीवन में भी जो तुझे पवित्रता दिखाई पड़ती है, वह मौत के बोध के कारण है। तुझे चौबीस घंटे बाद मौत दिखाई पड़ती है, मुझे चौबीस साल बाद दिखाई पड़ती है--इससे क्या फर्क पड़ता है? मौत है! मौत का होना काफी है। वह सत्तर दिन बाद आएगी कि सत्तर साल बाद आएगी--इससे क्या...? यह तो ब्योरे की बात है। इसमें कोई फर्क नहीं पड़ता; आ रही है! जो आ रही है वह आ ही गई है। उसने मेरे जीवन को बदल दिया है। मृत्यु का बोध जीवन को रूपांतरित करता है; जीवन को पुण्य की गरिमा से भरता है; जीवन को पवित्रता की सुवास से भरता है; जीवन को पंख देता है परलोक जाने के; परलोक की अभीप्सा देता है; परमात्मा की खोज की आकांक्षा जगाता है।

लेकिन पश्चिम में जो खोज चलती है मृत्यु की, वह धर्म की खोज नहीं है; वह धर्म से बचने की खोज है : कैसे हम मृत्यु को जीत लें; कैसे आदमी को लंबाया जा सके? अगर हृदय टूट जाता है तो प्लास्टिक का हृदय कैसे लगाया जा सके जो कभी न टूटे, या कभी बिगड़ भी जाए तो दूसरा प्लास्टिक का हृदय पेट्रोल पंप से लिया जा सके। कभी कुछ गड़बड़ हो जाए तो शरीर को गैरेज में जाकर खड़ा कर दिया--नट-बोल्ट की बात रह जाए, तकनीकी हो जाए जीवन। हड्डी टूट जाती है; वह स्टील की हो सकती है कल। खून खराब हो जाता है; वह पूरा का पूरा बदला जा सकता है। खून की जरूरत क्या है? रसायनिक द्रव्य उसकी जगह बह सकते हैं जो ज्यादा शुद्ध होंगे। शरीर को इस भांति कर लेना है कि वह यंत्रमात्र हो जाए, तो फिर उसमें पुर्जे बिगड़ते जाएं, बदलते जाओ, और अंतकाल तक शरीर को चलाते रहो : वह कभी बूढ़ा न हो, वह कभी जरा-जीर्ण न हो।

तुम थोड़ी देर सोचो : यह जो आकांक्षा है मृत्यु को जीत लेने की, यह जीवन के सामने सबसे बड़ा संघर्ष है। यह युद्ध वाले मन की आकांक्षा है। पहले विज्ञान ने प्रकृति को जीतना चाहा, अब

प्रकृति पर जीत काफी दूर तक हो गई है; अब वह परमात्मा को भी जीत लेना चाहता है। फिर कोई मंदिर न होगा, न कोई प्रार्थना होगी, न ध्यान का कोई सवाल होगा। तुम जीते रहोगे; यद्यपि जीवन जैसा सब-कुछ विदा हो जाएगा, क्योंकि यंत्र का क्या जीवन?

तुम थोड़ी देर को सोचो; तुम्हारे भीतर सब कल-पुर्जे चल रहे हैं--क्या जीवन होगा तुम्हारा? तुम्हारी क्या आत्मा होगी? आत्मा तुम्हारी निजता में है, तुम्हारी व्यक्तित्व में है, तुम्हारे अनूठेपन में है, तुम्हारी अद्वितीयता में है। यंत्र तो यंत्र ही होंगे; उनमें तुम्हारी कोई अद्वितीयता न रह जाएगी।

विज्ञान मृत्यु के संबंध में सोचता है--मृत्यु को जीतने को। धर्म मृत्यु के संबंध में सोचता है--मृत्यु को स्वीकार करने को। इनमें क्रांतिकारी फर्क है। धर्म कहता है: जो है उसे स्वीकार कर लो। उससे लड़ना व्यर्थ है। अंश अंशी से लड़ेगा जो कैसे जीतेगा? खंड अखंड से लड़ेगा तो हार निश्चित है। और लड़ने में जो समय गया, शक्ति गई, वही समय और शक्ति तो जीवन के आनंद को भोगने में व्यतीत हो सकता था। तुम लड़ो ही मत, बहो।

धर्म कहता है: समर्पण! विज्ञान कहता है: संघर्ष! मृत्यु के संबंध में भी दो ही दृष्टिकोण हैं--या तो संघर्ष या समर्पण।

समर्पण ही द्वार है। अगर तुमने समर्पण किया तो मृत्यु जीत ली जाती है--बड़े गहरे अर्थों में। शरीर की मृत्यु नहीं जीती जाती, लेकिन आत्मा की मृत्यु जीत ली जाती है। शरीर तो मरेगा, मरना ही चाहिए; क्योंकि जीवन नित-नूतन होता है। पुराने ही वृक्ष खड़े रहें तो नये वृक्षों के जन्म का उपाय न रह जाएगा। पुराने ही फूल पौधों पर लगे रहें तो नये फूल कहां अंकुरित होंगे, कैसे अंकुरित होंगे? पुराना ही बना रहे तो नये का आना बंद हो जाएगा। बूढ़े ही बचे रहें तो बच्चों का प्रवाह, बच्चों की धारा अवरुद्ध हो जाएगी। जीवन तो नित-नया होता है। तुम जीवन के प्रति मोहग्रस्त मत बनो। यह आग्रह मत करो कि मैं इसी ढंग से बना रहूं जैसा हूं। तुम परमात्मा को मौका दो कि वह तुम्हें नित-नया करता जाए।

मृत्यु तुम्हें नये करने की कोशिश है। मृत्यु दुश्मन नहीं है; मृत्यु मित्र है। मृत्यु तो तुम्हें बदलने का उपाय है। मृत्यु तुम्हें सतत प्रवाह में रखने का माध्यम है। तुम तो चाहोगे कि जड़ हो जाओ, बर्फ की तरह जम जाओ; मृत्यु तुम्हें पिघलाए जाती है, जलधार की तरह बहाए जाती है। मृत्यु साथी है। वह जीवन का दूसरा पैर है। जैसे पक्षी के दो पंख हैं, ऐसा जन्म और मृत्यु तुम्हारे दो पंख हैं। उन दोनों से ही तुम जीवन के आकाश में उड़ते हो। उनमें से एक पंख तुमने काट दिया तो ध्यान रखना, दूसरा पंख काम न आएगा।

जिस दिन मनुष्य मृत्यु को जीत लेगा--जीत नहीं सकता, यह मैं जानता हूं; यह सिर्फ मैं परिकल्पना की बात कह रहा हूं विज्ञान की--यदि मनुष्य मृत्यु को जीत लेगा, उसी दिन जीवन व्यर्थ हो जाएगा; उसी दिन जीवन में कोई सार न रह जाएगा। जिस दिन मनुष्य मृत्यु को जीत लेगा, उसी दिन तुम प्रार्थना करने लग पड़ोगे कि हम कैसे मरें; परमात्मा मृत्यु दे! क्योंकि तुम अटके रह

जाओगे। तुम लंबे जीओगे, लेकिन तुम प्लास्टिक के हो जाओगे। तुम लंबे जीओगे, तुम्हारा हृदय धड़कता ही रहेगा, लेकिन वह लोहे का हृदय होगा, आदमी का नहीं। उसमें से परमात्मा का हाथ अलग हो जाएगा; उसमें आदमी का हाथ समाविष्ट हो जाएगा। तब तुम एक यंत्रवत हो रहोगे।

लेकिन अगर तुम जीवन को ठीक से समझो तो तुम समझोगे कि मृत्यु अनिवार्य है। वह कोई दुर्घटना नहीं है। मृत्यु कोई दुर्घटना नहीं है, मृत्यु जीवन का अनिवार्य अंग है; अत्यंत अपरिहार्य है; होनी ही चाहिए; आवश्यक है ताकि तुम्हारी देह बदल सके, तुम्हारे जरा-जीर्ण वस्त्रों को तुम छोड़ दो, नये वस्त्र पहन लो।

विज्ञान की चेष्टा ऐसी है जैसे भिखमंगे की चेष्टा है; उसके पास फटे-पुराने कपड़े हैं, चीथड़े हैं, वह उन्हीं में थेगड़े लगाए जाता है, मगर छोड़ता नहीं है : भिखमंगा है, उसे भरोसा भी नहीं है कि दूसरे वस्त्र मिल सकते हैं। सम्राट अपने वस्त्रों पर थेगड़े नहीं लगाता; वस्त्र इसके पहले कि पुराने हों छोड़ देता है, नये वस्त्र उपलब्ध हो जाते हैं।

धर्म का ढंग सम्राट का ढंग है। क्या थेगड़े लगाना है उसी शरीर पर? दूसरा मिलेगा। जहां से पहला आया है वहां से दूसरे के आने में क्या अड़चन है? जिसने तुम्हें इस बार जीवन दिया है वह तुम्हें दुबारा न देगा--ऐसा संदेह तुम्हें कैसे होता है, क्यों होता है? अगर एक बार जीवन का चमत्कार घट सकता है तो हजार बार क्यों नहीं घट सकता? जो बात एक बार हो सकती है वह करोड़ बार हो सकती है। जो बात हो ही नहीं सकती, वह एक बार भी नहीं हो सकती। तुमने एक बार जीवन को जाना, वसंत को जाना--पतझड़ को भी जानो! हर पतझड़ के बाद फिर वसंत आ जाएगा। तुमने जीवन की मुस्कुराहट जानी, जीवन का रुदन भी जानो। हर आंसुओं के बाद आंखें फिर ताजी और स्वच्छ हो जाएंगी। जो वृक्ष के फूल आज गिर रहे हैं पतझड़ में, वृक्ष के पत्ते चुपचाप दबते जाते हैं मिट्टी में : वे फिर उगेंगे। वस्तुतः जमीन में वे जा कहां रहे हैं? जड़ों के पास पहुंच रहे हैं। जमीन में घुलेंगे-मिलेंगे, फिर नई जड़ों से प्रवाहित होंगे, फिर उठेंगे आकाश में, फिर खिलेंगे।

डरो मत! सूखे पत्ते की तरह कंपो मत। घबड़ाओ मत। चुपचाप सो जाओ गहन निद्रा में। उतर जाओ जड़ों के पास। जिसने तुम्हें एक बार उठाया था आकाश में, वह तुम्हें अनंत बार उठा सकेगा।

कमजोर आदमी, भिखमंगा आदमी, भयग्रस्त है। उसकी आस्था नहीं है। वह कहता है : इस बार तो किसी तरह हो गए--हालांकि उसे पता नहीं कि कैसे हो गए--इस बार तो किसी तरह हो गए; अब आगे कैसे होंगे, इसलिए पकड़े रहो! सूखा पत्ता वृक्ष को पकड़ने की कोशिश कर रहा है। वह कहता है : मैं लगा ही रहूं, चाहे धागे से सी दिया जाऊं, चाहे सूख जाऊं, सड़ जाऊं, मगर अटका रहूं वृक्ष से।

तुम सोचो : अगर सूखे पत्ते को वैज्ञानिक किसी तरह अटका दे तो सूखे पत्ते के हित में हुआ या अहित में हुआ? उसके नये होने का उपाय नहीं रहेगा अब। अब वह जमीन में वापस न सो सकेगा। और इतने दिन तक आकाश में खड़े रहने के बाद, हवाओं से जूझने के बाद विश्राम भी

चाहिए। वह भूमि में खो जाए, कुछ देर गहरी नींद ले ले, फिर से ताजा और नया हो जाए--फिर सुबह होगी!

तुम उस भिखमंगे की तरह मत बनो जो सोचता है, अगर ये वस्त्र खो गए तो फिर कोई वस्त्र मिल नहीं सकते; ये वस्त्र आखिरी नियति मालूम होते हैं, इन्हीं पर थेगड़े लगाए जाओ; थेगड़े भी फटने लगें तो थेगड़ों पर थेगड़े लगाए जाओ; गंदे और जरा-जीर्ण होते चले जाओ--लेकिन पकड़े रहो!

सम्राट उतार देता है वस्त्रों को, दूसरे पहन लेता है।

धर्म का ढंग सम्राट का ढंग है। धर्म इतना ही सिखाता है कि तुम्हारा शरीर ज्यादा से ज्यादा वस्त्रों की भांति है; उसे छोड़ने में घबड़ाना मत। तुम तुम्हारा शरीर नहीं हो। तुम तो वही शाश्वत स्वर हो जो अनंत शरीरों में आया और गया, जिसने बहुत पतझड़ देखे और बहुत वसंत। तुम न तो पतझड़ हो, न वसंत हो। तुम न तो सूखा पत्ता हो, न हरे पत्ते हो। तुम तो वह जीवन हो जो हरे पत्ते को हरा करता है। तुम तो वह जीवन हो जो विदा हो जाने पर सूखे पत्ते को सूखा करता है। तुम जीवन की रसधार हो।

इस रसधारा को ही हमने ब्रह्म कहा, आत्मा कहा। इस रसधारा का न कोई नाम है, न रूप है। यह रसधारा बहुत ढंगों से प्रकट होती है। तुम इसके अनंत खेल में भागीदार बनो। तुम डरो मत। तुम भय से कंपो मत। वही फरीद कह रहे हैं कि जब मौत आए फरीद, तू उठ कर खड़े हो जाना; तू स्वागत के लिए हाथ फैला देना। मौत तुझे, ऐसा न हो, गैर-तैयारी में पाए। ऐसा न हो कि कहीं तू अपने को धोखा दे दे आखिरी क्षण में और डरने लगे और कंपने लगे और पकड़ ले जोर से जीवन को। कहीं ऐसा न हो! उठ कर खड़े हो जाना। स्वागत से द्वार खोल देना। फूलमाला सजा लेना। कहना : मैं तैयार हूं, कब से प्रतीक्षा करता था!

तत्क्षण वह जो मौत की तरह दिखाई पड़ा था, वह मौत की तरह दिखाई नहीं पड़ेगा।

इसे थोड़ा समझो, क्योंकि मौत तुम जिसे कहते हो, वह भी तुम्हारी व्याख्या है। 'मौत' शब्द में ही तुम्हारी व्याख्या छिपी है। द्वार पर कोई आता है जरूर; वह कौन है, यह तुम्हारी व्याख्या पर निर्भर होगा। अगर तुम भयभीत हो तो मौत; अगर तुम निर्भय हो तो परमात्मा। यह तुम्हारी व्याख्या है। जो आता है, तुम उसे थोड़े ही देखते हो; तुम्हारा मन तुम्हें जो दिखाता है, तुम उसी को देखते हो। अगर तुम डर गए तो द्वार पर खड़ा हुआ दूल्हा मौत का है; अगर तुम न डरे, उठ कर घोड़े पर सवार हो गए कि चलने को तैयार हूं--अचानक दूल्हे का रूप खुल जाता है, रहस्य खुल जाता है। वह तुम्हारा प्रीतम है जिसकी प्रतीक्षा की थी। कभी वह जन्म की तरह आया था, तब भी तुम चुक गए, न देख पाए; अब मौत की तरह आया है, अब भी चूक जाओगे?

फरीद कहता है : फरीदा, अपने को धोखा मत दे देना। अब यह अवसर चूक न जाए। अब तो तू पहचान ही लेना कि कौन द्वार पर दस्तक दिया है।

पश्चिम में भी मृत्यु का विचार चलता है, लेकिन वह विचार धर्म के लिए नहीं है; वह विचार इसलिए चलता है कि हम कैसे मनुष्य को अमर बना दें। और अमर होने की आकांक्षा किसलिए

है?--ताकि वासनाओं को हम अनंत तक भोग सकें। आखिर अमर होने की क्या आकांक्षा हो सकती है? क्या करोगे? सत्तर साल जीते हो; सात सौ साल जीओगे--क्या करोगे? सात हजार साल जीओगे--क्या करोगे? वही करोगे न जो सत्तर साल जी कर किया था? उसी को बार-बार करोगे। उसको ही दोहराते जाओगे। गाड़ी के चाक की तरह घूमते रहोगे। करोगे क्या? वही पद, वही धन, वही वासना--उसी को दोहराओगे।

आदमी अमर क्यों होना चाहता है? क्योंकि जीवन छोटा मालूम पड़ता है और वासनाएं इतनी बड़ी मालूम पड़ती हैं कि पूरी नहीं होतीं। जीवन छोटा पड़ता है, वासनाएं बहुत हैं। अरबों-खरबों रुपये जमा करने हैं। बड़े पदों पर पहुंचना है। सारे साम्राज्य को निर्मित करना है। अनंत आकांक्षाएं हैं और जीवन थोड़ा है--यह अड़चन है। इसलिए आदमी अमरता चाहता है। कहीं कोई मिल जाए अमृत, कहीं कोई मिल जाए पारस पत्थर कि छूते ही आदमी अमर हो जाए--बस फिर कोई दिक्कत नहीं है। फिर कितनी ही हों वासनाएं, सभी को पूरा करके रहेंगे।

लेकिन वासनाओं का स्वभाव दुष्पूर है। वासनाएं इसलिए पूरी नहीं होतीं कि तुम्हारा जीवन छोटा है, यह मत समझना; वासनाएं इसलिए पूरी नहीं होतीं कि पूरा होना उनका स्वभाव नहीं है।

यही धार्मिक और अधार्मिक व्यक्ति की दृष्टि का भेद है। अधार्मिक आदमी कहता है, जीवन छोटा है--आया, गया, सत्तर साल में चुक जाता है। बीस-पच्चीस साल तक तो होश ही नहीं रहता--बचपन में गुजर गए, लड़कपन में गुजर गए। बीस साल आदमी सोता है साठ साल में, वे ऐसे ही गुजर जाते हैं। फिर खाना है, पीना है, काम करना है, नौकरी-चाकरी--इस सबमें वक्त व्यतीत हो जाता है। बचता क्या है? अगर सत्तर साल में बहुत खोज-बीन करो तो भोगने लायक समय क्या बचता है: साल दो साल, बहुत? साल दो साल में इतनी वासनाएं पूरी कैसे होंगी? नहीं, जीवन छोटा है, वासनाएं ज्यादा हैं। लेकिन धार्मिक व्यक्ति कहता है, यह नहीं है बात; वासनाओं का स्वभाव दुष्पूर है।

ययाति की बड़ी प्रसिद्ध कथा है। वह मरने के करीब हुआ। वह सौ साल का हो गया था। मृत्यु लेने आई, ययाति गिड़गिड़ाने लगा। वह बड़ा सम्राट था। मृत्यु को भी दया आ गई। वह आदमी बड़ा बलशाली था, और आज ऐसे दुर्दिन में रोने लगा, छोटे बच्चों की तरह चीखने-चिल्लाने लगा और मृत्यु के पैर पकड़ने लगा। वहीं उसने भूल की जो फरीद बचाना चाहता है--कि फरीद, अपने को धोखा मत देना। ययाति ने फिर धोखा दे दिया। ययाति उठ कर खड़ा न हो सका; गिड़गिड़ाने लगा। वह कहने लगा: मुझे छोड़ दो। अभी तो कुछ भी पूरा नहीं हुआ। अभी तो एक भी वासना पूरी नहीं हुई और तुम लेने आ गए? अन्याय मत करो। ये दिन तो ऐसे ही बीत गए बेहोशी में। सौ साल मुझे और मिल जाएं बस, तो अब मैं चूकूंगा नहीं, भोग ही लूंगा। सौ साल बाद तुम आ जाना, तुम मुझे तैयार पाओगी।

पर मौत ने कहा: किसी को ले जाना पड़ेगा। खाली हाथ जाने का कोई उपाय नहीं है। तू अपने बेटों में से किसी को राजी कर ले।

सौ बेटे थे ययाति के। सौ साल जी चुका था। सैकड़ों रानियां थीं। मौत ने तो इसलिए कहा, क्योंकि यह तो तरकीब थी मौत की--कि कोई बेटा कहीं जाने को राजी हुआ है! जब बाप तक मरने को राजी नहीं, तो बेटा कैसे राजी होगा? सौ साल का बूढ़ा मरने को राजी नहीं, तो तीस-पच्चीस-चालीस साल का जवान कैसे मरने को राजी होगा? जब इसकी वासनाएं पूरी नहीं हुईं, तो चालीस-पचास साल के आदमी की वासनाएं अभी कहां पूरी हुई होंगी? यह तो तरकीब थी। यह तो होशियारी थी मौत की। यह तो सिर्फ न कहने का एक कुशल ढंग था। यह तो राजनीति थी।

ययाति ने अपने लड़कों को बुला लिया। बड़े लड़कों ने तो ध्यान ही न दिया। वे तो चुपचाप बैठे रहे। उन्होंने तो सिर भी न हिलाया; क्योंकि वे भी जीवन के अनुभव से अनुभवी हो गए थे। उन्होंने भी कहा : यह भी बूढ़ा क्या बातें कर रहा है! तुम मरना नहीं चाहते, हमें मारना चाहते हो! जब तुम्हारी इच्छाएं पूरी नहीं हुईं हो तो हमारी कहां से पूरी हो जाएंगी? हम तो तुमसे कम ही जीए हैं। तुमने तो सब भोग लिया। तुम हटो तो सिंहासन खाली हो, तो हम भी थोड़ा भोग सकें। तुम हमें हटाने की कोशिश कर रहे हो! यह तो जरूरत से ज्यादा बात हो गई। बाप मरे, यह तो नैसर्गिक नियम है; बाप के पहले बेटा मरे, और वह भी बाप मांगे, यह भी कोई बाप हुआ! और बाप कहे कि तू मर जा! ऐसे बाप के लिए कौन मरने को राजी होगा?

बड़े लड़के तो चुप रहे, लेकिन एक छोटा लड़का, जिसकी उम्र कुल अट्ठारह-उन्नीस साल थी--अभी कली खिली भी न थी, अभी जवान ही हो रहा था, अभी मूंछ की रेखाएं आनी शुरू हुई थीं--वह उठ कर पास आ गया और उसने कहा कि मैं तैयार हूं। ययाति भी चौंका। वह बेटा उसे बहुत प्यारा था। लेकिन अपने से ज्यादा प्यारा तो बेटा भी नहीं होता। अपनी जान जाती हो तो पति भी प्यारा नहीं, पत्नी भी प्यारी नहीं, बेटा भी प्यारा नहीं। उपनिषद कहते हैं : आदमी दूसरों को भी अपने लिए प्रेम करता है। यह तो सुविधा होती है, तब की बातें हैं प्रेम। अब यहां जहां मौत का सवाल हो तो तुम अपने को बचाओगे कि बेटे को बचाओगे?

ययाति को दुख तो हुआ, लेकिन मजबूरी थी। उसने कहा : क्षमा कर। लेकिन मेरा रहना जरूरी है।

मौत हैरान हुई। मौत ने उस बेटे के कान में कहा : नासमझ! तेरा बाप मरने को तैयार नहीं, तू मरने को तैयार है?

उस बेटे ने कहा : बाप को न मरते देख कर ही मैं तैयार हो गया--कि जब सौ साल में भी इच्छाएं पूरी नहीं होतीं तो मैं भी क्या कर लूंगा! अस्सी साल और गंवाने से क्या फायदा है? अस्सी साल बाद तुम आओगे, मृत्यु के देवता! आओगे जरूर, तब अस्सी साल और यहां तुम्हारी राह देखने की क्या जरूरत है? निपटारा ही करो। बात खत्म ही करो। और बाप की भी इच्छाएं अभी पूरी नहीं हुईं--इससे साफ है कि इच्छाएं पूरी नहीं होतीं। नहीं तो मेरे पिता को क्या कमी थी? हजारों रानियां हैं, धन-संपत्ति है, बड़ा साम्राज्य है, जगत में कीर्ति है। क्या था उसे जो उपलब्ध नहीं था! जो भोगने को शेष रह गया हो! सब उसने भोग लिया है, लेकिन लगता है भोग का कभी अंत नहीं होता। तुम मुझे ले चलो। मैं तो पिता को तैयार न देख कर ही तैयार हो गया हूं। बात ही खत्म हो गई। अब इसी मूढ़ता में मैं क्यों पड़ूं?

मौत ने मजबूरी में वचन दे दिया, ययाति के बेटे को ले जाना पड़ा। सौ साल ययाति जिंदा रहा। फिर मौत आई। लेकिन सौ साल भूल ही गया, बात ही भूल गया था। सौ साल इतना लंबा वक्त है, कौन याद रखता है। सौ साल बाद मौत आई, फिर गिड़गिड़ाने लगा। कथा बड़ी अदभुत है! फिर रोने लगा और कहने लगा : मैं तो भूल ही गया। भोग नहीं पाया। सब अधूरा रह गया।

ऐसे मौत दस बार आई। हर बात ययाति के एक बेटे को ले गई। ग्यारहवीं बार आई तब भी ययाति गिड़गिड़ा रहा था। मौत ने कहा : कुछ तो सोचो! तुम्हारी वासनाएं कभी पूरी होंगी?

तब उसे होश आया। यह भी जल्दी आ गया। हजार ही साल में आ गया; तुम तो न मालूम कितने हजार साल से जी रहे हो। पर हर बार मौत आती है और तुम फिर भूल जाते हो। एक शरीर ले जाती है, तुम्हें दूसरा शरीर मिल जाता है, तुम उस शरीर में फिर बेहोश हो जाते हो।

ययाति ने एक वचन लिखा जाते वक्त, आने वाली संतति के लिए : कि कितना ही भोगो, भोगने से नहीं भोगे जाते। कितना ही भोगो, भोगों का कोई अंत नहीं है। तृष्णा दुष्पूर है। वासना पूरी नहीं होती। समय का सवाल नहीं है। वासना का स्वभाव पूरा होना नहीं है।

यह ययाति की कथा तो काल्पनिक है, लेकिन इससे ज्यादा सत्य कथा तुम कहां पाओगे? यही तो सबकी कथा है।

तो एक तो रास्ता है जो विज्ञान को, साधारण बुद्धि को समझ में आता है कि जीवन को बढ़ा लो तो वासनाओं को पूरा करने का काफी समय मिल जाएगा। लेकिन धर्म कहता है : कितना ही समय हो, वासना पूरी नहीं होती; क्योंकि वासना का स्वभाव पूरा होना नहीं है।

तुमने कभी वासना पर विचार किया? तुम्हारे पास दस हजार रुपये हैं, दस लाख की वासना है। दस लाख हो जाएंगे, तुम सोचते हो तृप्त हो जाएगी वासना?--वासना दस करोड़ की हो जाएगी। दस करोड़ हो जाएंगे, तुम सोचते हो तृप्त हो जाएगी?--वासना दस अरब की हो जाएगी। संख्या तो सदा आगे शेष रहेगी। दस का अनुपात कायम रहेगा। दस रुपये थे तो सौ रुपये की आकांक्षा थी; दस हजार थे, तो लाख की थी, लाख थे तो दस लाख की थी--लेकिन दस का अनुपात कायम रहेगा।

तुम जितना आगे बढ़ते हो, वासना क्षितिज की भांति उतनी ही आगे बढ़ जाती है! जैसे आकाश छूता हुआ दिखाई पड़ता है पृथ्वी को, कहीं छूता नहीं--बढ़ते जाओ, दिखता है यह रहा, दो-चार-दस मील चलने की बात है : पहुंच जाएंगे उस जगह जहां आकाश पृथ्वी को छूता है। तुम कभी न पहुंचोगे, तुम पूरी पृथ्वी के हजारों चक्कर लगा लो। आकाश कहीं छूता नहीं, सिर्फ छूता मालूम होता है। वासना कभी तृप्त नहीं होती, सिर्फ दूर तृप्त होती मालूम होती है। वह मृग-मरीचिका है।

विज्ञान कहता है : समय को बढ़ा लो। धर्म कहता है : समझ को जगा लो। विज्ञान कहता है : उम्र लंबी हो, सब ठीक हो जाएगा। धर्म कहता है : बोध गहरा हो, सब ठीक हो जाएगा। वासना समय की लंबाई से न कटेगी, बोध की गहराई से कटेगी।

पूरब भी मृत्यु पर विचार करता है--कारण बड़े अलग हैं: तुम्हें जगाने को, चौंकाने को, मृत्यु की बात करता है कि तुम होश में आ जाओ। शायद मृत्यु का खयाल तुम्हें जगा दे, तिलमिला दे। पश्चिम मृत्यु का विचार करता है, ताकि तुम्हें और गहरी नींद में सुला दे, ताकि तुम फिकर ही छोड़ दो, ताकि ये बुद्ध, महावीर, फरीदों की बात सुनने की जरूरत ही न रह जाए, ये सब पागल सिद्ध हो जाएं! ये चिल्ला-चिल्ला कर कहते हैं: जीवन क्षणभंगुर है। विज्ञान चेष्टा कर रहा है कि सिद्ध कर दे कि जीवन क्षणभंगुर नहीं है। ये चिल्ला-चिल्ला कर कहते हैं कि इस जीवन में वासना तृप्त न होगी। विज्ञान चाहता है सिद्ध कर दे कि हम तुम्हें इतना अनंत जीवन देते हैं कि कैसी भी वासना तृप्त करनी हो कर लो।

विज्ञान की लड़ाई बहुत गहरे में धर्म से है। विज्ञान कभी ऐसा कर न पाएगा। हो सकता है, जीवन लंबा जाए--सत्तर साल की जगह आदमी सात सौ साल जीने लगे। मेरे हिसाब में तो ये सात सौ साल जीने से आदमी की वासना पूरी तो होगी नहीं; बुद्ध और फरीद के वचन ज्यादा सही मालूम होने लगेंगे।

इसलिए मैं भयभीत नहीं हूं इससे कि विज्ञान जो कर रहा है वह नहीं करना चाहिए। करो, क्योंकि हम मानते हैं, हम जानते हैं कि जितना लंबा समय होगा उतना ही तुम्हें समझ में आएगा कि समय की लंबाई से कुछ भी नहीं होता। ययाति को दस हजार साल में पता चल गया। हजार साल में पता चल गया। जो बात सौ साल में पता न चली वह हजार साल में धीरे-धीरे उसको भी समझ में आ गई कि यह तो मैं बार-बार मांगता हूं, बात तो वहीं की वहीं खड़ी है; मेरी वासना इंच भर भी समाप्त नहीं होती।

विज्ञान अगर किसी दिन तैयार हो गया, समर्थ, सफल हो गया और आदमी के जीवन को लंबा कर लिया, तो मैं नहीं मानता कि इससे धर्म को कोई खतरा है। विज्ञान सोचता होगा; वह गलती में है। इससे तो बुद्ध और फरीद के वचन और भी सही हो जाएंगे। तब उनको तर्क भी देने की जरूरत न रह जाएगी। तुम्हारी जीवन की व्यवस्था ही तुम्हें बता देगी कि कुछ हल नहीं होता। जीवन सात सौ साल को हो तो भी क्षणभंगुर है। सात हजार साल का हो तो भी क्षणभंगुर है। समय ही क्षणभंगुर है। समय के बाहर जाना है शाश्वत को पाने के लिए। समय की लंबाई का नाम शाश्वतता नहीं है। समय के बाहर, अतिक्रमण का नाम शाश्वतता है। समय तो कितना ही लंबा हो, क्षणभंगुर है। उम्र तो कितनी लंबी हो, समाप्त होगी; मौत पर ही समाप्त होगी। बीच का फासला कितना ही कर लो बड़ा--सात साल हो, सत्तर साल हो, सात हजार साल हो, सात लाख साल हो; मगर जीवन अंत होगा मौत पर ही। और जितना लंबा होगा, उतना ही बोध स्पष्ट होगा कि यह तो कुछ हल नहीं होता, लंबाई से कुछ हल नहीं होता।

तो मैं तो मानता हूं विज्ञान सफल हो जाए तो अच्छा लंबा करने में। उस दिन हमें चीजें और भी साफ दिखाई पड़ने लगेंगी, जैसे किसी ने दूरबीन हाथ में दे दी और दूर के दृश्य दिखाई पड़ने लगे;

या जैसे किसी ने खुर्दबीन हाथ में दे दी और जो नंगी आंख से नहीं दिखाई पड़ता था, वह खुर्दबीन से दिखाई पड़ने लगा। सत्तर साल में चीजें छोटी हैं, सात हजार साल में पूरे फैल कर बड़ी हो जाएंगी और साफ-साफ दिखाई पड़ने लगेंगी।

विज्ञान सोचता हो कि धर्म से मुक्ति हो जाएगी, लेकिन धर्म से मुक्ति असंभव है। धर्म से छुटकारा असंभव है। धर्म का अंत नहीं हो सकता है। क्योंकि धर्म मनुष्य की आत्यंतिक नियति है। वह तुम्हारे भीतर छिपा है। मोक्ष तुम्हारा खोजना ही होगा। जीवन और मृत्यु के पार का दर्शन करना ही होगा। इसलिए धर्म से कोई बचने का उपाय नहीं है। धर्म से तुम अपने को बचाने की चेष्टा कर सकते हो। सभी चेष्टाएं असफल होती हैं--होंगी।

इसलिए पूरब और पश्चिम की मृत्यु की विचारणा में बड़ा भेद है।

दूसरा प्रश्न :

ओशो, आप कहते हैं, प्रार्थना मांग नहीं है, मात्र धन्यवाद देना है, अहोभाव प्रकट करना है, लेकिन वेद, उपनिषद, बाइबिल, कुरान आदि मात्र अन्य धर्मग्रंथों में सैकड़ों प्रार्थनाएं मांग जैसी मिलती हैं। क्या प्रभु से प्रकाश और प्रज्ञा मांगना भी अनुचित है?

धर्मग्रथों में सभी कुछ धर्म नहीं है; क्योंकि धर्मग्रंथ प्रज्ञावान पुरुषों का बोध और अप्रज्ञावान संग्राहकों की अबुद्धि, दोनों का जोड़ है।

कृष्ण ने गीता कही। एक तो कहने में ही, जो भीतर जाना है वह पूरा प्रकट नहीं होता, वह बहुत बड़ा है शब्दों से। उपनिषद कहते हैं : वहां से शब्द भी वापस लौट आते हैं, गिर-गिर पड़ते हैं वापस, उतनी उड़ान नहीं भर पाते शब्द। शब्द ऐसे हैं जैसे मुर्गी की उड़ान; वह कोई दूर सूरज तक नहीं पहुंच पाती; ऐसा एकाध दीवाल छलांग लगानी हो, थोड़ा-बहुत उछलना-कूदना हो--ठीक है। पंख होने से यह मत सोचना कि मुर्गी उड़ सकती है। छलांग लगा लेती है। शब्दों के पंख भी इतने ही समर्थ हैं कि थोड़ी सी छलांग लगा लेते हैं। उनकी कोई ज्यादा सामर्थ्य नहीं है।

तो, पहले तो कृष्ण जब कहते हैं तभी उतना नहीं रह जाता जितना वे जानते हैं। जो कृष्ण जानते हैं वह कहने में हजार सीढ़ियां नीचे गिर जाता है। फिर अर्जुन सुनता है। जो अर्जुन सुनता है उतना ही समझ नहीं पाता। कान तो सुन लेते हैं जो कहा गया, लेकिन कान में थोड़े ही समझ है, समझ तो मस्तिष्क में है। फिर अर्जुन उसकी व्याख्या करता है। तो जो अर्जुन समझता है वह उतना नहीं है जितना सुना, वह सुनने से बहुत कम है। फिर अर्जुन भी लिखता नहीं। संजय, तीसरा ही व्यक्ति, वह अंधे धृतराष्ट्र को सुनाता है।

यह जरा कहानी बहुत अर्थपूर्ण है। सभी धर्मग्रथों का जन्म इसमें छिपा है। जानने वाले ने कहा, कहने में जानना बहुत छोटा हो गया; न जानने वाले ने सुना, जितना सुना था, समझना उससे बहुत छोटा

हो गया। फिर किसी तीसरे ने, जो न कहने वाला था न सुनने वाला था, सिर्फ गवाह था, उसने इकट्ठा किया। उसने जो इकट्ठा किया वह और भी नीचे गिर गया। और फिर उसने अंधे धृतराष्ट्रों को कहा-- अंधों को, जो न जानने वाले थे न सुनने वाले थे, न देख सकते थे। ऐसा धर्मग्रंथ नीचे उतरता जाता है। फिर धृतराष्ट्र ने जो समझा वही तुम्हारी समझ है। फिर हजारों साल बीतते हैं और धृतराष्ट्र धृतराष्ट्रों को सुनाते चले जाते हैं। अंधे अंधा ठेलिया! फिर अंधे अंधों को मार्ग-दर्शन देते रहते हैं, व्याख्याएं-टीकाएं होती रहती हैं। अगर कृष्ण लौट आएं तो पहचान भी न सकेंगे कि ये बातें मैंने ही कही थीं। असंभव है।

तो पहली बात, धर्मग्रथों में सभी कुछ धर्म नहीं है। यह अड़चन होती है हमें मानने में, लेकिन सच्चाई ऐसी है। अड़चन हो न हो, कुछ किया नहीं जा सकता। अगर वेदों में धर्म खोजना हो तो एक प्रतिशत भी मिल जाए तो बहुत, निन्यानबे प्रतिशत कचरा है। होना ही चाहिए, क्योंकि वेद सबसे पुरानी किताब है। जितनी पुरानी उतनी ही धूल इकट्ठी हो गई। जितनी पुरानी उतने हाथों में सरक गई। जितनी पुरानी उतनी गंदी हो गई। उतना जुड़ता चला गया, जुड़ता चला गया। कौन रोकेगा, किसको रोकेगा? हजारों साल तक वेद तो सिर्फ कंठस्थ थे, लिखे नहीं गए थे। जब कंठस्थ थे तो बड़ा मजा था। कंठ-कंठ की बात थी, अपना-अपना जोड़ था। इसलिए वेदों की कई प्रतियां हैं, कई ढंग हैं। कुछ सूत्र एक में मिलते हैं, कुछ सूत्र दूसरे में मिलते हैं, कुछ सूत्र कहीं नहीं मिलते। वेद के कई पाठ हैं। हर घराने का अपना वेद था। उसी तरह तो चतुर्वेदी, त्रिवेदी, द्विवेदी पैदा हुए। जिनको चारों वेद कंठस्थ थे जिनके परिवार में, वे चतुर्वेदी! जिनके घर में तीन वेद कंठस्थ थे, वे त्रिवेदी! जिनके घर में दो वेद कंठस्थ थे, वे द्विवेदी!

फिर वेद लिखे गए।

जो चीज कही जाती है, उसमें और लिखने में बड़ा फर्क पड़ जाता है।

मैं तुमसे यहां बोल रहा हूंः जब मैं बोल रहा हूं तो मैं शब्द का भी उपयोग कर रहा हूं, मेरे हाथ भी इशारा दे रहे हैं, मेरे कंठ की लय में फर्क पड़ता है। अगर किसी शब्द पर मुझे जोर देना है तो मैं और ढंग से कहता हूं। कभी मैं थोड़ा चुप रह जाता हूं ताकि शून्य भी शब्द के साथ जुड़ जाए; सीधा-साधा न हो तो भी कम से कम शब्द के आस-पास हो। कभी तुम्हारी तरफ सिर्फ देखता हूं ताकि जो शब्द से नहीं कहा जा सकता, हाथ से इशारा नहीं किया जा सकता, उसे आंख से आंख में उंड़ेल दिया जाए। मेरी पूरी भाव-भंगिमा, मेरा होना, सब उसमें समाहित है। जब तुम इसे लिखोगे तब कोरे शब्द रह जाएंगे। उन शब्दों में कोई हाथ हिल कर तुम्हें इशारा न करेंगे, कोई आंखें उन शब्दों से तुम्हें झांकेंगी नहीं। उन शब्दों में कोई लयबद्धता न होगी। वे एक से सपाट होंगे। कभी स्वर ऊंचा, कभी नीचा न होगा। उन शब्दों के बीच शून्य न होगा। वे शब्द बहुत कुछ खो देंगे, मुर्दा हो जाएंगे। अभी जीवित हैं। यही होंगे शब्द, लेकिन मुर्दा हो जाएंगे।

यहां जब तुम मुझे सुनते हो, जब यहां तुम मेरे निकट हो तो सुनते वक्त तुम चुप हो गए होते हो। जब तुम पढ़ोगे इन्हीं शब्दों को, चुप होने की जरूरत न होगी। कारण? जब तुम मुझे सुन रहे हो,

अगर तुम चुप न हुए, एक शब्द भी चूक गया तो दुबारा सुनने का कोई उपाय नहीं है--गया, गया! तुम्हें तत्पर होना होगा। तुम ध्यानस्थ हो जाओगे। तुम एक-एक शब्द को पकड़ोगे कि कहीं कोई चूक न जाए, क्योंकि एक शब्द चूका तो शृंखला बिगड़ जाएगी, फिर आगे का तुम न समझ पाओगे। लेकिन किताब पढ़ने में क्या ध्यान देने की जरूरत है? अगर चूक गया पूरा पन्ना, फिर से पढ़ लेंगे, पूरी किताब फिर से पढ़ लेंगे। इसलिए किताब पढ़ते वक्त कोई भी ध्यानस्थ नहीं हो पाता। होने की जरूरत नहीं है। जब जरूरत ही नहीं है तो कौन परेशान होता है? सुनते वक्त ध्यान की एक गरिमा उपलब्ध होती, ध्यान का भाव उपलब्ध होता है।

तो जब सुने गए, कहे गए शब्द लिखे जाते हैं, तब और खो जाता है। फिर जो लिखते हैं वे अपना जोड़ जाते हैं। शायद हित के लिए ही जोड़ते हों। उनको लगता है, इससे लाभ होगा। कुछ छोड़ देते हैं; उनको लगता है, इससे हानि होगी। शुभेच्छा से ही करते हैं।

जब भारत आजाद होने के करीब हुआ तो गांधी ने एक लेख लिखा कि खजुराहो, कोणार्क और पुरी के मंदिरों को मिट्टी से ढांक कर दबा देना चाहिए, क्योंकि इनमें अश्लील प्रतिमाएं हैं। यह गांधी के मन में विचार तो बहुत पुराना था। उन्नीस सौ बीस से उनके मन में यह खयाल था कि जब शक्ति हाथ में आए तो यह होना चाहिए। शुभेच्छा से; यद्यपि शुभेच्छा अज्ञानपूर्ण है। क्योंकि जिन्होंने खजुराहो के मंदिर बनाए थे, उन्होंने किसी विज्ञान को मंदिर के पत्थरों में खोदा है, पूरा तंत्र खोदा है। अश्लील नहीं हैं वे मंदिर, अश्लील तुम्हें दिखते होंगे, क्योंकि तुम्हारी धारणाएं बहुत कुंठित और गंदी हैं। मंदिरों का अश्लील होने से कोई लेना-देना नहीं है। अगर गांधी को भी अश्लील दिखाई पड़ते हैं तो सिर्फ गांधी के मन की खबर देते हैं, मंदिरों का कुछ लेना-देना नहीं है।

जिन्होंने मंदिर बनाए थे, बड़े पूजा के भाव से बनाए थे और उनके पीछे बड़ा राज था। खजुराहो की एक-एक मूर्ति पर ध्यान करने से तुम्हारे मन की कामवासना क्षीण हो जाती है। हां, ऐसे ही तुम देखने वाले की तरह पहुंच गए; देखने वालों के लिए वे मंदिर बनाए न गए थे कि दिन भर के लिए गए, पूरे खजुराहो के तीस-बत्तीस मंदिर देख डाले, बैठे अपनी बस में और लौट आए, तो तुम्हें तो वे और ज्यादा परेशान कर जाएंगे; तुम्हारे भीतर वासना को जगा देंगे। वे मंदिर थे ध्यानियों के लिए--वे सभी के लिए उपलब्ध न थे। वे उनके लिए थे जिनको गुरु कहता कि जाओ और मंदिर की इन-इन प्रतिमाओं पर, इन-इन मुद्राओं पर बैठ कर चित्त को एकाग्र करो। जिस व्यक्ति के मन में कामवासना की जो वृत्ति बहुत प्रबल होती, उसी तरह की प्रतिमा पर उसे ध्यान करने भेजा जाता। उस प्रतिमा पर ध्यान करते-करते, करते-करते जो उसके भीतर अचेतन में दबा है वह उभर कर चेतन में आ जाता। सारा मनोविश्लेषण इतना ही है कि जो तुम्हारे भीतर दबा है वह उभर कर बाहर आ जाए। उसी का प्रतिबिंब सामने बनाया गया था।

इसलिए खजुराहो में ऐसी प्रतिमाएं भी हैं कि जो भरोसे के योग्य नहीं हैं। विचारक, जिनको कुछ पता नहीं है तंत्र का, वे कहते हैं कि ये तो बिलकुल ही अनर्गल हैं, ऐसा तो होता ही नहीं है। जैसे शीर्षासन करते

हुए दो स्त्री-पुरुष संभोग कर रहे हैं--ऐसा कहीं होता है? यह कोई आसान है? यह कोई ढंग है? किसके लिए यह बनाया गया होगा? ऐसा होता नहीं है, लेकिन इस तरह के स्वप्न होते हैं। ऐसा वस्तुतः नहीं होता, लेकिन इस तरह के विकार मन में होते हैं। तुमने स्वप्न में तो इस-इस तरह की मुद्राएं ली हैं कामवासना की, जो कि तुम यथार्थ में पूरा न कर सकोगे। खजुराहो के मंदिर पर तुम्हारा एक-एक स्वप्न खुदा है। मैंने एक-एक मूर्ति बहुत गौर से देखी है और मैंने पाया कि खजुराहो में जो है उससे ज्यादा मनुष्य के स्वप्न में कभी भी नहीं हुआ। मनुष्यों के सपनों में जो भी हुआ है उस सबके प्रतीक खजुराहो की मूर्तियों में खुदे हैं। तो वे प्रत्येक व्यक्ति के भीतर छिपी हुई वासनाओं को, विकृतियों को बाहर लाने के उपाय हैं।

गांधी ने कहा: इनको दबा दो। इनको मिट्टी में ढांक दो। कभी किसी विशेष व्यक्ति को दिखाना हो, कोई सम्राट आए, कोई राष्ट्रपति आए, तो मिट्टी हटवा दी, साफ करवा दिया--अन्यथा आम जनता को देखने की बात नहीं है। जैसे कि राष्ट्रपति आम जनता नहीं है! आम जनता से भी आम! गए-बीतों से गए-बीते! क्योंकि नेता होने के लिए अनुयायियों से भी बदतर होना जरूरी है; नहीं तो तुमको नेता कौन बनाएगा?

रवींद्रनाथ ने विरोध किया कि इस तरह की कल्पना मत बांधी जाए; ये मंदिर ढांके न जाएं। हालांकि उनके बचाव का कारण भी दूसरा था; वह भी ज्ञानपूर्ण नहीं था बहुत। उनका कारण यह था कि प्रतिमाएं बहुत सुंदर हैं, अनूठी हैं, सौंदर्य के प्रतीक हैं: इनको मिट्टी में न दबाया जाए। दबाने वाला भी गलत था, बचाने वाला भी गलत था; क्योंकि न तो इन प्रतिमाओं का सौंदर्य से कुछ लेना-देना है, न इन प्रतिमाओं का अश्लीलता से कुछ लेना-देना है; न तो ये लोगों के लिए सौंदर्य-भाव जन्मे, इसलिए बनाई गई थीं और न इसलिए बनाई गई थीं कि लोगों में अश्लीलता जन्मे; ये तो बनाई गई थीं तंत्र की विधियों की तरह ताकि लोग कामवासना से मुक्त हो जाएं।

लेकिन दोनों की शुभेच्छा है।

फिर शास्त्र में जुड़ना शुरू होता है। शुभेच्छु लोग हेर-फेर करते हैं, बदलाहट करते हैं, कुछ जोड़ते हैं, कुछ घटाते हैं: विकृति इकट्ठी होती चली जाती है।

तो, धर्मशास्त्र में सभी कुछ धर्म नहीं है। अगर धर्मशास्त्रों में एक प्रतिशत धर्म भी मिल जाए तो बड़ी असंभव घटना है; क्योंकि कितने हजारों साल से कितने हजारों लोगों ने जोड़ा है! उसका आज हिसाब लगाना मुश्किल है।

ऐसा ही समझो कि जैसे गंगा निकलती है गंगोत्री में तो जरा सा झरना निकलता है; फिर तुम उसी गंगा को देखो, सागर में गिरते वक्त कैसी विराट हो जाती है। यह इतनी विराट गंगा नहीं हो गई है; इसमें जो करोड़ों-करोड़ों झरने आकर मिल गए हैं, दूसरी दुनिया मिल गई हैं, नाले मिल गए हैं, नालियां मिल गई हैं--उन सबका परिणाम है।

अगर वेद का मूल खोजा जाए तो गंगोत्री में मिलेगा: जरा सा झरना होगा; लेकिन शुद्ध स्फटिक होगा। इसलिए तो गंगोत्री की यात्रा का मूल्य है। वह प्रतीक यात्रा है। कोई गंगोत्री जाने की जरूरत

नहीं है, लेकिन जब भी किसी शास्त्र में उतरना हो तो गंगोत्री की यात्रा करना। खोजना मूल को। लेकिन उस मूल को तुम खोजोगे कैसे, पहचानोगे कैसे? अगर तुम्हें अपना मूल मिल जाए तो पहचान लोगे, नहीं तो न पहचान सकोगे।

जिसने स्वयं के शास्त्र को पढ़ लिया उसके लिए ही शास्त्र सुगम होता है। वही शास्त्र में देख पाता है: कितना शास्त्र है, कितना अशास्त्र है; कितना धर्म है, कितना अधर्म है। और कोई उपाय भी नहीं है, और कोई कसौटी भी नहीं है।

इसलिए निश्चित, प्रश्न ठीक है।

धर्मग्रंथों में भी ऐसी प्रार्थनाएं हैं जिनमें मांग है। और मांग का तो प्रार्थना से कोई भी संबंध नहीं हो सकता। इसलिए जहां-जहां मांग हो, समझना कि मांगने वालों ने जोड़ दिया है।

ज्ञानी मांगता नहीं; ज्ञानी धन्यवाद देता है। इतना मिला ही हुआ है पहले से ही कि अब और क्या मांगना? मांगने को कुछ बचा ही नहीं है। जो दिया है वह इतना अनंत है कि उसमें मांग कर और जोड़ने का सवाल नहीं है। बिन मांगे इतना मिला है कि अब मांग कर और अपनी दीनता प्रकट करनी है, अपनी मूढ़ता प्रकट करनी है?

कबीर ने कहा है:

बिन मांगे मोती मिलें, मांगे मिले न चून।

मांग-मांग कर तो रोटी भी नहीं मिलती, आटा भी नहीं मिलता; और बिना मांगे मोतियों कि वर्षा होती है, यह प्रार्थना के लिए कहा है।

मांगोगे, कुछ न पाओगे, क्योंकि तुम मांगोगे भी कचरा ही। मांगोगे क्या?--कि दो साल और जिंदा रह जाएं? कि जरा लड़की का विवाह हो जाए? मांगोगे क्या?--कि तीन लड़कियां हैं, एक लड़का और हो जाए? मांगोगे क्या?--कि इंस्पेक्टर हैं, जरा और ऊपर चले जाएं? स्कूल में मास्टर हैं, हेड मास्टर हो जाएं? मांगोगे क्या?--एक रुपये के दो रुपये हो जाएं?

तुम्हारी मांग भी तो तुम्हारी ही मांग होगी। तुम मांगोगे भी तो क्षुद्र।

नहीं, प्रार्थना मांग नहीं है। प्रार्थना चुप हो जाना है। प्रार्थना उसके द्वार पर अहोभाव से सिर को झुका देना है; उसे धन्यवाद देना है कि तूने बिना मांगे इतना दिया, और हम धन्यवाद देने के योग्य भी नहीं। हम किस मुंह से तुझे धन्यवाद दें, हमारी उतनी भी तो कोई अर्जित संपदा नहीं है। हम बस आनंद से नाच सकें, यही तेरी प्रार्थना हो सकती है।

और...'बिन मांगे मोती मिलें'--और तब तुम्हारे चारों तरफ और भी मोतियों की वर्षा होने लगेगी। तुम्हारा धन्यभाव, तुम्हारा अहोभाव और बढ़ता जाएगा।

निश्चित ही मांगना बुरा है।

तब सवाल उठ सकता है कि क्या प्रभु से प्रकाश और प्रज्ञा मांगना भी अनुचित है?

मांगना ही अनुचित है। क्या तुम मांगते हो--यह बड़ा सवाल नहीं है। अगर तुम जागोगे तो

पाओगे, प्रज्ञा तो दी हुई है, प्रकाश तो उपलब्ध है; तुम आंख बंद किए बैठे हो : आंख भी है, प्रकाश भी है। तुम आंख बंद किए बैठे हो, प्रार्थना कर रहे हो कि हे प्रभु, प्रकाश दो! अगर प्रभु तुम्हारी प्रार्थना सुनता होगा तो उसका सिर अभी तक खराब हो गया होगा कि अब तुम और चाहते क्या हो? प्रकाश है, आंख है; आंख खोलते नहीं, हाथ जोड़े बैठे हैं कि प्रभु प्रकाश दो! और क्या चाहिए? और अगर आंख ऐसी दे दी जाए कि बंद न हो सके तो भी कष्ट पाओगे; क्योंकि तब प्रकाश अतिशय हो जाएगा, विश्राम भी चाहिए। इसलिए पलक है आंख पर कि जब चाहो बंद करो और अंधेरे का आनंद लो; जब चाहो खोलो और प्रकाश का आनंद लो। क्योंकि अगर प्रकाश ही प्रकाश हो जाए तो तुम प्रार्थना करने लगोगे कि है परमात्मा, अंधेरा दो, क्योंकि यह प्रकाश जरा ज्यादा हुआ जा रहा है, अब यह सहा नहीं जाता। इसलिए ऐसी आंख दी है, तुम्हें स्वतंत्रता दी है कि चाहो तो खोलो, चाहो तो बंद करो! आंख का मतलब ही इतना है कि वह तुम्हारी स्वतंत्रता है।

जो तुम मांगते हो वह सब मौजूद है। वह तुम्हारे मांगने के पहले तुम्हारे भीतर छिपा दिया गया है। अब तुम व्यर्थ शोरगुल मत मचाओ। तुम जरा शांत होकर बैठो और अनुभव करो, क्या तुम्हें मिला है।

इसलिए मैं कहता हूं, तुम जरा पहले यह खोज लो कि क्या-क्या तुम्हें मिला ही हुआ है। छोड़ो परमात्मा की भी फिकर थोड़ी देर को; अपने भीतर ही जरा देखो कि क्या-क्या मुझे मिला है। तुम धीरे-धीरे पाओगे कि यहां तो कुछ भी कमी नहीं है; सभी पाया हुआ है। उस दिन तुम्हारे मन से एक अहोभाव उठेगा; तुम झुकोगे प्रार्थना में। तुम कहोगे : धन्यवाद तेरा! मांगा नहीं और तूने दिया। बिन मांगे दिया।

और जो मांग कर मिले, उसमें मिलने का मजा भी चला जाता है। उसमें देने वाले का भी गौरव नहीं है, लेने वाले का भी गौरव नहीं है। जो बिन मांगे मिल जाए, मांगने वाले को पता भी न चले कि कब मैंने मांगा था और मिल जाए, वही गरिमापूर्ण है।

इसलिए परमात्मा ने तुम्हें बिना खबर दिए दिया है। अब तुम्हारा काम कुल इतना है कि जरा खोज लो। वीणा तुम्हारे सामने रखी है, अंगुलियां तुम्हारी तैयार हैं : जरा तारों को छेड़ो। अब तुम कहते हो : हे परमात्मा, संगीत दे। वीणा रखी है, हाथ रखे बैठे हैं वीणा पर, हो सकता है तकिया लगाए हों वीणा पर ही, सिर टेके बैठे हैं : हे परमात्मा, संगीत दे!

थोड़ा छेड़ो। थोड़ा खोजो। जिसने तुम्हें संगीत की आकांक्षा दी है उसने संगीत का उपाय भी दे ही दिया होगा।

इसे मैं एक बुनियादी बात कहता हूं : जिसने तुम्हें प्यास दी है उसने पानी पहले दे दिया होगा, अन्यथा प्यास का क्या मतलब था? तुम्हें तड़फाना है? वह कोई दुष्ट प्रकृति का, कोई दुखवादी है? अस्तित्व कोई सैडिस्ट है कि तुम्हें सताना है, कि प्यास दे दी और पानी नहीं दिया? भूख दी है तो भोजन है।

अगर यह खयाल दिया है कि प्रज्ञा मिलनी चाहिए तो प्रज्ञा दी ही होगी। अगर आनंद पाने की आकांक्षा दी है तो आनंद दिया ही होगा। इसके पहले कि आकांक्षा है, उसके पहले, उससे भी पहले तुम्हें संपदा दे दी गई है।

मैं तुमसे मांगने को नहीं कहता; मैं तुमसे जागने को कहता हूं, ताकि तुम्हारे जीवन में प्रार्थना का जन्म हो सके। कुछ भी मत मांगना। सब मांग भूल होगी। मांगोगे पछताओगे। क्योंकि मांगने में गलती हो गई शुरू में ही। दिया ही हुआ था, उसी को मांगने बैठ गए। इस व्यर्थ की यात्रा से बचो।

तीसरा प्रश्न :

ओशो, परमात्मा के प्रति प्रेमानुभूति से भरना, उसका वियोग अनुभव करना और अंततः उससे मिलन के लिए बावला हो जाना--ये सब शायद उन्नत, श्रेष्ठ आत्माओं की संभावनाएं हैं! कृपया बताएं कि पिछड़ी आत्माएं भक्ति की यात्रा आरंभ कैसे करें?

श्रेष्ठ और पिछड़ी आत्माएं, ऐसा कोई विभाजन है नहीं। एक विभाजन जरूर है: जागी और सोई। श्रेष्ठ और अश्रेष्ठ, ऐसा कोई विभाजन नहीं है। वह गलत। वे कोटियां ही गलत हैं। वे अहंकारियों ने बनाई हैं कोटियां। श्रेष्ठ आत्माएं--श्रेष्ठ आत्माएं यानी उसकी आत्माएं! और अश्रेष्ठ आत्माएं, पिछड़ी--यानी दूसरों की आत्माएं! पुण्यात्माओं की आत्माएं श्रेष्ठ, क्योंकि उन्होंने धर्मशाला बनाई, मंदिर को दान दिया, अस्पताल खोला! और उनकी आत्माएं अश्रेष्ठ, जो अस्पतालों में भर्ती हैं, बीमारों की तरह पड़े हैं; स्कूलों में पढ़ रहे हैं, जिनको उन्होंने दान दिया; मंदिरों में पूजा कर रहे हैं, जिनको उन्होंने बनाया!

अहंकारी का विभाजन है: श्रेष्ठ और अश्रेष्ठ। आत्माएं तो सभी श्रेष्ठ हैं। आत्मा का स्वभाव श्रेष्ठता है। कोई आत्मा निकृष्ट तो होती नहीं। कृत्य भला निकृष्ट हो तो भी आत्मा निकृष्ट नहीं होती। किसी आदमी ने चोरी की तो एक कृत्य निकृष्ट होता है, उसकी आत्मा निकृष्ट नहीं होती। किसी आदमी ने बेईमानी की तो उसका वह कृत्य निकृष्ट हुआ, उसकी आत्मा निकृष्ट नहीं होती। इसलिए तो हम कहते हैं: कर्म से मुक्त हो गए कि तुम श्रेष्ठ हो; क्योंकि कर्म ही निकृष्ट होते हैं, तुम निकृष्ट नहीं होते, तुम्हारा होना तो सदा परिशुद्ध है।

जैसे दर्पण पर धूल जम जाए, तो धूल जम गई तो दर्पण में प्रतिबिंब नहीं बनता; लेकिन दर्पण निकृष्ट नहीं हो गया। जरा हवा का झोंका, जरा पोंछ दो, पानी की बुहार--और दर्पण ताजा है।

तुम्हारे ऊपर कृत्यों की धूल भला जम जाए, लेकिन तुम दर्पण ही हो। धूल में भी दबे तुम बिलकुल शुद्ध हो। जैसे हीरा गिर जाए कीचड़ में, कीचड़ में दब जाए, चारों तरफ कीचड़ लिपट जाए, तो भी क्या फर्क पड़ता है? हीरा निकृष्ट नहीं होता। हीरा फिर भी हीरा है। कबीर ने कहा है: 'हीरा हेराइल कीचड़ में।' तो भी हीरा तो हीरा ही है, कीचड़ नहीं हो सकता। कीचड़ कीचड़ है, हीरा

हीरा है। दोनों कितने ही निकट हो जाएं तो भी हीरा हीरा है, कीचड़ कीचड़ है; कीचड़ हीरे पर जम जाए, पर्त-पर्त बैठ जाए, हीरा हजार मील नीचे जमीन में खो जाए, तो भी हीरा हीरा है; हीरे में कण भर भी कीचड़ नहीं प्रविष्ट हो जाएगी। किसी भी दिन तुम खोज लोगे, धो लोगे नदी में: हीरा मुक्त है!

श्रेष्ठता आत्मा का स्वभाव है। इसलिए मैं श्रेष्ठ और अश्रेष्ठ, इस तरह की आत्माएं नहीं बांटता। पापी और पुण्यात्मा अहंकारियों का विभाजन है। नरक और स्वर्ग शरारतियों का विभाजन है। पर एक विभाजन जो कि स्वभावगत है, अहंकारगत नहीं, वह है: सोया और जागा। सोए में भी आत्मा श्रेष्ठ है; जागे में भी उतनी ही श्रेष्ठ है। जागे वाले आदमी की आत्मा सोए वाले आदमी से ज्यादा श्रेष्ठ नहीं है, उतनी ही श्रेष्ठ है। फर्क क्या है फिर? फर्क इतना है कि जागा हुआ जानता है कि मैं कौन हूं; सोया हुआ सोया है और नहीं जानता कि मैं कौन हूं। खजाना दोनों के पास बराबर है: एक को पता चल गया, एक को अभी पता नहीं है; खजाने में जरा भी फर्क नहीं है।

बुद्ध के पास जितना बड़ा खजाना है उतना ही बड़ा खजाना तुम्हारे पास है। फर्क क्या है? खजाने में कोई भी फर्क नहीं है, कौड़ी का फर्क नहीं है; फर्क इतना है कि बुद्ध को अपना खजाना दिखाई पड़ गया, तुम आंखें बंद किए खड़े हो। तुम भिखमंगे बने हो: खजाना भीतर लिए हो; हाथ बाहर फैलाए खोज रहे हो।

श्रेष्ठ-अश्रेष्ठ नहीं। श्रेष्ठता सभी का स्वभाव है। लेकिन तुम सोए हो सकते हो। जागना है! और जो जाग गया वह वही पा लेता है जो सोए में भी मिला था; लेकिन अब होश से पा लेता है। बस इतना ही फर्क है। बड़ा छोटा फर्क है; बड़ा भारी फर्क भी है

तो, यह तो पूछो ही मत कि कौन श्रेष्ठ, कौन अश्रेष्ठ, और पिछड़ी आत्माएं क्या करें? कोई पिछड़ी आत्मा नहीं है। बस दो तरह की आत्मा है: बुद्ध और अबुद्ध; सोई हुई जागी हुई। सोई हुई आत्माएं जागें, और तो कुछ करने का नहीं है।

जागने के मैंने तुमसे दो उपाय कहे। एक तो है ध्यान, जो जागने की सीधी प्रक्रिया है। और एक है प्रेम, जो जागने की परोक्ष प्रक्रिया है। ध्यान प्रत्यक्ष उपाय है, प्रेम परोक्ष उपाय है। अगर सीधे जाग सको, सीधे जाग जाओ। कान को सीधा पकड़ना हो--ध्यान। कान को हाथ से घुमा कर सिर के पीछे से लाकर पकड़ना हो--प्रेम। प्रेम जरा लंबी यात्रा है; ध्यान सीधी चोट है। अगर जल्दी हो तो ध्यान; अगर जल्दी न हो तो प्रेम। अगर यात्रा का भी मजा लेना हो तो प्रेम; अगर सिर्फ पहुंचना ही हो तो ध्यान।

ऐसा ही समझो कि एक आदमी हवाई जहाज में बैठता है। यात्रा का कोई मजा नहीं आता। बंबई से बैठा और लंदन उतर जाता है। यात्रा का क्या मजा है? न पहाड़, न हरियाली, न झरने, न पक्षी--न, यात्रा का कोई मजा नहीं है। यात्रा हो जाती है: एक बिंदु से छलांग ली, दूसरे बिंदु पर पहुंच जाता है--सीधी है! कभी वायुयान और भी तीव्रगति के हो जाएंगे, तो तुम बैठ भी न पाओगे कि उतरने का वक्त आ जाएगा। तुम सम्हाल कर बेल्ट-पट्टी बांधोगे और परिचारिकाएं

घोषणाएं करेंगी कि अब बस बेल्ट-पट्टी खोलिए, उतरने का वक्त आ गया। यह तो समय जल्दी कम हो जाएगा।

लेकिन फिर एक ट्रेन से सफर है : दोनों तरफ के पहाड़ हैं, झरने हैं, नदियां हैं; पर ट्रेन भी बड़ी गति से जा रही है। फिर एक बैलगाड़ी का सफर है, पर बैलगाड़ी थोड़ी तो जल्दी जाएगी। फिर एक पैदल आदमी की यात्रा है। इसलिए तो तीर्थयात्रा को हम पैदल करते थे कि वह मंजिल का ही थोड़े ही मजा है, मार्ग का भी मजा है। जल्दी पहुंच जाने की क्या है? देखते हुए पहुंचना है; आंख को खूब हरियाली से भर लेना है; हृदय को खूब पक्षियों के गीत से भर लेना है; पहुंचते-पहुंचते खुद भी तीर्थ बन जाना है--तब पहुंचना है।

ध्यान तो सीधी त्वरित प्रक्रिया है। प्रेम जरा लंबी यात्रा है। इसलिए मैंने कहा कि ध्यान प्रत्यक्ष; प्रेम परोक्ष। मगर प्रेम जल्दी में भी नहीं है; क्योंकि प्रेम कहता है : जो मजा इंतजारी में है, जो मजा प्रतीक्षा में है, वह मिलन में भी कहां! जो मजा विरह में है, वह मिलन में भी कहां! प्रेम की कीमिया अलग है, वह कहती है : चलेंगे, नाचते हुए चलेंगे, थोड़ी देर से पहुंचेंगे माना, लेकिन जो मजा नाचते हुए चलने में है, वह पहुंच जाने में कहां! और एकदम से पहुंच भी गए, उसका भी क्या अर्थ है? नाचते हुए पहुंचेंगे!

प्रेम मार्ग को भी मूल्य देता है। ध्यान सिर्फ सिद्धि है। वह मार्ग की बिलकुल फिकर नहीं है। वह एक छलांग है। प्रेम बड़ा क्रमिक है। ध्यान बड़ा त्वरित है।

जागने के दो उपाय हैं। जो जिसको रुचे, जिसको जैसा रुचे। वह रुचि की बात है। उसमें भी ध्यान रखना कि कोई श्रेष्ठ और अश्रेष्ठ नहीं है; रुचि की बात है। किसी को गुलाब का फूल रुचता है, तो इसमें कोई अश्रेष्ठ नहीं हो गया है, श्रेष्ठ भी नहीं हो गया है। किसी को चमेली में ही मजा आता है, तो इसमें कोई अश्रेष्ठ-श्रेष्ठ नहीं है। कोई कमल का दीवाना है। ये रुझान हैं। ये रुचियां हैं। इसमें कोई नीचा-ऊंचा नहीं होता। तुम यह नहीं कह सकते कि अरे, तुम गुलाब के, मैं कमल का भक्त हूं--कमल कितना बड़ा, गुलाब इतना सा! तुम अभी गुलाब में ही अटके हो?

गुलाब और कमल से कोई लेना-देना नहीं है। वह गुलाब वाला कहेगा कि तुमने क्या बकवास लगा रखी है? कहां गुलाब की कोमलता, कहां गुलाब की गंध! होगा कमल बड़ा, लेकिन विस्तार से क्या लेना-देना है! कहां गुलाब की गहराई! राजा तो गुलाब है।

मगर इसमें कोई झगड़ा नहीं है। जब भी हम कहते हैं रुझान, तो उसका मतलब यह है कि व्यक्तिगत रुचि की बात है। तो दो रुचियां हो सकती हैं। ध्यान--किसी को जल्दी पहुंचना है; यात्रा का कोई प्रयोजन नहीं है, मंजिल। ठीक! किसी को धीरे-धीरे जाना है, पदयात्रा करनी है--बिलकुल ठीक! नदी-नालों में स्नान करने हैं, झरनों से मुलाकात करनी है, पर्वतों से मिलना है--पहुंचेंगे! उसके लिए प्रेम।

जागने के ये दो उपाय हैं। और आत्माएं दो तरह की हैं : जागी हुई, गैर-जागी हुई। न तो गैर-जागी हुई आत्मा जागी हुई आत्मा से निकृष्ट है, न श्रेष्ठ है; दोनों बिलकुल समान हैं। एक को

पता है, एक को पता नहीं है। लेकिन यह भी तुम्हारी मौज है। अगर तुमको अपना खजाना खोए रखना है, विस्मरण रखना है, अगर यही तुमने तय किया है तो कुछ हर्जा नहीं है। कौन ऊपर तुम्हें थोपने को है कि तुम जागो ही? पर इतना ही मेरा कहना है कि अगर सोते भी हो तो मर्जी से सोओ। फिर सोने की पीड़ा मत लो। फिर चिल्लाओ मत, दुखी मत होओ कि मैं सो क्यों रहा हूं। फिर सोने का ही आनंद लो। विस्मरण का भी सुख हो सकता है। लेकिन वह भी होशपूर्वक हो। अगर खजाने को नहीं देखना है तो वह भी होशपूर्वक हो कि अभी जल्दी नहीं है, अभी नहीं देखना है; पता तो है कि यह रहा खजाना पीछे, पर अभी थोड़े दिन भीख मांगने का मजा लेना है। कोई हर्जा नहीं है।

मैं किसी की निंदा नहीं करता हूं। मेरे लिए सभी स्वीकार है। बस जो भी वे कर रहे हैं, उससे उन्हें आनंद मिले, इतना पर्याप्त है। आनंद पुण्य है और दुख पाप है। तुम दुखी हो तो तुम पापी हो। तुमसे पुराने धर्मगुरुओं ने कहा है कि तुम दुखी इसलिए हो कि तुम पापी हो। मैं तुमसे कहता हूं कि तुम पापी इसलिए हो कि तुम दुखी हो। बड़ा क्रांतिकारी फर्क है। मैं तुम्हारे पाप के विरोध में नहीं हूं, तुम्हारे दुख के विरोध में हूं। मैं तुम्हें पुण्यात्मा नहीं बनाना चाहता हूं; मैं तुम्हें आनंदित, अहोभाव से भरा हुआ बनाना चाहता हूं।

चौथा प्रश्न :

ओशो, आपने कहा कि झुकने का भाव ही परमात्मा तक पहुंचा देता है, लेकिन अंधविश्वास और शोषण पर खड़े मंदिरों और धर्माचार्यों के चरणों में कैसे झुका जाए? स्वामी नारायण, श्री नाथ जी, राधास्वामी, जलाराम, सत्य साईं बाबा आदि के प्रति झुकने का क्या प्रयोजन होगा? मैं एक ऐसे वैष्णव आचार्य के कुटुंब से परिचित हूं जो सभी तरह के व्यसन और अतिचारों में गर्त है, फिर भी हजारों लोग रोज उनके चरणों में गिरते हैं और लाखों का धन चढ़ाते हैं। क्या ऐसे स्थानों पर भी झुकना शुभ हो सकता है?

यह प्रश्न है चंद्रकांत का।

चंद्रकांत भाव से तो समाजवादी हैं, प्रेम से मेरे साथ जुड़ गए हैं। इसलिए उनकी अड़चन साफ है।

जब मैं कहता हूं: झुकने में आनंद है, तब यह सवाल उठना स्वाभाविक है कि क्या ऐसे लोगों के चरणों में भी झुका जाए जो गलत हैं; या उन चरणों में झुका जाए जो सही हैं?

जटिल सवाल है। क्योंकि तुम कैसे तय करोगे कि कौन से चरण सही हैं और कौन से गलत हैं? जो हजारों लोग कहीं झुक रहे हैं वे सही मान कर ही झुक रहे हैं, नहीं तो वे भी न झुकते। तुम्हें गलत दिख रहा है, इसलिए झुकने में अड़चन मालूम हो रही है। तुम मेरे पास झुक गए हो; लेकिन हजारों लोग तुम्हें मिल जाएंगे जो मुझे गलत मानते हैं और मेरे चरणों में नहीं झुक सकते हैं।

तो, क्या ऐसा कोई मापदंड है जिस पर तराजू हो, तुल जाए और तय हो जाए कि कौन सही है; एक दफे तय हो जाए, सब वहीं झुक जाएं; या तय हो जाए कि कौन गलत है?

यह तो असंभव है। यह तय हो नहीं सकता। इसके तय होने का कोई उपाय नहीं है। मनुष्य इतना रहस्यपूर्ण है कि कोई कसौटी उसे कस नहीं पाती; वह सोने की तरह उथला नहीं है कि कस लिया और पता चल गया।

फिर एक को जो व्यसन मालूम पड़ता है, दूसरे को व्यसन न मालूम पड़े।

मैं एक अघोरपंथी संन्यासी को जानता हूं जो शराब पीने में अति कुशल हैं और जिनकी जिंदगी करीब-करीब प्रार्थना में नहीं, वेश्याओं का नृत्य देखने में गुजरी। लेकिन वे ब्रह्मचारी हैं, यह भी मैं जानता हूं और उन जैसा ब्रह्मचारी मैंने देखा नहीं। और वेश्याओं का नृत्य वे इसलिए देखते रहे हैं--वह उनकी साधना का हिस्सा है। शराब वे पीते हैं और डट कर पीते हैं; लेकिन उनको कभी किसी ने बेहोश नहीं देखा। वह उनकी साधना का अंग है कि शराब प्रभावित न करे; ध्यान इतना गहन हो जाए कि शराब शरीर को भला डुबा दे, ध्यान को न डुबा पाए, ध्यान शराब के सागर के ऊपर भी पृथक खड़ा रहे, अतिक्रमण करता रहे। ये पुराने तंत्र के प्रयोग हैं। साधारणतः ऊपर से देखने में बड़ी कठिनाई होगी।

बनारस वे रहते हैं। मैं एक मित्र के घर मेहमान था। मैंने उनसे कहा कि उनके पास मुझे ले चलो, या उन्हें खबर कर दो तो वे चले आएंगे। उन्होंने कहा कि यह तो आप कृपा करें। उनको यहां तो हम न बुला सकेंगे। मोहल्ले-पड़ोस में...। हम गृहस्थ आदमी हैं। और उनका नाम आप जानते हैं, किस तरह बदनाम हैं! और इधर हमारे घर में आएंगे तो आपकी भी बदनामी होगी, हमारी भी बदनामी होगी। और हम तो सलाह देते हैं कि आप भी वहां न जाएं। फिर भी आपको जाना हो तो ड्राइवर आपको ले जाएगा, मैं साथ नहीं आ सकता।

मुझे तो जाना था, उनसे मिलना था, बहुत वर्ष हुए मिला नहीं था--तो गया। मगर उस दिन से जिनके घर मैं रुका था, उनसे मेरा संबंध टूट गया, क्योंकि मैं भी गलत हो गया! जब गलत आदमी के पास मैं गया और उनके चेताने पर गया तो सारा फर्क हो गया। लौट कर घर आया, उस घर में मेरा कोई सम्मान न रहा।

कैसे तय करोगे? तय करने का क्या उपाय है? किसी को एक बात ठीक लगती है, किसी को ठीक नहीं लगती।

जैन मुनि हैं! दिगंबर जैन मुनि के पास तुम बैठ न सकोगे: शरीर से बदबू आती है, क्योंकि वह स्नान नहीं करता; मुंह से बास आती है, क्योंकि दतौन नहीं करता। दिगंबर जैन इसको बड़े अहोभाव से स्वीकार करते हैं। अगर उनको अपने मुनि के मुंह से बास न आए तो उनकी श्रद्धा टूट जाएगी कि इसने दिखता है दतौन कर ली है। दतौन करने का तो मतलब है कि यह अपने मुंह को सुंदर बनाना चाहता है; लोगों को रुचिकर, प्रीतिकर बनाना चाहता है; यह शरीरवादी है! अगर मुनि के शरीर से

बास न आती हो, दुर्गंध न आती हो तो उसका मतलब है कि इसने या तो स्नान कर लिया, या कम से कम गीले कपड़े से शरीर पर स्पंज कर लिया होगा। यह तो बात गलत है। यह तो शरीर का सजाना हो गया। तो दिगंबर को तो यह परीक्षा है कि उसमें जितनी बदबू आए उतना ही वह महात्यागी है। अब दूसरा अगर जाएगा तो उसको घबड़ाहट होगी; उसे लगेगा कि इस गंदगी के पास कहां जाना है! यह गंदगी भी कोई त्याग है? इस गंदगी को तुम संन्यास कहते हो? संन्यास तो स्वच्छता है। और साधु तो स्वच्छ होना चाहिए। यह कोई स्वच्छता है? यह तो हद हो गई! यह तो असाधुओं से गई-बीती बात हो गई।

कैसे तय करोगे?

महावीर नग्न खड़े हो गए। निश्चित ही अशोभन रहा होगा। गांव-गांव से भगाए गए; क्योंकि लोगों ने कहा : यह क्या पागलपन है? घर में स्त्रियां हैं, बच्चे हैं, लड़कियां हैं। यह तो सब अनाचार फैल जाएगा। आदमी नग्न खड़ा है! लेकिन बहुतों ने उनकी पूजा की, क्योंकि उनकी नग्नता में बच्चों का निर्दोष भाव पाया।

करोगे क्या? कौन निर्णायक है कि बच्चों का निर्दोष भाव था, कि एक नग्न उन्मत्त आदमी की दशा थी? कौन तय करेगा?

महावीर अपने बाल उखाड़ लेते थे हर वर्ष, ताकि कोई जूं पड़ गए हों तो छुरा या उस्तरा चलाने से तो वे मर जाएंगे, वे न मर जाएं, तो अपने बाल नोच लेते थे। अनेकों ने उनकी पूजा की कि ऐसा तपस्वी...! लेकिन मनोवैज्ञानिक कहते हैं कि बाल उखाड़ने की वृत्ति एक खास तरह के पागलपन में पैदा होती है। जब आदमी में खास तरह का पागलपन होता है तो वह बाल उखाड़ता है। पागलखानों में तुम जाकर देखो। तुम्हें भी कभी-कभी सनक आई होगी बड़े क्रोध में कि उखाड़ लो बाल। कम से कम स्त्रियों को तो आती है। और अपने उखाड़ने की न आई हो होगी तो कम से कम पत्नी के उखाड़ लो, इसकी तो आई ही होगी। पर बाल उखाड़ने की सनक आती है पागलपन में; एक मौका आता है क्रोध का जब नोच डालो बाल!

महावीर केश-लुंच करते थे। अब वह पागलपन का हिस्सा था या उनकी अहिंसा का--कौन निर्णय करेगा? कैसे होगा निर्णय?

बुद्ध ने छह वर्ष तक तपश्चर्या की, फिर भोजन स्वीकार कर लिया। जो भक्त थे उनके, इस बीच वे छोड़ कर चले गए तत्क्षण कि यह आदमी भ्रष्ट हो गया : इतने दिन तक उपवास किया और अब भोजन कर लिया! और भोजन भी साधारण न था, खीर थी! यह तपस्वी को शोभा नहीं देता। और खीर भी एक शूद्र की बनाई हुई थी। यह ज्ञानी को कहीं शोभा देता है कि शूद्र स्त्री के हाथ से बनाई गई खीर और बुद्ध ने स्वीकार कर ली! और खीर भी दिन में नहीं ली गई थी, रात में खाई गई, जो कि बिलकुल बात गलत है। रात्रि-भोजन! जो पांच उनके अनन्य भक्त थे उन्होंने उसी रात त्याग कर दिया कि यह आदमी भ्रष्ट हो गया! यह गौतम भ्रष्ट हो गया! वे भाग गए।

और उसी रात बुद्ध को ज्ञान हुआ!

अब बड़ा मुश्किल है। ये जो पांच छोड़ कर चले गए, इनका भाव ठीक था, या...बुद्ध को उसी रात ज्ञान हुआ...तो बुद्ध इतने निर्मल और सरल हो गए कि न रात का फर्क रहा, न दिन का फर्क रहा; न खीर का पता रहा, न रूखी-सूखी रोटी का पता रहा; न ब्राह्मण का बोध रहा, न शूद्र का बोध रहा। उसी रात ज्ञान उत्पन्न हुआ, और उसी रात शिष्य छोड़ कर चले गए जो सालों से पीछा कर रहे थे! बहुत मुश्किल है। कौन निर्णय करेगा?

तो, मैं तुमसे न कहूंगा कि तुम निर्णय करो। अगर तुम निर्णय करने में लगे कि जहां हमें ठीक लगेगा वहीं झुकेंगे तो एक बात समझ लेना कि तुम अपने ही सामने झुक रहे हो; क्योंकि तुम्हें ठीक लगा, इसलिए झुक रहे हो। ठीक किसको लगा? ठीक तुम्हें लगा, तुम्हारी धारणा को जमा। तुम अपनी ही धारणा के सामने झुक रहे हो। अगर मैं तुम्हें ठीक लगता हूं, इसलिए तुम झुकते हो, तो तुम झुके ही नहीं। ठीक के सामने तो कोई भी झुकता है। तुम अपने ही अहंकार की पूजा कर रहे हो मेरे माध्यम से।

नहीं। तो क्या मैं तुमसे यह कह रहा हूं कि जहां-जहां तुम्हें गलत लगे वहां झुक जाना? यह भी नहीं कह रहा हूं। क्योंकि गलत लगेगा तो तुम झुकोगे कैसे? और अगर जबर्दस्ती झुक भी गए तो खोपड़ी झुक जाएगी, अहंकार तो नहीं झुकेगा। तुम्हारे भीतर तो कोई कहता रहेगा: कहां झुक रहे हो? यह बिलकुल गलत है। लेकिन चूंकि मैंने कहा कि झुको, इसलिए झुक रहे हैं। मगर वह भी कोई झुकना न होगा; क्योंकि जो झुकना सरल न हो, सहज न हो, वह कोई झुकना है? तो फिर मैं क्या कह रहा हूं? मैं यह कह रहा हूं कि तुम इसकी फिकर छोड़ दो कि तुम किसके सामने झुक रहे हो; मैं तुमसे यह कह रहा हूं कि तुम झुकने की कला सीखो।

वृक्ष के सामने झुक जाओ अगर आदमियों के सामने झुकने में तुम्हें अड़चन आती हो। पत्थरों के सामने झुक जाओ, पहाड़ों के सामने झुक जाओ। मैं तुमसे यह कह रहा हूं: तुम झुकने की कला सीखो। और अगर तुमने झुकने की कला सीख ली तो तुम हैरान होओगे: सत्य साईं बाबा में भी तुम्हें थोड़ा परमात्मा तो मिल ही जाएगा। झुकने के लिए काफी सहारा होगा। मदारी भी है वहां, उसके सामने मत झुकना; मगर मदारी के भीतर भी परमात्मा तो है ही, तुम परमात्मा के सामने ही झुकना। असल में अगर तुम मेरी बात ठीक से समझो, तो मैं यह नहीं कह रहा हूं कि तुम परमात्मा के सामने झुको; मैं यह कह रहा हूं कि अगर तुमने झुकने की कला सीख ली, तो तुम्हें हर जगह परमात्मा दिख जाएगा।

झुकने की कला आंख है। तुम सत्य साईं बाबा में भी परमात्मा देख लोगे। तुम यह भी देख लोगे कि परमात्मा जरा भटका हुआ है: राख वगैरह निकालता है हाथ से, निकालने दो, इससे अपना क्या लेना-देना है! राख ही निकाल रहा है, किसी का कोई नुकसान भी नहीं है इसमें। तुम राख निकलने के सामने न झुकोगे। उससे कोई लेना-देना नहीं है। परमात्मा थोड़ा मदारी का व्यवहार कर रहा है: लीला बहुत ढंग की है, यह भी एक हिस्सा है, करने दो।

तुम झुकोगे, झुकने के रस के लिए। मैं तुमसे यह कह रहा हूं कि झुकने में सार है। किसके सामने झुके, इसका सवाल ही नहीं है; झुकना असली गणित है। और अगर तुम झुक गए तो तुम बुरे से बुरे में

शुभ को देख लोगे; तुम अंधेरे से अंधेरे में प्रकाश की किरण देख लोगे; तुम व्यसन से व्यसन में डूबे हुए में भी परमात्मा की छवि देख लोगे। वह असंभव है फिर। वह तुम्हें दिखाई पड़ेगी ही। वह तुम झुके, उसमें ही दिखाई पड़ जाती है। और शेष सबसे तुम्हें क्या लेना है? प्रयोजन नहीं है।

तो मेरा जोर तुम्हारे झुकने पर है; किसके सामने झुकना, इस पर नहीं है। वह तुम विचार ही मत करो। अगर वह तुमने विचार किया तो तुम कभी न झुक पाओगे। क्योंकि तुम शुभ से शुभ के भीतर भी खोज ही लोगे कुछ न कुछ गलत; अगर खोज जारी ही रखी तो मिल ही जाएगा कुछ न कुछ गलत। क्यों? क्योंकि अहंकार झुकना नहीं चाहता है और न झुकने के लिए वह बहाने खोज लेता है। निर-अहंकार झुकना चाहता है। वह बहानों की फिकर ही नहीं करता। वह कहता है, इतना ही काफी है कि तुम हो, हम झुकते हैं।

और फिर मजा यह है कि तुम किसके सामने झुके, इससे तुम्हें उपलब्धि नहीं होती; तुम झुके, इससे उपलब्धि होती है। इसलिए तो पत्थरों के सामने झुकने वालों ने भी पा लिया; वृक्षों के सामने झुकने वालों ने भी पा लिया; नदियों के सामने झुकने वालों ने भी पा लिया। नदियां क्या देंगी--खाक? गंगा क्या दे सकती है? पहाड़-पत्थर क्या देंगे? काशी-काबा क्या देंगे? लेकिन मिला है बहुत लोगों को, इसमें कोई शक नहीं है। वह जो मिला है, वह उनको झुकने से मिला है।

ये तो बहाने हैं, खूंटियां हैं। कोई भी खूंटी काम दे जाती है। तुम्हें कोट टांगना हो तो तुम इसकी बहुत फिकर नहीं करते कि खूंटी सोने की है कि लकड़ी की है; खूंटी नहीं भी मिली तो खीली पर टांग देते हो; खीली नहीं मिलती तो दरवाजे पर ही टांग देते हो। कोट टांगना है तो सोने की और लोहे की कौन फिकर करता है!

तुम झुकना सीखो। मैं तुमसे यह थोड़ा ही कह रहा हूं कि तुम खोज-खोज कर सत्य साईं बाबा, जलाराम इत्यादि को जाकर झुको; मैं तुमसे कह रहा हूं, तुम झुकने की कला सीखो। इतने सत्य साईं बाबा घूम रहे हैं, इन्हीं के सामने झुकने लगो।

राह पर चलते अजनबी के सामने झुको। घर आए मेहमान के सामने झुको। अपने बच्चे के सामने झुको, अपनी पत्नी के सामने झुको। झुकना सीखो। तुम झुकने में पारंगत हो जाओ और तुम पाओगे कि तुम्हें सब तरफ से परमात्मा की झलक आने लगी। तब सत्य साईं बाबा भी ज्यादा अड़चन न दे सकेंगे। उनमें भी तुम्हें परमात्मा दिखाई पड़ जाएगा। परमात्मा तो है ही; थोड़े उलटे-सीधे खेल में लगा होगा। यह परमात्मा जाने, तुम्हें क्या लेना-देना है? तुम तो धन्यवाद दोगे कि तुमने हमें एक मौका दिया झुकने का--धन्यवाद! हम अपनी राह चले। अब तुमने विचार करना छोड़ दिया कि कौन ठीक है, कौन गलत है; अब तो तुमने यही सोचा कि जहां-जहां अहंकार को उतार कर रखने में सहारा मिल जाता है, उन-उन सभी को धन्यवाद!

ऐसी दशा है भक्त के भाव की। भक्त भगवान के सामने नहीं झुकता; झुकना सीख जाता है, सब जगह भगवान को पा लेता है।

आज इतना ही।

पांचवां प्रवचन

साईं मेरे चंगा कीता

किझु न बूझै किझु न सूझै, दुनिया गुझी भाहि।
साईं मेरै चंगा कीता, नाहीं त हंभी दझां आहि।।
फरीदा जे तू अकलि लतीफ, काले लिखु न लेख।
आपनड़े गिरीबान महि, सिरु नीवां करि देख।।
फरीदा जो तैं मारनि मुकीआं, तिन्हा न मारे घुंमि।
आपनड़े घर जाईए, पैर तिन्हादे चुंमि।।
फरीदा जा तउ खट्टण वेल तां तू रत्ता दुनि सिउ।
मरग सवाई नीहि, जां भरिआ तां लदिआ।।
देखु फरीदा जु थीआ, दाड़ी होई भूर।
अगहु नेड़ा आइआ पिछा रहिआ दूर।।
देखु फरीदा जु थीआ सकर होई विसु।
साईं बाझहु आपणे, वेदणु कहीऐ किसु।।
फरीदा कालीं जिन्हीं न राविआ धउली रावै कोइ।
करी साईं सिउ पिरहरी, रंगु नवेला होइ।।

एक तिब्बती कहावत है : 'जो जानते हैं कि जानते हैं और जानते नहीं, वे मूढ़ हैं; उनकी छाया से भी दूर रहो। जो जानते हैं कि नहीं जानते और नहीं जानते हैं, वे शिक्षा के योग्य हैं; उन्हें सिखाओ। जो जानते हैं कि जानते हैं और जानते हैं, वे गुरुजन हैं; उनसे सीखो। और जो जानते हैं कि नहीं जानते, फिर भी जानते हैं, वे संतजन हैं; उनकी छाया का सत्संग भी अमृत है।'

ज्ञान बड़ी पहेली है। सिर्फ जानने से जो जान लिया जाता है, वह बहुत गहरा नहीं है। जिसे जानने से ऐसा खयाल पैदा हो जाता है कि जान लिया, वह अज्ञात है, अज्ञेय नहीं है। जिसे जानने से ऐसी मन की धारणा बन जाती है कि पहचान लिया, जान लिया, वह सीमित है, असीम नहीं है। जिसे

तुमने जान लिया वह असीम कैसे होगा? वह तुम्हारी मुट्ठी में आ गया। वह विराट आकाश न रहा; वह तुम्हारे हाथ में बंद आकाश है, घटाकाश है, घड़े में बंद आकाश है। घड़े में बंद भी जो है वह आकाश है; लेकिन उसमें पक्षी उड़ न सकेंगे, उससे मुक्ति न मिलेगी। घड़े में बंद जो है वह भी आकाश है; लेकिन उस घड़े में सूर्य का उदय न होगा। वह आकाश से टूट गया आकाश है; एक पतली मिट्टी की दीवाल दोनों के बीच आ गई है। कोई बहुत बड़ी दीवाल नहीं है, टूट सकती है; लेकिन दीवाल है।

घड़े का आकाश भी आकाश है; लेकिन उसमें आषाढ़ के बादल न उठ सकेंगे, बिजलियां न कड़केंगी, वर्षा न होगी, उत्तप्त भूमि की प्यास न बुझेगी, मोर न नाचेंगे, पक्षी गीत न गाएंगे, वृक्ष हरे न होंगे। घड़े का आकाश रूखा-सूखा आकाश है। उसमें जीवन नाममात्र को है। नाममात्र को ही वह आकाश है।

जिसने जान लिया कि मैंने जान लिया, उसका ज्ञान घड़े में बंद ज्ञान हो गया। लेकिन जिसने जाना और जाना कि नहीं जाना, उसका ज्ञान मुक्त आकाश की तरह है; कोई सीमा नहीं है उसके ज्ञान पर। इसलिए जिन्होंने जाना है, जो परम ज्ञानी हैं, उन्होंने जानने का दावा नहीं किया। जिन्होंने दावा किया, वे ज्ञानी होंगे, लेकिन परम ज्ञानी नहीं हैं। उनसे तुम कुछ थोड़ा-बहुत सीख सकते हो। उनके साथ थोड़ी दूर तक यात्रा हो सकती है; लेकिन उनके साथ तुम परमात्मा के मंदिर तक न पहुंच पाओगे। परमात्मा के मंदिर तक तो तुम उनके साथ पहुंचोगे, जिन्होंने जाना भी है और यह भी जाना है कि क्या खाक जाना! सब जानना दो कौड़ी का है। जिन्होंने जानने की सीमा जान ली, उन्होंने ही असीम को जाना है। जिन्होंने जानने की परिधि पहचान ली, उन्होंने जो परिधि के पार है उससे सत्संग किया है।

जिनके भीतर जानने का अहंकार नहीं उनका ज्ञान ही मुक्तिदायी होगा।

फरीद कहता है: मैं कुछ जानता नहीं!

किछु न बूझै किछु न सूझै,...

न कुछ जानता हूं, न कुछ दिखाई पड़ता है। अंधा हूं बिलकुल। समझ नाममात्र को नहीं है।

यह परम ज्ञानी का लक्षण है। इससे छोटे पर राजी मत होना। इससे छोटे पर राजी हुए तो खेल-खिलौने में भटक जाओगे। बहुत ढंग के खेल-खिलौने हैं। जिन्हें तुम शास्त्र कहते हो, वे भी खेल-खिलौने हैं। उनमें भी तुम डूब सकते हो। उनसे भी तुम्हारी परिधि बन जाएगी। उनसे भी तुम क्षुद्र हो जाओगे, विराट न हो सकोगे।

शास्त्र के पार जाना, क्योंकि ज्ञान शास्त्र के पार है। शब्द के पार जाना, क्योंकि बोध शब्द के पार है। जो कहा जा सके उस पर मत रुकना; जो कहा ही न जा सके उसी को खोजना। क्योंकि शून्य में ही पूर्ण विराजमान है।

किछु न बूझै किछु न सूझै,...

न मुझे कुछ सूझता, न मुझे कुछ दिखाई पड़ता।

ऐसे ही व्यक्ति को सूझता है और ऐसे ही व्यक्ति को दिखाई पड़ता है।

फरीद परम ज्ञानी की भाषा बोल रहे हैं।

बड़ी मीठी कथा है! फरीद यात्रा पर थे। शिष्यों के साथ तीर्थयात्रा को निकले थे। रास्ते में काशी के करीब से गुजरते थे तो किसी शिष्य ने कहा : कबीर का आश्रम करीब है। हम वहां दो दिन रुकें। तुम दो ज्ञानियों की बातें होंगी, हम पर तो अमृत की वर्षा हो जाएगी। तुम्हारे दो शब्द हम सुन लेंगे आपस में बोलते हुए, हमें तो हीरे मिल जाएंगे, और विश्राम भी हो जाएगा।

फरीद हंसे। फरीद ने कहा : बात तो ठीक ही है, रुकें। ऐसी ही खबर आश्रम के वासियों को भी लग गई थी कि फरीद आता है; तो उन्होंने भी कबीर को कहा कि फरीद को रोक ही लें। दो दिन साथ आपका हो जाए...। तुम्हारे सत्संग में हमें परमात्मा का दर्शन होगा। तुम दोनों मिलोगे, उस मिलन में द्वार खुल जाएंगे। हम कुछ सुन लेंगे। रूखा-सूखा भी अगर हमारे हाथ लग गया तो हमारे लिए जीवनदायी हो जाएगा। दो ज्ञानियों की वार्ता अनूठी घटना होगी।

कबीर हंसे। उन्होंने कहा : बात तो ठीक ही है। रोको।

कबीर लेने आए फरीद को गांव के बाहर। दोनों गले मिले। एक-दूसरे की आंखों में झांका, मुस्कुराए, लेकिन बोले कुछ भी नहीं। दोनों के शिष्य थोड़े बेचैन होने लगे। आश्रम भी आ गया। सोचा था कि चलो, रास्ते पर न बोलते होंगे। आश्रम में दोनों आकर बैठ भी गए, विश्राम भी हो गया; पर वे दोनों हैं कि बैठे ही हैं, न बोले सो न बोले। दो दिन बीत गए। दोनों के शिष्य घबड़ा गए और ऊब गए। क्योंकि शब्द को ही पहचानते हैं, शून्य को तो पहचानते नहीं हैं। बोलने में जो आ जाए--वही हमें ज्ञान है। बोलने में जो न आए वह तो हमारे लिए है ही नहीं; उसका तो होना न होने के बराबर है।

कबीर और फरीद के बीच बहुत कुछ बहा, बड़ा लेन-देन हुआ--होगा ही--लेकिन दिखाई न पड़ा, पकड़ में न आया; क्योंकि वह निःशब्द का लेन-देन था। वह शास्त्र का लेन-देन नहीं था। दो पंडित होते तो खूब चर्चा होती, बड़ी गंभीर चर्चा होती, बड़े सिद्धांतों की बाल की खाल निकाली जाती। लेकिन यह दो शून्यों का मिलन था। जब दो शून्य मिलते हैं तो एक ही शून्य हो जाता है--वार्तालाप कैसे होगा? दो शून्य दो तो हो ही नहीं सकते; मिलते ही, पास आते ही एक हो जाते हैं--जैसे दो पानी की बूंद सरकते-सरकते पास आती हैं, फिर एक ही बूंद हो जाती है। नदी सागर में गिरती है; एक नदी दूसरी नदी में गिरती है, एक ही नदी हो जाती है।

पर मैं समझ सकता हूं, तुम भी समझ सकते हो कि अगर दो दिन तुम्हें यहां मेरे पास चुपचाप बैठे रहना पड़े और उस चुप्पी में बड़ी अपेक्षा होगी कि अब, अब, अब कुछ होता है, और कुछ न हो, सारी अपेक्षा खाली चली जाए, तो तुम ऊब ही जाओगे, घबड़ा ही जाओगे।

वे दो दिन बड़े लंबे मालूम हुए। वे कटते ही न थे। सोचा था बड़ा आनंद होगा, लेकिन बड़ी पीड़ा हुई।

ऐसी अंधों की कथा है। अंधे आदमी की यही मुसीबत है। उसे दिखाई नहीं पड़ता--जो दिखाई पड़ना चाहिए। उसे सुनाई नहीं पड़ता--जो सुनाई पड़ना चाहिए। उसे वही दिखाई पड़ता है जो देखने योग्य ही न था। उसे वही सुनाई पड़ता है जो न भी सुनते तो चल जाता।

पर दोनों गुरुओं के सामने कुछ कहना भी मुश्किल था। दो दिन बाद फिर गले मिले, आंखों से आंसुओं की धाराएं बहीं। बड़े प्रेम और गदगद भाव से विदा दी। जैसे ही दोनों अलग हुए, अब शिष्टाचार की कोई जरूरत भी न थी, जैसे अपना ही गुरु बचा--फरीद के शिष्यों ने कहा : यह क्या पागलपन है? दो दिन खराब हुए। ऐसा ही था तो पहले कह देते तो दो दिन यात्रा और हो जाती। कहीं आगे पहुंच गए होते। दो दिन ऐसे ही गए, नाहक खराब हुए। आप कुछ बोले क्यों नहीं?

फरीद ने कहा : जो सामने था वह बिना बोले समझ सकता था। तुमसे मैं बोलता हूं, क्योंकि तुम बिना बोले न समझोगे। कबीर से बोलता तो मैं नासमझ सिद्ध होता। इसलिए चुप रहा। और बड़ा लेन-देन हुआ, नासमझो, तुम्हें दिखाई न पड़ा? कितनी किरणें यहां से वहां गईं, वहां से यहां आईं! कितना हम एक-दूसरे में डूबे!

उन्होंने कहा : हमें कुछ दिखाई न पड़ा, कुछ सुनाई न पड़ा। हम तो थक गए। दो दिन काटे न कटे।

कबीर के शिष्यों ने भी पूछा कि यह क्या हुआ? ऐसा तो कभी नहीं होता। और भी पंडितों को हमने आते देखा है, बड़ी बात होती है।

तो कबीर ने कहा : दो अज्ञानी मिलें, खूब बात हो सकती है; हालांकि उस बात में कुछ अर्थ नहीं होता। दो ज्ञानी मिलें, बात बिलकुल नहीं हो सकती; लेकिन उस बेबात में बड़ा अर्थ होता है। एक ज्ञानी और अज्ञानी मिले तो बात थोड़ी होती है, उसमें थोड़ा अर्थ भी होता है। दो अज्ञानी मिलें, खूब चर्चा होती है; चर्चा ही चर्चा होती है; चुप रह ही नहीं सकते दो अज्ञानी, बोले ही चले जाते हैं; हालांकि बोलने को कुछ नहीं होता : बिना बात के बात चलती है, बात में से बात चलती है। न बोलते तो कुछ हर्ज न था, बोले तो कुछ लाभ नहीं है। दो ज्ञानी मिलें, चुप रह जाते हैं। शून्य में ही संवाद होता है। हां, एक अज्ञानी मिले और एक ज्ञानी मिले तो थोड़ी बात चलती है। वह बात ज्ञानी इसलिए चलाता है ताकि तुम भी शून्य हो जाओ। वह तुम्हें शून्य की तरफ शब्दों से इशारा देता है। अज्ञानी इसलिए चलाता है ताकि उसे कुछ शब्द पकड़ में आ जाएं, ताकि वह और थोड़ा ज्ञानी हो जाए।

जब एक अज्ञानी और ज्ञानी मिलता है तो दोनों के मतलब अलग-अलग होते हैं। जब गुरु और शिष्य का मिलन होता है तो तुम यह मत सोचना कि शिष्य उसी लिए मिलता है गुरु से, जिस लिए गुरु शिष्य से मिलता है। दोनों के मिलन का अलग अर्थ होता है। शिष्य चाहता है कुछ सीख ले; गुरु चाहता है कुछ सीखा है इसने, वह भी इसका छिन लिया जाए, छुड़ा दिया जाए। शिष्य आया है कुछ ज्ञान बटोरने; गुरु कोशिश करता है इसका ज्ञान बिखर जाए तो इसका खुला आकाश इसे उपलब्ध हो जाए। शिष्य कुछ कूड़ा-करकट बीनने आया है; गुरु इससे छीन लेगा।

गुरु वही है जो तुम्हारे ज्ञान को मिटा दे, क्योंकि तभी परम ज्ञान का जन्म होता है। गुरु वही है जो तुम्हारी दीये की टिमटिमाती पीली सी ज्योति को फूंक दे, बुझा दे; क्योंकि उसके बुझते ही तुम्हारी आंखें महासूर्य की तरफ उठती हैं। उस टिमटिमाती ज्योति में अटके रहे, छोटे से क्षुद्र ज्ञान में उलझे रहे तो विराट तुम्हारे द्वार पर नहीं आ पाता।

और ध्यान रखना, एक छोटी सी किरकिरी, एक छोटा सा रेत का टुकड़ा आंख में चला जाए तो विराट आकाश दिखाई पड़ना बंद हो जाता है, क्योंकि आंख बंद हो जाती है। उतनी सी किरकिरी हटाते ही आंख खुल जाती है, विराट आकाश फिर से उपलब्ध हो जाता है। तुम्हारा ज्ञान आंख की किरकिरी है। इसलिए तुम सोचते हो कि किरकिरी तुम्हारा ज्ञान है। उसके कारण तुम अंधे हो। जिन्होंने जाना है उन्होंने कहा है : हमने कुछ जाना नहीं है।

किझु न बूझै किझु न सूझै,...

न मैं कुछ जानता, न मैं कुछ देखता।

दुनिया यह गोया धधकती हुई आग है--'दुनिया गुझी भाहि।'

'मेरे साईं ने अच्छा किया कि मुझे चेता दिया; नहीं तो मैं भी इसमें जलबल गया होता।'

साईं मेरै चंगा कीता, नाहीं त हंभी दझां आहि।

न मुझे कुई दिखता, न मुझे कुछ सूझता; न मैं कुछ जानता हूं, और यह दुनिया धधकती हुई आग है। अंधे की तरह चलूंगा--जलूंगा; बिना जाने जलूंगा, बिना सूझे-बूझे चलूंगा--गिरूंगा। अगर नहीं गिर पाया हूं तो इसमें मेरी कोई कृतार्थता नहीं है। अगर नहीं गिर पाया हूं तो यह कोई मेरा कृत्य नहीं है।

यह भक्त की भाव-दशा है। इससे समझने की कोशिश करें। यह बहुत नाजुक, कोमल, फूल की तरह कोमल है। इसे तर्क से नहीं समझा जा सकता; इसे बहुत हार्दिकता में ही भीतर उतारेंगे, बड़ी गहन सहानुभूति में, तो ही समझ में आएगा।

मेरे साईं ने अच्छा किया कि मुझे चेता दिया।

अज्ञानी को जब कुछ लग जाता है हाथ तो वह कहता है : मैंने पाया। ज्ञानी को जब कुछ हाथ लगता है तो वह कहता है : साईं ने अच्छा किया। अज्ञानी को कुछ भी मिल जाए, उससे उसका अहंकार ही बढ़ता है। ज्ञानी को परम भी मिल जाए, परम धन मिल जाए, परम पद मिल जाए, वह परमात्मा हो जाए, तो भी उसे ऐसा भाव नहीं उठता कि मैंने कुछ किया, मैंने कुछ पाया। वह तो जानता है कि मेरे रहते तो न कुछ पा सकता था, न कुछ कर सकता था।

किझु न बूझै किझु न सूझै,...

न तो मुझे कुछ सूझता है, न मुझे कुछ दिखाई पड़ता है। कर्ता मैं हो ही कैसे सकता हूं? हां, जितनी बार गिरा, मैं गिरा; और जितनी बार उठाया, तूने उठाया।

इसे थोड़ा समझ लेना।

जितनी बार भूला, मैं भूला। जितनी बार चेताया, तूने चेताया। जितने कांटे गड़े, मेरे कारण; जितने फूल मिले, तेरी कृपा से! सब पाप मेरे, सब पुण्य तेरा।

यह भक्त की भाव-दशा है। और अगर तुम्हारा पुण्य भी तुम्हारा ही हो तो जानना कि अभी भक्ति के द्वार पर तुम नहीं आए। अगर तुम कहते हो कि मैंने इतनी पूजा की है, इतने त्याग, इतनी तपश्चर्या, इतने मंदिर बनाए, तो तुम समझना कि तुमने पुण्य के नाम पर भी पाप ही किए। क्योंकि एक ही पाप है, सब पापों का मूल एक ही पाप है, वह है--मेरेपन का भाव, मैंने किया!

एक बुद्ध का बड़ा अनुयायी बोधिधर्म चीन गया। चीन का सम्राट उसका स्वागत करने आया। चीन के सम्राट ने स्वभावतः सम्राट की भाषा में बात की। उसने आकर बोधिधर्म को कहा कि आप आए, स्वागत! मैंने हजारों बुद्ध-विहार बनवाए; लाखों छायादार वृक्ष रास्तों पर खड़े किए ताकि राहगीरों को विश्राम मिले, छाया मिले; अनेक भोजनालय खोल दिए हैं, हजारों लोग मुफ्त भोजन लेते हैं; हजारों भिक्षु राज्य से पोषण पाते हैं; स्कूल खोले; आश्रम बनवाए; हजारों शास्त्रों को छपवाया, बंटवाया। इस सब पुण्य का अंतिम क्या फल होगा?

बोधिधर्म ने नीचे से ऊपर देखा और कहा: क्षमा करें। सीधे नरक जाएंगे आप।

सम्राट तो चौंक गया! ऐसी बात तो कभी किसी ने कही न थी। शिष्टाचार भी ध्यान में रखता है कोई। सीधे नरक!

उसने कहा: तुम पागल तो नहीं हो? मैंने इतने पुण्य किए और मैं नरक जाऊंगा!

बोधिधर्म ने कहा: क्या तुमने किया, इससे कोई नरक नहीं जाता; क्या तुमने किया, इससे कोई स्वर्ग नहीं जाता; जब तक कर्ता मौजूद है तब तक तुम नरक जाते हो। तुमने क्या किया, यह बात असंगत है। उसकी तो चर्चा ही मत छेड़ो। तुमने किया, बस इतना काफी है। इतना मैंने जान लिया कि तुमने बनवाए! परमात्मा ने तुम्हारे भीतर से कुछ नहीं किया; तुमने किया! तुम उपकरण न बने, तुम उसके हाथ न बने। तुम अपनी अहम्ता में घिर गए। तुम नरक जाओगे।

सम्राट वू ने--चीनी सम्राट ने--फिर कोशिश की, क्योंकि उसका मन मानने को तैयार नहीं होता। क्योंकि अब तक तो जो भिक्षु आए थे, उन सबने यही समझाया था कि पुण्य करो, पुण्य करो, दान करो: करोड़ गुना पाओगे। उसने कहा: छोड़ो, स्वर्ग-नरक की बात छोड़ो, क्योंकि कौन देख आया है; न तुम गए, न मैं गया। इतना कहो मुझे कि मैंने जो किया वह पवित्र कार्य है या नहीं?

बोधिधर्म ने कहा: पवित्र? इससे ज्यादा अपवित्र और क्या होगा? क्योंकि क्या तुमने किया, इससे कोई संबंध नहीं है। तुमने किया: पवित्र नहीं रहा! उसने किया: पवित्र हो गया!

इसलिए तो बहुत अनूठी बात गीता में कृष्ण अर्जुन से कह सके हैं कि अगर तू निमित्त हो जा, इन सारे लोगों को काट भी डाल तो भी कोई पाप न लगेगा, क्योंकि करने वाला तू नहीं है। और तू भाग खड़ा हो, संन्यास ले ले, जंगल में चला जा, जटा-जूट बढ़ा ले, बैठ जा वहां, पक्षी तेरे जटा-जूट में घोसले बना लें; ऐसा तू अपरिग्रही हो जा, और ऐसा विरागी हो जा; लेकिन अगर तुझे खयाल है कि तूने छोड़ दिया संसार, तूने युद्ध न किया, तो सारे कर्मों का फल तेरे ऊपर है।

कर्म किसी को नहीं दबाता, कर्ता का भाव दबाता है। कर्म नहीं छोड़ने हैं। और जिन्होंने भी तुम्हें सिखाया हो कि कर्म छोड़ने हैं, उन्होंने नासमझी की बात सिखाई है, उन्हें कुछ पता न होगा। जानने वालों ने कहा है: कर्ता का भाव छोड़ना है। फिर करने दो उसे कर्म। इतना विराट कर्म परमात्मा कर रहा है। तुमने कितनी बड़ी दुकान चलाई है? तुम्हारी दुकान का क्या मूल्य है? परमात्मा की दुकान बड़ी विराट है, चल रही है। अगर तुम छोटी सी दुकान के कर्म में उलझ कर नरक भोगते हो तो परमात्मा तो महानरकों में पड़ेगा।

तुमने किया ही क्या है? एक छोटा-मोटा मकान बना लिया होगा। अगर मकान बनाने से पाप हुआ है तो इस पूरी सृष्टि को बनाने से तो महापाप हुआ है। तुम्हारे मकान की सीमा क्या है, सामर्थ्य क्या है? एक तरफ तुम कहते हो: परमात्मा ने सृजन किया सारे जगत का; कभी तुमने सोचा कि इतना सृजन करने के बाद परमात्मा होगा कहां? नरक में ही होगा। इतना उपद्रव, इतना उत्पाद, इतना कृत्य!

नहीं, लेकिन इस तरफ तुमने कभी सोचा नहीं है कि इतने बड़े कृत्य के बाद भी परमात्मा परमात्मा है; क्योंकि कर्ता नहीं है। वहां कोई करने वाला नहीं है।

इसलिए मैं कभी नहीं कहता कि परमात्मा स्त्रष्टा है। मैं कहता हूं: परमात्मा सृजन की ऊर्जा है; एक क्रिएटिव फोर्स है, क्रिएटर नहीं। बनाया है उसने, ऐसा कुछ बनाने वाला वहां नहीं बैठा है--बन रहा है उससे! जैसे पक्षी गीत गा रहे हैं, वृक्षों में फूल खिल रहे हैं: कोई वृक्ष यह थोड़े ही दावा करता है कि मैंने फूल लगाए; कोई पक्षी जाकर राष्ट्रपति से प्रार्थना थोड़े ही करता है कि पद्मभूषण कब दोगे? इतने दिन से गीत गा रहा हूं...! टटपूंजिए गायक पद्मभूषण हुए जा रहे हैं। फिल्म-अभिनेता पद्मभूषण हुए जा रहे हैं और मैं गा रहा हूं...।

कोई कोयल नहीं कहती; कोई मोर नाचता हुआ नहीं जाता कि यह क्या अन्याय हो रहा है? हम कब से नाच रहे हैं! टटपूंजिए नाचने वाले पद पा रहे हैं, हमारी कोई फिकर नहीं।

मोर को मतलब नहीं है। राष्ट्रपति पद्मभूषण लेकर भी जाएं तो वह चौंकेगा, वह हंसेगा। वह कहेगा: यह कागज का हम क्या करेंगे? तुम्हीं सम्हालो। इसका बोझ और लेकर कहां जाएंगे? नाचने में अड़चन आएगी।

कृत्य का भाव नहीं है। आदमी को हटा दो, फिर तुम खोजने जाओ, तुम्हें कर्ता न मिलेगा कहीं भी, कर्म तो विराट मिलेगा। चांद-तारे चल रहे हैं, सूरज घूम रहा है। मौसम आते हैं, जाते हैं। सृष्टि होती है, प्रलय होती है। बनता है, मिटता है। अनंतकाल तक सब चलता रहता है! उसका कोई अंत ही नहीं आता। लेकिन कर्ता को तुम कहीं न पाओगे।

और तुम्हारी एक बुनियादी भूल भी तुम्हें खयाल में दिला दूं कि चूंकि तुम परमात्मा को भी कर्ता की तरह देखते हो, इसलिए तुम्हें परमात्मा कहीं नहीं मिलता और कहीं मिलेगा भी नहीं। और परमात्मा को तुम कर्ता की तरह क्यों देखते हो, क्योंकि तुम अपने को कर्ता की तरह मानते हो। तो तुम परमात्मा को भी अपनी ही एक विराट प्रतिमा समझते हो; जैसे तुम छोटे करने वाले हो, वह बड़ा करने वाला होगा। मात्रा का भेद है, गुण का कोई भेद नहीं है। तुम छोटे करने वाले, तो वह होगा बड़ा करने वाला। हमारी दुकान जरा छोटी है, तुम बड़े पसारी हो। तुम्हारी दुकान बीच बाजार में है, हमारी बाजार के कोने पर है। हम छोटी पान-सिगरेट-चाय की दुकान लगाए हुए हैं; तुमने सोने-चांदी, हीरे-जवाहरात बेचे। बाकी हैं हम भी दुकानदार!

ऐसा हुआ, अमरीका का एक बहुत बड़ा अरबपति एण्ड्रू कारनेगी एक दिन घूमने निकला। एक छोटी सी दुकान--लोहे-लंगड़ की--उस पर तख्ती लगी है: कारनेगी ब्रदर्स! कारनेगी बंधु। और नीचे कोष्ठक में लिखा है: एण्ड्रू कारनेगी के रिश्तेदार। एण्ड्रू कारनेगी बहुत बड़ा अरबपति--

अमरीका का सबसे बड़ा धनपति! उसको बड़ी नाराजगी आई कि यह क्या मामला है! उसने फौरन जाकर अपने वकील से कहा कि नोटिस दो, मेरा कोई रिश्तेदार नहीं है। और यह तो मेरा अपमान है। यह कबाड़ी की दुकान और उस पर तख्ती लगा दी है! कारनेगी होगा उसका सरनेम; लेकिन मेरा कोई रिश्तेदार नहीं है।

वकील ने नोटिस दिया। आठ-पंद्रह दिन बाद कारनेगी फिर वहां से निकलता था। तो उसने गौर से देखा कि तख्ती बदल दी गई है। वही: कारनेगी बंधु! और नीचे कोष्ठक में लिखा है: एण्ड्रू कारनेगी के कोई रिश्तेदार नहीं। मगर क्या फर्क पड़ता है? वे एण्ड्रू कारनेगी को घुसाए ही हुए हैं। पहले रिश्तेदार थे, अब नीचे लिख दिया कि कोई रिश्तेदार नहीं है--बात खत्म; बाकी एण्ड्रू कारनेगी की याद वे दिला ही रहे हैं। उसको बड़ा गुस्सा आया। वह अंदर गया और उसने दुकानदार को कहा कि तुम्हें समझ नहीं आती? वकील ने नोटिस दिया है।

उसने कहा: सब समझ में आती है। तुम होओगे बड़े दुकानदार, हम छोटे दुकानदार! हम लोहा-लंगड़, कबाड़ बेचते हैं; लेकिन तुम जो चीजें बनाते हो उनसे ही यह कबाड़ बनता है। तुम बड़े-बड़े कारखाने चलाते हो, हम छोटा चलाते हैं; बाकी रिश्तेदार तो हम हैं ही। दुकानदार हम भी, तुम भी दुकानदार। वह तो झंझट है कि अदालत में हम जाना नहीं चाहते, इसलिए लिख दिया कि कोई रिश्तेदार नहीं।

तुम्हारे मन में भी परमात्मा की जो धारणा है वह अपने ही कई गुणित बड़ा करके बना ली गई है। तुम ही हो बहुत बड़े होकर। अगर तुम गौर से देखोगे तो तुम अपने को ही अपनी परमात्मा की प्रतिमा में पाओगे। मात्रा का भेद होगा, गुण का भेद न होगा। इसलिए तुम कर्ता हो, तुम अहंकारी हो तो तुम्हारा परमात्मा भी अहंकारी और कर्ता है। तुम सीमित हो, तुम्हारा परमात्मा भी सीमित है। तुम्हारी देह है, तुम्हारे परमात्मा की भी देह है। तुम जैसे अपने को देखते हो ऐसे ही तुम परमात्मा को खोजने चले जाते हो।

मेरे पास भी लोग आ जाते हैं। वे कहते हैं: परमात्मा को पाना है; कहां खोजें? मैं उसने पूछता हूं कि तुमने कोई ऐसी जगह देखी है जहां वह न हो? बजाय परमात्मा को खोजने के तुम यह खोजो कि वह कहां नहीं है, ज्यादा ठीक होगा।

नानक मक्का गए, मदीना गए। वे मक्का में सो गए काबा के पत्थर की तरफ पैर करके। पुजारी नाराज हुए। क्रोध में आकर उन्होंने नानक को कहा कि हमने तो सुना है कि तुम एक ज्ञानीपुरुष हो; और तुम परमात्मा के मंदिर की तरफ पैर करके सो रहे हो? नानक ने कहा कि मैं भी बड़ी चिंता में पड़ा था, जब सोने को गया। मैंने सब तरफ पैर करके देखे, पाया, सभी जगह वही है। तो तुम ऐसा करो कि तुम वहां मेरे पैर कर दो जहां वह न हो। ये पैर रहे, मैं कोई बाधा न डालूंगा; तुम पैर उठाओ और कर दो।

मैं मानता हूं कि कहानी इतनी ही है, लेकिन और थोड़ी आगे बढ़ गई है; वह कविता मालूम होती है, लेकिन अर्थपूर्ण है। कहते हैं पुजारियों ने उनके पैर जहां-जहां किए, वहीं काबा का पत्थर घूम गया। यह बात थोड़ी अतिशय हो गई है। कविता तक ठीक है। लेकिन

मतलब तो सही है। मतलब इतना ही है कि कहीं भी पैर करो वहीं काबा का पत्थर है। सभी पत्थर काबा के हैं, क्योंकि सभी पत्थरों में परमात्मा है। वह जिन मूर्तियों को तुमने खोद लिया है, उनमें ही नहीं है; अनगढ़ पत्थरों में भी वही है। अभी खुदा न होगा, कभी कोई कारीगर मिल जाएगा, खोद देगा; लेकिन है तो मौजूद।

एक बहुत बड़े चित्रकार और मूर्तिकार माइकलएंजलो से किसी ने पूछा कि तुम इतने अदभुत हो कि अनगढ़ पत्थरों में से चीजें निकाल देते हो! उसने कहा: मैं निकालता नहीं; वे तो वहां मौजूद हैं। मैं तो सिर्फ जो बेकार पत्थर है उसको झाड़ देता हूं; छैनी उठा कर, जो-जो नहीं चाहिए उस पत्थर को अलग कर देता हूं। मूर्ति तो वहां मौजूद थी ही सदा से, सिर्फ चाहती थी कि कोई आकर कचरे को अलग कर दे, सार्थक प्रकट हो जाएगा।

परमात्मा सब जगह है। परमात्मा ही है। परमात्मा सबमें है, ऐसा नहीं है; सब ही परमात्मा है। उसके अतिरिक्त कुछ भी नहीं है।

ज्ञानी को जिस दिन समझ में आता है कि न मेरा कोई ज्ञान, न मेरा कोई कर्तृत्व है, उस दिन परम घटना घटती है।

न मैं कुछ जानता, न देखता। दुनिया धधकती हुई आग है।

अपने से चलता तो जरूर गिरता। और जब-जब अपने से चला तो बराबर गिरा। अपने से चलना ही गिरना है।

मेरे साईं ने अच्छा किया कि मुझे चेता दिया।

चेतावनी उसकी है, अज्ञान मेरा है। रात मेरी है, दिन उसका है। अंधकार मेरा है, सूरज उसका है।

यह भाव की दशा है! और यह भाव की दशा बड़ी महत्वपूर्ण है, बड़ी गहरी है। जिसने इस दशा को ठीक से पकड़ लिया, उसे कहीं जाने की जरूरत नहीं है; परमात्मा स्वयं उसके पास चला आएगा। जैसे-जैसे यह भाव-दशा गहरी होगी, वैसे-वैसे परमात्मा तुम पाओगे कि पास ही था, उघाड़ना था। और पर्दा भी उसने नहीं डाला था; तुम्हारी ही नासमझी का पर्दा था उसके ऊपर। अच्छा हो कहना कि उसके ऊपर पर्दा था ही नहीं; तुम्हारी नासमझी का पर्दा तुम्हारे ही ऊपर था।

मेरे साईं ने अच्छा किया, मुझे चेता दिया; नहीं तो मैं इसमें कभी का जलबल गया होता।

साईं मेरै चंगा कीता,...

यहां एक बात और समझ लेनी चाहिए कि भक्त परमात्मा से बड़े निजी संबंध जोड़ता है। मेरे साईं! वे सिर्फ इतना ही कह सकते हैं कि फरीद, साईं ने अच्छा किया कि मुझे चेता दिया। लेकिन वे कहते हैं: मेरे साईं!

इसे थोड़ा समझ लेना चाहिए।

क्योंकि परमात्मा से दो तरह के संबंध हो सकते हैं जैसा मैंने बार-बार कहा। एक ध्यान का संबंध है और एक प्रेम का संबंध है। प्रेम में परमात्मा मेरा है। ध्यान में परमात्मा परमात्मा नहीं, सिर्फ सत्य मात्र है। ध्यानी का जो शब्द है परमात्मा के लिए, वह सत्य है। सत्य रूखा-सूखा शब्द है,

गणित और तर्क का है; उसमें कहीं कोई रसधार नहीं है। सत्य शब्द को तुम कहीं से भी खोजो, उसमें तुम कहीं फूल खिलते न पाओगे; क्योंकि उससे कोई मेरे हृदय का नाता ही नहीं जुड़ता। सत्य शब्द को ही सोचने बैठो तो तुम कोई कविता पैदा होते सत्य में से न देखोगे, कोई नाच पैदा न होगा, कोई धुन न बजेगी, कोई बांसुरी न बजेगी। सत्य कोरा-कोरा है। उससे कोई संबंध जोड़ने असंभव हैं। तुम कितने ही पास आ जाओ, तुम सत्य में डूब न पाओगे; उसमें डुबाने की सामर्थ्य नहीं है। सत्य सिद्धांत बन जाएगा, लेकिन सत्य कभी तुम्हारी आंतरिक सिद्धि न बनेगा। जैसे ही मेरे का संबंध जुड़ता है, सत्य नहीं रह जाता, परमात्मा प्रकट होता है। परमात्मा यानी प्रीतम, साईं।

भक्त अपने को तोड़ देता है और परमात्मा से जोड़ लेता है। वह कहता है: मैं तो नहीं हूं, तुम्हीं हो। तुम्हीं मेरे मैं हो। तुम्हारे अतिरिक्त मेरा कुछ भी नहीं है। सब गंवा देता है, परमात्मा को पकड़ लेता है।

मेरे साईं ने अच्छा किया कि मुझे चेता दिया।

'फरीदा, अगर तू तेज अक्ल रखता है, तब दूसरे के खिलाफ काले अंक मत लिख। अपना सिर झुका और अपने ही गरेबां की तरफ देख।'

फरीदा जे तू अकलि लतीफ, काले लिखु न लेख।
आपनड़े गिरीबान महि, सिरु नीवां करि देख।।

फरीदा, अगर तू तेज अक्ल रखता है...।

अब यह जरा सोचने जैसा है। कृष्णमूर्ति निरंतर लोगों से कहते हैं: माइंड इज़ मीडियाकर। जिसको तुम बुद्धिमानी कहते हो, वह बड़ी साधारण है, मध्यमवर्गीय है, करीब-करीब मूढ़ता जैसी है। तुम्हारे बुद्धिमानों को भी तुम वहीं पाओगे जहां तुम अपने मूढ़ों को पाते हो। हो सकता है, मूढ़ पहली सीढ़ी पर बैठा हो, बुद्धिमान आखिरी सीढ़ी पर बैठा हो; लेकिन तुम उनकी मंजिल में फर्क न पाओगे। तुम्हारे मूढ़ और तुम्हारे बुद्धिमान एक ही सीढ़ी के पायदान हैं; अलग-अलग नहीं हैं। तुम्हारा मूढ़ थोड़ा कम बुद्धिमान है, तुम्हारा बुद्धिमान थोड़ा कम मूढ़ है; पर इतना ही फर्क है--डिग्री का। उन दोनों के बीच एक तारतम्य है, शृंखला कहीं टूटती नहीं, सिलसिला एक ही है। तुम्हारा मूढ़ और तुम्हारा पंडित एक ही लकीर के दो छोर हैं। इसलिए जिसको तुम पांडित्य कहते हो, बुद्धिमत्ता कहते हो, वह कोई बहुत बुद्धिमत्ता नहीं है, वह केवल मूढ़ता को छिपा लेने की कुशलता है।

मूढ़ता को छिपा लेना बहुत आसान है, मिटाना बहुत कठिन है। छिपा लेने का मतलब ऐसा ही है जैसे एक घाव है, उस पर मलहम-पट्टी कर ली, ऊपर से सुंदर कपड़े पहन लिए, छिप गया। दूसरों को दिखाई न पड़ेगा, लेकिन तुम्हारे भीतर तो सड़ांध बढ़ती ही रहेगी। दूसरों को पता भी न चलेगा, लेकिन तुम्हें कैसे पता होना बंद हो जाएगा? और छिपाया हुआ घाव सूखता भी नहीं है, क्योंकि सूखने के लिए भी खुली सूरज की रोशनी चाहिए, हवा का प्रवाह चाहिए; और भी सड़ता है, नासूर हो जाएगा, कैंसर बनेगा, तुम्हारे तन-प्राण में सब तरफ फैल जाएगा, मवाद ही मवाद हो जाएगी। देर लगेगी, आज कुछ आज नहीं हो जाएगी, वर्षों लगेंगे, शायद तुम इतना छिपाओ कि किसी को कभी

भी पता न चले, लेकिन तुम एक घाव की तरह ही जीवित रहोगे, घाव की तरह ही मरोगे। तुम्हें तो पता ही होगा। अपने को तुम कैसे धोखा दोगे?

कहावत है कि अगर कोई व्यक्ति दूसरों को धोखा देना चाहे, थोड़े दिन तक दे सकता है; सदा के लिए नहीं। मैं मानता हूं कि कोई अगर दूसरों को धोखा देना चाहे, सदा के लिए भी दे सकता है; क्योंकि जो थोड़े दिन संभव है, वह सदा संभव क्यों नहीं है? थोड़ी और कुशलता चाहिए। तो मैं कहावत को बदल दिया हूं। मैं कहता हूं: दूसरों को धोखा देना हो, तुम सदा के लिए दे सकते हो; लेकिन अपने को धोखा तुम एक क्षण के लिए भी नहीं दे सकते हो। कैसे दोगे अपने को धोखा? कौन देगा धोखा और किसको देगा? वहां भीतर तुम एक हो।

मूढ़ता छिपाई जा सकती है। शास्त्रों को लपेट लो अपने चारों तरफ, मूढ़ता छिप जाएगी। वेद को कंठस्थ कर लो, मूढ़ता छिप जाएगी। गीता दोहराने लगो, रोज पाठ करने लगो, मूढ़ता छिप जाएगी। लंबे शब्द सीख लो, तर्क की थोड़ी व्यवस्था सीख लो, विश्लेषण की कला सीख लो--मूढ़ता छिप जाएगी।

तुर्गनेव की एक छोटी सी कहानी है। एक गांव में एक महामूर्ख था। गांव भर उस पर हंसता था। वह जो भी कुछ कहता, लोग फौरन हंस देते--बिना ही सुने कि वह क्या कह रहा है; क्योंकि लोगों को पक्का ही था कि वह महामूर्ख है, वह कहेगा ही मूर्खता की बात। वह खड़ा ही होता कि लोग हंसने लगते, अभी उसने कुछ कहा ही नहीं था। वह बड़ा परेशान था। एक फकीर गांव में आया था, उससे उसने जाकर कहा कि आप एक अकेले आदमी मैंने जीवन में पाए जो मेरी बात सुन कर हंसते नहीं, बल्कि गंभीर हो जाते हैं, सोचने लगते हैं। पूरा गांव हंसता है। मैं घबड़ा गया हूं। मेरा बड़ा अपमान होता रहता है। आप कोई तरकीब बताएं।

उस फकीर ने कहा: तरकीब आसान है। अब तू एक काम कर--कोई भी कुछ बोल रहा हो, तू खिलखिला कर हंसना, और वह पूछे कि क्यों, क्या बात है, तो वह कुछ भी कह रहा हो...वह कह रहा हो कि बाइबिल बड़ी अदभुत किताब है, तो कहना: क्या रखा है बाइबिल में? कौन सी अदभुत बात लिखी है? हजारों शास्त्र हैं जिनमें वही बात लिखी है। कौन सी नई बात कही है, बोलो? कोई कहे, सूरज बहुत सुंदर है, तो कहना, बताओ, क्या सुंदर है? आग का गोला है। सौंदर्य कहां है? कोई कहे, चांद, देखो कैसा सुंदरी के मुख जैसा! तो फौरन खड़े हो जाना, कहना, यह जरा जरूरत से ज्यादा बात हो रही है। कहां सुंदरी का मुख और कहां चांद! इनमें कोई संबंध है? चांद कितना बड़ा, सुंदरी का मुख कितना छोटा! बस तू खंडन कर सात दिन तक, फिर मेरे पास आना। तू किसी चीज में हां तो भरना ही मत; ना करना।

उसने सात दिन तक यही किया। गांव में खबर फैल गई कि यह महामूर्ख तो महाज्ञानी हो गया! इसके सामने कुछ भी कहो, फौरन खंडित कर देता है! तुम कहो यह कविता सुंदर है, वह कहता है: इसमें क्या रखा है? यह सब शब्दों की बकवास है। शब्द जोड़ कर रख दिए, इसमें रखा क्या है?

ध्यान रखना, जीवन में अगर कोई खंडन करने लग जाए तो तुम कुछ भी सिद्ध न कर सकोगे। खंडन करना बहुत आसान है। सिद्ध करना करीब-करीब असंभव है। इसलिए तो नास्तिक को कोई

भी आस्तिक कभी भी राजी नहीं कर पाता; क्योंकि नास्तिक को कुल खंडित करना है, आस्तिक को कुछ सिद्ध करना है। सिद्ध करना बहुत कठिन है--ऐसे ही जैसे बनाना बहुत कठिन है; मिटाने में कितनी देर लगती है? ताजमहल बनाने में कितनी देर लगी? मिटाने में कितनी देर लगेगी? एक बम पटक दो और मिट जाएगा। एक आदमी मिटा देगा, एक क्षण भर में मिटा देगा। बनाने में कहते हैं चालीस वर्ष लगे। हजारों मजदूर काम करते रहे। लाखों लोग संयुक्त रहे। हजारों कारीगर रहे। वर्षों लगे। कहते हैं तीन पीढ़ीयां लग गई लोगों की। पहली पीढ़ी काम करने आई थी, वह खत्म हो गई। दूसरी पीढ़ी काम में लग गई, वह बूढ़ी हो गई। तीसरी पीढ़ी काम में संलग्न हो गई, तब कहीं बन कर तैयार हो पाया। मगर मिटाने में कितनी देर लगेगी?

खंडन मिटाना है। इसलिए तुम पंडितों को हमेशा खंडन करते हुए पाओगे। संतों को सदा सिद्ध करते पाओगे, पंडितों को सदा खंडन करते पाओगे। संतों को सदा कुछ बनाते पाओगे, पंडितों को सदा मिटाते पाओगे। वह सरल काम है। उससे मूढ़ता बड़ी आसानी से छिप जाती है, और कोई भी तुम्हें सिद्ध नहीं करके बता सकता। अगर तुम कह दो कि कमल के फूल में कौन सा सौंदर्य है, सिद्ध करो, तो कौन सिद्ध करेगा? या तो सौंदर्य दिखाई पड़ता या नहीं दिखाई पड़ता; सिद्ध करने का क्या उपाय है? क्या रास्ता है, कैसे सिद्ध करोगे?

सौंदर्य तो एक अनुभूति है। कोई हाथ में निकाल कर बताया नहीं जा सकता कि यह रहा सौंदर्य। सौंदर्य है; लेकिन तुम अगर देखने को राजी हो तो ही है। अगर तुम देखने को राजी नहीं तो दुनिया भर की आंखें भी इकट्ठी हो जाएं, तो भी तुम्हें दिखाया नहीं जा सकता।

परमात्मा है, अगर तुम उसको देखने को राजी हो। इसलिए तो संत कहते हैं, श्रद्धा के बिना उससे कोई संबंध नहीं जुड़ता। लेकिन नास्तिक कहता है, पहले दिखा दो तो श्रद्धा करने को हम तैयार हैं। और बिना श्रद्धा के वह दिखाई नहीं पड़ता। सौंदर्य का बोध हो तो सौंदर्य दिखाई पड़ता है चांद में, फूल में; सौंदर्य का बोध ही न हो तो नहीं दिखाई पड़ता।

तो, एक तो है मूढ़ता को छिपा लेना। शास्त्र बड़े सुगमता से उपलब्ध हैं। उनको पढ़ डालो, उनके शब्द सीख लो, सिद्धांत सीख लो--तुम्हारा अज्ञान दब जाएगा, मिटेगा नहीं। हां, दूसरे के सामने तुम अपने को ज्ञानी सिद्ध कर सकते हो।

मैंने सुना है कि रामतीर्थ अमरीका से लौटे। अमरीका में उनका बड़ा स्वागत हुआ था। लोग पागल हो गए थे। रामतीर्थ की वाणी में कुछ खूबी थी। हृदय के स्वर थे। ऐसे बुद्धि से न आए थे, प्राणों से जन्मे थे। रामतीर्थ की मस्ती एक ताजगी लिए हुई थी। बोलते थे तो फूल झरते थे, चलते थे तो फूल झरते थे। और जीवन तर्क का नहीं था, बड़े गहन काव्य का था।

एक बगीचे में बैठे थे तो किसी ने पूछ लिया आकर कि हमने सुना है, कृष्ण ने जब बांसुरी बजाई तो दूर-दूर से गोपियां और गोप भागे चले आते थे : एकाध दफा हो सकता है, लेकिन हमें इसमें कोई कारण नहीं दिखाई पड़ता कि कोई बांसुरी इतनी सुंदर बज सकती है?

वे बैठे थे। एक चादर ओढ़ रखी थी, वह फेंक दी, नग्न हो गए और भागे। वे जितने लोग थे बगीचे में, इधर-उधर खड़े थे, वे सब उनके पीछे भागे। वे जाकर एक टीले पर खड़े हो गए। वह

भीड़ वहां लग गई। उन्होंने कहा : समझ में आया? एक नंगे आदमी को देख कर लोग भागे चले आते हैं। मेरी नग्नता में क्या रखा है, कृष्ण की बांसुरी की बात ही क्या कहनी! जब वह बजेगी तब तुम जानोगे। जब तक नहीं बजी, तब तक तुम न जानोगे।

लोग पागल थे।

अमरीका का प्रेसिडेंट रामतीर्थ को मिलने आया था और बड़ा आनंदित हुआ था, क्योंकि रामतीर्थ अपने को कहते ही बादशाह थे। वे कहते थे : बादशाह राम! उन्होंने एक किताब लिखी थी, उसका नाम है : बादशाह राम के छह हुक्मनामे। वे अपने को बोलते ही नहीं थे, मैं तो कहते ही नहीं थे। वे यह कहते थे कि राम बादशाह! सम्राट अपने को कहते थे। था कुछ भी नहीं पास में--एक लंगोटी, एक भिक्षापात्र! अमरीका के प्रेसिडेंट ने कहा : और सब तो मेरी समझ में आता है, लेकिन अपने को बादशाह क्यों कहते हैं? आपके पास तो कुछ भी नहीं।

रामतीर्थ ने कहा : इसीलिए! जिसके पास कुछ है, अभी उसकी बादशाहत में कमी है। जो कुछ पकड़े हुए है वह गरीब है। पकड़ता गरीब है। सारी दुनिया मेरी है। चांद-तारे मैंने बनाए; इनको मैं ही चलाता हूं। पकड़ना क्या है? मेरी कोई चाह नहीं है, इसलिए बादशाह हूं।

वे लौटे अमरीका से। बड़े गहरे आनंद में थे। स्वभावतः उनको लगा काशी जाऊं; जो अमरीका में घटना घटी है, काशी के समझदार उसे समझ पाएंगे। और तो कौन समझेगा भारत में? जो घटा है, जो अपूर्व घटा है, लाखों लोगों के हृदय में जो एक धुन बज गई है, काशी में लोग समझ पाएंगे। काशी के पंडित...।

उनसे भूल हो गई। वे जब काशी गए और वहां उन्होंने अपना पहला प्रवचन दिया, कोई परिणाम न हुआ, बल्कि लोग बेचैन मालूम पड़े। और जब वे बोल चुके तो एक पंडित ने खड़े होकर कहा--जो काशी का उस समय का सबसे बड़ा पंडित था--उसने कहा कि संस्कृत आती है? रामतीर्थ ने कहा कि नहीं, संस्कृत तो नहीं आती। वह हंसने लगा। उसने कहा : क्या खाक ब्रह्मज्ञान आएगा जब संस्कृत ही नहीं आती? पहले संस्कृत की व्याकरण सीखो।

इतना कुल परिणाम काशी में हुआ! जहां कोई कुछ न जानता था, वहां लोगों ने इतना प्रेम और इतना अहोभाव दिया! काशी में जहां उनको खयाल था, जानने वाले हैं, वहां उन्होंने मूढ़ पाए, जो भाषा और व्याकरण से उलझे हैं। उन्होंने काशी छोड़ दी।

पांडित्य मूढ़ता को छिपाने का ढंग है। व्याकरण, भाषा, शास्त्र बड़ा आसान है। ज्ञान बड़ा कठिन है। ज्ञान बाहर से भीतर नहीं आता, पांडित्य बाहर से भीतर आता है। ज्ञान भीतर से बाहर जाता है। उनकी यात्राएं अलग हैं।

फरीद कहते हैं :

फरीदा जे तू अकलि लतीफ,...

अगर सच में ही तेरे पास बुद्धि है, सच में ही अगर तू अक्ल-लतीफ है--क्योंकि झूठी बुद्धियां तो चारों तरफ दिखाई पड़ रही हैं, उनकी बात ही मत करो; झूठी बुद्धियों ने तो इतनी ही बुद्धिमत्ता जुड़ाई है कि अज्ञान को छिपा लिया है--लेकिन अगर तू सच में ही बुद्धिमान है तो फिर पहला काम

बुद्धिमानी का यह है कि तू दूसरे के खिलाफ काले अंक मत लिख, तू दूसरे की बुराई मत देख।

यह बुद्धिमान का पहला लक्षण है; क्योंकि दूसरे की बुराई देखने से क्या होगा? और थोड़ा सोचना कि हम दूसरे की बुराई देखने में इतनी आतुरता, इतनी उत्सुकता क्यों लेते हैं? दूसरे की बुराई देखना स्वयं की बुराई को छिपाने का ढंग है। उसके पीछे बड़ा आयोजन है। दूसरे की बुराई देख कर तुम्हें राहत मिलती है।

रोज सुबह तुम अखबार पढ़ लेते हो : देख लेते हो, इतने डाके पड़े, इतनी हत्याएं की गईं, तुम्हारे मन में बड़ा भाव पैदा होता है कि हम ही भले, न डाका डालते हैं, न हत्या करते हैं। कभी किसी की थोड़ी जेब काट ली, इतना छोटा-मोटा तो करना ही पड़ेगा, जब दुनिया में इतना सब हो रहा है! जब दुनिया में इतना सब हो रहा है... ! बुराई देख कर तुम्हें राहत मिलती है कि मेरी बुराई क्या है, कुछ भी नहीं है : चलने दो, कोई हर्जा नहीं है। इस दुनिया में जीना है तो इतना तो चलाना ही पड़ेगा, नहीं तो मारे जाओगे। यह तो व्यावहारिक है। हम कोई बहुत बड़े काम नहीं कर रहे हैं--न तो मुजीबुर्रहमान की हत्या कर रहे हैं, न फोर्ड को मारने की कोशिश कर रहे हैं, कुछ भी नहीं कर रहे हैं। अब छोटा-मोटा तो चलेगा कि ग्राहक से पांच रुपये की जगह साढ़े पांच रुपये ले लिए; आठ आने के पीछे क्या हमको नरक भेजोगे! और अगर यह सब दुनिया में चल रहा है तो नरक में हमको जगह ही कहां मिलेगी? सब लोग नरक में होंगे। हमारा क्यू में नंबर आने वाला भी नहीं है।

दूसरे की बुराई को देख कर खुद की बुराई छोटी हो जाती है। इसलिए तुम दूसरे की बुराई भी देखते हो और दूसरे की बुराई को बड़ा करके भी देखते हो। वह तरकीब है सांत्वना की। फिर क्रांति की कोई जरूरत नहीं, तुम्हें बदलने की कोई जरूरत नहीं; जब दुनिया बदलेगी तब... ! इस बुरी दुनिया में तो थोड़ा बुरा होना ही पड़ेगा। यहां शुद्ध होने का उपाय नहीं है। यहां संत हो गए तो मूढ़ सिद्ध होओगे, लोग लूट लेंगे। इतनी व्यवहार-कुशलता तो चाहिए ही!

तो अपनी बुराई व्यवहार-कुशलता मालूम होने लगती है, जब सबकी बुराई दिखाई पड़ती है।

संत अगस्तीन एक ईसाई फकीर हुआ। उसने कहा है : हे परमात्मा, जब मैं दूसरों की बुराई देखता हूं तो मुझसे पुण्यात्मा कोई जगत में नहीं दिखाई पड़ता। और जब मैं अपनी बुराई देखता हूं तो मुझसे बड़ा पापी कोई दिखाई नहीं पड़ता। अब मैं क्या करूं? मैं किस तरफ देखूं?

मूढ़ दूसरे की तरफ देखेगा; क्योंकि वह मुफ्त में पुण्यात्मा हो जाने का मजा है; बिना पुण्यात्मा हुए पुण्यात्मा हो जाने की सुविधा है उसमें--दूसरे का पाप देखो... !

तुमने कहानी सुनी है, अकबर ने एक लकीर खींच दी अपने दरबार में और कहा अपने दरबारियों को, इस लकीर को बिना छुए छोटी कर दो। अब लकीर बिना छुए छोटी कैसे हो? दरबारियों ने बहुत सिर पचाया, वह न हो सकी। बीरबल उठा और उसने एक बड़ी लकीर उसके नीचे खींच दी। उस लकीर को छुआ भी नहीं, बड़ी लकीर नीचे खिंचते ही वह छोटी हो गई।

जो बीरबल ने किया, वही तुम कर रहे हो, वही पूरा संसार कर रहा है। अपनी लकीर को छोटा दिखाने के लिए दूसरे की लकीर को बड़ा खींच दो--इतना बड़ा खींच दो : सारी दुनिया के पापों का पता लगा लो, फिर तुम्हें अपने पाप दिखाई ही न पड़ेंगे; तुम तो करीब-करीब शुद्ध-बुद्ध मालूम होने

लगोगे, क्योंकि पाप या पुण्य तुलनात्मक हैं। अगर सारा जगत अंधकार में डूबा है, तो तुम्हारा टिमटिमाता मिट्टी का दीया भी काफी प्रकाश है। अगर सारा जगत सूर्य के प्रकाश में है, तो तुम्हारा मिट्टी का दीया प्रकाश नहीं है, अंधकार है। तुलना की बात है।

फरीद कहता है--उसने ठीक सूत्र दे दिया है--वह बुद्धिमान आदमी के लिए असली सूत्र है। जो यह न कर रहे हों, वे बुद्धू हैं।

फरीदा जे तू अकलि लतीफ,...

अगर तू सच में ही बुद्धिमान है, अगर तू तेज अक्ल रखता है, तो दूसरे के खिलाफ काले अंक मत लिख; क्योंकि वह अपने को धोखा देने के अतिरिक्त और कुछ भी नहीं है। और फिर जितना ही हम दूसरे के खिलाफ काले अंक लिखते हैं, उतना ही धीरे-धीरे ऐसा अहसास होता है कि मेरी कमियों के लिए भी दूसरे जिम्मेवार हैं; मेरी भूलों के लिए भी सारा संसार जिम्मेवार है; मैं अकेला बदलना भी चाहूं तो कैसे बदलूंगा?

पश्चिम में इन सौ वर्षों में एक बहुत महत्वपूर्ण घटना घटी है। वह घटना यह है कि मार्क्स ने एक यात्रा शुरू की, विचार का एक नया दर्शन शुरू किया। वह बहुत नया नहीं है, नया दिखाई पड़ता है। ऐसे तो प्रत्येक मनुष्य के भीतर मूढ़ता का वही दर्शन है। मार्क्स ने यह कहा कि अगर तुम दुखी हो, परेशान हो, चिंतित हो, तो समाज की आर्थिक स्थिति और व्यवस्था जिम्मेवार है, तुम जिम्मेवार नहीं हो। अगर तुम चोर हो, बेईमान हो, भ्रष्टाचारी हो, तो समाज की आर्थिक व्यवस्था जिम्मेवार है, तुम जिम्मेवार नहीं हो। क्या करोगे तुम? जहां शोषण चल रहा है, वहां तुम्हें चोर होना ही पड़ेगा। मार्क्स ने चोरों के मन को बड़ी राहत दे दी। ईर्ष्या तो स्वाभाविक है। जहां कुछ लोगों के पास ज्यादा है और कुछ लोगों के पास कम है वहां ईर्ष्या तो होगी ही। इसलिए ईर्ष्या से छुटकारे का कोई उपाय नहीं है, जब तक कि संपत्ति का समान वितरण न हो जाए।

मार्क्स ने मनुष्य के मन की बहुत सी बीमारियों को सुरक्षा दे दी, सहारा दे दिया।

बुद्ध कहते हैं: महत्वाकांक्षा छोड़ो। मार्क्स कहता है: महत्वाकांक्षा छूट कैसे सकती है जहां और शेष सारा जगत महत्वाकांक्षी है; तुम ही पिट जाओगे। बुद्ध कहते हैं: ईर्ष्या न करो। मार्क्स कहता है: ईर्ष्या तो होगी ही, जब तक कि संपत्ति का समान विभाजन नहीं हो जाता। जब तक किसी के पास ज्यादा है तब तक मैं कैसे शांत हो सकता हूं? अशांति तो रहेगी।

फिर मार्क्स ने जो किया उससे भी बड़ा काम फ्रायड ने किया। फ्रायड ने लोगों को बताया कि तुम क्या कर सकते हो; तुम्हारे मां-बाप ने जन्म के साथ ही तुम्हारे मन को संस्कारित कर दिया है, जिम्मेवारी उनकी है। अगर तुम हत्यारे बन गए तो इसका कारण जरूर तुम्हारे मां और पिता के संस्कारों में है। हो सकता है, मां ने तुम्हें भरपूर दूध नहीं दिया, तुम्हें क्रोध पैदा करवा दिया। हो सकता है, मां-बाप ने तुम्हें बचपन में प्रेम नहीं दिया; और जिस बच्चे को प्रेम नहीं मिलता उसकी विध्वंस की आकांक्षा पैदा हो जाती है। तो कसूर तो तुम्हारे मां-बाप का है। और मां-बाप से भी पूछो तो उनका भी क्या कसूर है, वह उनके मां-बाप का है, और उनके मां-बाप का, उनके मां-बाप का। कसूर

किसी का भी नहीं है। अगर इसको ठीक से समझो तो अगर परमात्मा ने संसार बनाया है तो उसी का कसूर है, क्योंकि वही पहला बाप है।

मार्क्स ने कहा कि अगर किसी बच्चे को बदलना हो तो उसके परदादाओं को बदलना जरूरी है। अब यह तो हो ही नहीं सकता। तो किसी बच्चे को बदलना हो तो तुम्हारे बाप के बाप और उनकी मां और मां के बाप और मां की मां--उनको बदलना पड़ेगा। वे तो कब्र में होंगे। अगर उनको कब्र से भी निकाल लो तो बदलने को राजी न हों। अगर जिंदा भी हों तो वे आखिरी घड़ी में होंगे, जहां कि बदलाहट नहीं होती। और मार्क्स ने कहा कि सात साल की उम्र तक तो सब संस्कार तय हो जाते हैं, फिर कुछ किया नहीं जा सकता। इसलिए फ्रायड ने और भी सहारा दे दिया। उन्होंने कहा: तुम चोर हो तो तुम चोर ही हो सकते थे। तुम बेईमान हो, बेईमान ही हो सकते थे। हत्यारे हो, हत्यारे ही हो सकते थे।

इन दो व्यक्तियों ने पिछले सौ साल में पश्चिम का मनोविज्ञान निर्मित किया और वही मनोविज्ञान अब सारी दुनिया पर फैल गया है। इसका परिणाम यह हुआ कि कोई आदमी अपनी बुराई के लिए स्वयं को जिम्मेवार नहीं समझता है।

और जिस व्यक्ति के जीवन में यह खयाल न हो कि मैं जिम्मेवार हूं, उसके जीवन में रूपांतरण नहीं हो सकता। रूपांतरण होगा ही कैसे? तब तो सारी दुनिया बदलेगी तब मैं बदलूंगा। यह कभी होने वाला नहीं है; और अगर कभी होगा भी तो मैं न रहूंगा।

फरीदा जे तू अकलि लतीफ,...

अगर तू सच में ही बुद्धिमान है फरीद तो एक काम कर। यह बुद्धिमान का पहला लक्षण है: तू दूसरे के खिलाफ काले अंक मत लिख; क्योंकि तूने वे अंक लिखे कि तेरे जीवन में परमात्मा से मिलने का उपाय बंद हो जाएगा। तू दायित्व अपना समझ। तू अपने को ही उत्तरदायी समझ। क्योंकि जिसने अपने को उत्तरदायी समझा, उसके पास अपने को बदलने की कुंजी हाथ में आ गई।

अगर मेरे दुख के लिए मैं ही जिम्मेवार हूं तो मेरे सुख के लिए भी मैं रास्ता बना सकता हूं। अगर मैं आज दुखी हूं, मैंने ही अपने दुख के बीज बोए हैं तो कल मैं सुखी हो सकता हूं: मैं सुख के बीज बो सकता हूं। लेकिन अगर तुमने बीज बोए हैं और फसल मुझे काटनी पड़ती है तो फिर मेरे हाथ के बाहर बात है। फिर तुम ही जब सुख की फसल बोओगे तभी मैं काट सकूंगा। तब तो यह बात अंधकार में पड़ गई, मेरे हाथ में न रही।

धर्म और अधर्म के चिंतन में यही फर्क है। धर्म कहता है: व्यक्ति जिम्मेवार है। अधर्म कहता है: कोई और जिम्मेवार हो--अर्थशास्त्र जिम्मेवार हो, राजनीति जिम्मेवार हो, मनोविज्ञान जिम्मेवार हो, लोग, समाज, संस्कृति, भूगोल, इतिहास, जिम्मेवार हो--व्यक्ति भर जिम्मेवार नहीं है। और जैसे ही व्यक्ति जिम्मेवार नहीं, वैसे ही व्यक्ति की आत्मा खो जाती है।

तुम्हारा उत्तरदायित्व तुम्हारी आत्मा है। तुम्हारा उत्तरदायित्व तुम्हारी स्वतंत्रता है। तुम्हारा उत्तरदायित्व तुम्हारा मोक्ष है, मुक्ति है। यद्यपि यह मैं जानता हूं कि जब कोई अपना उत्तरदायित्व समझता है तो पहले बड़ी पीड़ा होती है, इसलिए तो हम दूसरे पर टालते हैं। हम दूसरे पर इसीलिए

टालते हैं कि अपना उत्तरदायित्व मानने से बड़ी पीड़ा होती है, कि मैंने ही अपना दुख बनाया, यह कैसे हो सकता है।

छोटा बच्चा टकरा जाता है फर्नीचर से घर में आकर, वह कुर्सी को मारता है, टेबल पर गुस्सा निकालता है कि यह टेबल मुझसे टकरा गई। क्योंकि छोटे बच्चे के अहंकार को भी यह ठीक नहीं लगता कि मैं इससे टकराया : तब तो फिर जिम्मेवारी मेरी है, तब तो चांटा मुझ ही पर पड़ना चाहिए। टेबल ने मारा, वह तो ठीक ही है; मां भी मारे, लेकिन बच्चा टेबल को मारता है। और बच्चे को राजी करने के लिए मां को भी टेबल को अभिशाप देना पड़ता है। लेकिन यह बचपन जिंदगी भर जारी रहता है। जब भी तुम्हें कोई गाली देता है, तुम निश्चित मानते हो, उसकी जिम्मेवारी है। तुमने कुछ भी नहीं किया था, तुम तो बिलकुल भोले-भाले हो।

एक घर में मैं मेहमान था। एक छोटा बच्चा रोता हुआ आया। वह पड़ोस में किसी से लड़ कर आया है। उसकी मां ने कहा कि फिर झंझट हुई? किसने शुरू की? झगड़ा किसने शुरू किया? उस लड़के ने कहा : मैंने शुरू नहीं किया। जब उस लड़के ने मेरे चांटे का उत्तर दिया, तभी शुरू हुआ।

कोई शुरू नहीं करता। जब कोई तुम्हारे चांटे का उत्तर देता है तब झंझट शुरू होती है। सदा ही ऐसा होता है। ऐसा ही दूसरा भी मानता है। इसलिए दो लड़ने वालों में कभी भी तय करना असंभव है, किसने शुरू किया। और यह कोई छोटे-छोटे लोगों की बात नहीं है; बड़े-बड़े राष्ट्र भी यही करते हैं। कभी तय नहीं हो पाता कि किसने झगड़ा शुरू किया--चीन ने कि हिंदुस्तान ने; कि हिंदुस्तान ने कि पाकिस्तान ने--कभी तय नहीं हो पाता। तुम्हारे छोटे बच्चे और तुम्हारे बड़े राजनीतिज्ञ एक से मूढ़ हैं, कोई फर्क नहीं है।

मूढ़ता का लक्षण यह है कि वह कहती है दूसरा जिम्मेवार है--वह कोई भी हो, मैं जिम्मेवार नहीं हूं। और इसलिए मूढ़ आदमी सदा के लिए मूढ़ रह जाता है। जब अपनी जिम्मेवारी ही नहीं, तो अपने हाथ में कुछ न रहा; तुमने अपने हाथ से अपनी स्वतंत्रता खो दी।

धार्मिक व्यक्ति कहता है : अगर किसी ने गाली दी हो, तुम उसकी फिकर छोड़ो; तुमने किस तरह चांटा शुरुआत किया था, तुम अपनी फिकर कर लो। तुम इतना ही देख लो कि तुमने कौन सी भूल की थी, उसे तुम हटा दो। अगर नहीं हटाना है, गाली को स्वीकार कर लो--कि स्वाभाविक है। लेकिन इस बात के स्मरण में आते ही कि मैं जिम्मेवार जरूर होना चाहिए, हर हालत में कुछ न कुछ मेरी जिम्मेवारी होगी--तुम्हारे जीवन में एक मुक्ति की संभावना शुरू हो जाएगी, तुम हलके हो जाओगे। पहले पीड़ा होगी, अहंकार को चोट लगेगी; लेकिन उसी पीड़ा से आनंद का जन्म होता है। वह प्रसव-पीड़ा है।

फरीद ने ठीक सूत्र दे दिया है।

फरीदा जे तू अकलि लतीफ, काले लिखु न लेख।

किसी के संबंध में काले लेख मत लिख। अपना सिर झुका कर तू अपने ही गरेबां की तरफ देख।

आपनड़े गिरीबान महि, . . .

अपने ही...झुक कर अपने ही भीतर झांक। जब भी जीवन में दुख हो, अपने भीतर कारण को खोज। जब भी जीवन में अशांति हो, अपने भीतर कारण को देख।

एक सज्जन मेरे पास आए। कहने लगेः बड़ा अशांत हूं, कोई शांति का उपाय बताएं। मैं अरविंद आश्रम गया, रमण आश्रम गया, ऋषिकेश गया, यहां गया वहां गया--सब बेकार है। सब ढोंग है, कहीं कोई शांति नहीं है।

मैंने उनसे पूछाः अशांति सीखने कहां गए थे?

वे थोड़े चौंके। शांति सीखने अरविंद आश्रम गए, रमण आश्रम गए, वह सब ढोंग साबित हुआ; क्योंकि वे कोई भी शांति न दे पाए। अशांति सीखने कहा गए थे?

उसने कहाः मैं अशांति सीखने कहीं भी नहीं गया था।

तो मैंने कहाः तुम खुद ही अशांति सीख लिए। तो जब तुमने खुद अशांति सीखी, तुम्हें शांति कौन सिखाएगा? अब इसमें तुम आश्रमों को जिम्मेवार मत समझो कि सब धोखाधड़ी है, सब फिजूल है, बकवास है, सब पाखंड है, कोई शांत नहीं कर पाया। तुम अपने अशांत होने के कारणों को समझो। शांत तुम्हें कौन कर पाएगा, अगर तुम्हारे कारण जारी रहे? तुम अगर ईंधन डालते गए चूल्हे में और आग की लपटें उठ रही हैं और तुम दूसरे से कह रहे हो कि बुझाओ, और तुम ईंधन लगाए जा रहे हो, तुम घी डाले जा रहे हो आग में और किसी दूसरे से कह रहे हो, पढ़ो मंत्र, बुझाओ आग; अगर न बुझा पाए तो तुम्हारा मंत्र ढोंग-धूतरा है, सब पाखंड है।

मैंने कहा कि अगर तुम यही धारणा लेकर यहां भी आए तो अभी नमस्कार कर लेता हूं, नहीं तो मैं भी पाखंड हो जाऊंगा; क्योंकि मैं देख रहा हूं तुम आग में तो घी डाले जा रहे हो। तुमने मूल बात तो समझी ही नहीं। कोई दुनिया में शांत होने का थोड़े ही उपाय है; सिर्फ अशांति को समझने का उपाय है। और जो अशांति को समझ लेता है, वह अपने हाथ खींच लेता है; वह अशांति को पैदा नहीं करता, बात खत्म हो गई। शांति को पाने के लिए कुछ भी करने की जरूरत नहीं है; सिर्फ अशांति पैदा मत करो।

शांति तो अभाव है। सिर्फ संसार में मत उलझो। परमात्मा को पकड़ने का कोई उपाय नहीं है; सिर्फ संसार में मत उलझो, परमात्मा तो मिला ही हुआ है।

जिसे तुमने कभी नहीं खोया, वही परमात्मा है। जो तुम्हारा आंतरिक स्वभाव है, वही शांति है। उसे पाने की कोई भी जरूरत नहीं है। मगर हम अजीब पागल हैंः अशांति को पैदा करते हैं, फिर हम सोचते हैं, अब शांति पैदा करनी है!

शांति लेकर ही तुम आए थे। शांति तुमने कभी खोई नहीं है। वह तुम्हारे भीतर अभी भी बज रही है। लेकिन तुमने चारों तरफ अशांति इकट्ठी कर रखी है।

मैंने पूछाः तुम मुझे अशांति का कारण कहो। उसने कहा कि वह लंबी कथा है। उसमें क्या सार है? आप शांति का उपाय बता दें।

मैं कोई शांति का उपाय जानता नहीं; एक ही उपाय जानता हूं, और वह यह कि तुमने अशांति पैदा की है, उसे ठीक से समझना होगा। और अब आगे पैदा मत करो।

अशांति ऐसे ही है जैसे आदमी साइकिल चलाता है, पैडल मारता है : पैडल मारो तो साइकिल चलती है, मत मारो तो रुक जाती है, अपने आप गिर जाएगी। अशांति को भी पैडल मारने पड़ते हैं।

एक बात ठीक से खयाल में आ जाए कि मैं ही मेरे होने का जिम्मेवार हूं, तुम्हारे जीवन में क्रांति का पहला कदम उठ गया। फिर तुम्हें कोई बदलने से रोक नहीं सकता।

हां, अपनी तरफ देखना जरूरी है। आंखों को खर्च मत कर डालो दूसरों को देखने में। आंखों को अपने गरेबां की तरफ लगाओ। अपने को पहचानो। आंख का पहला उपयोग अपने को पहचानना है। अपने को जिसने पहचान लिया वह सभी को पहचान लेगा; और जो अपने को पहचान न पाया वह किसी को भी न पहचान पाएगा।

अभी, हमारी सारी चेष्टा क्या है? सारी चेष्टा यह है कि दूसरे की बुराई को देखें और अपनी भलाई को दिखाएं। जो भलाई नहीं है वह दिखाएं, और जो बुराई नहीं है उसको भी देखें--अभी हमारी चेष्टा यह है। यह बड़ी मूढ़तापूर्ण स्थिति है।

फरीदा जे तू अकलि लतीफ, काले लिखु न लेख।
आपनड़े गिरीबान महि, सिर नीवां करि देख।।
फरीदा जो तैं मारनि मुकीआं, तिन्हा न मारे घुंमि।

'फरीद, लोग अगर तुझे मुक्कों से मारें तो बदले में तू उन्हें मत मार। तू तो उनके कदमों को चूम कर अपने घर चला जा।'

आपनड़े घरि जाईए, पैर तिन्हादे चुंमि।

जीसस हों कि बुद्ध कि फरीद, सभी सयानों का एक मत है। सबै सयाने एक मत! और वह यह है कि अगर दूसरा तुम्हें मारे तो पहले तो तुम यह समझ ही लेना कि जाने-अनजाने तुमने उसे मार दिया होगा। तुम्हें शायद पता भी न हो कि किस ढंग से तुमने उसे मारा, लेकिन मार दिया होगा; अन्यथा किसको फुर्सत है तुम्हें मारने की, किसको जरूरत है? कई बार तो ऐसा होता है कि तुम किसी की भलाई भी करते हो और उसमें भी तुम मार देते हो।

एक मित्र मेरे पास आते हैं। मैं मध्यप्रदेश में वर्षों तक था। वे वहां के सबसे बड़े करोड़पति हैं--उस प्रदेश के। उन्होंने मुझसे कहा कि मेरी समझ में नहीं आता, मैं सबके साथ भलाई करता हूं--और वे आदमी भले हैं--मेरे जितने रिश्तेदार हैं, सबको मैंने धनपति बना दिया। रिश्तेदारों के रिश्तेदारों को भी मैंने कभी रुकावट नहीं डाली; जो भी सहायता मैं कर सकता हूं, मैंने की है। लेकिन मुझे कोई धन्यवाद देता नहीं मालूम पड़ता। उलटे, पता नहीं लोग क्यों मेरे विरोध में हैं? मेरे अपने लोग जिनको मैंने सब सहारा दिया है, जिनको मैंने खड़ा किया है, जिनके लिए मैंने अपनी तिजोड़ी कभी बंद नहीं की है, वे भी मुझसे नाराज हैं!

मैंने उनसे कहा : एक बात मैं आपसे पूछता हूं, कभी आपने किसी दूसरे को भी मौका दिया है कि आपकी सहायता कर सके?

उन्होंने कहा : इसकी जरूरत ही नहीं है। मौके का क्या सवाल है? इसकी जरूरत ही नहीं है। मेरे पास सब है। मैंने कभी किसी के सामने हाथ नहीं फैलाए।

तो मैंने कहा : मैं समझ गया, अड़चन कहां है। जब भी तुमने किसी को दिया होगा, तब तुम्हारी यह अकड़ कि मैंने कभी किसी के सामने हाथ नहीं फैलाए; मैं सदा देने वाला हूं, लेने वाला नहीं--यह अकड़ मार गई। उस आदमी के मन में इतनी पीड़ा तुम छोड़ दिए हो। दिया तुमने बहुत है, इसमें कोई शक नहीं है। मुझे भी पता है। तुम्हारे रिश्तेदारों को भी, मैंने कहा, मैं जानता हूं। उनको तुमने दिया है, यह वे भी स्वीकार करते हैं; लेकिन तुम्हारे देने में इतनी अकड़ थी और इतना अहंकार था; तुम्हारे देने में तुम इतने ऊंचे थे और उनको तुमने कीड़े-मकोड़े की तरह कर दिया! तुमने कभी उन्हें अवसर न दिया कि वे भी कभी ऊपर हाथ उठा कर तुम्हें कुछ दे पाते। कोई छोटी चीज--कि तुम बीमार पड़े होते और तुमने उन्हें कहा होता कि आओ, दो घड़ी मेरे पास बैठ जाओ, तुम्हारे बैठने से मुझे राहत मिलती है; कि तुम्हें कोई काम होता, छोटा-मोटा काम कि तुम मेरे लिए कर देना, कोई दूसरा न कर सकेगा, मुझसे नहीं होता। तुमने कभी छोटे-छोटे मौके उन्हें दिए होते कि वे भी सहायता कर सकते। तुमने उन्हें भिखारी बना दिया है। दिया तुमने बहुत है; लेकिन देने के माध्यम से तुमने उन्हें भिखारी बना दिया है। वे उसका बदला लेते हैं तुमसे। वे बदला लेकर रहेंगे। तुम उनके दुश्मन हो।

कहावत है : नेकी कर और कुएं में डाल। उसका मतलब इतना ही है कि भलाई करना, लेकिन याद मत रखना कि भलाई की। भलाई करना, करते वक्त खयाल भी मत लाना कि भलाई कर रहे हो। वस्तुतः भलाई करना, लेकिन यह भी अपेक्षा मत करना कि दूसरा धन्यवाद दे। और भी अगर तुम ठीक से समझो तो भलाई करना और उसको धन्यवाद देना कि तेरी बड़ी कृपा है कि तूने सेवा का एक मौका दिया। और यह बातचीत की बातचीत न हो, यह हार्दिक हो। नहीं तो भलाई भी चांटा मार जाती है। उसका भी बदला मिलेगा।

जिंदगी बड़ी उलझी है और आदमी बड़ा अंधा है। सभी बुद्धपुरुषों ने यह कहा है।

फरीदा जो तैं मारनि मुकीआं, तिन्हा न मारे घुंमि।

जो तुम्हें मारें, उन्हें घूम कर जवाब मत देना, उन्हें मारना मत। क्यों? क्योंकि वे तुझे मार ही रहे हैं इसलिए कि तूने किसी जाने-अनजाने क्षण में उन्हें कभी मारा होगा--इस जन्म में, किसी और जन्म में। कथा लंबी है। हम यहां नये नहीं है। हम पहली दफा यहां नहीं है, बहुत बार यहां रहे हैं। जिनसे हम संबंधित हैं उनसे हमने बहुत तरह के संबंध बनाए और मिटाए। उनको कभी तूने मारा होगा।

बुद्ध बैठे हैं एक शिलाखंड के पास और देवदत्त ने--उनके चचेरे भाई ने--उन्हें मारने की व्यवस्था की है। उसको बड़ी पीड़ा थी। वह सोचता था, मैं खुद बुद्धपुरुष हूं। और उसे बड़ी अड़चन थी, क्योंकि वह बड़ा चचेरा भाई था, बुद्ध से उम्र ज्यादा थी। और यह बुद्ध अचानक गुरु हो गया, हमारे देखते-देखते गुरु हो गया! और इसको क्या पता है जो हमको पता नहीं है?

और वह पंडित था। और अगर दोनों परीक्षा देते तो शायद बुद्ध हारते और वह जीतता। शास्त्र का उसे ज्ञान था। बुद्ध का शास्त्र का ज्ञान न के बराबर है; अपना ज्ञान परम है, शास्त्र का ज्ञान कुछ खास नहीं है। उसकी कोई जरूरत नहीं है। जिसके पास हीरे हैं वह कंकड़-पत्थर क्यों इकट्ठे करे? लेकिन देवदत्त को बड़ा शास्त्रीय ज्ञान था। वह चाहता था, बुद्ध को मिटा दे, तो वह एकछत्र गुरु हो जाए। उसके भी कुछ शिष्य मिल गए थे उसको।

दुनिया में इतने मूढ़ हैं कि मूढ़ से मूढ़ आदमी को भी शिष्य मिल जाते हैं। इसलिए उसमें कुछ परेशान होने की बात नहीं है। कुछ बड़ा ज्ञानी होने की जरूरत नहीं है शिष्य पाने को। सच तो यह है कि अगर तुम ज्ञानी हो तो शिष्य मिलना थोड़ा मुश्किल हो जाएगा; क्योंकि शिष्य को भी तुम्हारी तरफ यात्रा करनी पड़ेगी। अगर तुम मूढ़ हो, तुम उनके साथ ही खड़े हो; कहीं यात्रा नहीं करनी है। अगर तुम मूढ़ हो, तो मूढ़ शिष्यों से तुम्हारा ठीक संबंध बैठ जाएगा; क्योंकि तुम्हारे कृत्यों में और उनकी समझ में तालमेल होगा।

देवदत्त को भी शिष्य मिल गए थे। उसने आकर एक पत्थर ऊपर से सरका दिया पहाड़ से। बड़ी चट्टान थी। करीब-करीब बुद्ध के करीब से पत्थर गुजर गया; दो इंच और इस तरफ कि बुद्ध समाप्त हो जाते। शिष्यों ने बुद्ध से कहा : अब यह जरा अति हो गई! अब कुछ करना पड़ेगा।

बुद्ध ने कहा : चुप! करने की बात ही मत सोचना। पहले मैंने किया था, उसका फल भोग रहा हूं। अब और आगे करने का हिसाब मत रखो, नहीं तो फिर आना पड़ेगा। यह निपटारा हुआ। मेरा मन हलका हुआ। कभी मैंने इस देवदत्त को बहुत दुख दिया था। यह तो सिर्फ हिसाब-किताब पूरा हो रहा है।

बुद्ध न मरे तो उसने एक पागल हाथी बुद्ध के खिलाफ छोड़ दिया। वह पागल हाथी बिलकुल पागल था। उसको बस में करना मुश्किल था। वृक्षों को उखाड़ कर फेंक देता, लोगों को कुचल डालता। उसको छोड़ दिया। लेकिन वह पागल हाथी बुद्ध के सामने आकर झुक कर खड़ा हो गया। बुद्ध के शिष्यों ने कहा : यह तो बड़ा चमत्कार है!

बुद्ध ने कहा : कुछ चमत्कार नहीं है। इस हाथी के साथ कभी मैंने भला किया था। किन्हीं अतीत जन्मों की बात है। यह भी चुकतारा हो गया; क्योंकि बुरा भी बांधता है, भला भी बांधता है। जब तक इस हाथी से लेन-देन पूरा न हो जाता, तब तक फिर मुझे रहना पड़ता। इस जिंदगी में सबसे निपटारा कर लेना है ताकि फिर आने की कोई जरूरत न रह जाए।

फरीदा जो मैं मारनि मुकीआं, तिन्हा न मारे घुंमि।

लौट कर मत मारना; क्योंकि पहले ही तूने मारा है, उसका ही तो यह बदला है।

लोग तुझे मारें तो बदले में मत मार। तू अनेक कदमों को चूम कर अपने घर चला जा।

तू उन्हें धन्यवाद दे। हिसाब-किताब पूरा हो गया। अब तुम भी मुक्त, मैं भी मुक्त। तू चूम कर उनके पैरों को अपने घर चला जा। हिसाब-किताब को समाप्त करते वक्त बड़े प्रेमपूर्ण ढंग से समाप्त कर दे। क्योंकि जरा भी तूने प्रतिक्रिया की तो फिर सिलसिला शुरू हो जाता है।

यह बड़ा गहरा गणित है, जीवन के शास्त्र का गणित है। अगर कोई तुम्हें दुख दे रहा है, तुमने दिया होगा। अब चुपचाप निपटारा कर लो। अब नई श्रृंखला मत बनाओ। उसे धन्यवाद दो कि निपटारा हो गया। हमने तेरे साथ किया, तूने हमारे साथ किया, बात पूरी हो गई! अब हम विदा हो सकते हैं! अब हमारे बीच कोई धागा नहीं बंधा हुआ है।

फरीद, जब तेरे कमाने के दिन थे, तब तो तू दुनिया के रंग में रंगा हुआ था। मौत की नींव लेकिन मजबूत है। खेप के भरते ही वह लादनहार लेकर चल देगा।

फरीदा जा तउ खट्टण वेल...

जब तू जवान था, युवा था, शक्ति से भरा था! जब तेरे कमाने के दिन थे--कौन सी कमाई? परमात्मा को कमाने की कमाई--परमात्मा को कमाने के जब तेरे दिन थे, वे तो दुनिया के रंग में गंवा दिए। अब बहुत थोड़े पल बचे हैं, अब इनको लड़ने-झगड़ने में मत उलझा। अब कोई गाली देता है, इसके कारण तू अपनी प्रार्थना में बाधा मत डाल! इसके कारण तू प्रार्थना को व्यथित मत होने दे। अब कोई पत्थर मारता है, इस कारण तू अपनी आत्मा को डुबाने में मत लग जा। अब इन छोटी बातों में उलझने का समय न रहा। जब दिन थे, समय था, शक्ति थी, तब तो तू दुनिया के रंग में रंगा रहा! अब तो विदाई का वक्त आ गया। मौत मजबूत है। वह करीब आ रही है।

खेप के भरते ही वह लादनहार लेकर चल देगा।

खेप भरने के करीब है, किसी भी क्षण यात्रा शुरू हो जाएगी। अब वक्त नहीं है कि गालियों के जवाब गालियों से दिए जाएं, कांटों के जवाब कांटों से दिए जाएं, ईंटों के जवाब पत्थरों से दिए जाएं। अब वक्त नहीं है। अब मौत करीब आ गई है। ऐसे तो जिंदगी राग-रंग में बिता दी है, परमात्मा को न कमा पाया; अब इन आखिरी क्षणों को व्यर्थ के लेन-देन के उलझाव में मत लगा। कोई गाली दे, कोई मारे, तू पैर चूम कर अपने घर आ जा।

फरीदा जा तउ खट्टण वेल तां तू रत्ता दुनि सिउ।

तब तू सारी दुनिया में रत रहा, उलझा रहा।

मरग सवाई नीहि,...

अब मौत करीब आती है। और मौत बड़ी मजबूत है! उससे बचने का उपाय नहीं है।

...जां भरिआ तां लदिआ।

और जब लदना पूरा हो जाएगा, मौत की नाव भर जाएगी--यात्रा शुरू हो जाएगी।

देखु फरीदा जु थीआ, दाड़ी होई भूर।

फरीद देख तो जरा, यह क्या हुआ? तेरी दाढ़ी सफेद हो गई है।

अगहु नेड़ा आइआ, पिछा रहिआ दूर।

आगा नजदीक आ गया, पीछा बहुत पीछे छूट गया। जन्म तो बहुत पीछे छूट गया, मौत करीब आ गई।

देख फरीदा, क्या हुआ? तेरी दाढ़ी सफेद हो गई। फल पक गए। जीवन पूरा होने के करीब आ गया। अब समय नहीं है छोटी-छोटी बातों में उलझाव करने कर। अब गालियों के उत्तर देने का मौका नहीं है, न घूम कर मारने की सुविधा है। वह सब हो गया। अब तू जाग!

देखु फरीदा जु थीआ, दाढ़ी होई भूर।
अगहु नेड़ा आइआ पिछा रहिआ दूर।।

'फरीदा, देख तो जरा यह क्या हुआ? शक्कर भी विष हो गई। अपने स्वामी को छोड़ कर अब मैं और किसे अपना दुखड़ा सुनाऊं?'

देखु फरीदा जु थीआ, सकर होई विसु।

साईं बाझहु आपणे, वेदणु कहीऐ किसु।।

जिस-जिस को भी अमृत समझा जीवन में वह सब विष हो गया। जहां-जहां मिठास पाई, वहां-वहां जहर हो गया। जिन-जिन को सुख जाना, वहां-वहां दुख के सिवाय कुछ भी न मिला। जहां स्वर्ग समझ कर दरवाजे खटखटाए, वहां नरक पाया।

देख फरीदा, यह क्या हुआ? शक्कर भी विष हो गई। अब अपने स्वामी को छोड़ कर और किसे अपना दुखड़ा सुनाऊं?

यहां तो कोई दुखड़े को समझेगा भी नहीं। यहां तो किससे कहना? यहां तो अंधों से प्रकाश की चर्चा हो जाएगी। यहां तो मैं दुखड़ा रोऊंगा तो लोग हंसेंगे कि पागल हुआ है। यहां तो लोग कहेंगे : खाओ-पीओ, मौज करो--यही तो जीवन है। और परमात्मा कहां है? किस दुख के लिए रो रहे हो? किस सुख की बात कर रहे हो? किस शांति की यात्रा पर चले हो? यहां कोई तीर्थ नहीं है। चार दिन की जिंदगी है, जितनी जल्दी भोग लो, जितना ज्यादा भोग लो, उतना उचित है। ये सपनों की बातें मत करो।

फरीद जैसे लोग सदा ही सांसारिकों को पागल मालूम पड़े हैं। स्वाभाविक भी है! क्योंकि वे जिस सुख की बात करते हैं, उसका हमें कोई स्वाद नहीं है। वे जिसको दुख कहते हैं उसको ही हम सुख मान कर अभी जी रहे हैं। जब हमें होश आएगा, तब शायद हमको भी समझ में आए। लेकिन तब तुम भी पागल की हालत में हो जाओगे। अपनों को भी समझाओगे, वे भी सुनेंगे।

बाप बेटे को समझाता है, कुछ सार नहीं है इन बातों में! लेकिन बेटा समझ नहीं पाता। क्योंकि बेटे को भी जब अनुभव होगा तभी समझ आएगी। बल्कि बेटा मन में यह सोचता है, खुद तो खूब भोग कर बैठ गए, अब दूसरों को समझा रहे हो कि सार नहीं है! बाप को भी इसके बाप ने समझाया था कि कुछ सार नहीं है! यह भी ऐसे ही बेरुखे मन से सुना था।

जवानों को बूढ़ों की शिक्षा ठीक नहीं मालूम पड़ती। ठीक तो दूर, अरुचिकर मालूम पड़ती है! अरुचिकर भी दूर, बड़ी अपमानजनक मालूम पड़ती है। जवान बूढ़ों से बात नहीं करना चाहते! क्योंकि जवानी की भाषा और : आंखों में इंद्रधनुष समाए हैं! मन में बड़े सपने हैं! रोआं-रोआं पागल है वासना से! और तुम परमात्मा की बात करो, प्रार्थना की बात करो, मंदिर, मस्जिद, गुरुद्वारे की बात करो, जंचती नहीं है। अभी दुनिया से मन भरा कहां है!

तो फरीद कहता है : जो हालत हमारी हो गई है, वह यह है कि जीवन तो ऐसे ही गंवा दिया, यह दाढ़ी सफेद हो गई, मरने का वक्त करीब आ गया। कब लदाई पूरी हो जाएगी, लादनहार चल पड़ेगा--कुछ कहा नहीं जा सकता; किसी भी क्षण यह घटना घट सकती है। एक बात निश्चित है--वह मौत है। जीवन में सब अनिश्चित है मृत्यु के अतिरिक्त। और सब हो भी, न भी हो; मगर मौत तो होगी ही।

अब ऐसी घड़ी में--

देखु फरीदा जु थीआ सकर होई विसु।
साईं बाझहु आपणे, वेदणु कहीऐ किसु।।

यह वेदना किससे कहें, सिवाय अपने स्वामी के? वही समझ सकेगा।

जब तुम्हारे जीवन में समझ आती है तो सिवाय परमात्मा को छोड़ कर और किसी से बात करने में अर्थ नहीं रह जाता।

प्रार्थना का यही अर्थ है: तुम अपने परमात्मा से बात करते हो, वह समझेगा। अगर वह न समझेगा, तो फिर तो कोई भी न समझेगा।

भक्त जब भगवान के सामने बैठता है तब वह अपनी सब बातें हृदय खोल कर कहता है; तब वह दुख रोता है उसका जो बीत गया; पछताता है उस सबके लिए जो जा चुका; उस सबकी बात करता है जो आ रहा है। वह अपने जीवन के सपनों की बात कहता है जो झूठे सिद्ध हुए; और उन सत्यों की बात कहता है जिनकी झलक अब मिलनी शुरू हुई है। परमात्मा के अतिरिक्त ये बातें किसी से कही नहीं जा सकतीं।

धन्यभागी हैं वे लोग जिन्हें कोई गुरु मिल जाए। गुरु का अर्थ है: मनुष्य के रूप में परमात्मा। वह मनुष्य भी है--वह तुम्हारी भूलों और तुम्हारे दुख को भी समझ पाएगा; और वह परमात्मा भी है: वह तुम्हारे दुख और भूलों को केवल समझ ही न पाएगा, केवल तुमसे सहानुभूति ही न कर पाएगा, बल्कि तुम्हें मार्ग-दर्शन भी दे सकेगा। लेकिन अगर गुरु न मिले, जो कि आसान नहीं है; क्योंकि सौ गुरुओं के द्वार खटखटाओगे, निन्यानबे गलत सिद्ध होंगे। बिलकुल स्वाभाविक है। संसार में जहां असली सिक्के होते हैं, खोटे सिक्के भी चलते हैं, और खोटा ज्यादा चलता है। तुम्हारे खीसे में भी अगर एक असली सिक्का हो और एक खोटा, तो तुम पहले खोटे को चलाने की कोशिश करते हो। असली तो कभी चल जाएगा। इसलिए अर्थशास्त्री कहते हैं, खोटे सिक्कों को चलने की बड़ी धुन होती है, वे पहले चलते हैं। असली तो तिजोड़ी में छिप जाते हैं, नकली बाजार में चले जाते हैं। वही हालत सभी असली चीजों की है। असली गुरु की भी वही हालत है। तुम उसे बाजार में न पा सकोगे; वह तो हट जाता है। बाजार में तुम्हें वह मिल जाएगा जो तुम्हारी राह ही देख रहा था। वह तुम्हारे दरवाजे के सामने ही बैठा मिल जाएगा। उसे पाने के लिए तुम्हें कोई भी चेष्टा न करनी होगी, कुछ भी खर्च न करना पड़ेगा; उलटे, वह तुम्हें प्रसाद भी देगा, ताकि प्रसाद के लोभ ही आ जाओ। वह सब तरह तुम्हें उलझाएगा।

गुरु खोजना बड़ी कठिन बात है। मिल जाए, सौभाग्य। तब उसके सामने रोया जा सकता है। वह तुम्हारे आंसुओं को समझेगा। तुम्हारे आंसुओं को बहते देख कर वह यह न समझेगा कि तुम दीन-हीन हो; तुम्हारी आंसू की गरिमा उसे समझ में आएगी। तुम्हारे आंसू उसके लिए बड़े पवित्र होंगे। तुम रो कर उसके सामने छोटे न होओगे; तुम रो कर उसके सामने बड़े हो जाओगे। तुम्हारे आंसू तुम्हारी महिमा की खबर देंगे। तुम्हारे पछतावे तुम्हें दीन न करेंगे। तुम अपने पछतावों की बात करके पछतावों से मुक्त हो जाओगे। उससे तुम अपने दुख कह कर हलके हो जाओगे।

लेकिन अगर यह न हो सके, जो कि होना कठिन है कि गुरु मिल जाए, तो परमात्मा तो सब तरफ उपलब्ध है; उसे तो खोजने कहीं नहीं जाना है। तुम एक वृक्ष के पास बैठ कर वृक्ष को ही

उसका संदेशवाहक बना सकते हो। आकाश में चलते बादल को देख कर तुम मेघदूत बना सकते हो उसी बादल को। तुम उससे ही कह दे सकते हो अपना रोना कि जा रहे हो परमात्मा की तरफ, कह देना मेरा खबर।

गुरु न मिले तो परमात्मा तो सब तरफ उपलब्ध है, लेकिन यह भी कठिन बात है कि गुरु न मिले तो कौन तुम्हें जगाए, कौन तुम्हें कहे कि परमात्मा चारों तरफ है? गुरु मिल जाए तो सुगम हो जाती है बात। क्योंकि गुरु तुम्हारे जैसा ही होता है--एक अर्थ में; और एक अर्थ में तुमसे बिलकुल भिन्न होता है। गुरु तुम्हारे और परमात्मा के बीच में लगे द्वार की भांति होता है।

मगर जीवन बहुत जटिल है--जटिल ऐसा है जैसे कोई अगर पूछे कि मुर्गी पहले या अंडा पहले, ऐसा जटिल है। अगर तुम कहो, मुर्गी पहले, तो मुसीबत है; क्योंकि तत्क्षण मन कहता है: मुर्गी आएगी कहां से? अंडा चाहिए।

तुम कहो, अंडा पहले, तो मुसीबत है; मन तत्क्षण कहेगा: अंडा आएगा कहां से? मुर्गी रखेगी तभी न?

परमात्मा और गुरु का मामला भी मुर्गी-अंडे जैसा है। अगर गुरु मिल जाए तो परमात्मा मिल जाए। अगर परमात्मा मिल जाए तो गुरु मिल जाए। कौन पहले है? बहुत मुश्किल है। जो पहले मिल जाए, तुम उसी को पहले मान कर चल पड़ना। वस्तुतः दोनों करीब-करीब साथ-साथ मिलते हैं, युगपत मिलते हैं। क्योंकि मुर्गी है क्या, सिर्फ अंडे के लिए एक मार्ग है। अंडा क्या है, मुर्गी के लिए एक मार्ग है। अंडा मुर्गी होने के रास्ते पर है। मुर्गी अंडा होने के रास्ते पर है। वे दोनों संयुक्त हैं।

गुरु परमात्मा के लिए एक मार्ग है; परमात्मा गुरु के लिए एक मार्ग है। जो मिल जाए, जो पहले मिल जाए, जिसकी समझ तुम्हें पहले आ जाए, वहीं से चल पड़ना। वहीं तुम अपने को हलका कर पाओगे। इस संसार में तो लोगों के सामने दुखड़ा मत रोना--जो तुम रोज करते हो।

तुम कभी सोचते भी नहीं। तुम अक्ल के दुश्मन हो। तुम उन लोगों से दुख रो रहे हो, जो खुद ही तुमसे ज्यादा दुखी हैं। और वे अगर तुम्हारी बात भी सुनते हैं तो सिर्फ इसीलिए कि तुम्हारे दुख सुन कर उनको अपने दुख छोटे मालूम पड़ते हैं। और वे अगर तुम्हारी बात सुनते हैं तो भी इसीलिए कि तुम चुप हो जाओ तो वे अपना दुखड़ा तुम पर रो दें। लेन-देन है।

लेकिन दुख एक-दूसरे को सुना कर क्या होगा? इससे भी थोड़ा सा हलकापन तो मिलता है कि किसी ने भी सहानुभूति से सुन लिया। अब पश्चिम में तो किसी के भी पास इतना समय नहीं कि दुख सुने, तो एक नया व्यवसाय पैदा हो रहा है--मनोचिकित्सक का, साइकोएनालिस्ट का। उसका कुल धंधा इतना है कि वह तुम्हारा दुख सुनता है, उसके पैसे लेता है। क्योंकि अब किसी के पास फुर्सत नहीं है--न पति के पास फुर्सत है कि पत्नी को रोना सुने, क्योंकि दिन भर का थका-मांदा, भागा-दौड़ा किसी तरह घर आता है, और यह दिन भर का राग लिए बैठी है। न पत्नी को फुर्सत है कि पति की सुने...तो एक पेशेवर सुनने वाला है।

मनोवैज्ञानिक जो है वह कुछ नहीं करता; वह तुम्हें लिटा देता है एक कोच पर, पीछे बैठ जाता है, तुमसे कहता है: जो दिल में आए, कहो। लोग सालों तक मनोचिकित्सा करवाते हैं और उससे

उन्हें हलकापन लगता है: कम से कम कोई इतनी गंभीरता से तो सुन रहा है; कोई इतने ध्यान से सुन रहा है। हालांकि सुन नहीं रहा मनोवैज्ञानिक; उसको क्या लेना-देना है?

मैंने फ्रायड के संबंध में सुना है कि वह सुबह नौ बजे से लेकर रात नौ बजे तक पच्चीसों मरीजों को मिलता था, सुनता था; बूढ़ा हो गया, तब भी। एक जवान मनोवैज्ञानिक जो उसके पास शिक्षण ले रहा था, उसने एक दिन कहा कि हम तो दो-तीन मरीजों के बाद थक मरते हैं, क्योंकि वही रोना, वही राग--कहां का गंदा कचरा सब निकालते हैं! आप नौ बजे रात भी ताजे रहते हैं!

फ्रायड ने कहा: सुन। सुनता कौन है? वह अपनी सुना रहा है, हम अपनी भीतर सुनते हैं। उसको सुनाने से सुख मिल रहा है, सुना ले। सुना-सुना कर लोग हलके हो जाते हैं।

बड़ा मंहगा धंधा है। मनोवैज्ञानिक इस समय सबसे ज्यादा तनख्वाह और रुपये कमाता है पश्चिम में, क्योंकि लोगों के मन में इतनी तकलीफ हो गई है, कोई सुनने वाला नहीं है। कोई आत्मीयता से सुनने वाला नहीं है। रास्ते पर लोग नमस्कार करने में डरते हैं कि कोई कुछ सुनाने न लगे। किसी के घर जाना हो तो ऐसा नहीं कि जैसा हिंदुस्तान में पहुंच गए बोरिया-बिस्तर लेकर, मेहमान बन गए, महीनों टिके रहे। कहीं जाना हो तो खबर देकर जाना पड़ता है, पूछ कर जाना पड़ता है; और फिर भी जहां तक संभावना है, वह होटल में ठहरवाएगा, घर नहीं ठहरवाएगा। क्योंकि कौन तुमसे खोपड़ी पचाएगा? होटल में ठहरो, कभी खाने पर बुला लेगा, ठीक है।

रवींद्रनाथ टैगोर ने लिखा है कि एक मित्र ने--वे इंग्लैंड में थे--अपनी शादी के लिए उन्हें बुलाया, खुद की शादी के लिए बुलाया। वे बड़े प्रसन्न हुए। उनको पता नहीं था, पहली-पहली दफा इंगलैंड गए थे। तो वे निकले उसकी शादी के लिए जाने को। लंदन से कोई घंटे भर का फासला था। नये-नये थे, ठीक जगह न खोज पाए। तो पहुंचना था दस बजे रात, पहुंचे बारह बजे। वहां तो सब काम समाप्त हो चुका था, शादी-वादी हो चुकी थी, पार्टी-वार्टी हो चुकी थी। जब दरवाजा खटखटाया, मित्र बाहर आया। उसने कहा: आप तो बहुत देर से आए।

तो उन्होंने कहा: तो अब क्या करूं? मैं तो परिचित नहीं हूं। मुझे तो खोजने में देर लग गई है।

तो उस मित्र ने कहा: यह होटल का नाम है, आप वहां जाकर खोज लें। अगर कोई जगह हो तो रुक जाएं।

उसने यह भी नहीं कहा कि यहां रुक जाएं रात भर। आए उसकी ही शादी के लिए थे। उसने कहा: आप रुक जाए होटल में और सुबह आप, वहीं से स्टेशन करीब है, गाड़ी पकड़ लेना।

उन्होंने लिखा है कि मेरा पहला अनुभव पश्चिम का हुआ यह कि पश्चिम में किसी को फुर्सत नहीं है, न सुविधा है, न इतना बोझ किसी के लिए लेता है। अपना ही बोझ काफी है। अपना ही रोना काफी है।

दूसरे के सामने रोना रोना भी मत; उसका रोना बहुत है, उसको बढ़ाओ मत। और उसको समझ भी नहीं है तुम्हारे रोने की; वह भी तुम जैसा ही है। वह ऐसे ही है जैसे एक बीमार दूसरे बीमार की चिकित्सा कर रहा हो।

मैंने सुना है, एक आदमी को दमे की तकलीफ थी। कई इलाज करवाए, ठीक न हुआ। फिर किसी ने कहा कि एक हकीम है यूनानी, वह ठीक कर देगा। बड़ा गहरा खोजी है और जीवन भर बड़े अध्ययन किए हैं उसने। तो यह आदमी गया। इसने कहा कि मैं थक मरा हूं दमा से। हजारों चिकित्सक देख लिए, इलाज करवा लिए, सब तरह की दवा-दारू कर ली, कुछ फायदा नहीं होता, हालत बिगड़ती जी रही है। क्या मैं पूछ सकता हूं, आपको कोई अनुभव है इस बीमारी का?

उसने कहा: अनुभव? चालीस साल से हम खुद ही मरीज हैं दमा के। तुम बिलकुल बेफिकर रहो। चालीस साल से हम खुद ही मरीज हैं दमा के। अनुभव की क्या बात कर रहे हो?

अब दमा का मरीज दमे के मरीज को ठीक कर रहा है! और यह अनुभव है उसके चालीस साल का। वह कह रहा है, इसलिए बिलकुल बेफिकर रहो; तुम किसी गैर-अनुभवी के हाथ नहीं पड़ गए हो।

दुखी के सामने दुख रोना व्यर्थ है। अगर रोना हो तो परमात्मा के सामने रोना। और अगर तुम परमात्मा के सामने रोना सीख जाओ तो तुम्हें प्रार्थना आ जाएगी। सच तो यह है कि परमात्मा से धीरे-धीरे कहने को कुछ भी नहीं रह जाता, सिर्फ आंसू रह जाते हैं।

प्रार्थना की तीन सीढ़ीयां हैं। पहली सीढ़ी: जब तुम अपने परमात्मा से अपना दुख रोते हो। फिर दुख हलका हो जाता है, बह जाता है, निकल जाता है, निकास हो जाता है। फिर दूसरी सीढ़ी: जब तुम परमात्मा के सामने सिर्फ रोते हो, लेकिन आंसुओं में अब दुख नहीं होता, एक हलकापन होता है। आंसू अब पीड़ा के प्रतीक नहीं होते, एक शांति की खबर लाते हैं। फिर एक तीसरी दशा है: जब आंसू भी विदा हो जाते हैं। अब तुम सिर्फ परमात्मा के सामने होते हो, न तो कुछ कहते हो, न कुछ करते हो। आंसू तक भी नहीं बहते, अब तुम सिर्फ होते हो। इस तीसरी दशा में प्रार्थना पूरी हो जाती है। इस दशा में वहां परमात्मा यहां तुम: दोनों के बीच कोई शब्द, कोई कृत्य नहीं रह जाता। न तो तुम घंटी बजाते हो, न पूजा के फूल चढ़ाते हो--ये सब बच्चों की बातें हो गई हैं। अब परमात्मा के समक्ष तुम नग्न खड़े होते हो; बस तुम्हारा होना होता है। इस होने में ही अवतरण होता है। इतनी शून्यता में ही उस पूर्ण का आगमन होता है।

फरीद, देख तो जरा, यह क्या हुआ? शक्कर भी विष हो गई। अपने स्वामी को छोड़ कर अब मैं और किसे अपना दुखड़ा सुनाऊं?

देखु फरीदा जु थीआ सकर होई विसु।
साईं बाझहु आपणे, वेदणु कहीऐ किसु।।
फरीदा कालीं जिन्हीं न राविआ धउली रावै कोइ।
करी साईं सिउ पिरहरी, रंगु नवेला होइ।।

'फरीद, क्या किसी स्त्री ने, जब उसके केश काले थे, स्वामी के साथ रमण न कर तब रमण किया जब उसके केश पक कर श्वेत हो गए?'

फरीद कहता है: चूक तो गए हैं, इसलिए बहुत हिम्मत से तेरे द्वार पर दस्तक भी नहीं दे सकते; क्योंकि वह वक्त गया जब बाल काले थे, शरीर सुंदर था। तब प्रीतम के द्वार जाते तो चलने में एक मस्ती होती, चलने में एक नृत्य होता, चलने में एक शान होती: कुछ लेकर आ

रहे थे; अब तो हाथ खाली हैं; अब तो सूखी हड्डियां रह गई हैं; अब तो बाल सफेद हो गए हैं; अब तो सौंदर्य झुर्रियों में दब गया; अब तो एक भिक्षापात्र की तरह तेरे द्वार पा आते हैं। किस शान से आएं? द्वार खटखटाने में भी डर लगता है: यह भी कोई वक्त है मिलने का? लेकिन मजबूरी है, अब कोई उपाय भी नहीं है।

फरीदा कालीं जिन्हीं न राविआ...

जब बाल काले थे, तब प्यारे को न खोजा।

...धवली रावै कोइ।

और कभी इतने कुरूप होकर, एक खंडहर की भांति, किसी प्रेयसी ने अपने प्रेमी को खोजा है? लेकिन तू जानने वाला है, तू क्षमा कर सकेगा। नासमझी में हमने जो गंवाया है, उसे तू हमारी परीक्षा मत बनाना। हम समय पर नहीं आए, देर हो गई है--यह हमारी भूल है। लेकिन तुझ पर हमें भरोसा है, तेरी करुणा का भरोसा है।

'खैर, साईं से तू अब भी प्रीति कर जिससे कि तेरे केशों का रंग फिर नया हो जाए।'

हम जानते हैं कि तेरी कृपा की दृष्टि हुई तो केश क्या, आत्मा का रंग फिर नया हो जाएगा!

करी साईं सिउ पिरहरी, रंगु नवेला होइ।

तू हमें पुनर्जन्म दे देगा। हम तेरे भीतर से फिर पैदा हो जाएंगे। एक नये रूप में आविर्भाव होगा। तुझ पर भरोसा है। अपने तो पैर डगमगाते हैं। कुछ संपदा लेकर नहीं आ रहे हैं, कुछ दान करने को नहीं है, कुछ भेंट करने को नहीं है। मन कंपता है, पैर डगमगाते हैं, योग्यता कोई नहीं है, पात्रता कोई नहीं।

यही भक्त की भाव-दशा है। कुछ लेकर नहीं आ रहे हैं; सिर्फ रोते हुए आ रहे हैं। आंसुओं की भेंट हैं।

मैं एक यहूदी फकीर मजीद के वचन पढ़ रहा था। उसके हर वचन में वह परमात्मा से कहता है कि आज मेरे सिर में दर्द है, यही तुझे भेंट करता हूं, और तो मेरे पास कुछ नहीं है; आज मेरे पैर में तकलीफ है, यही तुझे भेंट करता हूं, और तो मेरे पास कुछ नहीं है; आज बूढ़ा हो गया हूं, देह जर्जर है, आज यह जर्जर देह तुझे भेंट करता हूं, और तो मेरे पास कुछ नहीं है।

जिस दिन तुम समझोगे कि तुम्हारे पास कुछ नहीं है, उसी दिन तुम्हारे पास जो भी है, वह भेंट स्वीकार हो जाएगी। जब तक तुमने समझा है कि तुम्हारे पास कुछ है, अकड़ बाकी रही; रस्सी जल गई, अकड़ बाकी रही--तब तक तुम चाहे दुनिया का साम्राज्य लेकर भी जाओ, वह भेंट स्वीकार न हो सकेगी। अहंकार जिस भेंट के साथ जुड़ा है, वह अपवित्र हो गई। निर-अहंकार भाव से तुम खाली हाथ लेकर जाना, वह स्वीकार हो जाएगी।

बुद्ध के जीवन में एक उल्लेख है। एक सम्राट आया बुद्ध को मिलने। स्वभावतः सम्राट था तो उसने एक बहुमूल्य कोहनूर जैसा हीरा अपने हाथ में ले लिया। चलते वक्त उसकी पत्नी ने कहा कि पत्थर ले जा रहे हो। पत्नी ज्यादा समझदार होगी। स्त्रियां अक्सर पुरुषों से ज्यादा भावपूर्ण होती हैं। भाव की एक समझ होती है। पत्नी ने कहा: पत्थर ले जा रहे हो। माना कि कितना ही मूल्यवान है; लेकिन बुद्ध के लिए इसका क्या मूल्य? जिसने सब साम्राज्य छोड़ दिया, उसके लिए एक पत्थर ले

जा रहे हो। यह भेंट कुछ जंचती नहीं। अच्छा तो हो कि अपने महल के सरोवर में पहला कमल खिला है मौसम का, तुम वही ले जाओ। वह कम से कम जीवित तो है। और बुद्ध कमलवत हैं। उनके जीवन का फूल खिला है। उसमें कुछ प्रतीक भी है। यह पत्थर में क्या है? यह तो बिलकुल बंद है, जड़ है।

बात तो उसे जंची, तो उसने सोचा कि एक हाथ खाली भी है; पत्थर तो ले ही जाऊंगा, क्योंकि मुझे तो इसी में मूल्य है। तो, मैं तो वही चढ़ाऊंगा जिसमें मुझे मूल्य है। लेकिन तू कहती है, तेरी बात भी हो सकती है कि ठीक हो। और बुद्ध को मैं जानता भी नहीं कि किस तरह के आदमी हैं।

तो फूल भी ले लिया। एक हाथ में कमल, एक हाथ में हीरा, लेकर वह सम्राट बुद्ध के चरणों में गया। जैसे ही वह बुद्ध के पास पहुंचा और हीरे का हाथ उसने आगे बढ़ाया, बुद्ध ने कहा : गिरा दो।

मन में तो बड़ी उसे चोट लगी। चढ़ा दो नहीं, बुद्ध ने कहा, गिरा दो। अभी हाथ जरा सा बढ़ाया ही था, मगर जब बुद्ध ने कहा, गिरा दो, चोट तो लगी अहंकार को कि बहुमूल्य हीरा है, गिराने की चीज नहीं है। ऐसा हीरा दूसरा पृथ्वी पर खोजना मुश्किल है। यह मेरे खजाने का सिरमौर है।

मगर अब बुद्ध के सामने न गिराए तो भी फजीहत होगी, और हजारों भिक्षु बैठे हैं, और सबकी आंखें टंगी हैं। उसने बड़े बे-मन से, गिराना तो नहीं चाहता था, लेकिन गिरा दिया। सोचा, शायद पत्नी ने ही ठीक कहा हो। दूसरा हाथ आगे बढ़ाया, और जरा ही आगे गया था कि बुद्ध ने फिर कहा : गिरा दो।

अब तो उसे जरा समझ के बाहर हो गई बात कि यह आदमी कुछ भी नहीं समझता। न बुद्धि की बात समझता है, न हृदय की बात समझता है। बुद्धि के लिए हीरा था; गणित था उसमें, हिसाब था, धन था। प्रेम कमल है, भाव हृदय है--और इसको भी कहता है, गिरा दो! और मेरी पत्नी तो इसके चरणों में बहुत आती है। वह इसे पहचानती है। और यह उसको भी नहीं समझ पाया। मगर अब जब कहता है...। और जब हीरा ही गिरा दिया तो अब इस कमल में क्या रखा है, दो कौड़ी का है।

उसने गिरा दिया। तब वह खाली हाथ बुद्ध की तरफ झुकने लगा, बुद्ध ने कहा : गिरा दो। तब तो उसने समझा कि यह आदमी पागल है। अब कुछ है ही नहीं गिराने को। दोनों हाथ खाली हैं।

उसने कहा : अब क्या गिरा दूं?

बुद्ध तो चुप रहे; बुद्ध के एक भिक्षु ने, सारिपुत्र ने कहा : अपने को गिरा दो। हीरे और कमलों को गिराने से क्या होगा?...अपने को गिरा दो! शून्यवत हो जाओ तो ही उन चरणों का स्पर्श हो पाएगा। तुम बचे, चरण दूर; तुम मिटे, चरण पास।

तब कहते हैं, उस सम्राट को उसी क्षण बोध हुआ। वह गिर गया। वह सच ही गिर गया। जब वह उठा तो दूसरा आदमी था। वह महल की तरफ वापस न गया। वह भिक्षु हो गया! वह संन्यस्त हो गया! उसने कहा : जब गिरा ही दिया तो अब वापस जाने वाला न बचा। बहुत दूसरों ने समझाया कि इतनी कोई जल्दी नहीं। उसने कहा : अब बात ही नहीं, जब मैं ही न रहा तो अब कौन वापस जाए? जो आया था वह अब नहीं है। अब बुद्ध मुझमें समा गए! उनकी बांसुरी मुझे सुनाई पड़ी! जरा सा सुर इतना मधुर है, तो पूरे संगीत का कैसा आनंद होगा!

फरीद कहते हैं : खैर, साईं से तू अब भी प्रीति कर ले।

उसके दरबार में देर कभी भी नहीं है। जब भी तू आया, आया--यही काफी है। खाली होकर आया--खाली होकर आना ही उपाय है! यह साईं चमड़ी पर पड़ी हुई झुर्रियों को नहीं देखता; न बूढ़े की झुक गई कमर को देखता है; न युवा, जवानी की तरंगों को देखता है। यह साईं तो उस शून्य मन को देखता है जो सब गंवा कर आया है। जो यह जान कर आया है कि सब व्यर्थ है--वही झुकने में समर्थ होकर आया है।

फरीदा कालीं जिन्हीं न राविआ धउली रावै कोइ।
करी साईं सिउ पिरहरी, रंगु नवेला होइ।।

और झुक जा और चढ़ा दे अपने को। यह तेरा डर ठीक है कि तेरे पास कुछ नहीं है। यह डर स्वाभाविक है। यह डर शुभ है कि तेरे पास चढ़ाने को कुछ नहीं है। लेकिन यही तो भक्त की भाव-दशा है, यही तो चढ़ाने की कला है कि कुछ चढ़ाने को नहीं है और चढ़ाता हूं: खाली हाथ हूं! परमात्मा तुझे भर देगा और नया कर देगा।

एक जन्म है जो मां-बाप से मिलता है; वह शरीर का जन्म है। एक जन्म है जो चैतन्य से मिलता है; वह आत्मा का जन्म है।

जो परमात्मा के सामने झुका वही आत्मवान हुआ। जब तक तुम उसके सामने नहीं झुके हो तब तक आत्मा सिर्फ एक सिद्धांत है। तुम्हें उसका कोई पता नहीं। तुम्हारे भीतर अभी उसका अविर्भाव नहीं हुआ। अभी तुम आत्महीन हो। अभी तुम शरीर हो, मन हो, पर आत्मा नहीं। अभी वह बीज टूटा ही नहीं। अभी बीज अंकुर नहीं बना। अभी बीज पर वृक्ष नहीं आया। अभी वृक्ष पर फूल-फल नहीं लगे। अभी आत्मा संभावना है तुम्हारी, वास्तविकता नहीं।

जो शून्य होकर परमात्मा के सामने झुका, वह पूर्ण हो जाता है। उस शून्य में ही पूर्ण का प्रवेश है। जगह खाली है, सिंहासन राजी है--परमात्मा प्रविष्ट हो जाता है। जहां तुमने अहंकार को बिठा रखा था, उसी जगह उसका सिंहासन बन जाता है। ऐसी क्रांति का नाम ही धार्मिक क्रांति है। और धार्मिक क्रांति एकमात्र क्रांति है, बाकी सब क्रांतियां क्रांति के धोखे हैं।

आज इतना ही।

छठवां प्रवचन

धर्म : एकमात्र क्रांति

प्रश्न-सार

फरीद जैसे संत हर पद में अपना नाम क्यों जोड़ते हैं?

आप जैसी श्रेष्ठ मनीषा राजनीति और सत्ता की ओर ध्यान क्यों नहीं देती?

देश जब आपात और संकट की स्थिति में है, तब भी क्या ओशो का भगवत-भजन का एकतारा बजाए जाना उचित है?

माता, पिता, गुरु और भगवान से मांगने में क्या संकोच करना चाहिए?

धार्मिक क्रांति की शुरुआत--व्यक्तिगत जिम्मेवारी अथवा परस्पर-तंत्रता का बोध?

प्रेम की पीड़ा और प्रेम के आनंद का रहस्य?

शासन और आश्रम के बीच किसी सहयोग का सुझाव?

पहला प्रश्न :

ओशो, फरीद जैसे संत अपना नाम हर पद में समेट कर क्यों चलते हैं? इसका क्या राज है?

फरीद जैसे व्यक्तियों का कोई नाम नहीं, इसलिए अपना नाम लेने में उन्हें कोई संकोच नहीं। तुम्हें संकोच है, क्योंकि नाम के पीछे तुम्हारा अहंकार है। जिसका अहंकार बिखर गया, उसे अपना नाम और पराया नाम समान है। वह अपने नाम से उतने ही दूर हो गया है जितने किसी और के नाम से।

इसलिए तो कृष्ण कह सके गीता में : 'सर्व धर्मान् परित्यज्य, मामेकं शरणं व्रज। तू सब धर्मों को छोड़ अर्जुन, मेरी शरण आ।'

यह कोई अहंकारी न कह सकता था। अहंकारी चाहता यही है कि लोग, सभी लोग उसकी शरण आ जाएं। लेकिन अहंकारी यह कह नहीं सकता; क्योंकि अहंकारी भलीभांति जानता है कि यह तो अहंकार की घोषणा होगी। यह वक्तव्य तो परम निर-अहंकारिता से ही आ सकता है; जिसका कोई मैं-भाव नहीं है, वही कह सकता है।

फरीद बार-बार अपना नाम लेता है--'फरीदा जे तू अकलि लतीफ; फरीदा जा तउ खट्टण वेल; फरीदा, फरीदा, फरीदा... !' फरीद दोहराए चला जाता है। तो एक तो कारण यह है कि फरीद मिट गया है।

दूसरा कारण : फरीद किससे कहे, किसका नाम लेकर कहे? फरीद तो मिट गया है, तुम नहीं मिट गए हो। अगर तुम्हारा नाम लेकर कहे तो तुम्हें चोट लगेगी।

'फरीदा जे तू अकलि लतीफ'--फरीद अगर तू बड़ा अक्लमंद है; अगर तुम्हारा नाम लेकर कहे कि तुम अगर बड़े अक्लमंद हो, तो तुम्हें चोट लगेगी। फरीद तुमसे कहता है, नाम अपना लेता है।

'देखु फरीदा जु थीआ सकर हो गई विसु।'--जरा होश से देख फरीद, शक्कर विष हो गई। जिसे सुख जाना था वह दुख हो गया।

अगर वह तुमसे सीधा-सीधा कहे तो शायद तुम अपनी आत्म-रक्षा में लग जाओ; तुम शायद तर्क दो कि नहीं, ऐसा नहीं है; तुम शायद प्रमाण इकट्ठे करो कि नहीं, शक्कर शक्कर है, कौन कहता है जहर हो गई है? तुम अपनी नींद में अपने सपनों की रक्षा करोगे। फरीद तुम्हें बीच में नहीं लेता। कहता तुमसे है, नाम अपना लेता है।

जब फरीद अपने से ही कहता है कि फरीद, अगर तू बड़ा अकलवान है, तुम्हें कोई अड़चन नहीं होती, तुम शांति से सुन लेते हो कि यह अपना ही नाम ले रहा है, अपने से ही कह रहा है। कहता तुमसे है।

तीसरा कारण : फरीद जैसे व्यक्तियों के भीतर साक्षी का जन्म हो गया है। वे अपने को, अपने अतीत होने को, अपने से दूर देखने लगे हैं। जब फरीद कहता है : 'देखु फरीदा जु थीआ सकर हो गई विसु।'--तो वह कह रहा है, यह साक्षी कह रहा है; यह जो जाग गया है भीतर, वह कह रहा है अपने सोए हुए रूप से; यह वर्तमान कह रहा है अपने अतीत से; रोशनी कह रही है अंधकार से; ज्ञान कह रहा है अंधेरे रास्तों से, भटके हुए जीवन से कि देख फरीदा, जिसको तूने

अमृत समझा था वह विष हो गया! तुम्हारे भीतर भी कभी ऐसी घटना घटेगी तब समझ पाओगे, जब तुम तुमसे ही अलग हो जाओगे।

स्वामी राम अपना नाम उपयोग करते थे। अगर कोई गाली देता तो वे हंसते; अपने पास के मित्रों से कहते: आज राम को खूब गाली पड़ी। नये-नये अमरीका गए, तो उनका ढंग तो वही रहा। किसी ने कहीं अपमान किया, क्रोध किया, लौट कर घर आए, जिसके घर में ठहरे थे, खूब हंसने लगे और कहा: आज राम की बड़ी फजीहत हुई! लोग बड़ा मजाक करने लगे।

गेरुआ वस्त्र फकीर का अमरीका में नया-नया था: लोग कंकड़-पत्थर फेंकने लगे।

'--राम बड़ी मुश्किल में पड़े। मैंने भी कहा: भोगो अब।'

तो वे जिसके घर ठहरे थे, उन्होंने कहा: आप कह क्या रहे हैं? होश में हैं? किसकी बाबत कर रहे हैं बात? राम यानी कौन?

तो उन्होंने कहा: यह राम जो सामने खड़ा है, दिखाई नहीं पड़ता? जैसे तुम्हें दिखाई पड़ता है ऐसे मुझे भी दिखाई पड़ता है। यह तुम्हारे ही सामने नहीं खड़ा है, मेरे सामने भी खड़ा है। हम खड़े देखते रहे। हमने कहा अब हुई फजीहत!

जिस दिन तुम्हारे भीतर साक्षी जगेगा, तुम भी कह सकोगे: 'फरीदा जे तू अकलि लतीफ'--अगर तू बड़ा अक्लमंद है फरीद, तो लक्षण दिखा। लक्षण यह है कि दूसरे में बुराई मत देख। अपने ही गरेबां में झांक। यह अक्लमान का लक्षण है। अगर दूसरे की बुराई देखता है, यह तो बुद्धू का लक्षण है।

'फरीदा जा तउ खट्टण वेल'--फरीद, जब तक जवानी थी, ताकत थी, समय था, उसे तो तूने व्यर्थ चीजों के कमाने में गंवाया। अब जब सब चुक गया, रिक्त हो गया, तब तू परमात्मा की बात करने चला है। जब देने को कुछ था, तब तो तूने संसार के दरवाजे खटखटाए। अब जब देने को कुछ भी नहीं बचा, खाली हाथ है, भिखारी है, अब तू परमात्मा के द्वार खटखटाने चला है!

यह साक्षी है, अपने अतीत से कह रहा है।

ये तीन कारण हैं।

जो कारण तुम सोचते हो वे बिलकुल नहीं हैं। तुम सोचते हो, अपना नाम हर पंक्ति में दोहराना, अपने हस्ताक्षर हर जगह किए जाना--यह तो बड़ा अहंकार है।

तुम्हारी तकलीफ भी मैं समझता हूं। तुमने अगर अपना नाम लिया होता हर लकीर में तो उसका कारण अहंकार होता। तुम संकोच भी करते; हर लकीर में न लेते, तुम जरा ढंग से लेते, छिपा कर लेते। ऐसी हर लकीर देख फरीदा, ऐसे शुरू न होती। तुम तरकीब से लेते। तुम छिपा कर लेते। तुम कहते: मैं तो चरणों की धूल हूं। और देखते दूसरे की तरफ कि वह कहे, नहीं-नहीं, आप तो सम्राट हैं, सिंहासन पर विराजमान हैं, आपसे श्रेष्ठ कौन? और तुम भीतर प्रसन्न होते कि तरकीब काम कर गई। यही तो तुम सुनना चाहते थे। इसलिए तुमने कहा

था, मैं तुम्हारे चरणों की धूल हूं, ताकि कोई तुम्हें सिर पर रख ले। क्योंकि तुम भलीभांति समझ गए हो अहंकार की राजनीति।

अहंकार की राजनीति यह है कि अगर तुम अपने अहंकार की घोषणा करो तो दूसरे उसका खंडन करेंगे। अगर तुम्हें चाहिए कि दूसरे तुम्हारा समर्थन करें, तुम उसका खंडन करो। इसलिए जिनको तुम विनम्र पाते हो वे विनम्र होंगे, ऐसा जरूरी नहीं है। अक्सर तो तुम्हारे विनम्र पुरुषों में सौ में निन्यानबे परम अहंकारी होते हैं। वे कहते हैं, मैं तो कुछ भी नहीं हूं; लेकिन उनकी आंखों में देखो! वे कहते हैं, मैं तो ना-कुछ हूं; लेकिन जरा उनके सिर की अकड़ में देखो! वे कहते हैं, मैं तो तुम्हारे चरणों में पड़ा हूं; लेकिन तुम गौर से देखो : कह वे कुछ रहे हैं, कर वे कुछ रहे हैं, और कर रहे हैं कोशिश कि तुम उनके चरणों में गिर जाओ।

जब कोई आदमी तुमसे कहे कि मैं तो तुम्हारे चरणों की धूल हूं, तो तुम उससे राजी हो जाना, फिर देखना। तुम कहना कि बिलकुल ठीक कह रहे हैं आप, यह तो मुझे पहले से ही पता था : आप हैं ही चरणों की धूल। तब उसके चेहरे पर देखना। तत्क्षण तुम पहचान लोगे कि यह विनम्रता से कही गई बात थी या अहंकार से। वह आदमी नाराज हो जाएगा। वह कहेगा : समझा क्या है तुमने अपने आप को? शिष्टाचार की भाषा भी नहीं समझते? यह हमारा मतलब नहीं है। कौन कहता है कि हम चरणों की धूल हैं? यह तो संस्कारवश, कुलीन घर में हम पैदा हुए हैं, इसलिए ऐसा कहते हैं।

तुम्हें झुकना सिखाया गया है, ताकि तुम दूसरों को झुका सको। यह कूटनीति है।

फरीद जैसे व्यक्तियों के जीवन में कोई कूटनीति, राजनीति नहीं है। वे सीधे-साफ हैं। उन्हें जो ठीक लगता है, वह कह रहे हैं; और इतनी सरलता से कह रहे हैं, वह सबूत है कि पीछे अहंकार नहीं हो सकता। अन्यथा अहंकार तो हमेशा सजावट करता है, छिपाता है। क्योंकि अहंकार भलीभांति जानता है कि तुम्हारा ही थोड़े ही अहंकार है, सबका अहंकार है। तुमने अगर ज्यादा घोषणा की तो दूसरे के अहंकार को चोट लगने लगती है। और दूसरे को चोट पहुंचाई तो वह तुम्हें दुगुनी चोट से लौटाएगा। इसलिए अहंकार कहता है : दूसरे को फुसलाना, चोट मत करना, मक्खन लगाना, प्रसन्न करना दूसरे को। जब तुम दूसरे को प्रसन्न करोगे, दूसरा तुम्हें प्रसन्न करेगा। यह सीधी सी बात है, सीधा गणित है।

फरीद जैसे लोग इन बातों कि फिकर नहीं करते। उनके भीतर जो जाग गया है वहां अब कोई अंधकार नहीं है। उन्होंने अपने को जाना है, अब कोई अत्ता, कोई अहंकार नहीं है। और फिर तुमसे क्या कहें? तुमसे बात करनी ही मुश्किल है। तुमसे कहो कुछ, तुम समझते कुछ हो। इसलिए फरीद जैसे लोग अपने से कहते हैं।

यह पुराने संतों का एक ढंग था और बड़ा बहुमूल्य ढंग था। कबीर भी यही करते हैं, दादू भी यही करते हैं, मीरा भी यही करती है। बड़ा कारगर ढंग था। अपने से कहते हैं; तुम बहाने से सुन लेते हो। तुम इतने जटिल हो, इतने पागल हो कि तुमसे सीधा कहने में भी मुश्किल है। तुमको अगर अंधा

भी कहना हो--अंधे तुम हो--तो फरीद को अपने को ही अंधा कहना पड़ता है; शायद उससे तुम्हें थोड़ी सी समझ आ जाए; शायद इतने परोक्ष कही गई बात से तुम उद्विग्न न होओ, लड़ने-झगड़ने को खड़े न हो जाओ। क्योंकि तुम कहोगे, फरीद अपने से ही कह रहा है। लेकिन फरीद के नाम के बहाने उसने सारे संसार से कह दिया, उन सब फरीदों से जो अभी भी सोए हैं।

दूसरा प्रश्न :

ओशो, कल आपने कहा कि धार्मिक क्रांति ही एकमात्र क्रांति है। क्या देश और समाज के प्रति हमारा कोई दायित्व नहीं है? इस संबंध में कुछ मित्रों का कहना है कि आप जैसी श्रेष्ठ मनीषा को समाज, राजनीति और सत्ता पर भी ध्यान देना चाहिए, ताकि एक बेहतर मनुष्यता का उदय हो सके।

देश एक झूठी इकाई है। समाज केवल संज्ञा है। समाज का कोई अस्तित्व नहीं है। तुम कहीं समाज को पा न सकोगे। खोजने जाओगे, व्यक्ति मिलेंगे, समाज नहीं। टकराओगे व्यक्तियों से, समाज से नहीं। लेकिन शब्द बड़े घातक हो सकते हैं। और शब्दों की आड़ में बड़े असत्य छिपाए जा सकते हैं। और अगर शब्दों को तुमने ठीक से न समझा तो बड़ी ही उलझनें हो सकती हैं।

मैं कल ही देख रहा था। जापान में दूसरे महायुद्ध के दिनों में, हिरोशिमा और नागासाकी बच सकते थे, एटम बम न गिरा होता। एक छोटे से शब्द ने दिक्कत दे दी। अमरीकन जनरल ने जापान की सरकार को पत्र भेजा, लेकिन पत्र का अनुवाद जापानी में किया गया। एक ऐसा शब्द था उसमें कि जापानी शब्द अनुवाद हो जाने से उसके दो अर्थ हो गए। जापानी में दो अर्थ हैं उस शब्द के। उसमें एक अर्थ जो दुर्भाग्यवश सरकार ने स्वीकार किया कि यह अर्थ होना चाहिए, उसी अर्थ के कारण हिरोशिमा, नागासाकी पर एटम बम गिरा। अगर उसका दूसरा अर्थ लिया गया होता तो वे दो लाख लोग मरने से बच गए होते, वह दुर्घटना बच गई होती।

शब्द कभी-कभी बड़े भयानक और खतरनाक सिद्ध होते हैं।

समाज, धर्म, राष्ट्र, मनुष्यता--ये शब्द इतनी बार तुमने सुने हैं कि तुम यह भूल ही गए कि ये कोरे शब्द हैं, इनके पीछे कोई भी नहीं है। कहां है मनुष्यता? मनुष्य हैं, मनुष्यता कहीं भी नहीं है। कहां है राष्ट्र? झूठी आदमी की खींच गई सीमाएं हैं--जिनको न तो पृथ्वी स्वीकार करती है, न आकाश स्वीकार करता है। कहां आकाश समाप्त होता है भारत का और कहां शुरू होता है चीन का आकाश?

लेकिन राजनीतिज्ञ बिना सीमाएं निर्धारित किए नहीं जी सकता। राजनीति का सारा खेल सीमा का है, झगड़ा सारा सीमा का है। इसलिए राजनीतिज्ञ सीमा पर बड़ा जोर देता है कि सीमा साफ होनी चाहिए, सुनिश्चित होनी चाहिए। सारे झगड़े दुनिया में चलते हैं, वे सीमा के हैं, कि दो इंच इस तरफ सीमा कि दो इंच उस तरफ सीमा!

धर्म है असीम। राजनीति है सीमा का झगड़ा। दोनों का कोई तालमेल नहीं है। राजनीति है माया का हिस्सा; धर्म है जागरण का, होश का। दोनों का कोई तालमेल नहीं है। सोकर तुम जो सपने देखते हो, जाग कर तुम पाओगे, वे थे ही नहीं। तुम्हें राष्ट्र दिखाई पड़ता है, मुझे नहीं दिखाई पड़ता। जाग कर मैंने पाया, न कोई राष्ट्र है, न कोई समाज है, न कोई मनुष्यता है; व्यक्ति हैं। और व्यक्ति की निजता परिपूर्णता है। उसे समूहों में बांधने की कोई जरूरत नहीं। जैसे ही हम समूहों में बांधते हैं, वैसे ही हम व्यक्ति की हत्या कर देते हैं। समूह व्यक्ति की आत्महत्या पर खड़ा होता है।

मैं तो चाहूंगा एक ऐसा संसार, जहां व्यक्ति तो हों, परिपूर्ण सौंदर्य में हों, पूरे खिले हों; लेकिन कोई समाज न हो, कोई संप्रदाय न हो, कोई राष्ट्र न हो। इसलिए मैं राजनीति का मूलतः विरोधी हूं। इस राजनीति का विरोधी हूं, उसका विरोधी नहीं हूं--ऐसा नहीं है; राजनीति मात्र का विरोधी हूं। क्योंकि राजनीति इस जगत का सबसे भ्रांत गोरखधंधा है। और मनुष्य बिना राजनीति के बड़े मजे से रह सकता है। सच तो यह है कि राजनीति के कारण ठीक से रह नहीं पाता। झगड़े राजनीति खड़े करती रहती है।

राजनीतिज्ञ बिना झगड़े के नहीं जी सकता। बिना युद्ध के राजनीतिज्ञ का क्या मूल्य है? अगर कहीं कोई उपद्रव न होता हो तो राजनीतिज्ञ का क्या मूल्य है, क्या उपयोग है? अगर लोग शांत हों, आनंद से जीते हों, तो राजनीतिज्ञ गिर जाएगा अपनी प्रतिष्ठा से। अगर लोग परम आनंदित हों तो राजनीति को लोग भूल ही जाएंगे, राजनीतिज्ञ को भूल जाएंगे। तो राजनीतिज्ञ कोशिश करता है, सीमाओं के झगड़े बने रहें; सदा संकट की दशा बनी रहे; सदा लोग डरे रहें, घबड़ाए रहें। जब लोग डरे होते हैं तभी वे नेता के पीछे चलते हैं। जब लोग अभय होते हैं, कौन किस नेता की फिकर करता है? इसलिए हर नेता हर राष्ट्र को डरवाए रखता है : खतरा है! पाकिस्तान कहता है, हिंदुस्तान से खतरा है; हिंदुस्तान कहता है, पाकिस्तान से खतरा है। ये सब मौसेरे-चचेरे भाई-बहन हैं। ये दोनों एक-दूसरे के सहारे जीते हैं। पाकिस्तान में वे चिल्ला देते हैं, भेड़िया आया! नेता के पीछे लोग लाइन लगा कर खड़े हो जाते हैं, क्योंकि खतरा है। यहां चिल्ला दो कि भेड़िया आया, लोग लाइन लगा कर खड़े हो जाते हैं। और जब भी देखता है नेता कि अब लोग निश्चिंत हुए जा रहे हैं, अब मेरी फिकर नहीं करते, अब लोग अपने काम में लग गए हैं, अब मेरी तरफ उनका ध्यान नहीं--तभी वह चिल्ला देता है, भेड़िया आया!

और कितनी बार राजनीतिज्ञ चिल्लाते रहे पूरे इतिहास में। हमारी नींद अदभुत है। साधारण नींद न होगी; मूर्च्छा है, टूटती ही नहीं। मनुष्य-जाति के तीन हजार सालों के इतिहास में निरंतर युद्ध होता रहा है। कहीं न कहीं पृथ्वी के किसी न किसी कोने पर युद्ध जारी है। आदमी काटा जा रहा है। राजनीति का देवता बड़ा बलिदान मांगता है। वह नरमेध-यज्ञ है। राजधानियां खूनों पर बनी हैं, रक्त की धारों पर बनी हैं। राजधानियां के पत्थर-पत्थर में न मालूम कितने लोगों के खून के दाग हैं।

लेकिन हमें दिखाई नहीं पड़ता। और दिखाई हमें नहीं पड़ता क्योंकि बचपन से हमें संस्कारित किया जाता है कि तुम किसी समाज के हिस्से हो। तुम्हें यह कभी नहीं कहा गया कि तुम्हारी अपनी कोई निज-गरिमा है। तुम्हें यही कहा गया है, तुम समाज के हिस्से हो; जब समाज को जरूरत हो, तुम बलि के बकरे बन जाना। तुम्हारा उपयोग यही है।

मैं हिटलर का जीवन पढ़ता था कुछ दिन पहले। जब जर्मन सेनाएं काटी जाने लगीं और युद्ध हारने की तरफ मुड़ने लगा, जर्मनी की मौत और हार की तरफ बढ़ने लगा, और खबरें पहुंचीं कि जर्मन युवक बुरी तरह काटे जा रहे हैं--तो हिटलर को जाकर, हिटलर के प्रमुख जनरल ने खबर दी कि कुछ करना होगा, युवक बुरी तरह काटे जा रहे हैं। जर्मन युवक, हत्या की जा रही है उसकी, जैसे घास-पात काटा जा रहा हो। हिटलर ने सिर ऊपर उठाया और कहा: युवक और किसलिए हैं? युवकों का और उपयोग क्या है?

हिटलर ईमानदार राजनीतिज्ञ है, दूसरा राजनीतिज्ञ इतना ईमानदार नहीं होगा; क्योंकि हिटलर बिलकुल पागल है। पर सभी राजनीतिज्ञ यही जानते हैं कि युवक का और उपयोग क्या है; उसका उपयोग है कि मरे देश के लिए, राष्ट्र के लिए।

जीने के लिए तुम पैदा नहीं हुए हो; किन्हीं क्षुद्र बातों के लिए लड़ने के लिए पैदा हुए हो! और छोटी-छोटी बातें हैं कि तुम चकित होओगे, जिनके लिए आदमी लड़ाया जा सकता है। और आदमी को होश नहीं आता। नाम, कोरे नाम...भारत-भूमि संकट में है! उन्नीस सौ सैंतालीस के पहले अगर कराची संकट में होता तो तुम मरते; अब अगर संकट में होगा, तुम न मरोगे--अब वह भारत-भूमि नहीं है। भूमि वही कि वही है; लेकिन अब अगर कराची संकट में होगा तो तुम प्रसन्न होओगे, तुम उत्सव मनाओगे। उन्नीस सौ सैंतालीस के पहले अगर पूना नष्ट होता तो कराची के लोग दुखी होते; अब अगर पूना नष्ट होगा, कराची के लोग मिठाई बांटेंगे, बतासे बांटेंगे कि अच्छा हुआ।

उन्नीस सौ सैंतालीस के पहले तुम एक थे, सैंतालीस ने एक लकीर खींच दी। और ये लकीरें छोटी होती चली जाती हैं। ऐसा नहीं है कि हिंदू और मुसलमान ही लड़ते हैं, गुजराती-मराठी लड़ते हैं, हिंदी-गैर-हिंदी लड़ते हैं। लड़ने का मामला ऐसा है कि छोटी से छोटी सीमाएं बनानी पड़ती हैं; क्योंकि छोटे-छोटे राजनीतिज्ञ हैं, उनको भी तो लड़ाई के लिए कोई उपाय चाहिए। नर्मदा के जल पर लड़ते हैं कि वह गुजरात का है कि मध्यप्रदेश का है। तुम्हें हंसी आएगी कि यह क्या पागलपन है! कोई एक छोटा जिला महाराष्ट्र में रहे कि मैसूर में जाए, उसके लिए लड़ते हैं। छुरेबाजी हो जाती है। तुम्हें थोड़ा चकित होना पड़ेगा कि यह तो कम से कम एक ही मुल्क है, इसके भीतर क्यों झगड़ा है?

राजनीतिज्ञ जी ही नहीं सकता बिना झगड़े के। बड़े राजनीतिज्ञ बड़े झगड़े पर जीते हैं; वे कहते हैं, हिंदुस्तान-पाकिस्तान का झगड़ा है। फिर छोटा राजनीतिज्ञ है: वह कहता है, मैसूर और महाराष्ट्र का झगड़ा है। फिर मैसूर में भी छोटे राजनीतिज्ञ हैं। वह एक जिले के दूसरे जिले से झगड़े हैं कि युनिवर्सिटी इस जिले में बने कि दूसरे जिले में बने, कारखाना यहां खुले कि दूसरे गांव में खुले! फिर

गांव-गांव के राजनीतिज्ञ हैं। छोटे राजनीतिज्ञ चाहते हैं, छोटे-छोटे प्रांत हो जाएं, उतने ज्यादा चीफ मिनिस्टर होंगे, उतने मिनिस्टर होंगे। बड़ा राजनीतिज्ञ चाहता है प्रांत न बंटे, क्योंकि जितना बंट जाता है उतनी उसकी सत्ता बंट जाती है। छोटा राजनीतिज्ञ चाहता है बंटाव हो जाए, ताकि मेरे हाथ में भी कुछ पड़ जाए। अगर हिंदुस्तान छोटे-छोटे टुकड़ों में हो तो सैकड़ों चीफ मिनिस्टर हैं, गवर्नर हैं--छोटे-छोटे लोगों को मजा आ जाए। लेकिन ऊपर के राजनीतिज्ञ की सत्ता कटती है; वह चाहता है मुल्क इकट्ठा हो। लेकिन सारा खेल इस बात का है कि मेरी सत्ता कायम हो। फिर वे अच्छे-अच्छे शब्दों का उपयोग करते हैं: देश-प्रेम, राष्ट्र, समाज, धर्म, इतिहास, अतीत, परंपरा--बड़े अच्छे शब्द हैं, और सब थोथे हैं, जिनके भीतर तुम जरा भी कुछ न पाओगे; निचोड़ोगे, कुछ भी हाथ न लगेगा। घास-पात! और इनके नाम पर जीवित आदमी बलिदान किया जाता है।

न, मेरी कोई चेष्टा, कोई रत्ती भर भी उत्सुकता राजनीति में नहीं है। अगर मैं कभी कुछ बोलता हूं तो वह केवल व्यंग्य है, वह केवल मजाक है। उसमें भी राजनीतिज्ञ को नीचा दिखाने की कोई चेष्टा नहीं, क्योंकि मेरी उतनी भी उत्सुकता नहीं है। अगर मैं कभी राजनीतिज्ञ का व्यंग्य भी करता हूं और राजधानियों का मजाक भी करता हूं, तो सिर्फ तुम्हें समझाने को कि तुम इस पागलपन में मत पड़ जाना। राजनीतिज्ञ को नीचा दिखाने का मेरा कोई मन नहीं, क्योंकि इससे नीचे अब वह और हो भी नहीं सकता। उसको नीचे दिखाने का कोई सार भी नहीं है। वह आखिरी गर्त में पड़ा है; उससे और नीचा कोई गड्ढा होता नहीं कि जिसमें उसको धकाया जा सके। उस पर दया आती है। उसको और धकाने का क्या उपाय है? उसकी मैं बात भी नहीं कर रहा हूं।

मैं तुमसे बात कर रहा हूं कि तुम्हारे भीतर भी राजनीति का स्वर बज सकता है; क्योंकि वह सभी अहंकार के भीतर छिपा है। जब तक अहंकार है तब तक तुम किसी न किसी तरह की राजनीति के खेल में लगे रहोगे। अहंकार ही गिर जाए तभी राजनीति गिरती है।

तो, मेरा तो सारा उपाय इतना है कि तुम्हारे भीतर राजनीति न रहे, तभी तुम्हारे भीतर धर्म का जन्म होगा। धर्म और राजनीति का कहीं मिलना नहीं होता। और अगर कहीं तुम उन्हें मिलता देखो तो तुम पाओगे कि राजनीति जीत जाएगी, धर्म हार जाएगा।

इसे तुम थोड़ा समझ लो।

जब भी एक श्रेष्ठ चीज और निकृष्ट चीज में समझौता होता है तो निकृष्ट जीत जाता है, श्रेष्ठ हार जाता है। सब समझौते में निकृष्ट जीतता है। इसके कारण हैं।

समझो कि तुम्हारे पास दूध रखा है, मटकी भर दूध है। इसमें क्या मटकी भर गोबर डालोगे तब यह खराब होगा? इसमें एक बूंद गोबर डालने से खराब हो जाएगा। मटकी भर गोबर रखा है, इसमें क्या तुम एक बूंद दूध डाल दोगे तो यह शुद्ध हो जाएगा? इसमें तुम सागर भी ले आओ दूध का डालने, तो भी शुद्ध न कर पाओगे। एक बूंद जहर की सब नष्ट कर देती है।

तो जब भी तुम राजनीति और धर्म में समझौता होते देखो, तुम पाओगे धर्म हार गया। फिर वहां धर्म धोखा होगा। फिर वह नाममात्र को रह जाएगा। फिर राजनीति धर्म का भी शोषण करेगी। इसी तरह हुआ है। जिसको तुम धर्म कहते हो--हिंदू, मुसलमान, ईसाई, सिक्ख--सब राजनीति के शिकार हो गए, सब राजनीति के पीछे चलने लगे। क्योंकि राजनीति ने कहा कि हम तुम्हें ताकत देंगे: तुम्हारे मंदिर बड़े हो जाएंगे; तुम्हारी मस्जिदों में सोना चढ़वा देंगे; धर्मगुरु का सिंहासन बड़ा ऊंचा होगा।

राजनीति धर्म के कंधे पर सवार होना चाहती थी, तो राजनीति ने कहा कि तुम महान हो। बड़े से बड़ा राजनीतिज्ञ भी जाता है और संतों के चरण छू आता है। तुम यह मत सोचना कि वह संतों के चरण छूता है। संतों से उसे क्या लेना-देना? क्योंकि जिसको संतों के चरण छूना होता, वह खुद ही संत हो सकता था। संतों के चरण छूने जाता है--कई कारणों से। एक, कि आशीर्वाद मिल जाए उसके पागलपन के लिए कि वह जो कर रहा है, जो दीवानगी है उसके मन में महत्वाकांक्षा की, वह पूरी हो जाए। शायद संतों के आशीर्वाद से सहारा मिले। दूसरा, वह जाता है पैर छूने कि संतों के आस-पास जो भीड़ है लोगों की, वह देख ले कि यह राजनीतिज्ञ कितना धार्मिक है; क्योंकि इस भीड़ के ही वोट उसे राजनीति में चाहिए।

तो, राजनीतिज्ञ मंदिरों में भी जाता है, मस्जिदों में भी जाता है, गुरुओं के पास भी जाता है, पैर छू कर झुकता है ताकि लोग देख लें, तस्वीरें खींच लें कि यह आदमी विनम्र है। क्योंकि विनम्रता की सीढ़ियों से ही चढ़ कर अहंकार के शिखर पर पहुंच पाएगा, और कोई उपाय नहीं है। राजनीतिज्ञ को न मंदिर से मतलब है, न मस्जिद से; तुम जहां बुलाओ वह वहां हाजिर है। वह देखता है अपनी राजनीति को कि कहां से मेरी सीढ़ियां ठीक बनेंगी।

मेरी कोई उत्सुकता राजनीति में नहीं है; क्योंकि मैं मानता हूं कि राजनीति एक मानसिक विकार है। स्वस्थ आदमी उसमें उत्सुक होता ही नहीं। हो ही नहीं सकता। स्वस्थ आदमी अपने आनंद में, अपनी शांति में उत्सुक होता है। स्वस्थ आदमी जमीन पर रेखाएं खींचने में, बल और प्रतिष्ठा की घोषणा करने में, महत्वाकांक्षा में उत्सुक नहीं होता। महत्वाकांक्षा पैदा ही होती है हीनता की ग्रंथि से। वह इनफिरिआरिटी कांप्लेक्स का परिणाम है। तुम्हारे भीतर जितना हीनता का भाव होता है उतनी ही तुम्हारे भीतर महत्वाकांक्षा होती है। तुम जब राष्ट्रपति न हो जाओ, प्रधानमंत्री न हो जाओ, तब तक तुम्हें लगता ही नहीं कि तुम आदमी हो। तब तक तुम्हें लगता है, सिद्ध न कर पाए कि मैं भी कुछ हूं। सिद्ध करना है कि मैं कुछ हूं! यह सिद्ध करने की आकांक्षा ही इसलिए पैदा होती है कि तुम्हें भीतर लगता है, तुम ना-कुछ हो। लेकिन जिसको भीतर लगता हो, मैं सब-कुछ हूं, अब उसको सिद्ध करने को कुछ भी न बचा।

जिसके भीतर से हीनता चली गई, उसके बाहर से राजनीति चली गई। जिसके भीतर सब उपलब्ध हो गया, उसे बाहर पाने को कुछ भी न रहा।

इसलिए मैं कहता हूं, धार्मिक क्रांति ही एकमात्र क्रांति है। क्योंकि उसी से तुम परम संपदा को उपलब्ध होओगे, परम रूपांतरण को, तुम्हारा नव-जन्म होगा, तुम द्विज बनोगे।

देश और समाज के प्रति तुम्हारा कोई दायित्व नहीं है। अगर दायित्व है तो मनुष्य के प्रति, मनुष्यता के प्रति नहीं। अगर दायित्व है तो व्यक्ति के प्रति, समाज के प्रति नहीं। क्योंकि 'समाज' शब्द धोखे का है। और समाज के नाम पर तुमसे वह करवाया जाता है जो तुमने कभी भी न किया होता अगर तुम्हें इस बात का बोध होता। व्यक्ति के प्रति तुम्हारा दायित्व है।

समझो, तुम्हारी पत्नी है, तुम्हारा छोटा बच्चा है। तुम जानते हो कि तुम छोड़ कर इन्हें चले गए तो ये भूखों मरेंगे; लेकिन राजनीतिज्ञ कहता है, देश खतरे में है। देश है क्या? इसी तरह के छोटे-छोटे बच्चों के समूह का नाम देश है। इसी तरह की घर में बैठी पत्नियों के जोड़ का नाम देश है। इसी तरह के छोटे-छोटे घरों के इकट्ठे समूह का नाम देश है। राजनीतिज्ञ कहता है, देश खतरे में है। तुम कहते हो : लेकिन मेरी पत्नी है, छोटा बच्चा है। वह कहता है : क्या कायरता की बातें कर रहे हो? बलिदान कर दो। जब देश खतरे में है तो न कोई पत्नी है, न कोई बच्चा है! युद्ध पर जाओ।

ऐसे न मालूम कितने घरों से न मालूम कितने व्यक्तियों की हत्या के ऊपर देश पर कुर्बानी होगी।

और यही दूसरे देश का राजनीतिज्ञ अपने देश में समझा रहे है। जो वहां युद्ध के मैदान पर लड़ने को खड़े हो जाते हैं, वे एक जैसे लोग हैं, उनकी एक-दूसरे से कोई दुश्मनी नहीं है। किसी ने किसी का कुछ बिगाड़ा नहीं है। किसी ने किसी को देखा तक नहीं था पहले। और जब एक देश के लोग दूसरे देश के सैनिकों की छाती में छुरा भोंकते हैं या बम फेंकते हैं, या गोली दागते हैं, तो उन्हें पता नहीं: हिंदू थोड़े ही मरता है, मुसलमान थोड़े ही मरता है--व्यक्ति मरते हैं। हिंदुस्तानी थोड़े ही मरता है, पाकिस्तानी थोड़े ही मरता है--मनुष्य मरते हैं। और जब तुम एक पाकिस्तानी की छाती में छुरा भोंकते हो, तब तुमने एक नन्हें बच्चे के, जो घर में भूखा रहेगा, जिसकी पत्नी को अब रोटी न मिलेगी, या हो सकता है पत्नी की बेइज्जती होगी, कोई बलात्कार करेगा, कोई बचाने वाला न होगा--तुमने उस पत्नी और बच्चे की छाती में छुरा भोंक दिया। और वह भी तुम्हारी छाती में छुरा भोंक रहा था। उसे भी पता नहीं है कि तुम घर में एक रोती हुई मां को छोड़ आए हो।

व्यक्तियों की हत्या की जाती है, जो कि वास्तविक हैं। समाजों और राष्ट्रों को बचाया जाता है, जो कि झूठ हैं।

मैं तुमसे कहता हूं: मनुष्यता को भूल कर प्रेम मत करना, मनुष्य को प्रेम करना। क्योंकि मेरे अनुभव में यह आया है कि जो-जो लोग मनुष्यता की बात करते हैं, वे लोग असमर्थ हैं मनुष्य को प्रेम करने में। जब तुमसे मनुष्य से प्रेम करने में कठिनाई पड़ती है,...मनुष्य को प्रेम करना बड़ा कठिन है। कठिन है, क्योंकि अहंकार को गिराना पड़ेगा। कठिन है, क्योंकि मनुष्य एक यथार्थ है। यथार्थ के साथ जीने में संघर्ष है। तुम कहते हो : नहीं, मनुष्यों से मुझे कोई मतलब नहीं है; मैं मनुष्यता को प्रेम करता हूं।

अब मनुष्यता तुम्हें कहीं न मिलेगी। न कोई झगड़ा-झंझट होगा। यह मनुष्यता तुम्हारा खयाल है। मनुष्यता कहीं भी नहीं है, तुम्हारे विचार के अतिरिक्त। राष्ट्र कहां है, तुम्हारे विचार के अतिरिक्त? और इन राष्ट्रों, देशों के नाम पर आदमी को अब तक जलाया-भुनाया गया है।

कब जागेगा आदमी? कब उसे होश आएगा कि सारे मनुष्य एक जैसे हैं; सारे मनुष्यों की तकलीफें एक जैसी हैं; सारे मनुष्यों को भूख लगती है, सिर में दर्द होता है, दवा की जरूरत होती है; सब बच्चे बच्चे हैं, सब स्त्रियां स्त्रियां हैं, पुरुष पुरुष हैं; न कोई हिंदू है, न कोई मुसलमान है, न कोई ईसाई, न कोई हिंदुस्तानी है, न कोई पाकिस्तानी है।

जिस दिन ऐसे विचार का जन्म होगा, और तुम मनुष्य को प्रेम करोगे, और मनुष्य को किसी भी दूसरी चीज के लिए कुर्बान न करोगे, उसी दिन दुनिया में शांति होगी, उसके पहले नहीं।

लेकिन राजनीतिज्ञ कहता है : अगर तुमने हमारी न सुनी, तो दुनिया में बड़ी अशांति हो जाएगी। हम शांति के रक्षक हैं। हम युद्ध भी करते हैं तो शांति के लिए करते हैं। हम मारते भी हैं तो बचाने के लिए। हमारी हिंसा भी अहिंसा की सुरक्षा का उपाय है।

वह तुम्हें धोखे दे रहा है। युद्ध की तैयारी करता है, शांति की बात करता है। तो, हिटलर भी वही कहता है, मुसोलिनी भी वही कहता है। सारे युद्धखोर यही कहते हैं कि हम शांति के लिए लड़ रहे हैं। इनके विरोधाभास को ठीक से समझ लेना।

शांति के लिए लड़ने की जरूरत कहां है? शांति के लिए शांत होने की जरूरत है। शांति के लिए तो युद्ध छोड़ देने की जरूरत है।

मेरी चेष्टा है कि तुम जागो। तुम जागोगे तो तुम्हें चीजें दिखाई पड़नी शुरू हो जाएंगी कि यह क्या पागलपन हो रहा है! तुम किस गहरी नींद में खोए थे?

और राजनीतिज्ञ तुम्हारी नींद कर शोषण करता है। वह नहीं चाहता कि तुम जागो। वह चाहता है कि तुम गहरी नींद में रहो, क्योंकि तुम्हारी नींद में ही वह तुम्हारी छाती पर बैठ सकता है। तुम्हारी नींद में ही वह अपने पद, प्रतिष्ठाएं, अपनी शक्ति का संग्रह कर सकता है। तुम जाग जाओ तो उसे छाती से उतार दोगे।

इसलिए कोई राजनीतिज्ञ नहीं चाहता कि दुनिया में आदमी का बोध गहरा हो। इसलिए राजनीतिज्ञ हमेशा संत के विपरीत है। अगर कोई संत हो तो राजनीति सदा विरोधी है उसकी। हां, अगर कोई संत न हो तो राजनीतिज्ञ उसके चरण छूता है। वह कहता है : आप राष्ट्र-संत हैं! वह कहता है : आपके आशीष चाहिए! क्योंकि वह देखता है कि इस आदमी के माध्यम से जो धर्म के नाम पर लोग इकट्ठे हो गए हैं, उनको भी राजनीति की मूढ़ता में संलग्न किया जा सकता है।

नहीं, मैं तुमसे कहता हूं, समाज के प्रति तुम्हारा कोई भी दायित्व नहीं है। इसका तुम यह मतलब मत समझना कि मैं तुम्हें समाज का दुश्मन बनाता हूं। जब मैं कहता हूं, समाज के प्रति तुम्हारा कोई दायित्व नहीं है, मनुष्य के प्रति दायित्व है, तब मैं तुमसे यही कह रहा हूं कि मनुष्य के

प्रति अगर तुमने अपना दायित्व पूरा किया तो समाज के प्रति अपने से पूरा हो जाएगा, तुम्हें उसका विचार भी करना जरूरी नहीं है। क्योंकि समाज व्यक्तियों का जोड़ है।

यहां तुम आए हो, अगर मैं तुमको एक-एक को बिठा कर भोजन करा दूं, तुम्हारी सबकी भूख मिट जाए, तो इस समूह की भूख मिट जाएगी या नहीं? लेकिन मैं कहूं: नहीं, तुम्हारी भूख से मुझे कोई मतलब नहीं, मुझे तो इस समूह की भूख को मिटाना है। अगर तुम भूखे भी रहो इस समूह की भूख को मिटाने को तो कोई हर्जा नहीं, कुर्बान करो अपने को, शहीद हो जाओ--लेकिन समूह की भूख मिटानी है।

समूह का कोई पेट है, कि समूह की कोई भूख है? व्यक्ति का पेट है, व्यक्ति की भूख है। समाज की कोई आत्मा है? व्यक्ति की आत्मा है। लेकिन व्यक्ति से राजनीति का कोई संबंध नहीं है।

धर्म का संबंध व्यक्ति से है। राजनीति समाज की क्रांति है, धर्म व्यक्ति की क्रांति है। और मैं तुमसे कहता हूं, धर्म ही एकमात्र क्रांति है, क्योंकि क्रांति वहीं हो सकती है जहां आत्मा जीवंत हो। जहां आत्मा ही न हो वहां क्रांति कैसे होगी? जहां चेतना ही न हो वहां रूपांतरण कैसे होगा? जहां भूख ही न हो, वहां भूख के बाद, भोजन के बाद, जो तृप्ति मिलती है, वह तृप्ति कैसे होगी?

झूठे शब्दों से सावधान! शब्दों ने आदमी को बहुत भरमाया है।

और स्वभावतः मित्रों को ऐसा लग सकता है कि मैं अपनी बुद्धि को समाज, राजनीति और सत्ता पर क्यों नहीं लगाता? तो मैं तुमसे यही कहूंगा जो फरीद कह रहा है: 'फरीदा जे तू अकलि लतीफ।'--अगर फरीद, तुझमें थोड़ी भी बुद्धि हो, तो समाज, राजनीति, सत्ता, उनसे दूर रहना। वह तो बुद्धिहीनों का धंधा है। नहीं तो बुद्ध पागल थे? महावीर पागल थे? मुझे तो अगर लगाना हो राजनीति पर बुद्धि को तो दिल्ली की यात्रा करनी पड़े। वे तो दिल्ली में थे ही। वे तो दोनों ही राजाओं के बेटे थे, सिंहासन पर बैठे ही थे। अपनी प्रतिभा का उपयोग कर सकते थे भलीभांति; लेकिन दोनों ने छोड़ दिया सिंहासन, हट गए। क्योंकि प्रतिभा की पहली लक्षणा यह है कि पद की उसे आकांक्षा नहीं होती। वह तो प्रतिभा नहीं होती, तब पद की आकांक्षा होती है। पद सब्स्टीट्यूट है प्रतिभा का। प्रतिभा जब नहीं होती तब तुम दिखाना चाहते हो किसी भांति अपनी श्रेष्ठता--वह पद से मिल सकती है। जब तुममें प्रतिभा नहीं होती तब तुम अपनी जेब बड़ी करके दिखाना चाहते हो, तिजोड़ी बड़ी करके दिखाना चाहते हो, तुम अपना सिंहासन ऊंचा करके दिखाना चाहते हो। लेकिन प्रतिभा अगर हो तो तुम राह पर भी खड़े रहो तो भी प्रतिभा का सूर्य चमकता रहता है, उसके लिए दिल्ली जाने की कोई भी जरूरत नहीं है।

नहीं, मैं तो कहता हूं कि अगर तुममें प्रतिभा हो, तो वही गारंटी है कि राजनीति में तुम्हारी उत्सुकता न होगी। मैंने राजनीति में सिर्फ थर्ड क्लास, बिलकुल तृतीय श्रेणी की बुद्धि के लोगों को देखा है। प्रथम कोटि के लोग उस तरफ उत्सुक नहीं होते। प्रथम कोटि का आदमी चुपचाप वहां से हट जाता है। क्योंकि वहां वह अनुभव करता है कि यह तो हीन लोगों की प्रतिस्पर्धा है। जो कुछ भी नहीं हैं, वे कुछ होने के दिखावे में लगे हैं। आत्मवंचना है!

लेकिन इसका यह मतलब नहीं है कि मनुष्य से मेरा कोई प्रेम नहीं है। मनुष्य से मेरा प्रेम है, इसलिए मेरी उत्सुकता राजनीति में नहीं है; क्योंकि राजनीति सबसे बड़ा जहर है। और मनुष्य अगर राजनीति से मुक्त हो जाए तो यह संसार स्वर्ग बन सकता है। इस संसार में सब-कुछ है, लेकिन राजनीति के कारण कठिनाई है। इस जमीन पर इतना भोजन है, सभी को मिल सकता है। लेकिन राजनीति दिक्कत देती है।

पिछले अनेक वर्षों में अमरीका को बहुत बार अपने गेहूं को समुद्रों में डुबाना पड़ा है। रूस को कुछ वर्ष अपना गेहूं रेल के इंजनों में कोयले की जगह जलाना पड़ा है। राजनीति! क्योंकि अगर अमरीका अपने उस गेहूं को मुफ्त बांट दे, जो फेंकने योग्य है और उसकी कोई जरूरत नहीं है, जरूरत से ज्यादा है--अगर वह उसे मुफ्त बांट दे तो उसकी ताकत कमजोर होती है। उसे बाजार में अगर बेचा न जाए तो गेहूं का दाम नीचे गिरता है, दाम नीचे गिरता है तो अमरीका की आमदनी नीचे गिरती है। तो बेहतर है नष्ट कर देना, लेकिन देना बेहतर नहीं है!

दुनिया में सब-कुछ है; अगर राजनीति के घेरे न हों तो सभी को सभी कुछ उपलब्ध हो सकता है। विज्ञान ने इतनी खोज कर ली है कि किसी को भूखे मरने की कोई जरूरत नहीं है; लेकिन राजनीति के कारण बड़े अड़ंगे हैं। आधी दुनिया भूखी मरती है। वह तब तक मरेगी जब तक राजनीति की सीमाएं नहीं टूट जातीं। हजारों, लाखों, करोड़ों लोग बीमार हैं, स्वस्थ नहीं हो पाते, दवाइयां बंद पड़ी हैं मुल्कों के पास : लेकिन उनको जरूरत नहीं है दवाओं की, जिनको जरूरत है उन तक राजनीति के कारागृह हैं, वहां तक पहुंचाई नहीं जा सकतीं।

मनुष्य अगर राजनीति से मुक्त हो जाए--और जो कठिन बात है, क्योंकि उसका अर्थ यह है कि मनुष्य तभी राजनीति से मुक्त हो सकता है जब वह अपने में तृप्त हो जाए।

तो, मेरी सारी चेष्टा राजनीति से मुक्त करने की भी नहीं है, सारी चेष्टा तुम्हें तृप्त करने की है। मेरे उपाय विधायक हैं। तुम शांत हो जाओ, तुम प्रफुल्लित हो जाओ, तो तुम्हारी आंख में वह गुण आ जाएगा जो चीजों को आर-पार देखने लगे; तुम्हें चीजें साफ दिखाई पड़ने लगेंगी।

और पूछा है कि 'आपको इन चीजों पर ध्यान देना चाहिए ताकि एक बेहतर मनुष्यता का उदय हो सके।'

इन्हीं के कारण तो बेहतर मनुष्यता का उदय नहीं हो पा रहा है। अगर लोग राजनीति से ध्यान हटा लें, तो बेहतर मनुष्यता का जन्म बहुत दूर नहीं है। अब यह बहुत जटिल है बात, क्योंकि राजनीति का संस्कार बड़ा गहरा है। सारे अखबार उसी की बातें करते हैं। रेडियो उसी की बात करता है। टेलीविजन उसी की बात करता है। लोग उसी की चर्चा करते हैं। लोग एक-दूसरे को दोहराते जाते हैं। उसकी पुनरुक्ति इतने जोर से होती रहती है कि मन में वह बैठता चला जाता है, बैठता चला जाता है। तुम्हारे भीतर की लकीरें तय हो जाती हैं; तुम मुक्त नहीं रह जाते सोचने को।

अगर कभी कोई मंगलग्रह से कोई यात्री आए और तुम्हारे ढंग देखे तो बड़ा हैरान होगा कि आदमी कैसा पागल है! किसी ने किसी का झंडा नीचा कर दिया--उसको तो झंडा नहीं दिखाई

पड़ेगा; वह तो देखेगा कि एक डंडे पर कपड़ा लटकाया हुआ है, रंगीन है, कई तरह के रंग लगाए हैं--किसी ने किसी का झंडा नीचा कर दिया, बस छुरे-तलवार निकल आए, झंडा नीचा हो गया! झंडा ऊंचा रहे हमारा! अब झगड़ा, युद्ध; मार डालेंगे लाखों लोगों को, क्योंकि झंडा नीचा हो गया! उसकी समझ में ही नहीं आएगा कि ये आदमी क्या पागल हैं यहां! इसमें मामला क्या हो गया, किसी ने किसी का कपड़ा नीचा कर दिया?

लेकिन राजनीतिज्ञ कहते हैं: यह कोई चीथड़ा नहीं है! प्राण चले जाएंगे! यह झंडा है!

तुम थोड़ा सोचो कि तुम्हारे मन को किस भांति से सम्मोहित किया गया है। झंडा नीचा हो गया! झंडे में है क्या? और झंडा नीचा हो गया, इसमें क्या अड़चन है? फिर से ऊंचा कर लो। इसमें मरने-मारने का कहां सवाल है?

नहीं, लेकिन तुम बिलकुल मूर्च्छित हो। झंडा तुम्हारा अहंकार है। वह कपड़ा नहीं है; उसमें तुमने बड़े भारी अपने अहंकार को नियोजित किया हुआ है। झंडा नीचा हो गया, अब मुल्क खतरे में है। अब झगड़ा होगा, लाखों लोग कटेंगे!

फिर यह चल रहा है पूरे इतिहास से। किसी ने किसी के मंदिर की मूर्ति तोड़ दी; किसी ने किसी मस्जिद के सामने बाजा बजा दिया: झगड़ा हो गया!

अगर मंगल ग्रह का कोई यात्री ऊपर से देखे तो वह देखेगा कि यह पूरी पृथ्वी पागल है, विक्षिप्त है। क्योंकि तुम्हारा कोई ढंग उसकी समझ में न आएगा। तुम्हारा ढंग समझने योग्य नहीं है। तुमको समझ में आता है, क्योंकि तुम्हें उसी तरह की शिक्षा दी गई है, तो तुम्हें समझ में आता है। अगर तुम थोड़े भी जाग जाओ तो तुम्हें भी दिखाई पड़ेगा: यह हो क्या रहा है? इसकी जरूरत क्या है? इसमें कहीं बुद्धिमानी नहीं दिखाई पड़ती। इससे ज्यादा और बुद्धिहीनता क्या होगी?

लोग नेताओं के पीछे चले जा रहे हैं। एक नेता दूसरे नेता को नीचे उतारने की कोशिश में लगा है। किसी को जीवन की असली समस्याओं से कोई प्रयोजन नहीं है। समस्या एक ही है कि मेरे हाथ में सारी ताकत होनी चाहिए। ताकत का तुम क्या करोगे? ताकत को पा भी लोगे तो होगा क्या? कितने सिकंदर, कितने नेपोलियन, कितने हिटलर, कितनी बड़ी ताकत के लोग थे! क्या हुआ? ताकत से सिर्फ विध्वंस हुआ है। क्योंकि ताकत चाहने वाला जो आदमी है वह आदमी गलत है। ताकत उसके हाथ में हो जो ताकत नहीं चाहता, तो शायद कुछ लाभ भी हो। लेकिन जो ताकत चाहता है उससे लाभ नहीं हो सकता। क्योंकि उसकी महत्वाकांक्षा का कोई अंत न होगा; उसे और ताकत चाहिए, और ताकत चाहिए। वह पूरे मुल्क को, मुल्कों को जब तक अग्नि में न झोंक देगा युद्ध की, तब तक उसे ताकत का पूरा मजा नहीं आ सकता।

तुम अपने राजनीतिज्ञों के चित्रों को गौर से देखो। तुम चकित होओगे। तुम उनकी कार्यवाहियों को गौर से देखो। तुम जरा अपने को दूर करो उस सारी कंडीशनिंग से, संस्कारों से, जो तुम पर पड़े हैं, और फिर तुम गौर से देखो: तुम हंसोगे कि यह क्या हो रहा है! पृथ्वी पूरा एक बड़ा पागलखाना है।

नहीं, मनुष्यता का उदय राजनीति से अगर होता होता तो कभी का हो गया होता। राजनीति तो बड़ी पुरानी है। मनुष्यता का उदय--मनुष्यता के उदय से मेरा मतलब मनुष्यों का उदय--सिर्फ एक ढंग से हो सकता है : वह सत्ता नहीं है, वह शून्यता है; शक्ति नहीं है, शांति है; दूसरे पर कब्जा नहीं है, अपनी मालकियत, अपना स्वामी हो जाना पर्याप्त है। और प्रत्येक व्यक्ति अगर अपना स्वामी हो तो इस संसार में एक स्वामित्व की सुगंध होगी; हरेक अपना मालिक होगा।

राजनीति है दूसरे को गुलाम बनाने की चेष्टा, दूसरे के मालिक होने की चेष्टा; धर्म है अपना मालिक होने की चेष्टा।

मालिक तो मैं भी तुम्हें बनाना चाहता हूं, लेकिन अपना ही। तुम्हीं तुम्हारे गुलाम, तुम्हीं तुम्हारे मालिक! तुम्हीं तुम्हारी प्रजा, तुम्हीं तुम्हारे राजा! तुम्हीं तुम्हारा देश, तुम्हीं तुम्हारे सत्ताधिकारी! अगर तुम अपने इस छोटे से भीतर के विश्व को सम्हाल लो तो तुमने सारे विश्व को सम्हालने का सूत्रपात कर दिया। एक आदमी संगीत से भर जाए, तो वह अपने पड़ोस में संगीत की लहरें पहुंचाने लगता है।

निश्चित ही, मनुष्यता कैसे बेहतर हो, इसकी चेष्टा मैं भी कर रहा हूं; लेकिन वह चेष्टा राजनीति की चेष्टा नहीं है। मैं तुम्हें समस्त राजनीतियों से मुक्त करना चाहता हूं। मेरा कोई चुनाव नहीं है। मेरा यह चुनाव नहीं है कि तुम इंदिरा की राजनीति के पक्ष में रहो कि जयप्रकाश की राजनीति के पक्ष में रहो; मेरे लिए दोनों समान हैं। राजनीति गलत है। वह किसकी है, इसका कोई मूल्य नहीं है। तुम राजनीति से मुक्त हो जाओ। और लोग अगर मुक्त होते चले जाएं तो राजनीतिज्ञ अलग खड़े रह जाएंगे। उन्हें खुद भी अपने संघर्ष की नासमझी दिखाई पड़ने लगेगी। लेकिन तुम्हारी भीड़ उनके साथ होती है, तो उनका भी नशा नहीं उतरता। उनको भी समझ में नहीं आता कि हम गलत हो सकते हैं, क्योंकि इतने करोड़ों लोग साथ हैं।

और तुम्हारे साथ का कोई भरोसा नहीं है, तुम किसी के भी जुलूस में साथ हो जाते हो। तुम्हें जुलूस का मजा आ रहा है; लेकिन तुम्हें यह पता नहीं कि वह जो जुलूस के आगे झंडा लेकर चल रहा है, वह पागल हुआ जा रहा है--वह यह देख कर कि लाखों लोग मेरे साथ हैं। तुम यूं ही हो लिए थे; तुम मजा देखने के लिए जा रहे थे कि पता नहीं, क्या होने वाला है। तुम कल उसके विरोधी के जुलूस में भी तुम्हीं सम्मिलित हो जाओगे। लेकिन तुमने दोनों को नशा दे दिया।

भीड़ शराब है। जब कोई अपने पीछे बड़ी भीड़ देखता है, होश खो देता है। उसको लगता है, अब मेरे हाथ में सब है; अब मैं जो चाहूं, वह करके दिखा दूंगा।

तुम राजनीतिज्ञों के मस्तिष्क को खराब करते हो। तुम उनकी छोटी-छोटी बुद्धियों के गुब्बारे को खूब हवा भर देते हो। तुम उनको वहां तक ले जाते हो जहां वे फूट जाते हैं। तुम्हारे सभी राजनीतिज्ञ उस दशा में पहुंच जाते हैं। उनसे तुम अपना हाथ हटा लो।

मैं तुमसे कहता हूं कि तुम इतना ही कर लो कि तुम अपने को जमा लो, सारी दुनिया अपने आप जमने लगेगी।

एक छोटे स्कूल में ऐसा हुआ कि एक शिक्षक अपने बच्चों को समझा रहा था। दुनिया का नक्शा उसने कई टुकड़ों में काट दिया और बच्चों से कहा कि अब तुम इसे जमा कर बताओ। बच्चे बड़ी मुश्किल में पड़ गए। कोई सौ टुकड़े कर दिए उसने दुनिया के नक्शे के। मुश्किल था। टिम्बकटू की जगह मैडागास्कर चला गया, मैडागास्कर की जगह टिम्बकटू आ गया। कठिनाई मालूम होने लगी कि कहां स्पेन को रखें, कहां तिब्बत को; क्योंकि टुकड़े-टुकड़े कर दिए। लेकिन एक युवक ने, एक छोटे बच्चे ने, उस नक्शे के गत्तों को उलटा कर देखा। उसे तरकीब मिल गई। दूसरी तरफ कुंजी थी। दूसरी तरफ एक आदमी की तस्वीर बनी थी, उसने सब टुकड़े उलटा दिए और आदमी की तस्वीर जमा दी। इस तरफ आदमी जमता गया, उस तरफ दुनिया जम गई।

वहीं मैं तुमसे कहता हूं। आदमी जम जाए, सारी दुनिया जम जाएगी। तुम दुनिया को जमाते रहो--आदमी भी न जमेगा, दुनिया भी न जमेगी। दुनिया को जमाने की कुंजी आदमी की तस्वीर है। उस तस्वीर को जमाने कहीं भी नहीं जाना है, क्योंकि तुम भी वही कुंजी हो। तुम अपने से शुरू कर दो।

राजनीति सदा दूसरे से शुरू होती है, धर्म सदा अपने से।

तो, न तो मैं किसी की राजनीति के पक्ष में हूं, न किसी की राजनीति के विरोध में हूं। मैं राजनीति मात्र के विरोध में हूं।

तीसरा प्रश्न :

ओशो, फरीद और आप दोनों कहते हैं कि जीवन की जो श्रेष्ठतम अवस्था है, उसे ही प्रभु के प्रेम में लगा दो; क्योंकि धर्म ही सार है, शेष सब-कुछ असार है। इस संदर्भ में कुछ मित्र देश-प्रेम की बात करते हैं। पूछते हैं कि जब देश आपात और संकट की स्थिति से गुजर रहा है, तब भी क्या ओशो के लिए भगवत-भजन का एकतारा बजाए जाना उचित है।

और कोई संगीत ही नहीं है; बस एकतारा है भगवत-भजन का।

और आपात की स्थिति आज नहीं है, सदा से है। ऐसा कोई क्षण ही नहीं रहा मनुष्य के इतिहास में जब संकट न हो। अगर तुम संकटों को ही देखते रहो तो बुद्धों का पैदा होना बंद हो जाएगा।

बुद्ध के समय में संकट नहीं था? बहुत संकट था। राजनीतिज्ञ तो ऐसी व्याख्या करते हैं कि बुद्ध घर छोड़ कर गए ही इसलिए कि बुद्ध के राज्य में और पड़ोसी राज्य में संघर्ष था। कहीं झंझट में न उतरना पड़े, इसलिए वे चुपचाप घर से निकल गए। राजनीतिज्ञों की व्याख्या बुद्ध की यही है।

राजनीतिज्ञ महावीर के संबंध में भी यही कहते हैं कि वह घर छोड़ा उन्होंने, धर्म के लिए नहीं; राज्य मिल गया उनके बड़े भाई को--वे छोटे भाई थे, राज्य मिल नहीं सकता था--यही दंश... उन्होंने घर छोड़ दिया।

राजनीतिज्ञ की अपनी व्याख्याएं हैं। वह हर चीज में राजनीति खोजता है। यह छोटे भाई की दुखी अवस्था कि मुझे तो मिलना नहीं है राज्य, क्या सार है राज्य में! मिलता तो सार होता; जब मिला ही नहीं तो सार नहीं था। अंगूर खट्टे समझ कर महावीर घर छोड़ कर चले गए।

बुद्ध को लगा कि यह तो बड़ा उपद्रव होने का है, झंझट होगा, झगड़ा होगा, युद्ध होगा। कायर रहे होंगे। घबड़ा गए होंगे। छोड़ कर भाग गए।

संकट कब नहीं था?

जीसस के समय में संकट न था? यहूदी गुलाम थे। रोमन राज्य था। उचित तो यह हुआ होता कि जीसस भी देश-प्रेमियों में सम्मिलित हो गए होते। भजन का एकतारा फेंक दिया होता, और राजनीति की बंदूक उठा ली होती। छाती छेदने लगते। हृदय के गीत गाने बंद कर दिए होते। तो तुम्हें एक सैनिक और मिल जाता, एक पागल और मिल जाता। लेकिन पागलों कि तुम्हें वैसे ही क्या कमी है? इस एक पागल से और कुछ तुम्हारी संख्या न बढ़ जाती। लेकिन जीसस अपना एकतारा बजाते रहे। बुद्ध अपना एकतारा बजाते रहे।

मीरा के समय में संकट न था? मुसलमान मुल्क पर छाए थे, कब्जा उन्होंने कर लिया था। हिंदू धर्म संकट में था और मीरा भगवत-भजन के गीत गाती, नाचती रही।

देशद्रोही मालूम पड़ते हैं ये सब लोग। जब भी, जब भी संकट है तभी अपना भजन गाते हैं।

तुलसीदास भी क्या बैठे खाक रामायण लिखते रहे! यह कोई वक्त रामायण लिखने का था? उठा लेते छुरा और कूद पड़ते। देश-प्रेम में मर जाते।

तुम थोड़ा सोचो, संकट कब नहीं था। आदमी जैसा है, संकट सदा रहेगा ही। ऐसे आदमी का संकट ही बना रहेगा। ऐसा आदमी संकट के बाहर हो नहीं सकता। अगर इस संकट को देख कर ही कोई चलता रहे, तो तो फिर इस संकट के बाहर जाने का कोई उपाय नहीं है। इस संकट के बाहर जाने का उपाय उस एकतारे की धुन को सुन लेना है। तुम्हारी भीड़, तुम्हारे बाजार के पास ही कोई एकतारा बजाए चला जाता है, वह संकट के बाहर है।

मैं तुमसे कहता हूं, मैं संकट के बाहर हूं, आपात स्थिति के बाहर हूं। तुम मुझे हथकड़ियों में बांध कर काल कोठरी में डाल दो, तो भी मैं तुम्हारी हथकड़ियों के बाहर हूं। तुम मेरी गर्दन को काट दो तो भी मैं तुम्हारी हत्या के बाहर हूं। तुमने अगर मेरे एकतारे को सुना, तुम भी बाहर हो जाओगे। उस एकतारे की धुन को सुन कर चल पड़ना ही बाहर हो जाने का उपाय है। अगर तुमने कहा कि पहले संकट को निपटा लेने दो; पहले आपात स्थिति को टल जाने दो; पहले सारी दुनिया ठीक हो जाए, फिर हम भी चाहते हैं बजाएं यह गीत और नाचें और मीरा की तरह और चैतन्य की तरह प्रसन्न हों; पर ठहरो, अभी बहुत सी चीजें उलझी हैं, इनको सुलझा लेने दो। क्या तुम सोचते हो, ऐसी कोई घड़ी आएगी जिस दिन तुम सुलझा पाओगे? क्या सुलझाना तुम्हारे हाथ के भीतर है? तुम उलझे ही उलझे मर जाओगे। तुम सोच लो। उलझे ही उलझे मर जाना हो, उलझे ही उलझे मर जाओ। लेकिन

इस भ्रांति में मत रहो कि तुम सुलझा कर किसी दिन, फिर उस एकतारे को सुनोगे जो परमात्मा का है। तो तुम गलती में हो। तो यह कभी भी न होगा।

जिसे जाना है बाहर, उसे आज जाना होगा। आज के अतिरिक्त और कहीं मार्ग नहीं है। इस क्षण उसे जागना होगा। क्योंकि क्षण-क्षण हाथ से बीते चले जाते हैं।

फरीद कह रहा है: 'फरीदा जा तउ खट्टण वेल।'--जब युवा था, शक्ति भरी थी, तब तूने मिट्टी में गंवा दी।

'देखु फरीदा जु थीआ सकर होई विसु।'--और जिस-जिस को तूने सुख समझा था, वह देख फरीदा, सब दुख हो गया।

इसके पहले कि ऐसा रुदन का क्षण आए, जाग जाओ।

निश्चित ही मैं एकतारा बजा रहा हूं। एकतारा है वह, क्योंकि उसमें एक ही स्वर है--उसमें सिर्फ परमात्मा का स्वर है। इतनी बातें सब कहता हूं, इतनी बातें थोड़े ही कहता हूं; एक ही बात कहता हूं। इतनी बातों में एक ही बात कही जा रही है। एकतारा है। उसमें सात स्वर भी नहीं हैं। वह इंद्रधनुष की तरह सात रंगों वाला नहीं है; जहां इंद्रधनुष के सातों रंग मिल कर एक ही प्रकाश बन जाता है। इंद्रधनुष के सात रंगों में खंडित हो गई है एक ही प्रकाश की धारा।

भौतिकी से पूछो तो भौतिक शास्त्र कहता है, प्रकाश का रंग तो श्वेत है, शुद्धतम श्वेत है; फिर जब प्रकाश पानी की बूंद से गुजरता है तो सात हिस्सों में टूट जाता है, इसलिए इंद्रधनुष बन जाता है। हवा में लटके हुए पानी के कणों से सूरज की गुजरती किरण सात रंगों में टूट जाती है।

छोटे-छोटे बच्चों के लिए, स्कूल में समझाने के लिए एक गोल वर्तुलाकार, जैसे कि एक चरखे का चाक होता है, ऐसा चाक होता है, उसमें सात रंग बने होते हैं। उस चाक को जोर से घुमाओ, घुमाते जाओ...धीरे-धीरे सात रंग खो जाते हैं और शुभ्र रंग प्रकट हो जाता है--एक प्रकट हो जाता है।

सात स्वर हैं। वे उस परमात्मा के एक ओंकार नाद के ही सात खंड हैं। सात दिन हैं। वे उस परमात्मा की अखंड अनंतता के ही सात रूप हैं।

एकतारा ही है। मैं एक ही आवाज, एक ही ओंकार की आवाज को कहे चले जाता हूं। बहुत रूप देता हूं उसे, बहुत रंग देता हूं, बहुत वस्त्र पहनाता हूं; लेकिन जब भी तुम भीतर झांकोगे, तुम एक ही आवाज पाओगे। और मैं मानता हूं कि वही एकमात्र उपाय है जिससे तुम आपात की स्थिति के बाहर जाओगे। अन्यथा मनुष्य के जगत का कारोबार तो सदा ही संकट में है। कभी एक उपद्रव है, कभी दूसरा उपद्रव है, कभी तीसरा उपद्रव है। इतने उपद्रवी हैं, तुम सोच भी नहीं सकते कि कभी ऐसा हो सकता है कि उपद्रव न होगा। तुम्हें इस अवस्था की चिंता न करके स्वयं को बाहर कर लेना होगा।

और मैं तुमसे कहता हूं, अगर तुम बाहर हो गए तो जगत का एक बहुत बड़ा बहुमूल्य हिस्सा बाहर हुआ। तुम भीतर थे तब तुम ना-कुछ थे, भीड़ के हिस्से थे, सोए हुए लोगों का एक अंग थे।

जब तुम बाहर हुए तो तुम जागरण का हिस्सा हुए; तुम एक बहुत महत्वपूर्ण घटना घट गए। और तुम्हारे जागरण की छाया दूसरों पर पड़ेगी।

एक जागा हुआ आदमी हजारों को जगा सकता है, लाखों को जगा सकता है। तुमने भी अगर एकतारा उठा लिया और लोगों को जगाने लगे तो शायद कुछ और लोग आपात की स्थिति के बाहर आ जाएं।

तो दो उपाय हैं। एक तो यह है कि पहले सारा संकट मिट जाए, दुनिया में समाजवाद आ जाए, समता हो जाए, सारे लोग सुखी हो जाएं, कोई बीमारी न रहे, कोई भूखा न रहे, कोई युद्ध न रहे, सारा रामराज्य हो जाए, तब तुम परमात्मा का एकतारा उठाओगे। तब मैं सोचता हूं, तुम्हें अनंतकाल तक प्रतीक्षा करनी होगी। फिर भी आश्वासन नहीं दे सकता कि तब भी तुम उठा पाओगे।

दूसरा रास्ता है कि तुम अभी बाहर हो जाओ। तुम गीत गाना शुरू का दो। शायद तुम्हारे गीत को सुन कर और सोए हुए लोग भी कुछ जाग जाएं, बाहर आ जाएं।

नहीं, मेरी कोई उत्सुकता देश प्रेम, आपात स्थिति और इस तरह की बातों में नहीं है। मेरी उत्सुकता तुममें है। मेरी उत्सुकता व्यक्ति में है। और मैं जानता हूं कि सिर्फ व्यक्ति बदला जा सकता है और कोई बदला नहीं जा सकता।

कितनी क्रांतियां हो गईं और सब व्यर्थ गईं, फिर भी तुम होश में नहीं आते। हर क्रांति ने लोगों को यही कहा कि बस इस क्रांति के बाद स्वर्ग आ जाएगा। क्रांति आ गई, स्वर्ग तो बिलकुल न आया, और बड़ा नरक आ गया।

कितनी स्वतंत्रताएं मिल गई लोगों को! और हर बार यही कहा गया कि स्वतंत्रता के बाद सब ठीक हो जाएगा। स्वतंत्रता के बाद लोगों ने पाया, यह तो हम और बड़े गड्ढे में गिर गए।

कितने सुधार हो गए! सब सुधारवादी मानते थे कि बस इसके बाद स्वर्ग है, इसके बाद और कुछ बचता ही नहीं है बात सुलझाने को। लेकिन चीजें उलझती ही चली गईं। इतिहास सुलझ नहीं रहा है, उलझ रहा है। भीड़ सुलझने की तरफ नहीं है, उलझने की तरफ है। हर उलझाव नये उलझाव पैदा कर देता है। और जिसको तुम सुलझाव कहते हो, वह भी सुलझाव सिद्ध नहीं होता, वह भी उलझाव सिद्ध होता है।

जागने की जरूरत है। जागना एकमात्र सुलझाव है। तुम्हारा सुलझाव एकमात्र सुलझाव है। तुम सुलझ जाओ तो शायद तुम संक्रामक हो जाओ। जैसे बीमारी लगती है वैसे स्वास्थ्य भी लगता है। जैसे मूर्च्छा लगती है वैसे होश भी लगता है।

तुमने कभी खयाल किया?--एक आदमी जम्हाई लेने लगे, दूसरे लोग जम्हाई लेने लगते हैं, नींद पकड़ती है। एक आदमी खांस दे, दूसरे आदमी के गले में खुजलाहट शुरू हो जाती है। एक आदमी लघुशंका को चला जाए, बाकी भी चले!

आदमी में संक्रामक घटनाएं घटती हैं। तुममें से एक एकतारे को सुन ले और बाहर जाए, दूसरे भी सुनने लगेंगे। तुम्हें बाहर आता देख कर उनके लिए भी एक द्वार खुलता है, कौन जाने! और

अगर तुम्हारे जीवन में आनंद की घटना घटी और वर्षा हुई अमृत की, तो लोग कितने ही सोए हों, इतने नहीं सोए हैं कि जब किसी को आनंद घटे तो उन्हें दिखाई न पड़े; जब कोई नाचने लगे तो उन्हें उसके घूंघर सुनाई न पड़ें। जब किसी के कंठ से गीत उठे तो उनकी नींद में भी कुछ स्वरलहरियां पहुंच जाती हैं।

न, मैं तो अपना एकतारा बजाए जाऊंगा। और उन थोड़े से लोगों के लिए ही मेरी चेष्टा है जो जागने को उत्सुक हैं। भीड़ के लिए मेरी कोई उत्सुकता नहीं है।

चौथा प्रश्न :

ओशो, कहावत है कि माता-पिता, गुरु और भगवान से मांगने में संकोच नहीं करना चाहिए, और न ही इसमें कोई दोष है। क्या यह कहावत सही है?

इस कहावत में दो शब्द हैं: संकोच और मांग। अगर तुमने संकोच पर जोर दिया तो कहावत सही है; अगर मांग पर जोर दिया तो कहावत गलत है।

मैं फिर से पढ़ता हूं: 'कहावत है कि माता-पिता, गुरु और भगवान से मांगने में संकोच नहीं करना चाहिए।'

जोर 'संकोच' पर है कहावत का; क्योंकि संकोच अहंकार का हिस्सा है। तुम संकोच ही तब करते हो जब तुम्हें लगता है कि यह तो मांगने में अपने अहंकार को चोट लगेगी। कोई क्या कहेगा? मांगना उचित नहीं है। मांगना तो चाहते हो; लेकिन मांगने वाले नहीं बनना चाहते हो; मिल जाए, यह तो चाहते हो; लेकिन किसी को कानोंकान खबर न हो कि मैंने मांगा। क्योंकि मांगने में तो भिखारी हो जाता है आदमी, और भिखारी के अहंकार को चोट लगती है। इस चोट को जगाने के लिए ही तो बुद्ध ने अपने संन्यासियों को भिखारी बना दिया; कहा--भिक्खु! तुम भिक्षु हुए, अब मांगो। जो दे उसे आशीर्वाद देना; जो न दे उसे भी आशीर्वाद देना। क्योंकि जो दे अगर उसी को तुम आशीर्वाद दे सको, और जो न दे उसको अभिशाप दो, तो यह भिखारी के पीछे अहंकार खड़ा है।

संकोच मत करना मांगने में, यह जोर है कहावत का। माता-पिता, गुरु और भगवान के सामने क्या संकोच, क्या अहंकार? अगर तुम्हारा माता-पिता, गुरु और भगवान के सामने भी अहंकार है तो फिर तुम कहां अहंकार छोड़ोगे? फिर तो संसार में कोई शरण न रही। वहां तुम संकोच मत करना, यह जोर है कहावत का। बिना संकोच किए खड़े हो जाना।

और बड़े मजे की तो बात यह है कि अगर तुम बिना संकोच खड़े हो जाओ तो मांगने की जरूरत ही नहीं रह जाती; बिना मांगे मिल जाता है। क्योंकि जिसके मन में संकोच न रहा, अहंकार न रहा, वह मिलने के योग्य हो गया, वह पात्र हो गया। उसका हृदय ही कह देता है। प्राण से प्राण कह देते हैं। कुछ शब्दों की जरूरत नहीं रही जाती। मांगना इसीलिए पड़ता है कि भीतर संकोच है। मांगो नहीं

तो भी तुम्हारी मांग दिखाई पड़ती रहती है। तुम चाहते हो, कोई दे दे और मांगने का कष्ट भी उठाना न पड़े।

कहावत यह कह रही है, कम से कम मां, पिता, गुरु, भगवान--माता-पिता जिन्होंने तुम्हें जन्म दिया; गुरु जिससे तुम्हारा दूसरा जन्म होगा; परमात्मा जो कि तुम्हारा ही आत्यंतिक स्वरूप है--अगर इनसे भी तुम संकोच करते हो और फासला रखते हो, तो फिर तुम कहां शरण पाओगे? इनके सामने तो सब संकोच छोड़ देना। इनके सामने नग्न हो जाना--यह अर्थ है कहावत का। इनके सामने क्या छिपाना है? माता-पिता के सामने क्या छिपाना है? नग्न तुम पैदा हुए थे। वे भलीभांति तुम्हें जानते हैं।

गुरु से क्या छिपाना है? अगर गुरु से छिपाया तो रूपांतरण किसके द्वारा होगा फिर? जो तुम छिपाओगे, वह बच जाएगा, रूपांतरित न होगा। गुरु के सामने तो पूरा खुल जाना है। सब वस्त्र उघाड़ देने हैं। कुछ भी बचाना नहीं है भीतर। कुछ भी छिपाना नहीं है भीतर। चेतन-अचेतन सब पर्तें सामने कर देनी हैं कि अब जो तेरी मर्जी। अब जो तू चाहे, कर।

और परमात्मा से क्या छिपाना? और छिपाने से भी क्या परमात्मा से छिपेगा?

संकोच मत करना। इसका यह अर्थ नहीं है कि निस्संकोच मांगना। अगर इसे तुम समझो तो इसका अर्थ है कि जिसने संकोच छोड़ दिया, उसे तो बिन मांगे मिल जाता है, मांगने की जरूरत नहीं होती। जिसका अहंकार चला गया, उसे क्या कमी रह जाएगी?

अहंकार ही कमी है। अहंकार के कारण ही तुम छोटे हो, सीमित हो। अहंकार गया कि तुम असीम हुए। घड़ा टूट गया, तो घड़े के भीतर का आकाश बाहर के आकाश से एक हो गया। अहंकार की मिट्टी गिर गई, तो तुम असीम के साथ एक हो गए। मांगने को कुछ बचता नहीं। निःसंकोच मन को मिल जाता है, मांगना नहीं पड़ता। संकोची मन मांगता भी है, मांगना नहीं भी चाहता है, और कभी पाता भी नहीं।

पांचवां प्रश्न :

ओशो, कल आपने कहा कि धार्मिक क्रांति की शुरुआत इस बोध से होती है कि जो कुछ भी मैं हूं, उसके लिए मैं ही पूर्णतः जिम्मेवार हूं। फिर अन्यत्र आप कहते हैं कि जीवन का सत्य है परस्पर-तंत्रता।

कृपया बताएं कि उपरोक्त दो विपरीत दिखाई पड़ने वाले बोध-वचनों में क्या अंतर-संबंध है?

वे विपरीत नहीं हैं।

'जो भी है, उसके लिए मैं ही पूर्णतः जिम्मेवार हूं'--यह धार्मिक क्रांति की शुरुआत है, प्रथम चरण है।

साधारणतः अधार्मिक आदमी की यह धारणा होती है कि जो भी मैं हूं, उसके लिए सारी दुनिया जिम्मेवार है, मुझे छोड़ कर। समाज, व्यवस्था, राज्य, माता-पिता, परिवार, परंपरा, धर्म, भूगोल, इतिहास, सब जिम्मेवार हैं, सिर्फ मुझे छोड़ कर। मैं एक शोषित, संस्कारित, परतंत्र व्यक्ति हूं। सभी लोगों ने मेरी ऐसी हालत बना दी है। अगर गरीब हूं तो लोगों ने मुझे चूस लिया है। अगर पढ़ा-लिखा नहीं हूं, बुद्धिमान नहीं हूं, तो मुझे बुद्धि के अवसर नहीं दिए गए। अगर सुंदर नहीं हूं तो मां-बाप सुंदर नहीं थे, इसलिए सुंदर नहीं हूं। अगर अस्वस्थ हूं तो समाज दरिद्र है, दीन है, इसलिए अस्वस्थ हूं।

दूसरे लोग जिम्मेवार हैं, मुझे छोड़ कर--यह अधार्मिक व्यक्ति की भाव-दशा है। इसलिए अधार्मिक व्यक्ति कहता है, पहले सबको बदलेंगे तभी मेरी बदलाहट हो सकती है। इतिहास, भूगोल, समाज, अर्थतंत्र, सब बदल जाए, तभी मैं बदलूंगा, क्योंकि मैं इन पर निर्भर हूं।

धार्मिक व्यक्ति की शुरुआत है कि जो भी मैं हूं, उसके लिए मैं पूर्णतः जिम्मेवार हूं। यह शुरुआत है, ध्यान रखना। इसके बिना धार्मिक व्यक्ति की यात्रा शुरू नहीं होती। क्योंकि अगर मैं जिम्मेवार ही नहीं हूं तो बदलना कैसे है, बदलना किसको? अगर मैं ही जिम्मेवार हूं मेरे दुखों के लिए; अगर मैंने ही ये बीज बोए हैं, मैं ही फसल काटता हूं, तो अब मैं आगे बीज बोने में बदलाहट कर सकता हूं। चाहूं तो न बोऊं बीज। और अब तक अगर जहर के बीज बोए थे तो अब अमृत के बो सकता हूं। फसल मुझे काटनी पड़ती है, बीज भी मैं बोता हूं। तो अब मेरे हाथ में है। जो मुझे होना है मैं हो सकता हूं। मेरा भाग्य मैं हूं।

यह धार्मिक व्यक्ति की शुरुआत है। लेकिन मैं कहता हूं, शुरुआत है, यह अंत नहीं है।

और फिर मैंने बहुत बार कहा है कि जीवन का परम सत्य है परस्पर-तंत्रता, इंटरडिपेंडेंस। यह धार्मिक व्यक्ति की पूर्ण अनुभूति है। अधार्मिक व्यक्ति मानता है, सब जिम्मेवार हैं, मैं जिम्मेवार नहीं। धार्मिक व्यक्ति शुरू में मानता है कि मैं जिम्मेवार हूं, कोई जिम्मेवार नहीं; अंत में पाता है कि न मैं हूं, न दूसरे हैं। जीवन परस्पर-तंत्रता है : यह तो अहंकार के मिटने पर पाता है।

अहंकार की दो दृष्टियां हो सकती हैं। दूसरे जिम्मेवार हैं--अहंकार को बचा लिया। मैं जिम्मेवार हूं--अहंकार पर पूरा दोष रोपा। पहला व्यक्ति अधार्मिक रहेगा, दूसरा व्यक्ति धार्मिक हो जाएगा। और एक तीसरी घड़ी है : अहंकार के पार, जहां मैं बिलकुल मिट जाता है, सिर्फ चैतन्य बचता है। वहां दिखाई पड़ता है : यह परस्पर-तंत्रता है। यहां दो हैं ही नहीं, यहां एक ही तंत्र है। उसी को तो हमने परमात्मा कहा, ब्रह्म कहा, अद्वैत कहा। दो नहीं हैं, एक ही अस्तित्व है। और यहां वृक्ष को हिलाओ--आकाश के तारे हिलते हैं। सब जुड़ा है। पत्थर फेंको झील में, जरा सी जगह में गिरता है, पर लहर उठती है और अनंत तक चली जाती है। दूर-दूर के किनारे भी उस लहर से अपरिचित न रहेंगे। वह लहर जाकर अनंतकाल में अनंत दूरियों के किनारों को छुएगी।

जो मैं तुमसे बोल रहा हूं, वह तुमसे ही बोला गया, ऐसा नहीं। जो शब्द आज पैदा हुआ, वह

अब कभी मिटेगा नहीं; अब वह चलता रहेगा; उसकी तरंग चलती रहेगी; दूर के तारों से अनंतकाल में टकराती रहेगी। कुछ भी मिटता नहीं है। सब शाश्वत है और सब एक है।

यह अंतिम अनुभूति है। यह अनुभूति उसी को होगी जो यह मान कर चला कि मैं जिम्मेवार हूं। मैं जिम्मेवार हूं, यह प्राथमिक धारणा है। यह बुनियादी धारणा है। यह सिद्ध की अवस्था नहीं है; यह साधक की शुरुआत है। सिद्ध तो कहता है, एक ही है; कौन जिम्मेवार, कौन गैर-जिम्मेवार; दो नहीं हैं, अद्वैत है।

छठवां प्रश्न :

ओशो, जीसस कहते हैं: प्रेम परमात्मा है। फरीद गाते हैं: अकथ कहानी प्रेम की। और आप भी कहते हैं: प्रेम है आनंद, प्रेम है मुक्ति, प्रेम है समाधि की सुवास।

फिर क्या कारण है कि मीरा गाती है: 'जो मैं ऐसा जानती, प्रेम किए दुख होय। जगत ढिंढोरा पीटती, प्रेम न कीजै कोय।।'

एक पहलू फरीद कह रहे हैं, दूसरा पहलू मीरा कह रही है। और दोनों ही प्रेम की प्रशंसा के गीत गा रहे हैं।

मीरा कहती है: 'जो मैं ऐसा जानती, प्रेम किए दुख होय।' यह विरह की अवस्था है। प्रेम जब होता है तो पहली अवस्था तो विरह है। जिसको प्रेम होता है, उसी को विरह होता है। जिसको प्रेम ही न हो उसको तो विरह नहीं होगा।

तुमने भी अगर कभी प्रेम नहीं किया तो विरह की पीड़ा तुम न जानोगे। विरह की पीड़ा का सौभाग्य तो उसी को मिलता है जिसने प्रेम किया। मैं कहता हूं: सौभाग्य; क्योंकि उसी पीड़ा के पीछे फिर मिलन का आनंद छिपा है। मीरा विरह के क्षण में कह रही है: 'जो मैं ऐसा जानती, प्रेम किए दुख होय। जगत ढिंढोरा पीटती, प्रेम न कीजै कोय।।' मगर यह तो पहले पता न था, अब तो प्रेम कर बैठे। अब लौटने का तो कोई उपाय नहीं।

प्रेम से कभी कोई लौट नहीं सकता। उससे पीछे जाने का उपाय ही नहीं है। अगर बचना हो तो पहले ही बचना। उतरना ही मत उस नदी में, अन्यथा वह बहा ले जाएगी। और बड़ी पीड़ा है; क्योंकि जितना प्रेम बढ़ता है उतना प्यारा दूर मालूम पड़ता है। जितना प्रेम बढ़ता है उतना एक-एक क्षण प्रतीक्षा करना कठिन होता जाता है। जितना प्रेम बढ़ता है उतनी ही अभीप्सा की आग जलती है; उतना ही परमात्मा अब मिले, अब मिले, अब मिले, चैन खो जाता है।

'जो मैं ऐसा जानती, प्रेम किए दुख होय। जगत ढिंढोरा पीटती, प्रेम न कीजै कोय।।'

यह पहली दशा है विरह की, यात्रा का प्रारंभ। फिर फरीद कहते हैं: अकथ कहानी प्रेम की! फिर नानक, कबीर, दादू, जिन्होंने भी प्रेम जाना है, वे सभी यही कहते हैं: 'ढाई आखर प्रेम के, पढ़ै

सो पंडित होय।' जिसने पढ़ लिए ढाई अक्षर प्रेम के, वह ज्ञान को उपलब्ध हो गया। पर यह मिलन की बात है। विरह की रात जा चुकी, मिलन की सुबह हो गई।

और मीरा जो कह रही है, ध्यान रखना, यह कोई शिकायत नहीं है। यह कोई प्रेम के विरोध में कही गई बात नहीं है। यह तो अत्यंत प्रेम में ही कही गई बात है। यह तो प्रेमी परमात्मा से लड़ रहा है। वह तुमसे नहीं कह रही है यह बात; वह अपने प्रभु से कह रही है कि 'जो मैं ऐसा जानती'...कि तुम ऐसे दगेबाज, कि तुम ऐसे धोखेबाज कि इतनी देर लगा दोगे, कि ऐसा तड़फाओगे कि जैसे मछली तड़फती हो पानी के बाहर, और तुम दूर हटते चले जाओगे। और जितना मैं आती हूं पास, उतना ही पाती हूं, तुम दूर!

'जो मैं ऐसा जानती'...यह एक प्रेमिका की शिकायत है प्रेमी से। यह संसार से नहीं कर रही है वह।

'जो मैं ऐसा जानती, प्रेम किए दुख होय। जगत ढिंढोरा पीटती, प्रेम न कीजै कोय।।'

तो मैं सबको समझा आती। मैं सबको कह देती कि बचो, सावधान रहो इस छलिया से। इससे दूर रहना। यह धोखेबाज है। यह बुलाता है पास और दूर हटता चला जाता है। यह तड़फाता है, जैसे कि तड़फाने में इसे कोई सुख आता हो।

यह शिकायत है परमात्मा से प्रेमी की, पर बड़ी प्रेमपूर्ण है। यह झगड़ा है प्रेमी का प्रेमी से। यह कोई खंडन नहीं है प्रेम का, वह प्रेम का ही गीत गा रही है। लेकिन विरह के क्षण हैं। विरह के क्षण में प्रेमी सदा ऐसा पाता है, इससे तो अच्छा होता, प्रेम ही न करते। इससे तो अच्छा होता कि प्रेम का हमें पता ही न होता। इससे तो अच्छा होता कि ये प्रेमी की अंगुलियां कभी हमारे हृदय की वीणा को न छेड़तीं। हम ऐसे ही रेगिस्तान की तरह मर जाते, वह अच्छा था। यह प्रेम का बीज अंकुरित ही न होता तो अच्छा था। यह तो बड़ी पीड़ा हो गई।

लेकिन जितनी बड़ी पीड़ा है उतना ही बड़ा आनंद है पीछे। यह विरह की पीड़ा प्रसव की पीड़ा है। वह तो जब एक बच्चा पैदा होता है किसी स्त्री को और कोई स्त्री मां बनती है, तब बहुत बार उसके मन में भी आता है, जब बच्चा पैदा होता है कि यह तो अच्छा हुआ होता अगर मुझे पहले ही पता होता कि इतनी पीड़ा होनी थी, तो यह जन्म देने का उपद्रव हाथ में ही न लेते। नौ महीने तक बच्चे को गर्भ में ढोना, फिर पीड़ा उसके जन्म की--जैसे मौत आती हो, जैसे मरने-मरने को हो जाती हो।

कभी प्रसव-पीड़ा में किसी स्त्री को देखा? जैसे प्राणों की गहराई से रुदन उठता है! पूरा तन-प्राण कंप जाता है! उस वक्त उसके मन में न होता होगा कि अच्छा हुआ होता कि इस उपद्रव में ही न पड़े होते। लेकिन फिर बच्चे का जन्म हो गया। फिर स्त्री के चेहरे पर आई हुई आनंद की आभा देखी है! फिर वह जिस शांति और प्रेम और लगन से बच्चे की तरफ देखती है! बच्चे का ही थोड़े ही जन्म होता है, उसी दिन मां का भी जन्म होता है। उसके पहले वह मां न थी; उसके पहले एक साधारण स्त्री थी, अब मां है। मां की बात ही और है। मां का अर्थ है, अब वह सृजनदात्री है; अब

उसने जन्म दिया जीवन को। अब वह ऐसी सीप है जिसमें मोती पला। अब वह साधारण देह नहीं है; वह परमात्मा का घर बनी है; वह परमात्मा का माध्यम बनी।

स्त्री अपने परम सौंदर्य को उपलब्ध होती है मां बन कर। लेकिन प्रसव की बड़ी पीड़ा है। विरह की भी बड़ी पीड़ा है। उसी विरह की पीड़ा से गुजर कर, निखर कर, आग से छन कर व्यक्ति कुंदन बनता है, स्वर्ण बनता है। फिर मिलन का महासुख है।

मीरा कह रही है प्रारंभ की बात। फरीद कह रहे हैं अंत की बात। उन दोनों में कोई विरोध नहीं है। वे दोनों एक ही मंजिल के दो छोर हैं।

आखिरी प्रश्न :

ओशो, पश्चिम में अभी धर्म के लिए अभूतपूर्व प्यास पैदा हो रही है। उसके चलते देश-देश से हजारों की संख्या में धर्म-पिपासु भारत आ रहे हैं, विशेषकर आपके पास पहुंच रहे हैं। पर शासकीय नियम-निषेध के कारण इन पाश्चात्य साधकों को अनेक असुविधाओं का सामना करना पड़ता है। यद्यपि आर्थिक दृष्टि से भारत के पर्यटन-व्यवसाय को उनसे लाभ ही लाभ है। इस दिशा में क्या आप शासन और आश्रम के बीच किसी सहयोग का सुझाव देने की कृपा करेंगे?

मेरे और शासन के बीच तो कोई समझौता बन नहीं सकता; आश्रम और शासन के बीच शायद कभी बन जाए। आश्रम एक संस्था है। शासन भी एक संस्था है। कोई समझौता बन सकता है। मेरे और शासन के बीच कोई समझौता नहीं बन सकता। मेरे और मेरे आश्रम के बीच ही समझौता बड़ा मुश्किल है।

मेरा ढंग मूलतः संस्था-विरोधी है। अगर आश्रम भी चलता है तो मजबूरी है। वह छोटी से छोटी बुराई है, और है तो बुराई ही। है तो संस्था ही। व्यवस्था! व्यवस्था में मेरी रुचि नहीं है। लेकिन अव्यवस्था के लायक तुम्हारी योग्यता नहीं है। इसलिए मजबूरी है। बीच का रास्ता खोजना पड़ता है।

रही पश्चिम से आने वाले साधकों की असुविधाएं और उनकी बात, उसे वे प्रसव की पीड़ा समझें। समझौता मैं राज्य से कोई बनाऊंगा न। बन सकता है बड़ी आसानी से। अड़चन कुछ भी नहीं है। लेकिन मुझमें अड़चन है, मेरे होने में अड़चन है। सत्य साईं बाबा का बन सकता है, मुक्तानंद का बन सकता है, तो मेरा क्यों नहीं बन सकता? न बनने की अड़चन है। न तो मैं किसी चीफ मिनिस्टर को बुलाता, न किसी प्रधानमंत्री को, न राष्ट्रपति को--शिलान्यास करो आश्रम का, उदघाटन करो। इस आश्रम में उनका आना-जाना नहीं है और उनके आने-जाने का एक ही उपाय है: शिलान्यास करवाओ, पत्थर रखवाओ, पत्थर उखड़वाओ, कुछ करवाओ, उनको सम्मान दो। और जो मैं कहता हूं, उस हिसाब से वे सब पागल हैं, विक्षिप्त हैं, उनसे पत्थर मैं रखवा नहीं सकता। तुमसे

रखवा लूंगा; उनसे नहीं रखवा सकता। मेरे मन में उनका कोई सम्मान नहीं है। स्वभावतः उनसे मेरा कोई तालमेल नहीं बैठ सकता। निरंतर मैं उनकी विक्षिप्तता की घोषणा करता हूं, वे सब खबरें उन तक पहुंचती हैं। वे सब हिसाब रखते हैं। उनकी नाराजगी भी स्वाभाविक है। अगर वे नहीं निकाल पाते, यह भी उनकी सज्जनता हैं; अन्यथा वे अपनी नाराजगी खूब निकाल सकते हैं। मुझ पर नहीं निकाल पाते तो संन्यासियों पर निकाल लेते हैं; उनको आसानी से फंसा लेते हैं।

लेकिन संन्यासियों को अपनी असुविधा को अपनी साधना का हिस्सा मानना चाहिए, बजाय इसके कि हम राज्य से कोई समझौता करें। क्योंकि उस समझौते में तो बात ही मर जोगी। उस समझौते में तो फिर तुम्हें यहां आने का कोई कारण ही न रह जाएगा। उस समझौते में तो मैं ही नहीं बचूंगा। मेरे होने की जो विशेषता है, वही समाप्त हो जाएगी। फिर तुम मुक्तानंद के पास गए कि मेरे पास गए, बराबर होगा। फिर कोई भेद न रहा। फिर जैसे और आश्रम हैं, वैसा ही यह भी एक आश्रम होगा।

यह आश्रम विशिष्ट है। यह राजनीति के धुएं से बिलकुल पार है। इसलिए अड़चन तो झेलनी पड़ेगी। क्योंकि राज्य सुविधा नहीं देगा; राज्य असुविधा देगा। मेरे पास जो आएंगे उन पर सब तरह की रुकावटें डाली जाएंगी। उनको न आने दिया जाए, इसकी चेष्टा की जाएगी। मेरी बात उन तक न पहुंचे, इसकी चेष्टा की जाएगी। लेकिन यह स्वाभाविक है। इसमें कुछ आश्चर्य करने की बात नहीं है।

मुझसे पूछते हो तो मैं यही कहूंगा कि जो भी असुविधा हो, उसे सह लेना। समझौते की बात मत उठाना। उसे सह लेने से तुम्हें लाभ होगा। सुविधा से कहीं कोई ऊपर उठा है? पीड़ा को स्वीकार कर लेना। मान लेना कि वह मेरे पास आने का सौदा है। उतना चुकाना पड़ेगा, तो मेरे पास आ सकते हो।

रोज-रोज कठिनाई बढ़ती जाएगी। जैसे-जैसे मेरी खबर पहुंचेगी लोगों तक, वैसे-वैसे कठिनाई बढ़ती जाएगी। क्योंकि संतों में, तथाकथित संतों में और राजनीतिज्ञों में एक तरह की साझेदारी है। संत उनकी प्रशंसा करते हैं कि आप महान नेता हैं; महान नेता उनकी प्रशंसा करते हैं कि आप महान संत हैं। ऐसा लेन-देन है। मैं उनकी प्रशंसा नहीं कर सकता, क्योंकि वह झूठ होगी। और अगर झूठ मैंने कहा, और तुम्हारे लिए सुविधा बना दी, तो तुम मेरे पास आकर भी क्या करोगे? एक झूठे आदमी के पास आने का कोई अर्थ न रह जाएगा। मुझे तुम सच्चा रहने दो। चाहे उसके कारण तुम्हें असुविधा हो, उसे झेल लेना। तुम्हारी असुविधा और मेरी सच्चाई का ही तालमेल रहे। तुम्हारी सुविधा के लिए तुम मुझसे कभी भूल कर मत कहना कि मैं कुछ व्यवस्था करूं--तो ही तुम्हारे लिए मैं तुम्हारे विकास में सहयोगी हो सकता हूं। इससे अन्यथा कोई उपाय नहीं है।

आज इतना ही।

सातवां प्रवचन

धर्म मोक्ष है

फरीदा जिन लोइण जगु मोहिआ, से लोइण मैं डिठु।
काजल रेख न सहदिआ, से पंखी सुए बहिठु।।
फरीदा खाकु न निंदीए; खाकू जेडु न कोइ।
जीऊंदियां पैरा तलै, मुइआ उपरि होइ।।
फरीदा जा लबु त नेहु किआ, लबु त कूड़ा नेहु।
किचरु झति लंघाईऐ, छपरि तुटै मेहु।।
फरीदा जंगलु जंगलु किआ; भवहि वणि कंडा मोड़ेहि।
वसी रबु हिआलीऐ, जंगलु किआ ढूंढेहि।।
फरीदा इनी निकी जंधीऐ, थल डूगर भविओम्हि।
अजु फरीदै कूजड़ा, सै कोहां थीओमि।।
फरीदा रातीं बड़ीआं, धुखि धुखि उठानि पास।
धिगु तिन्हांदा जीविआ, जिन्हां विडाणी आस।।

जीवन तुम्हारा एक पुनरुक्ति है--एक अंधी पुनरुक्ति! उठते हो, चलते हो, काम-धाम करते हो; लेकिन कहां हो, क्या कर रहे हो--इसका कोई भी होश नहीं। कौन हो--इसका भी कोई पता नहीं। क्यों है तुम्हारा होना यहां--इसका कोई उत्तर नहीं। फिर दिन आते हैं, रातें आती हैं, समय बीतता चला जाता है--और जीवन ऐसे ही उजड़ जाता है, बिना किसी फूलों को उपलब्ध हुए। जीवन में हाथ कुछ भी नहीं लग पाता, जिसको तुम संपदा कह सको; जिसको तुम कह सको कि आना व्यर्थ न हुआ।

खाली हाथ आदमी पैदा होता है और खाली हाथ ही मर जाता है। लेकिन कुछ हैं जो खाली हाथ पैदा होते हैं और भरे हाथ मरते हैं। कबीर, नानक, फरीद, ऐसे कुछ लोग हैं जो आए तो तुम्हारी ही तरह थे; आते समय कोई भेद न था; तुम्हारे हाथ जैसे खाली थे, उनके भी हाथ खाली थे--लेकिन

जाते समय तुम भिखारी की तरह जाओगे; वे सम्राट की तरह गए। उन्होंने जीवन का कोई उपयोग कर लिया। जीवन बीत ही न गया; ऐसे ही न बीत गया; ऐसे ही न चला गया--उन्होंने जीवन की धारा का नियोजन कर लिया; जीवन की उर्जा का सृजनात्मक उपयोग कर लिया।

जीवन दो ढंग के हो सकते हैं। एक तो ऐसा ही बहता चला जाए, परिणाम कुछ भी न हो, निष्पत्ति कोई न मिले, पहुंचना कहीं न हो, कोई मंजिल पास न आए। और एक जीवन, कि प्रतिपल माला के बिखरे हुए फूलों की भांति न हो, बल्कि किसी लक्ष्य, किसी गहरे प्रयोजन, किसी गहरी प्रार्थना के धागे में पिरोया हुआ हो। ऐसे फूलों का ढेर भी लगता है; उन्हीं फूलों की माला भी बन जाती है।

अधिक लोगों का जीवन समय का एक ढेर है। उसमें कोई संगति नहीं है। उसमें कोई रेखाबद्ध विकास नहीं है। उसमें कोई सोपान नहीं है।

कुछ लोगों का जीवन धागे में पिरोए हुए फूलों की भांति है; प्रत्येक फूल एक सीढ़ी है, और हर फूल एक नया द्वार है, और जीवन एक श्रृंखला है: कहीं पहुंचता हुआ मालूम होता है; कहीं पहुंच जाता है।

और समय रहते जाग जाओ तो ठीक। क्योंकि जो समय हाथ से चला गया, उसे वापस नहीं लौटाया जा सकता। जो क्षण बीत गए, वे बीत ही गए; उन्हें फिर से जीने की कोई सुविधा नहीं है। समय कोई ऐसी संपत्ति नहीं है जिसे तुम खोकर फिर पा सकोगे। इस संसार में सभी चीजें खोकर पाई जा सकती हैं, समय नहीं पाया जा सकता। इसलिए समय इस संसार में सबसे ज्यादा बहुमूल्य है: गया, तो गया। और उसी के संबंध में हम सबसे ज्यादा लापरवाह हैं। लापरवाह ही नहीं हैं; लोग बैठ कर ताश खेल रहे हैं, शराब पी रहे हैं। पूछो, क्या कर रहे हो? वे कहते हैं, समय काट रहे हैं, समय काटे नहीं कटता।

समय तुम्हें काट रहा है, पागलो! तुम समय को न काट सकोगे। समय को तुम क्या काटोगे? तुम समय को कैसे काटोगे? समय पर तो तुम्हारी कोई पकड़ ही नहीं है। समय तुम्हें काट रहा है; तुम सोचते हो, तुम समय को काट रहे हो। आखिर में पाओगे, समय तो नहीं कटा, तुम ही कट गए। आखिर में पाओगे, समय तो नहीं मरा, तुम्हीं मर गए।

ध्यान रखना, समय नहीं बीत रहा है, तुम ही बीत रहे हो। समय नहीं जा रहा है, तुम ही बहे जा रहे हो। समय तो एक अर्थ में वहीं का वहीं है: लेकिन तुम आते हो, चले जाते हो; तुम्हारी सुबह होती है, तुम्हारी सांझ होती है; तुम्हारा जन्म होता है, तुम्हारी मृत्यु होती है।

इसे ठीक से समझ लेना। समय को काटना अपने को ही काटना है। और समय का सम्यक उपयोग कर लेना, अपने को जन्म देने का आयोजन कर लेना है। स्वयं को जन्माना होगा, तो ही तुम्हारा नया रूप, तुम्हारा परमात्म-रूप, तुम्हारा भगवत-रूप प्रकट होगा। वह समय के पार है। तुम्हारा वास्तविक स्वरूप समय के पार है। समय तो सिर्फ एक स्थिति है जिसमें समयातीत को जानना है। समय तो एक परिस्थिति है जिसमें अपने भीतर कालातीत को पहचानना है।

भारत में समय और मृत्यु के लिए हमने एक ही शब्द का प्रयोग किया है, वह है: काल। अगर तुम ठीक से पहचानो तो समय तुम्हारी मौत है। अगर तुम ठीक से न पहचानो तो समय को तुम अपनी जिंदगी समझते हो। अगर तुम ठीक से पहचान लो तो समय मृत्यु हो जाती है, और तुम उस जीवन की खोज में लग जाते हो जो कालातीत है। क्योंकि उसे पाए बिना तो कुछ भी पाया, पाया सिद्ध न होगा।

लेकिन जैसी साधारण आदमी की कथा है--साधारण आदमी की कथा यानी तुम्हारी कथा, सोए हुए आदमी की कथा--वह वही किए चला जाता है जो उसने कल भी किया था, परसों भी किया था। परसों भी कुछ पाया न था, कल भी कुछ पाया न था। आज भी तुम वही कर रहे हो। परसों भी आशा बांधी थी, कुछ मिलेगा; कल भी आशा बांधी थी; आज भी आशा बांध रहे हो। आशा ही बांधे चले जाते हो। कभी सोचते भी नहीं कि यह आशा कितनी पुरानी है, हर बार असफल हुई है। फिर-फिर तुम बांधने लगते हो। उसी आशा के सहारे तुम गलत बने रहते हो। तुम कब निराश होओगे? कब तुम्हारे जीवन में हताशा आएगी? कब तुम समझोगे कि यह दौड़ ही व्यर्थ है, किसी और आयाम को खोजना है। यह पूरा का पूरा सिलसिला ही गलत है। ऐसा नहीं है कि इस सिलसिले को थोड़ा ठीक-ठाक जमा लेना है। ऐसा नहीं है कि इसको थोड़ा रंग-रोगन करके सुंदर बना लेना है, कुछ सजावट कर लेनी है। नहीं, यह पूरा सिलसिला ही गलत है।

एक और भी जीवन का ढंग है। वह समय के भीतर कालातीत को जीने का ढंग है; क्षणभंगुर के भीतर शाश्वत को जीने का ढंग। रहो क्षणभंगुर में, मगर तुम्हारे पैर शाश्वत में जम जाएं। रहो समय की धारा में, लेकिन तुम्हारे प्राणों की गहनता अनंत से जुड़ जाए। रहो बाजार में, लेकिन तुम्हारे गहन में बाजार न हो। क्षुद्र चारों तरफ घेरे रहे, कोई चिंता नहीं; तुम्हारे भीतर विराट से संसर्ग हो जाए।

फरीद के ये वचन उसी तरफ इशारे हैं।

फरीदा जिन लोइण जगु मोहिआ,...

फरीदा, मैंने उन नयनों को देखा है, जिन्होंने दुनिया को मोह लिया था, जो काजल की रेख भी सहन न कर पाते थे। इतने कोमल थे। अब चिड़ियां उनमें अपने अंडे रख रही हैं। मैंने उन आंखों को देखा है जो बड़ी कोमल थीं, जिनसे कमल शर्माते, काजल की रेख जिन्हें बर्दाश्त न होती थी, काजल की रेख भी जिनके लिए बोझरूप थी, काजल की रेख भी जिन्हें कांटे जैसी गड़ती--मैंने उन आंखों को देखा है। और अब, अब उन्हीं आंखों में पक्षियों ने अपने घोसले बना लिए हैं।

च्वांगत्सु निकलता है एक मरघट से। एक खोपड़ी पड़ी है। पैर टकरा जाता है। सांझ हो गई है और अंधेरा घिर गया है। वह उस खोपड़ी को उठा कर घर ले आता है। उसके शिष्य कहते हैं: इस खोपड़ी का क्या करेंगे? इसे किसलिए ला रहे हैं?

च्वांगत्सु कहता है कि राह पर चलता था, अंधेरे में पैर लग गया इस सिर को। और ध्यान रखना, वह मरघट कुछ छोटे लोगों का मरघट न था, बड़े लोगों का मरघट था। सम्राट वहां दफनाए

गए हैं। प्रधानमंत्री वहां दफनाए गए हैं। यह खोपड़ी कोई साधारण खोपड़ी नहीं है। और भूल से मेरा पैर लग गया है।

शिष्य हंसने लगे। उन्होंने कहा : तुम पागल तो नहीं हो गए? अब यह चाहे सम्राट की खोपड़ी हो कि प्रधानमंत्री की, इससे क्या फर्क पड़ता है? अब तो यह धूल में मिलेगी। अब तो यह भिखारियों के पैरों की टक्कर खाएगी। अब तो यह कुछ भी न कर सकेगी। फेंको इसे। इस कूड़े-करकट को मत लाओ।

च्वांगत्सु ने कहा : मैं इसे सम्हाल कर रखूंगा। इसलिए सम्हाल कर रखूंगा ताकि मुझे याद बनी रहे कि आज नहीं कल, च्वांगत्सु, तेरी खोपड़ी भी ऐसे ही कहीं पड़ी होगी। लोग पैरों की ठोकर मारेंगे। तू उनको कुछ भी कह भी न पाएगा। और जब यह होना ही है तो एक अर्थ में हो ही गया।

तो वह अपने पास ही खोपड़ी जीवन भर रखे रहा। अगर कोई उसे गाली दे जाता तो वह खोपड़ी की तरफ देख कर हंसने लगता। अगर कोई उसका अपमान करता और कोई उसके ऊपर पत्थर फेंक देता तो वह खोपड़ी की तरफ देखता, पत्थर फेंकने वाले की तरफ नहीं। एक बार तो एक आदमी ने पत्थर फेंका उसके ऊपर--क्योंकि वह आदमी पुराने ढर्रे का धार्मिक आदमी था; वह समझता था, च्वांगत्सु धर्म का विरोध कर रहा है। वह समझता था, च्वांगत्सु जो बातें कर रहा है, ये तो लोगों के जीवन से धर्म को नष्ट कर देंगी। उसने बड़े क्रोध से पत्थर फेंका था। च्वांगत्सु ने उसकी तरफ देखा भी नहीं, खोपड़ी की तरफ देखा और कहा : धन्यवाद तेरा! तेरे रहते मुझे कोई विचलित नहीं कर सकता।

वह आदमी भी चौंका। उसने पूछा : क्या कहते हो? किससे बात करते हो? होश में हो?

च्वांगत्सु ने कहा : होश में हूं, इसलिए इस खोपड़ी से बात करता हूं। अगर बेहोश होता तो तुझे मजा चखा देता। अभी जिंदा हूं। अभी पत्थर का उत्तर बड़े पत्थर से दे सकता था। इस खोपड़ी की वजह से अब वैसी नासमझी नहीं होती। आज नहीं कल, यह मेरी खोपड़ी पड़ी ही रहेगी। भिखारी इस पर चलेंगे, ठोकर मारेंगे, तब मैं कुछ भी न कर पाऊंगा। जब कल कुछ न कर पाऊंगा तो आज करने की झंझट कौन करे? बात समाप्त हो गई। मैं जीते-जी मर गया हूं।

फरीदा जिन लोइण जगु मोहिआ,...

फरीद, जिन आंखों ने जगत को मोह लिया था,...

...से लोइण मैं डिठु।

मैंने उन आंखों को देखा है। उन आंखों से मेरी पहचान रही है।

काजल रेख न सहदिआ,...

काजल की पतली रेखा भी जिन आंखों के लिए बोझिल हो जाती थी,...

...से पंखी सुए बहिठु।

अब उन्हीं में पक्षी बैठे हैं, घोसले बना रहे हैं।

बड़ी प्राचीन बौद्ध कथा है। एक बौद्ध भिक्षु गांव से गुजरता है।

अक्सर ऐसा हो जाता है कि संन्यास एक तरह का सौंदर्य दे देता है जो इस जगत का नहीं है। संन्यास एक तरह की गरिमा दे देता है जो इस पृथ्वी पर अजनबी है। संन्यास पैरों को एक चाल दे देता है, एक मस्ती दे देता है, जो साधारण सांसारिक में दिखाई नहीं पड़ सकती। सांसारिक तो बंधा है जंजीरों से; संन्यासी के जीवन में एक मुक्ति की सुवास उठती है।

एक संन्यास गुजरता था राह से--अपनी मस्ती में मस्त, अपना गीत गुनगुनाता है। एक बौद्ध भिक्षु। एक वेश्या ने उसे देखा। उसने बहुत सुंदर लोग देखे थे। सम्राट उसके द्वार पर पंक्तिबद्ध खड़े रहते थे। बड़े-बड़े धनपतियों को मुश्किल से उसके द्वार पर प्रवेश मिलता था। वह उस जमाने की सबसे ज्यादा जानी-मानी वेश्या थी। उसकी ख्याति दूर-दूर तक थी। उसके सौंदर्य के लोग गीत गाते थे; उसके दर्शन को तरसते थे। लेकिन वह वेश्या इस संन्यासी पर मोहित हो गई। उसके मन को कभी किसी ने मोहा न था। संबंध थे, वे धन के थे। नाता था, वह आर्थिक था। पहली बार प्रेम उसके हृदय में उठा। वह भागी और उसने इस भिक्षु का हाथ पकड़ लिया और उसने कहा कि आओ मेरे घर। आज मेरे घर मेहमान हो जाओ।

भिक्षु ने कहा : आऊंगा जरूर; जब जरूरत होगी तब आऊंगा। अभी मेरी जरूरत भी क्या है? अभी तुम जवान हो। अभी बहुत तुम्हारे प्रेमी हैं। तुम्हारे कीर्तिगान मैंने भी सुने हैं। तुम्हारे सौंदर्य की प्रशंसा मुझ तक भी पहुंची है। धन्यवाद की तुमने आज मुझे राह पर रोका और घर आने का निमंत्रण दिया। अभी तो मैं किसी यात्रा पर हूं। अभी तो कहीं मुझे पहुंचना है। लेकिन जिस दिन भी जरूरत होगी, तुम भरोसा रखना, मैं आ जाऊंगा।

वेश्या को बहुत पीड़ा हुई। यह चोट गहरी थी, यह अपमानजनक थी। इसके पहले कभी किसी को उसने निमंत्रण न दिया था। पहला ही निमंत्रण असफल हुआ था। उसे पता था बहुत लोगों को द्वार से वापस लौटा देने का; उसे यह पता न था कि कोई उसे भी द्वार से वापस लौटा सकता है।

बात आई-गई हो गई। घाव की तरह उसके मन में वह बात चुभती तो रही। सपनों में वह भिखारी आता रहा। जब कभी सुविधा मिलती, एक क्षण को उस भिक्षु की याद उसे पकड़ लेती। वह एक कांटे की तरह, एक मीठी चुभन की तरह भीतर चुभता रहा। ऐसे बहुत वर्ष बीत गए और जो घड़ी आनी थी, जो आती ही है सदा, वह आ गई। उसे कोढ़ हो गया। उसका शरीर गलने लगा। गांव के लोगों ने उसे बाहर निकाल दिया। वह अंत्यज हो गई। अब उसे गांव में रखा नहीं जा सकता।

अमावस की अंधेरी रात है। वह गांव के बाहर मर रही है प्यास से। तप्त गर्मी की रात है। चारों तरफ अंधेरा है। वह पानी के लिए पुकारती है, लेकिन कोई पानी देने वाला नहीं है। कौन उसे आज पानी देगा? जो सदा अमृत-पात्रों में पानी पीती रही थी, स्वर्ण-पात्रों से घिरी थी : आज कोई मिट्टी के सकोरे में भी पानी देने को नहीं है। आज उसके पास कोई आने को तैयार नहीं है। उसके शरीर से दुर्गंध आती है। तभी अचानक उसने देखा कि किसी का हाथ उसके माथे पर आया। कोई पानी का प्याला भर कर ले आया है। उसने पानी पीआ। उसने पूछा अंधेरे में : तुम कौन हो? उस भिक्षु ने कहा :

मैं आ गया हूं। तीस वर्ष पहले तुमने मुझे बुलाया था। लेकिन तब मेरी कोई जरूरत न थी; तब तुम्हारे चाहने वाले बहुत थे। तब मैं भी तुम्हारे हजार चाहने वालों में एक होता। मेरे बिना भी तुम्हारा काम चल रहा था। आज तुम्हारा चाहने वाला कोई भी नहीं है। आज केवल मैं ही तुम्हें पहचान सकता हूं। तुम्हारी चमड़ी की देह से मुझे लेना-देना नहीं है। तुम्हारी हड्डी-मांस-मज्जा से मेरा कोई नाता नहीं। मैं तुम्हें पहचानता हूं; मैं तुम्हारी आत्मा को पहचानता हूं। तुम्हारे प्रेम का निवेदन मेरे पास है।

कहते हैं, वह वेश्या उस रात जिस आनंद और शांति से मृत्यु को उपलब्ध हुई, वैसा कभी किसी को सौभाग्य मिलता है। कहते हैं, वह मुक्त हो गई। वह दुबारा संसार में शरीर लेकर नहीं आई। इस घटना ने उसके जीवन में एक क्रांति उपस्थित कर दी।

रवींद्रनाथ ने इस पर एक बहुत अदभुत कविता लिखी है। उनकी सभी कविताएं अदभुत हैं, लेकिन इस कविता जैसी कोई अदभुत नहीं है।

फरीदा जिन लोइण जगु मोहआ, से लोइण मैं डिठु।

मैं उन आंखों को भलीभांति जानता हूं, देखा है मैंने उन आखों को, जिन्होंने जगत को मोह लिया था। वे दिन मुझे भूले नहीं हैं। वे सुखद स्मृतियां मुझे याद हैं। काजल की रेखा भी बोझिल थी, गड़ती थी। अब उनमें चिड़ियों ने अपने घोसले रख लिए हैं; चिड़ियां बैठी हैं, अपने अंडे रख रही है। अब वे आंखें केवल गड्ढे रह गई हैं हड्डियों की। सौंदर्य जा चुका, कोमलता जा चुकी।

सभी के जीवन में यह घड़ी आती है। सौभाग्यशाली हैं वे जो आने के पहले सजग हो जाते हैं और तैयारी कर लेते हैं। अभागे हैं वे, जो इस खयाल में डूबे रहते हैं कि ऐसा घटता होगा दूसरों को, हमें थोड़े ही घटता है। दूसरों की कोमल आंखें नष्ट हो जाती होंगी, हड्डियों के गड्ढे रह जाते होंगे; यह हमारी आंख के साथ थोड़े ही होने वाला है; हम अवपाद हैं।

जिसने इस जगत में अपने को अपवाद समझा वह अभागा है। जगत में कोई भी अपवाद नहीं है। और मनुष्य का अज्ञान अपने को अपवाद मान कर ही मूर्च्छित बने रहने में सफल होता है।

तुम ध्यान रखना, कभी भूल कर अपने को अपवाद मत मानना। जब सड़क पर किसी को भीख मांगते देखो, तब इस बात की संभावना को इनकार मत करना कि कल तुम भी भीख मांग सकते हो। यह मत सोचना कि तुम अपवाद हो, यह अभागा है। और जब तुम अंधे को राह पर टकराते देखो तो यह मत सोचना कि तुम सौभाग्यशाली हो, यह अभागा है। कल तुम भी अंधे हो सकते हो। जहां आंख है, वहां अंधापन हो सकता है। जहां संपदा है, वहां भिखमंगापन हो सकता है। जहां जीवन है, वहां-वहां मौत भी होगी। अभी दीया जलता है, इससे जरूरत से ज्यादा अहंकार से मत भर जाना; क्योंकि सभी दीये बुझते हैं। सभी तरह के तेल चुक जाते हैं। जीवन का तेल भी चुक जाता है।

जब राह से तुम एक मुर्दे को निकलते देखो तो गौर से देखना, यह अरथी तुम्हारी भी है। ठीक ऐसी ही अरथी में बंधे कल तुम भी निकलोगे। तब तुम देखने के लिए दूर खड़े न बचोगे। तब कुछ

करने का उपाय न रहेगा। अभी अरथी किसी और की जाती है, तुम देख सकते हो, तुम द्रष्टा बन सकते हो। अभी समय है। अभी तुम जाग सकते हो।

लेकिन आदमी के जीवन की बड़ी से बड़ी अंधकार को सम्हालने वाली जो प्रक्रिया है, वह है स्वयं को अपवाद मानना। तुम कहते हो : यह मेरे लिए थोड़े ही है। ऐसा दूसरों के साथ होता है। सदा कोई और मरता है। मैं तो सदा जिंदा हूं। मैंने सदा दूसरों को मरते देखा है; मुझे तो कभी मरते देखा नहीं। कोई दूसरा भीख मांगता है। कोई अंधा हो जाता है। कोई बूढ़ा हो जाता है। कोई जरा-जीर्ण है। मैं तो सदा ठीक हूं।

इसी अपवाद के भीतर छिपता है अज्ञान।

जगत में कोई भी अपवाद नहीं है। जिसने ऐसा जान लिया, उसके जीवन में मूर्च्छा टूट ही जाएगी। जो किसी को भी घटा है, वह तुम्हें भी घट सकता है। ठीक से समझो तो जो किसी को भी घट रहा है, वह तुम्हें ही घट रहा है--जरा दूर; थोड़े दिन में पास आ जाएगा। मनुष्य मात्र को जो घट सकता है, वह तुम्हारी भी संभावना है। तुम मनुष्य हो, तो जो-जो मनुष्य के जीवन में हो सकता है, वह सब तुम्हारे जीवन में हो सकता है।

और सब बातों में थोड़े-बहुत हेर-फेर भी हो जाएं, लेकिन मृत्यु के संबंध में तो कोई हेर-फेर न होगा। मृत्यु तो एकमात्र सुनिश्चित घटना है। हो सकता है, तुम अंधे न होओ; हो सकता है, तुम बहरे न होओ; हो सकता है, तुम्हारा शरीर गले न--लेकिन मौत तो होगी। और शरीर अंधा हो कि न अंधा हो, इससे क्या फर्क पड़ता है? अंत सुनिश्चित है। जो अंत को ध्यान में रख कर जीता है, जो मृत्यु की तरफ बोधपूर्वक जीता है, उसका जीवन रूपांतरित हो जाता है। जो मृत्यु को भूल कर जीता है, वह बेहोशी में जीता है।

मौत के प्रति जाग जाना जीवन को बदलने की कीमिया है।

फरीदा जिन लोइण जगु मोहिआ,...

जिन आंखों ने सारे संसार को सम्मोहित कर लिया था,...

...से लोइण मैं डिठु।

देखी हैं मैंने वे आंखें। मैं अपरिचित नहीं हूं। संसार से भलीभांति परिचित हूं। सौंदर्य को परखा है, जाना है।

काजल रेख न सहदिआ, से पंखी सुए बहिठु।

और अब पक्षी उनमें घोसले बनाते हैं, अंडे रख रहे हैं।

फरीदा खाकु न निंदीए; खाकू जेडु न कोइ।

'फरीदा, मत खाक की निंदा कर। धूल की भी निंदा मत कर। खाक के बराबर कोई चीज नहीं।'

...खाकू जेडु न कोइ।

'जीते-जी हमारे पैरों के तले है वह, और मर जाने पर हमारे ऊपर।'

फरीदा खाकु न निंदीए; खाकू जेडु न कोइ।

मत निंदा कर खाक की भी, राख की भी, धूल की भी।

धूल बड़ी अनूठी है: जब तुम जिंदा हो, तब तुम्हारे पैरों के नीचे; जब तुम मर जाते हो, तब तुम्हारे ऊपर छा जाती है। जीवन भर तुम्हारी शय्या और जीवन के बाद तुम्हारी चादर।

जीऊंदियां पैरा तलै, मुइआ उपरि होइ।

और तुम भी खाक से ज्यादा नहीं हो। तुम भी खाक के ही खेल हो। मिट्टी ही है आदमी। मिट्टी का ही जोड़ है, कल मिट्टी में ही गिर जाएगा। मिट्टी से ही उठना है, मिट्टी में ही खो जाना है। बीच में थोड़ी सी घड़ी का राग-रंग है। जैसे कोई पक्षी तुम्हारे कमरे में आ जाए, एक वातायन से फड़फड़ाए क्षण भर को और दूसरी खिड़की से बाहर हो जाए--ऐसे ही खाक में जीवन का आना है, क्षण भर को फड़फड़ाना है और दूसरी खिड़की से बाहर हो जाना है।

थोड़ी देर को तुम्हारी आत्मा के संपर्क में खाक भी जीवित हो उठती है। वह जीवन उधार है। इसे मैं फिर से दोहरा दूं, क्योंकि यह सत्य बहुत गहरे में सम्हाल कर रख लेना जरूरी है। शरीर तुम्हारा जीवन नहीं है; तुम्हारे कारण शरीर में जीवन है। वह झलक है तुम्हारी। जैसे कोई दीया जला है और पास में एक दर्पण रखा हो, तो दर्पण से भी दीये की ज्योति दिखाई पड़ने लगे, दर्पण में भी दीये की ज्योति झलके और दर्पण से भी प्रकाश का विकीर्णन हो--ठीक ऐसे ही तुम्हारे भीतर जीवन का एक सूत्र उतरा है, एक पक्षी आत्मा का! उसके संपर्क में, उसके सान्निध्य में मिट्टी भी तुम्हारी देह की जीवित मालूम होती है। शरीर के दर्पण में उसकी ज्योति झलकती है। यह क्षण भर का खेल है। इसमें तुमने अगर शरीर को ही जीवन मान लिया तो तुम भटक जाओगे, और अगर तुमने पहचान लिया कि जीवन का मूल-स्रोत कहां है, तो तुम शरीर का उपयोग कर लोगे। शरीर के तुम मालिक रहोगे। शरीर तुम्हारा मालिक न हो पाएगा।

फरीदा खाकु न निंदीए;...

फरीद कहता है: निंदा मत करो शरीर की। सभी ज्ञानियों ने यह कहा है। और जिन्होंने इससे विपरीत कहा हो, वे ज्ञानी नहीं हैं। शरीर की निंदा करने वाले लोग ज्ञानी नहीं हैं। क्यों? क्योंकि शरीर की निंदा का मतलब ही यह है कि तुम शरीर से अभी मुक्त नहीं हो पाए। निंदा हम उसी की करते हैं जिससे हम भयभीत होते हैं। निंदा हम उसी की करते हैं जिससे हम जकड़े होते हैं और छूट नहीं पाते। निंदा हम उसी की करते हैं, जो हमें बलवान मालूम पड़ता है, शक्तिशाली मालूम पड़ता है, और हम पर कब्जा किए होता है। निंदा हम उसी की करते हैं जिससे हम हार जाते हैं। निंदा हम उसी की करते हैं जिसको हम समझ नहीं पाते, जो बेबूझ है, और जिसके साथ हमारी हजार पराजय की कथाएं लिखी हैं। निंदा हारे हुए आदमी का रोष है।

तो जिन्होंने शरीर की निंदा की है, समझ लेना कि वे शरीर से डरे हुए हैं, शरीर की वासना से भयभीत हैं, शरीर की कामना से, शरीर की तृष्णा से, उनके हाथ-पैर कंप रहे हैं, उनका प्राण

डांवाडोल है। वे जानते हैं कि शरीर ने अगर पुकार दी तो वे उसके पीछे चल कर रहेंगे। आत्मा की आवाज उन्हें सुनाई नहीं पड़ती। अगर किसी तरह उन्होंने अपने को शरीर से रोक भी रखा है तो वह रोकना जबर्दस्ती का है, बोध का नहीं है। वह रोकना किसी समझ से पैदा नहीं हुआ है। वह रोकना किसी लोभ से पैदा हुआ है। वे निरंतर शरीर की निंदा करेंगे। वे शरीर को गाली देंगे। वे शरीर की दुश्मनी सिखाएंगे। वे तुमसे कहेंगे : लड़ो शरीर से, हार मत जाना।

शरीर से लड़ना पागलपन है। शरीर तो खाक है। यह तो ऐसे ही है जैसे दर्पण में झलकी हुई ज्योति से कोई लड़े। निपट पागलपन है। वहां कुछ है ही नहीं लड़ने को। शरीर ने तुम्हें कभी भरामाया नहीं है, भटकाया नहीं है। अगर तुम भटके हो, भरमाए गए हो तो अपनी ही मूर्च्छा के कारण कि तुमने शरीर को सब-कुछ समझ लिया। इसमें शरीर का कोई कसूर नहीं है; तुम्हारी ही भूल है।

ज्ञानियों ने, परम ज्ञानियों ने शरीर की निंदा नहीं की, बल्कि उन्होंने तो शरीर की प्रशंसा की है। उन्होंने तो शरीर को मंदिर कहा है। उन्होंने तो कहा है, शरीर अदभुत है, बड़ा रहस्यपूर्ण है। मिट्टी है, फिर भी सत्तर वर्ष तक जीवन की लीला का खेल चलता है। ना-कुछ है, खाक है; फिर भी बड़े फूल खिलते हैं।

फरीदा खाकु न निंदीए;...

मिट्टी की निंदा मत करो। मत करना। मिट्टी के बराबर और क्या है?

...खाकू जेडु न कोइ।

जीते-जी हमारे पैरों के तले, मरने के बाद हमारी छाती के ऊपर। और दोनों के बीच-बीच तुम जो बचोगे, वह भी तो खाक है। नीचे भी खाक, ऊपर भी खाक, बीच में भी खाक। वह पक्षी जो आत्मा का है, वह तो उड़ चुका होगा।

शरीर घर है। थोड़ी देर का विश्राम है वहां। रात भर को रुक रहे हैं। सुबह मुर्गा बांग देगा और चल पड़ेंगे। जिसने शरीर को विश्राम से ज्यादा समझा, वह भूला। जिसने शरीर को रात का विश्राम समझा, एक सराय मानी, उसके जीवन से प्रकाश ज्यादा दूर नहीं है।

इब्राहीम की कथा है, मुझे बड़ी प्रीतिकर है। वह बैठा है अपने सिंहासन पर और एक आदमी आकर द्वार पर झगड़ा करने लगा है। एक फकीर। उसे आवाज सुनाई भी पड़ने लगी। वह फकीर यह कह रहा है : रास्ता दो मुझे। तुम रोकने वाले कौन हो?

वह पहरेदार से झंझट कर रहा है।

'मैं रुक कर रहूंगा। इस सराय में मैं आज रात विश्राम करूंगा।'

पहरेदार ने उसे कहा कि तुम पागल हो, नासमझ हो, अजनबी हो। यह महल है सम्राट का, निवास-गृह है, कोई सराय नहीं है। सराय भी है; तुम बस्ती में जाकर खोज लो।

पर वह जिद किए है। आखिर सम्राट को भी उत्सुकता हुई कि यह आदमी है कौन, जो सुनता ही नहीं है और कहे चला जाता है, और उसकी आवाज में भी बड़ी मिठास है,

और उसकी आवाज में कोई एक गहरा आकर्षण है। सम्राट ने कहा : इस आदमी को भीतर आने दो।

वह आदमी भीतर आया। उसकी चाल में भी बड़ी खूबी है। उसकी शान और है! फकीर की शान! निर-अहंकारी की शान! विनम्र की शान! वह आकर खड़ा हो गया। सम्राट भी फीका लगा उसके सामने, बैठा था सिंहासन पर। उसने कहा : तुम क्यों जिद कर रहे हो? क्या मामला है? यह महल है, मेरा निवास स्थान है। तुम्हें सुनाई नहीं पड़ता है? पहरेदार कहे जा रहा है...!

उस फकीर ने सम्राट को गौर से देखा! उसकी आंखें सम्राट को आर-पार भेद गईं। उसने कहा कि इसके पहले भी मैं आया था, तब मैंने इसी सिंहासन पर किसी और को बैठे देखा था।

सम्राट ने कहा : तुम्हारा कहना ठीक है। वे मेरे पिता थे। उनका स्वर्गवास हो गया।

उस फकीर ने कहा : मैं उसके भी पहले आया था, तब मैंने किसी और को बैठे देखा था।

सम्राट ने कहा : वह भी ठीक है। तुम आदमी पागल नहीं हो। वे मेरे पिता के पिता थे। वे जा चुके।

वह फकीर हंसने लगा और उसने कहा : जब मैं दुबारा आऊंगा, तुम्हें पक्का है कि तुम मुझे यहां बैठे मिलोगे? तुम्हारा बेटा तो न मिलेगा, कि कहेगा कि वे मेरे पिताजी थे? इसलिए तो मैं इसको सराय कहता हूं। तीन बार आया, अलग-अलग लोगों को ठहरे पाया। इसको मैं निवास कैसे कहूं?

कहते हैं, इब्राहीम के जीवन में जैसे बिजली कौंध गई, किसी ने झकझोर कर जगा दिया। वह उठ कर खड़ा हो गया। उसने कहा : तुम्हारी बात ठीक है। तुम रुको, मैं जाता हूं।

इब्राहीम ने घर छोड़ दिया। इब्राहीम फकीर हो गया। लोग उससे पूछते कि क्या हो गया है? उसने कहा : कुछ हुआ नहीं; समझ आ गई। बात तो ठीक ही है, जहां दो दिन रुकते हैं और हट जाना पड़ता है, उसको घर क्या मानना!

वह बस्ती उसने छोड़ दी, वह मरघट में रहने लगा। लोग पूछते कि मत रहो घर में, कम से कम बस्ती में तो रहो। वह कहता : बस्ती में ही रह रहे हैं, क्योंकि यहां जो बसा है, कभी नहीं उजाडता। और तुम जिसे बस्ती कहते हो, वह मरघट है, मरने वालें की भीड़ लगी है। वहां सबका मौका आने को है। सब अपनी प्रतीक्षा कर रहे हैं। वह तो मरने वालों की कतार है, क्यू है। लोग मर रहे हैं। तुम जिसे बस्ती कहते हो, वह मरघट है, और यहां मैंने बस्ती पाई। अपनी-अपनी कब्र में लोग सोए हैं, कभी कोई हटता नहीं। सब बसे हैं। अब इनको कोई उजाड़ न सकेगा। वहां तो प्रतिदिन उजड़ना होता रहेगा। कोई मरेगा, कोई आएगा, कोई जाएगा--उसे तुम क्या बस्ती कहते हो?

फरीदा खाकु न निंदीए, खाकू जेडु न कोइ।

मिट्टी की निंदा मत कर फरीद, मिट्टी जैसा और कुछ भी नहीं है।

जीऊंदियां पैरा तलै, मुइआ उपरि होइ।

जिंदा-जिंदा पैरों के नीचे, मरने के बाद सिर के ऊपर। यही है बिछावन, यही है ओढ़नी। इसी से है उठना, इसी में है खो जाना। इसकी निंदा मत कर। इसको पहचान।

और यह तुम समझ लो, जिसकी तुम निंदा करोगे, उसे तुम पहचान न पाओगे। निंदा का धुआं ही आंखों को अंधा कर देता है। निंदा का भाव ही समझ को धुंधला जाता है।

तुमने कभी दुश्मन को गौर से देखा? दुश्मन को गौर से देखने का मन ही नहीं होता। तुमने कभी दुश्मन की आंख में आंख डाल कर देखा? नहीं। आंख में आंख तो लोग प्रेमियों की डालते हैं। दुश्मन से तो तुम बच कर गुजर जाना चाहते हो, वह दिखाई ही न पड़े। तुम आंख बचा लेते हो। जिस राह से दुश्मन निकलता हो, तुम उस राह से लौट आते हो। तुम उसकी गंध भी नहीं पड़ने देना चाहते अपनी नाक में। तुम उसकी छाया भी नहीं छूना चाहते।

और यही भीतर की भी दशा है: जिसकी भी तुमने निंदा की और जिसको तुमने शत्रु समझा, तुम्हारी पीठ हो जाएगी उसकी तरफ। और जब समझना हो तो सन्मुख होना जरूरी है। पीठ कर लोगे, विमुख हो जाओगे--समझोगे क्या खाक?

जिस चीज को भी समझना हो, निंदा मत करना। निंदा करने से नामसमझी घनीभूत होती है, टूटती नहीं।

मनुष्य-जाति ने कामवासना की निंदा की है और कामवासना ने मनुष्य-जाति को पकड़ लिया गर्दन से। मनुष्य को कामवासना की कोई समझ नहीं है। निंदा है। निंदा के कारण ही समझ नहीं है। जब समझ नहीं है तो कामवासना और जोर से पकड़ती है, और जोर से पकड़ती है, तो मन में और निंदा का स्वर उठता है। निंदा का स्वर बढ़ता है, समझ कम होती चली जाती है।

और लोभ को आदमी ने पकड़ा है, निंदा के कारण। और निंदा के कारण लोभ ने आदमी को पकड़ा हुआ है। क्रोध ने आदमी को पकड़ा हुआ है, निंदा के कारण।

एक बात अत्यंत मूलभूत है: जीवन में मुक्ति आती है समझ से। समझ आती है वस्तुओं के साक्षात्कार से। निंदाभरी आंख नहीं चाहिए। बुरा-भला मत कहना। चीजों को देखना जैसा उनका स्वभाव है। उनके वस्तुरूप में उन्हें पहचानना। अगर तुमने उनको ठीक से पहचान लिया, उसी पहचान से तुम्हें पंख लग जाएंगे मुक्ति के।

महावीर का बड़ा प्रसिद्ध वचन है। किसी ने पूछा है कि हम क्या समझें, क्या है धर्म जिसकी तुम सदा चर्चा करते हो? तो महावीर ने कहा: बत्थु सहाओ धम्म। वस्तु का स्वभाव समझ लेना धर्म है। वह आदमी कुछ समझा नहीं कि वस्तु का स्वभाव समझ लेना धर्म है। तो महावीर ने कहा: जिसका तुम स्वभाव समझ लो, उसी से मुक्त हो जाते हो।

धर्म मोक्ष है। समझते जाओ। कामवासना समझ ली--गिर गई। क्रोध समझ लिया--गिर गया। शरीर को समझ लिया--शरीर के तुम भीतर रहते हुए बाहर हो गए, शरीर में होते हुए पार हो गए।

फरीदा खाकु न निंदीए; खाकू जेडु न कोइ।
जीऊंदियां पैरा तलै, मुइआ उपरि होइ।।

मत निंदा कर शरीर की। मत निंदा कर मिट्टी की। मत निंदा कर राख की। उसके बराबर और कुछ भी नहीं है। वही तेरा चादर, वही तेरा बिछावन।

फरीदा जा लबु त नेहु किआ, लबु त कूड़ा नेह।

फरीदा कहते हैं : जहां लोभ है, वहां प्रेम कहां से होगा? लोभ होगा तो प्रेम वहां झूठा होगा। टूटे छप्पर के नीचे वर्षा में तू आखिर कितने दिन गुजारेगा।?

किचरु झति लंघाईऐ, छपरि तुटै मेहु।

यह वचन बड़ा वैज्ञानिक है। इसको ठीक से विश्लेषण करें।

फरीद कहते हैं : जहां लोभ है, वहां प्रेम कहां से होगा? तुम अगर परमात्मा के द्वार पर भी गए हो तो लोभ के कारण गए हो; हालांकि तुम प्रेम के गीत गाते गए हो। तुम्हारे गीत झूठे हो गए; क्योंकि जहां लोभ है वहां प्रेम होता ही नहीं। तुमने अगर पत्नी को, पति को, बेटे को, भाई को प्रेम किया है, तो लोभ के कारण किया है। कोई अपेक्षा है। कोई दूर की आशा है जो पूरी होने की संभावना है। कोई मांग है। तुम्हारी कोई वासना है। तुम कुछ पाना चाहते हो। बस लोभ आया, प्रेम असंभव हो गया। क्योंकि लोभ और प्रेम की यात्रा विपरीत है। लोभ मांगता है; प्रेम देता है। लोभ छीनता है; प्रेम बांटता है। लोभ कब्जा करता है; प्रेम समर्पण करता है। लोभ मालकियत चाहता है; प्रेम मालकियत देता है। लोभ झुकाता है; प्रेम झुकता है। लोभ दूसरे को तोड़ता है, मिटाता है; प्रेम दूसरे को बनाता है, संवारता है। लोभ अपने लिए दूसरे को मिटाने को तैयार होता है; प्रेम दूसरे के लिए अपने को मिटाने को तैयार होता है। उन दोनों की यात्राएं बड़ी भिन्न हैं। वे विपरीत स्वभावी हैं।

जब तक लोभ है, फरीद कहते हैं, वहां प्रेम न हो सकेगा। प्रेम की संभवाना ही तब है जब लोभ गिर जाए। जिसने लोभ को पहचान लिया और लोभ को गिरा दिया, उसके जीवन में प्रेम का आविर्भाव होता है। प्रेम लोभ का अभाव है। इसलिए तुम लोभी आदमी को कभी प्रेमपूर्ण न पाओगे, कृपण को कभी तुम प्रेमपूर्ण न पाओगे। जिसकी धन पर पकड़ है, उसको तुम प्रेमपूर्ण पाओगे? असंभव! जिसकी पद की आकांक्षा है, उसे तुम प्रेमपूर्ण पाओगे? कोई उपाय नहीं। महत्वाकांक्षी प्रेम कर ही नहीं सकता। वह कहता है, पहले महत्वाकांक्षा पूरी हो जाए, फिर देख लेंगे; यह प्रेम वगैरह अभी रुक सकते हैं, इतनी कोई जल्दी नहीं है। दुनिया में और भी बहुत काम हैं। यह प्रेम तो ऐसा है, देख लेंगे, निपट लेंगे आखिर में। ज्यादा से ज्यादा एक मनोरंजन होगा। लेकिन बड़ी महत्वाकांक्षाएं हैं, वे पहले पूरी करनी हैं; वे पूरी हो जाएं फिर प्रेम कर लेंगे।

सिकंदर प्रेम नहीं कर सकता; पहले दुनिया जीतनी है; जीत लेगा, तब...। नेपोलियन प्रेम नहीं कर सकता; यद्यपि नेपोलियन बड़े प्रेम-पत्र लिखता है। उसने बड़े सुंदर प्रेम-पत्र लिखे हैं। उसने अपनी पत्नी जोसेफाइन को जैसे प्रेम-पत्र लिखे हैं, शायद ही किसी पति ने कभी लिखे हों। लेकिन वे सब झूठे हैं। जोसेफाइन उनके धोखों में नहीं पड़ी। रोज युद्ध के मैदान से, चाहे आधी रात को उसे समय मिले, वह रोज पत्र लिखता है जोसेफाइन को। उसमें कभी भूल-चूक नहीं होती; वह नियम से

लिखता है। रोज नगर जीतता है नये और जोसेफाइन के पैरों में चढ़ाता है। पत्रों में लिख देता है, आज यह नगर जीता, तेरे पैरों में समर्पित। लेकिन जोसेफाइन को इससे धोखा न हुआ। वह किसी और के प्रेम में पड़ गई--एक साधारण सिपाही के प्रेम में पड़ गई।

जब नेपोलियन वापस लौटा तो उसे भरोसा न आया कि जिस स्त्री के लिए मैंने सारी दुनिया को जीत कर चरणों में चढ़ाने की कोशिश की, वह किसी एक साधारण सिपाही को प्रेम कर सकती है! उसने जोसेफाइन को पूछा। जोसेफाइन ने कहा कि तुम्हारे प्रेम-पत्र तो सुंदर हैं; लेकिन लोभी, महत्वाकांक्षी प्रेम कर नहीं सकता। वह सब बातचीत है। मजा तो तुम्हें नगर जीतने का है, मैं तो बहाना हूं। मैं न भी होऊं तो भी तुम नगर जीतोगे। यह तो सिर्फ बातचीत है। यह तो कहने का ढंग है, एक शैली है--कि तेरे चरणों में! जीत तो तुम रहे हो। तुम संसार को जीतने के लिए मुझे छोड़ कर चले गए हो। तुम मुझे पाने के लिए संसार को छोड़ कर नहीं आ सकते हो। तुम कहते हो, आऊंगा, आऊंगा, अभी थोड़ी जीत और बाकी है। यह एक देश और हड़प लूं तब आता हूं। लेकिन अगर तुमने मुझे प्रेम किया होता तो तुम कहते, सारी दुनिया व्यर्थ है; तुम मेरे पास हुए होते; तुमने मुझे प्रेम दिया होता।

लोभ प्रेम कर ही नहीं सकता। लोभ दिखावा बहुत करता है। पति हीरे-जवाहरात ले आता है पत्नी के लिए। वह कहता है : देखो कितना प्रेम करता हूं! इतने हीरे-जवाहरात तुम्हारे लिए लाया हूं, और प्रेम क्या है!

लेकिन हीरे-जवाहरात पत्थर हैं। हृदय का एक कण भी सभी हीरे-जवाहरातों से ज्यादा मूल्यवान है। उसका तो पत्नी को कहीं पता नहीं चलता। वह बड़े महल खड़े कर देता है; लेकिन उस प्रेम का कोई पता नहीं चलता...।

ये महल, ये हीरे-जवाहरात, यह पत्नी--यह सब महत्वाकांक्षा की दौड़ है। पत्नी भी एक सजावट है महल में। पत्नी से कहता है, महल तेरे लिए बनाया है; अगर महल से बातचीत हो सकती हो तो वह कहता है कि पत्नी तेरे लिए लाए। और अगर उसके हृदय को समझो तो महल भी अपने अहंकार के बढ़ावे के लिए है, पत्नी भी अपने अहंकार के बढ़ावे के लिए है। वह सब खेल है।

महत्वाकांक्षी का अर्थ है : अहंकारी, जो कहता है, मैं बहुत बड़ा हो जाऊं, तभी मुझे तृप्ति मिल सकती है। प्रेम का अर्थ है : झुकने को राजी, मैं इतना छोटा हो जाऊं कि मेरा पता ही न चले। जब तुम ना-कुछ हो जाते हो तब प्रेम की तुम पर वर्षा होती है। जितने तुम ज्यादा होते जाते हो, घने होते जाते हो, जितना मजबूत पत्थर की तरह तुम्हारा अहंकार होता जाता है--वर्षा तो तब भी होती रहती है, लेकिन बह जाती है, तुम सूखे के सूखे रह जाते हो।

फरीद कहते हैं : जहां लोभ है वहां प्रेम कहां से होगा? साधारण जीवन में भी यह सच है और धार्मिक जीवन में तो और भी गहराई से सच है। कभी मंदिर लोभ के कारण मत जाना। अगर लोभ के लिए ही जाना तो बाजार जाना, मंदिर जाने की क्या जरूरत है? लेकिन तुमने बाजार में ही मंदिर

बना रखे हैं। तुम्हारे मंदिर तुम्हारे बाजार का ही विस्तार हैं। दुकान पर भी तुम लोभ के कारण ही जाते हो और मंदिर भी तुम लोभ के ही कारण जाते हो। तो मंदिर तुम्हारी दुकान का ही एक हिस्सा है। और अगर तुमसे कहा जाए, चुन लो, भूकंप आ रहा है, दुकान बचाओगे कि मंदिर? तुम कहोगे कि दुकान बचाएंगे। तुमसे कहा जाए, चुन लो दो में से एक, तो तुम कहोगे, मंदिर तो हमारी दुकान का ही एक दफ्तर है, एक दुकान का ही विभाजन है। वह हमारे बैंक का ही एक कोना है; उसको क्या बचाने का सवाल है? बैंक को ही तुम बचाओगे।

तुम्हारे घर में आग लग जाए तो तुम शंकर जी की पिंडी को बचा कर बाहर भागोगे कि तिजोड़ी को बचा कर बाहर भागोगे? शंकर जी की कौन फिकर करेगा? दूसरा बाजार से खरीद लेंगे। और पिंडी ही है, उसका लेना-देना क्या है? तिजोड़ी तुम बचाओगे।

तुम थोड़ा सोचना अपने संबंध में। अगर तुम्हें लगे कि मंदिर तुम्हारे लोभ का ही विस्तार है तो मंदिर का तुमसे अब तक कोई संबंध ही नहीं हुआ, तुम्हारी मंदिर की तरफ आंख ही नहीं उठी।

लोभ का प्रेम से कोई संबंध नहीं है। जहां लोभ नहीं है, वहीं प्रेम का आविर्भाव है। प्रेम अलोभी चित्त-दशा है। कुछ पाने की आकांक्षा नहीं है। जो मिला है उसका अहोभाव है।

यहीं काम और प्रेम का फर्क है। काम में लोभ है। काम चाहता है, कुछ मिल जाए। वासना है। काम कहता है, अभी जितना हूं वह काफी नहीं हूं, थोड़ा और मिलना चाहिए। प्रेम कहता है, जितना हूं जरूरत से ज्यादा हूं, थोड़ा बांटूं, थोड़ा हलका हो जाऊं। प्रेम तो ऐसा है जैसा खिला हुआ फूल है, सुगंध को बिखेर देता है; जला हुआ दीया है, रोशनी को बिखेर देता है; सुबह का गीत गाता पक्षी है, बांटता है, अकारण बांटता है। क्योंकि कारण आया कि लोभ आया।

तुम कभी मंदिर गए हो?--अकारण, सहज आनंद-भाव से, कुछ मांगने नहीं, सिर्फ परमात्मा को धन्यवाद देने कि तूने पात्रता से बहुत ज्यादा दिया है! कभी ऐसे ही गए हो मंदिर में चुपचाप बैठने को?--न कुछ मांगने को था, न कुछ कहने को था, दो घड़ी बिताने उसके सान्निध्य में; कोई लेन-देन का संबंध नहीं। तब तुम्हें पहली दफा प्रार्थना का, प्रेम का थोड़ा सा स्वाद अनुभव आएगा। और तब तुम्हें कोई फर्क न पड़ेगा--मस्जिद में चले जाओगे तो भी, मंदिर गए तो भी, गुरुद्वारा गए तो भी--कोई फर्क न पड़ेगा।

तुम मंदिर ही जाते हो, मस्जिद नहीं जाते, क्योंकि वह भी लोभ का ही हिस्सा है। तुम सोचते हो, हिंदू हो, हिंदू भगवान से ही कुछ मिल सकता है; यह मुसलमानों का अल्लाह है, तुम्हारी क्या खाक फिकर करेगा! तुम्हारे लिए वह द्वार बंद है। तुम जैन हो तो तुम हिंदू के मंदिर न जाना चाहोगे। क्या फायदा है! अपने भगवान के पास जाओ। जिससे नाता-रिश्ता है, उससे कुछ मिलने की संभावना है। लोभ के कारण ही तुम्हारे मंदिरों के विभाजन हैं। अपने के पास जाओ, पराए से क्या मिलेगा! वैसे ही जैसे बच्चा भूखा हो तो अपनी मां के पास भागेगा, हर किसी की मां के पास थोड़े ही भागा जाएगा; क्योंकि बच्चा जानता है, अपनी मां के पास जाएगा तो दूध मिलेगा; दूसरे की मां के पास जाएगा, दुत्कारा जाएगा। बच्चा भी लोभ के कारण मां के पास जा रहा है।

तुम हिंदू हो तो मंदिर जाते हो, मुसलमान हो तो मस्जिद जाते हो--पर लोभ के कारण ये भेद हैं। अगर तुम सिर्फ परमात्मा के पास होने गए हो, कुछ मांगने नहीं, सिर्फ धन्यवाद देने गए हो--तो क्या फर्क पड़ता है, हिंदू का परमात्मा कि मुसलमान का परमात्मा? तब परमात्मा एक है।

प्रेम के लिए परमात्मा एक है, लोभ के लिए परमात्मा अनेक हैं। क्योंकि लोभ को तो हिसाब बिठाना है, किससे मिल सकेगा--तो नाते-रिश्तेदारी जोड़नी है। प्रेम को कुछ प्रयोजन नहीं है; धन्यवाद देना है--कहीं से भी दे देंगे!

बड़ी अजीब मनोदशाएं हैं, उनका हमें पता भी नहीं होता।

एक मुसलमान मित्र मुझे मिलने आते थे। दूसरों को नमस्कार करते देखते तो वे भी नमस्कार करते। लेकिन मैं थोड़ा हैरान हुआ कि मुझे सदा ऐसा लगता है कि वे नमस्कार मेरी तरफ नहीं कर रहे हैं। उनका रुख ठीक मेरी तरफ न होता। तो मैंने उनसे एक दिन पूछा कि आप झुकते तो जरूर हैं, सिर भी झुकाते हैं; लेकिन मुझे ऐसा लगता है कि मेरी तरफ नहीं झुकता सिर, कुछ दिशा अलग ही होती है। उन्होंने कहा : मैं मुसलमान हूं, काबा की तरफ सिर झुकाता हूं।

वे मेरे पास भी आए हैं, पर मेरे पास नहीं आ सकते। अगर मैं भी काबा की दिशा में पड़ जाऊं तो मजबूरी, तो उनका सिर झुक सकता है। अगर मैं काबा की दिशा में नहीं पड़ रहा हूं तो कठिनाई है। वे तो सिर्फ काबा कि तरफ झुक सकते हैं।

लोभ के कारण परमात्मा की भी दिशा हो जाती है; सीमा हो जाती है; रंग-ढंग, रूप-आकार हो जाता है; नाम, विशेषण हो जाता है; पता-ठिकाना हो जाता है।

प्रेम के लिए कोई सीमा नहीं है। प्रेम झुकना जानता है, दिशा नहीं जानता। प्रार्थना धन्यवाद जानती है; रूप-आकार नहीं जानती, निराकार जानती है।

फरीद कहते हैं : जहां लोभ है वहां प्रेम कहां? लोभ होगा तो प्रेम वहां झूठा होगा। दो में से एक ही सच हो सकता है; दोनों साथ-साथ सच नहीं हो सकते।

टूटे छप्पर के नीचे वर्षा में तू आखिर कितने दिन गुजारेगा?

और यह लोभ के छप्पर के नीचे बैठा है और रो रहा है और परेशान हो रहा है। टूटे छप्पर के नीचे वर्षा में आखिर तू कितने दिन गुजारेगा? अब जाग। अब छप्पर को ठीक ही कर ले। ये लोभ के छेद समाप्त कर। अब प्रेम के छप्पर के नीचे हो जा। प्रेम का छप्पर ही छप्पर है; वही शरण है: उसके नीचे ही साया है और सुरक्षा है।

इसे थोड़ा समझो। जब भी तुम्हारे जीवन में प्रेम होता है, एक सुरक्षा का भाव होता है। जब भी तुम्हारे जीवन में प्रेम नहीं होता, एक असुरक्षा की बेचैनी होती है। इनसिक्युरिटी, असुरक्षा का अनुभव ही तब होता है जब तुम प्रेम में नहीं होते। जब तुम प्रेम में होते हो, तब जैसे परमात्मा का वरदहस्त तुम्हारे ऊपर होता है। साधारण जीवन का प्रेम भी--एक स्त्री का प्रेम, एक पुरुष का प्रेम, एक मित्र का प्रेम--वे भी तुम्हें सुरक्षित कर देते हैं। प्रेम इतना बड़ा वरदान है कि उसके नीचे तुम पाते

हो कि अब कोई मृत्यु नहीं है। तुम मरने को भी राजी हो सकते हो--जानते हुए कि अब कोई मृत्यु नहीं है। तुम खतरे में जा सकते हो, आग में उतर सकते हो--जानते हुए कि अब तुम्हें कोई जला नहीं सकता। प्रेम तुम्हें अमृत्व का बोध देता है। वह सुरक्षा है। और जिस आदमी के जीवन में प्रेम न होगा वह सदा असुरक्षित और घबड़ाया हुआ और डरा हुआ और बेचैन और सदा भयभीत! उसे सब तरफ खतरा है; क्योंकि उसे सिवाय मौत के और कुछ भी नहीं दिखाई पड़ता, अमृत की कहीं कोई किरण दिखाई नहीं पड़ती।

टूटे छप्पर के नीचे वर्षा में तू आखिर कितने दिन गुजारेगा?

फरीदा जंगलु जंगलु किआ; भवहि वणि कंडा मोड़ेहि।

फरीद कहते हैं: शाखों और कांटों को तोड़ता हुआ तू एक जंगल से दूसरे जंगलों में भटकता फिरता है। रब तो तेरे हृदय में बस रहा है, परमात्मा तो तेरे भीतर है, फिर जंगल में उसे क्यों ढूंढ रहा है?

वसी रबु हिआलीऐ, जंगलु किआ ढूंढेहि।

जिसे तू खोज रहा है वह तेरे भीतर है। शाखाओं को काटता है, कांटों में भटकता है, खाई-खड्डों में भटकता है, दुख उठाता है--गलत जगह खोज रहा है।

लोभ भटकाता है; प्रेम पहुंचाता है। लोभ भटकाता है क्योंकि लोभ दूसरे पर नजर है। लोभ दूर का सपना है, मृग-मरीचिका है। दूर दिखाई पड़ती है मंजिल। और लोभ भटकाता है, प्रेम पहुंचाता है; क्योंकि प्रेम आंख बंद हो जाना है। प्रेम में आदमी अपने भीतर डूब जाता है। जब दो प्रेमी गहराई में मिलते हैं, तो एक-दूसरे में थोड़े ही डूबते है; जब दो प्रेमी सच्ची गहराई में मिलते हैं तो अपने-अपने में डूब जाते हैं। इसी को वे एक-दूसरे में डूबना कहते हैं। दो प्रेमी जब पास होते हैं तो एक-दूसरे के कारण इतने सुरक्षित हो जाते हैं; एक-दूसरे पर साया बन जाते हैं; एक-दूसरे को ढांक लेते हैं--अपने अहोभाव, आनंदभाव में, एक-दूसरे की मंगलकामना से भरे हुए, उनके लिए मृत्यु विसर्जित हो जाती है। उस शांत मौन क्षण में अपने-अपने में डूब जाते हैं।

प्रेम भीतर जो छिपा है उसका अनुभव देता है। लोभ बाहर दौड़ाता है। लोभ दौड़ है; प्रेम विश्राम है।

शाखों और कांटों को तोड़ता हुआ फरीद तू एक जंगल से दूसरे जंगल में क्यों भटकता फिरता है? रब तो तेरे हृदय में बस रहा है, फिर जंगल में उसे क्यों ढूंढ रहा है।

और कितने दिनों से ढूंढ रहे हो तुम! यह कोई कथा नई है? कितने जन्मों से तुम भटक रहे हो! कितने कांटे छिद गए हैं। घाव ही घाव हो गए हैं। तन-प्राण सब चीथड़ों जैसे हो गए हैं। लेकिन तुम पागल की तरह भटकते हो। एक जंगल में नहीं पाते तो दूसरे जंगल में भटकते हो। दूसरे जंगल में नहीं पाते तो तीसरे जंगल में भटकते हो। एक लोभ में नहीं मिलता तो दूसरा लोभ, एक पद पर नहीं मिलता तो दूसरे पद की आकांक्षा। यहां नहीं मिलता तो वहां। भाग रहे हो! और एक जगह भर तुमने कभी नहीं खोजा कि तुम बैठ गए होते; आंख बंद की होती; थिर हुए होते; जीवन की चेतना को शांत, विश्राम में उतारा होता और अपने भीतर झांका होता।

खोजने वाले में छिपा है वह जिसकी खोज चल रही है। इसलिए बाहर तुम उसे न पा सकोगे।

फरीद कहते हैं: इन पतली जांघों और पिंडलियों से मैंने कितने ही मैदानों और पहाड़ों को पार किया; परंतु आज फरीद के लिए अपना कूजा उठाना भी मानों सैकड़ों कोस की मंजिल तय करना हो गया है।

फरीद कहता है: इन पतली जांघों और पिंडलियों को देखता हूं तो भरोसा नहीं आता कि मैंने कितने जंगल, पहाड़ पार किए। अपनी तरफ देखता हूं तो भरोसा नहीं आता कि कितने जन्मों से यात्रा चल रही है। इतना कमजोर हूं, इतनी लंबी यात्रा चल रही है, फिर भी थका नहीं मालूम पड़ता! फिर भी जागा नहीं।

तुम अगर अपनी तरफ देखोगे तो तुम्हें हिंदुओं की इस धारणा पर विश्वास ही न आएगा कि अनंत जन्म हुए हैं। तुम कहोगे, कभी के थक गए होते; कभी के गिर गए होते; कभी का होश आ गया होता। नहीं आया है।

वासना दुष्पूर है। वासना की कला यही है, उसका जादू यही है कि एक वासना गिरती नहीं कि दूसरी वासना की श्रृंखला शुरू हो जाती है। एक वासना पूरी भी नहीं हो पाती कि दूसरी वासना के स्वप्न उठने शुरू हो जाते हैं। वह तुम्हें कभी मौका नहीं देती विश्राम का कि तुम सोच लो, देख लो रुक कर कि कुछ भी नहीं मिला, अब बंद कर दें यह यात्रा--इतना समय नहीं देती वासना। वासना दौड़ाए रखती है। एक जगह से दूसरी जगह आंखें भटकती रहती हैं। और आंखों के भीतर छिपा है वह जिसकी तलाश चल रही है। मंजिल तुम हो और तुम नासमझी से खोजी बन गए हो। भीतर जाने की बात ही भूल गई है; बाहर जाना ही याद रहा है।

इन पतली जांघों और पिंडलियों से मैंने कितने मैदानों और पहाड़ों को पार किया; परंतु आज फरीद के लिए अपना कूजा उठाना भी मानों सैकड़ों कोस की मंजिल तय करना हो गया है।

लेकिन अब हताशा आ गई है।

इस संसार में कुछ भी सार नहीं है। यह पूरी दौड़ व्यर्थ मालूम होती है। चित्त उदास है। इसी को वैराग्य कहा है।

संसार से हो वैराग्य तो ही परमात्मा से राग पैदा होता है। बाहर से हो वैराग्य तो भीतर की धुन सुनाई पड़ती है। बाजार से मन ऊबे तो घर आना होता है। दूसरे से वासना टूटे तो आत्मा से नाता जुड़ता है। आंखें बाहर के दृश्य देखने से थक जाएं तो बंद होती हैं और भीतर के दर्शन शुरू होते हैं।

आज अपना कूजा उठाना भी मुश्किल हो गया; सैकड़ों कोस की मंजिल तय करना मालूम होता है। अब चलने की कोई इच्छा न रही।

इसी अवस्था में बुद्ध बोधिवृक्ष के नीचे बैठ गए हैं। चलने की कोई इच्छा न रही। चल-चल कर देख लिया, व्यर्थ पाया। सब दिशाएं खोज लीं, कहीं कोई, कहीं कोई सार न मिला।

दस दिशाएं हैं, सबमें दौड़ लिया, अब ग्यारहवीं दिशा शुरू होती है। आदमी आंख बंद कर लेता है। शरीर शून्य हो जाता है। अब भीतर उतरता है--अपने ही कुएं में; अपनी ही चेतना की अतल गहराई में।

फरीद कहते हैं: रातें लंबी हो गई हैं। पसलियों में हूक उठ रही है। दर्द से करवटें बदलनी पड़ रही हैं। धिक्कार है उनके जीने का जो बिरानी आस में जी रहे हैं।

फरीद कहते हैं: मैं थक गया, टूट गया। रातें लंबी हो गई हैं। अंधेरा अब काटे नहीं कटता मालूम पड़ता। एक-एक क्षण दूभर है।

कभी तुमने खयाल किया--समय की सापेक्षता का, रिलेटिविटी का? अगर तुम प्रसन्न हो, समय जल्दी कट जाता है। अगर तुम उदास हो, समय लंबा हो जाता है। समय घड़ी में थोड़े ही चलता है; समय तुम्हारे मन में चलता है।

आइंस्टीन ने जब पहली दफा सापेक्षता के सिद्धांत का विज्ञान के जगत में प्रवेश किया तो उससे जगह-जगह सवाल पूछे जाते थे कि सापेक्षता, रिलेटिविटी क्या? अब वह इतना कठिन सिद्धांत है कि कहते हैं: बारह आदमी ही पृथ्वी पर थे जो उसे ठीक से समझते थे। इसलिए आम आदमी को तो समझाना असंभव। निश्चित ही जटिल है। और जटिल ही नहीं है, करीब-करीब असंभव है। क्योंकि उसके भीतर ऐसे विरोधाभास हैं कि उन विरोधाभासों को पकड़ने के लिए बड़ी धार्मिक रहस्यवादी बुद्धि चाहिए; बड़ी काव्य की ऊंची उड़ान चाहिए। अगर तुम्हारा तर्क मजबूत है तो तुम न समझ पाओगे।

जैसे उदाहरण के लिए, आइंस्टीन ने कहा कि समय कोई थिर वस्तु नहीं है और समय सभी के लिए समान नहीं है। प्रत्येक व्यक्ति का समय अलग-अलग है। क्योंकि समय तुम्हारे मन की अवस्था पर निर्भर है। हम तो जानते हैं कि अभी साढ़े नौ बजे हैं, तो सबके लिए साढ़े नौ बज गए हैं। आइंस्टीन कहता है, नहीं।

यहां भी जो मेरी बात को समझ रहे हैं; जिनको मेरी बात से धुन बंध गई है; जिन्हें मेरा गीत पकड़ में आ रहा है; जो मेरे साथ बह रहे हैं--उनके लिए समय जल्दी बीत जाएगा। डेढ़ घंटा कहां चले गए, उन्हें पता न चलेगा। लेकिन कोई आ गया है, पुलिस का जासूस समझो, वह भी बैठा है, उसको भी मैं देख रहा हूं, वह बड़ा बेचैन है। उसकी कुछ पकड़ में नहीं आ रहा है। उसकी कुछ समझ में नहीं आता। उसकी घबड़ाहट है कि कब खत्म हो, कि वह भागे यहां से! यह उसकी बुद्धि के पार है। उसके लिए डेढ़ घंटा डेढ़ साल जैसा लगेगा। तुम्हें डेढ़ घंटा डेढ़ क्षण जैसा लगेगा, आया-गया हवा का एक झोंका! तुम मस्ती में नाच भी न पाए और झोंका जा चुका।

तो आइंस्टीन लोगों को समझाता कि ऐसा समझो, तुम अपनी प्रेयसी के पास बैठे हो, तो घड़ी भर क्षण भर में बीत जाती है। और तुम्हें एक तपते हुए तवे पर बिठा दिया गया है, तो क्षण भर घंटों जैसा लंबा मालूम होता है। तुम्हारे भीतर समय सापेक्ष है, रिलेटिव है। तुम्हारी

मनोदशा पर निर्भर है। घर में मेहमान आया है, बहुत दिन की प्रतीक्षा थी, रात जागते बातचीत करते बीत जाती है, पता नहीं चलता। फिर घर में कोई मर रहा है, कोई वृद्ध विदा हो रहा है। चिकित्सक कहते हैं, बचना नहीं है, सुबह होते-होते विदा हो जाएगा। रात भर तुम जागे बैठे रहे हो। रात बड़ी लंबी मालूम होती है, कटती ही नहीं। ऐसा लगता है कि कटेगी भी कि नहीं कटेगी अब! यह रात पूरी होगी, सुबह होगी या नहीं होगी!

जब तक जीवन में वासना होती है तब तक तो समय भागता मालूम पड़ता है, समय कम मालूम पड़ता है। महत्वाकांक्षी के लिए समय सदा कम है। वह भाग रहा है। वह गति बढ़ाता जाता है अपनी। इसलिए दुनिया में जितनी महत्वाकांक्षा बढ़ती है उतनी स्पीड बढ़ती है; क्योंकि समय को बढ़ाने का और तो कोई उपाय नहीं है, स्पीड बढ़ा दो। तो अगर न्यूयार्क पहुंचने में बंबई से चार दिन लगते थे तो दो दिन लगें, एक दिन लगे, घंटा भर लगे, मिनट लगे, सेकेंड लगे, उतना समय बच जाए। धीरे-धीरे आदमी की चेष्टा यह है कि गति इतनी तीव्र हो जाए कि समय व्यतीत ही न हो। यह सारी कोशिश इस बात की है कि बड़ी महत्वाकांक्षाएं हैं, उनको पूरा करना है। समय तो सीमित है। वही सत्तर-अस्सी साल जीना है, उसी में सब कर लेना है। बड़ी महत्वाकांक्षाएं हैं, तो समय बड़ी जल्दी भागता मालूम पड़ता है।

लेकिन जिस व्यक्ति के जीवन की महत्वाकांक्षाएं उजड़ गईं; जिसे दिखाई पड़ गया कि दूर के ढोल सुहावने हैं, पास आने पर व्यर्थ हो जाते हैं; इंद्रधनुष हैं, दिखते हैं, पास जाओ कुछ मिलता नहीं; मुट्ठी बांधो, हाथ में कुछ आता नहीं; इनको घर बांध कर नहीं लाया जा सकता है; ये सिर्फ दिखाई पड़ते हैं; सपने हैं--उसके लिए समय बहुत धीमी गति ले लेता है।

फरीद कहते हैं: रातें लंबी हो गई हैं। अब कोई महत्वाकांक्षा नहीं है। कहीं जाने को, कहीं पहुंचने को नहीं है। कुछ पाने को नहीं है। अब रात बड़ी लंबी मालूम पड़ती है।

पसलियों में हूक उठ रही है और अब तक जो भागते रहे थे नशे में वासना के कि कभी ध्यान ही न दिया था कि शरीर कितना थक गया है, अब पता चल रहा है: हड्डी-हड्डी रो रही है। रोआं-रोआं दर्द और पीड़ा से भरा है। पसलियों में हूक उठ रही है। दर्द से करवटें बदलनी पड़ रही हैं। एक करवट पड़े रहना मुश्किल हो गया है।

धिक्कार है उनको जीने का जो बिरानी आस में जी रहे हैं।

और फरीद कहता है: हमारी यह जो दशा है, यह जो हताशा की, यह फिर भी तुमसे बेहतर है। क्योंकि तुम अभी भी उस आशा में जी रहे हो जो कभी पूरी न होगी। हमारी वह आशा टूट गई। क्योंकि हमने जान लिया, वह कभी पूरी हो नहीं सकती। माना कि रात अंधेरी लग रही है और हड्डियों में दर्द है और बड़ी गहरी व्यथा है, थकान है जन्मों-जन्मों की; लेकिन फिर भी हम सौभाग्यशाली हैं। अभागे हैं वे जो अभी भी उसी दौड़ में चल रहे हैं, सपनों के पीछे भागे जा रहे हैं। एक दिन वे भी गिरेंगे। रात तब उन्हें लंबी मालूम पड़ेगी। हड्डियां रोएंगी। रोआं-रोआं पीड़ित होगा। करवटें बदलेंगे।

और आशा जब टूटती है तो तुम ही टूट जाते हो; क्योंकि तुम ही अब तक आशा को ही सहारा-सहारा मान कर जीए थे। आशा की भूमि हट जाती है, पैर के नीचे कोई भूमि नहीं रह जाती। इसीलिए तो तुम एक आशा मिटे, उसके पहले दूसरी आशा जगा लेते हो। कुछ सहारा चाहिए जीने को।

डूबता तिनके को भी पकड़ लेता है; नाव की कल्पना कर लेता है; सपने देखने लगता है कि नाव में बैठा है, बच जाएगा। सब नावें कागज की हैं। कामना की नाव ही कागज की नाव है।

फरीद कहता है : अभागे हैं वे लोग जो अभी भी आशा में दौड़े चले जा रहे हैं। उनसे तो हमारी दशा बेहतर है। कम से कम एक बात तो घट गई : आशा टूट गई। बाहर की दौड़ बंद हो गई। दूसरी घटना के लिए हम तैयार हो गए। दूसरी घटना के द्वार पर हम खड़े हो गए।

पहले वैराग्य संसार से, व्यर्थ से, असार से। थोड़ी देर को जो संक्रमण का काल होता है उसकी बात कर रहे हैं फरीद। जब संसार से वैराग्य हो जाता है और परमात्मा से राग अभी जगा नहीं होता; रात तो चली गई, सूरज अभी उगा नहीं है--वह जो भोर का क्षण है, वह क्षण बड़ी मुश्किल का है। जो था वह खो गया और जो मिलना है वह अभी मिला नहीं : वह बीच का क्षण है, संक्रमण की बेला है।

रातें लंबी हो गई हैं। पसलियों में हूक उठ रही है। दर्द से करवटें बदलनी पड़ रही हैं।

फरीदा रातीं बड़ीआं, धुखि धुखि उठानि पास।
धिगु तिन्हांदा जीविआ, जिन्हां विडाणी आस।।

मगर एक बात साफ है कि गलत तो गलत दिखाई पड़ गया, अब ज्यादा देर नहीं है कि ठीक ठीक की तरह दिखाई पड़ जाए। असत्य को जिसने असत्य की तरह जान लिया, उसके हाथ में तो कुछ नहीं आता। छूट ही जाता है कुछ, क्योंकि जो असत्य था, वह छूट गया। लेकिन उसके हाथ खाली हो गए--सत्य के उतरने के लिए जगह हो गई।

असत्य को असत्य की तरह जान लेना सत्य को सत्य की तरह जान लेने का पहला कदम है, अनिवार्य कदम है। झूठ को झूठ की तरह पहचान लेना सच को सच की भांति पहचानने की तैयारी है। मगर एक संक्रमण का काल है और वही काल सर्वाधिक दुख का काल है। हीरे-जवाहरात नहीं थे, हाथ में कंकड़-पत्थर थे; लेकिन मान रखा था, हीरे-जवाहरात हैं। चित्त तो प्रसन्न था। खुश थे। झूठ थी खुशी। किसी न किसी दिन टूटती।

फरीद ठीक कहते हैं : अभागे हैं वे। हालांकि वे प्रसन्न हैं, खुश हैं कि उनके पास हीरे-जवाहरात हैं।

मैंने एक कहानी सुनी है। दो फकीर एक जंगल से गुजरते हैं। वह जो बूढ़ा है, जो गुरु है, वह एक झोली टांगे हुए है। वह बार-बार अपनी झोली में हाथ डाल कर कुछ देखता है। शिष्य थोड़ा हैरान है कि क्या मामला है। न केवल वह झोली में हाथ डाल-डाल कर देखता है, बल्कि बड़ी तेजी से चल रहा है। ऐसा उसने उसे कभी चलते देखा नहीं। बूढ़ा आदमी! वह कहता भी है कि इतनी जल्दी क्या है? वह कहता है, तुझे पता नहीं! फिर वह कई बार पूछता है कि हम रास्ता भटक तो नहीं गए? गांव दिखाई नहीं पड़ता, सांझ होने

के करीब आ रही है। कोई खबर नहीं लगती गांव की। कहीं हम रास्ता जंगल में भटक तो नहीं गए?

वह युवक बड़ा परेशान है। वह कहता है: आपको मैंने कभी चिंतित नहीं देखा, क्या जंगल और क्या गांव--फकीर के लिए क्या फर्क पड़ता है! लेकिन आज कुछ बात अलग है।

अंततः वे एक कुएं पर रुके--सूरज ढल गया है--पानी पीने के लिए। सदा बूढ़ा अपने झोले को उतार कर रख देता था, पानी पी लेता था, हाथ-मुंह धो लेता था; आज उसने झोला युवक को दिया और कहा: सम्हाल कर रख।

युवक ने कहा: जरूर झोले में ही कोई उपद्रव है। उसने झोले के भीतर हाथ डाला, देखा कि एक सोने की ईंट है। तो वह समझ गया कि आज बूढ़े की परेशानी क्या है। उसने सोने की ईंट तो निकाल कर डाल दी कुएं में और एक पत्थर उसी वजन का उठा कर रख दिया अंदर। जब बूढ़ा हाथ-मुंह धोकर तैयार हो गया, उसने जल्दी से झोला लिया, टटोल कर झोले के ऊपर से देखा कि ईंट है या नहीं, है। कंधे पर टांग ली और दोनों चल पड़े। फिर वह पूछने लगा कि रात उतरती आ रही है, गांव का पता नहीं चलता, दीये तक दिखाई नहीं पड़ते, कहीं पास गांव है या नहीं है? दो-तीन मील चलने के बाद युवक हंसने लगा। उस बूढ़े ने कहा: तू हंस क्यों रहा है? मामला क्या है? उसने कहा: अब तुम बिलकुल फिकर न करो। अब गांव पहुंचे कि न पहुंचे, कोई डर ही नहीं है।

उसने कहा: क्या मतलब तेरा?

उसने फिर ईंट टटोल कर देखी, ईंट थी। उसने कहा: क्या मतलब है तेरा?

उसने कहा: अब जिसको टटोल रहे हो, उसमें कोई डर नहीं है।

तब उसने घबड़ा कर ईंट बाहर निकाल कर देखी, वह पत्थर है। लेकिन इस तीन-चार मील, वह इस पत्थर को ही सोने की ईंट समझा रहा और परेशान रहा। तब वह भी हंसने लगा। उसने वह ईंट किनारे फेंक दी। उसने कहा: अब फिकर छोड़ इसी वृक्ष के नीचे रात विश्राम करें। अब कोई झंझट ही न रही।

तुम जिस ईंट को लिए चल रहे हो झोले में, वह फरीद को दिखाई पड़ती है कि तुम अभागे हो, पत्थर की ईंट ढो रहे हो। पर तुमने सोने की समझी है। तुम प्रसन्न हो। तुम बड़े संलग्न हो उसको बचाने में। फरीद पहचान गया कि ईंट पत्थर की है। उसने पत्थर की ईंट तो नीचे डाल दी है; सोने की ईंट अभी नहीं मिली। इसलिए वह कहता है: रातें लंबी हो गई हैं। हड्डी-हड्डी से दर्द उठ रहा है। जन्मों-जन्मों की पीड़ा है चलने की। झोले को टांगे-टांगे कंधा भी थक गया है। और आज सब व्यर्थ हो गया अचानक। एक संक्रमण की बेला आ गई है। एक जीवन समाप्त हुआ, दूसरा अभी शुरू नहीं हुआ; बीच की घड़ी है। यह बीच की घड़ी का नाम वैराग्य है। और जो वैराग्य के द्वार से गुजरा, वही परमात्मा के राग को उपलब्ध होता है। उस राग का नाम प्रेम है। वैराग्य से जो डर गया, वह कभी परमात्मा के राग को उपलब्ध न हो सकेगा।

संसार से छुटकारा, उसकी तरफ आंखों का उठना है। यहां से हाथ खाली होते हैं, तो वहां हाथ भरने शुरू हो जाते हैं। जो इधर संसार की तरफ विमुख होता है, वह परमात्मा की तरफ सन्मुख हो जाता है।

परमात्मा का मंदिर बाजार में नहीं है। और परमात्मा के मंदिर को तुम भूल कर भी बाजार का हिस्सा मत बना लेना। यह तो हो सकता है कि परमात्मा के मंदिर में ही सब बाजार हो; लेकिन परमात्मा का मंदिर बाजार में नहीं हो सकता। यह तो हो सकता है कि तुम्हारी दुकान भी मंदिर का हिस्सा हो जाए; लेकिन यह कभी नहीं हो सकता कि उसका मंदिर तुम्हारी दुकान का हिस्सा हो जाए। इस पहेली को तुम ठीक से समझ लेना। यह तो हो सकता है कि दुकान पर बैठे-बैठे भी तुम्हारे लिए प्रार्थना और पूजा का आविर्भाव हो जाए। ग्राहक में ही तुम्हें राम दिखाई पड़ने लगे। दुकान ही तुम्हारी तपश्चर्या हो जाए। यह हो सकता। लेकिन मंदिर दुकान नहीं हो सकता।

लेकिन अब तुम्हारी चेष्टा यह रही है कि मंदिर दुकान हो जाए। तुमने परमात्मा को भी संसार का अंग बना लेना चाहा। इसलिए तुम वंचित हो। इससे जागो।

संसार को भर आंख देख लो। ठीक से देखते ही तुम पहचान जाओगे कि वहां कुछ भी नहीं है। और जिस दिन तुम्हें दिख जाए, संसार में कुछ नहीं है, उसी दिन तुम्हें पहली बार समझ आएगी कि परमात्मा में कुछ है।

लोग मेरे पास आते हैं, वे कहते हैं, परमात्मा कहां है? मैं उनसे कहता हूं, जब तक संसार है तब तक परमात्मा कहीं भी नहीं है। तुम दोनों एक साथ न देख पाओगे। जब तक संसार दिखता है तुम्हारी आंखों में, तब तक परमात्मा न दिखेगा। जब संसार तुम्हारी आंखों से हट जाएगा, तब जो दिखाई पड़ता है, वही परमात्मा है।

आंख पर एक धुंध है--संसार के राग की, लोभ की। उस धुंध को काटना है। एक जाली है। उस जाली को काटना है। और उसके भीतर प्रेम का आविर्भाव संभावित है।

फरीद कहते हैं: अभागे हैं वे जो व्यर्थ की आशा में जी रहे हैं। मेरी आशा टूट गई। मैं निराश हूं। रात लंबी है, अंधेरी है; फिर भी डर नहीं है--क्योंकि अंधेरी रात के बाद सुबह का आगमन है।

आज इतना ही।

आठवां प्रवचन

प्रेम महामृत्यु है

प्रश्न-सार

प्रेम और मृत्यु का अंतर-संबंध क्या?

प्रेम, काल और ध्यान हमारे लिए इतने बेबूझ क्यों?

अकथ कहानी प्रेम की--उसका अंत होता हुआ क्यों नहीं दिखता?

अकथ कहानी प्रेम की भांति अकथ कहानी ध्यान की क्यों नहीं कही जाती?

सब सयानों का प्रेम पर ही जोर क्यों?

नकली प्रेम का गोरखधंधा बंद क्यों नहीं होता?

दर्शन के समय कंपकंपी और भय की स्थिति का रहस्य?

जीवन प्रयोजन-रहित है तो खाली हाथ जाएं या भरे हाथ--क्या अंतर?

आप राजनीति के विपक्ष में क्यों? क्या अराजकवादी हैं? क्रांति के अगुआ क्यों नहीं बनते?

पहला प्रश्न :

ओशो, आप जब भी प्रेम पर चर्चा करते हैं तब अनिवार्यतया मृत्यु को क्यों जोड़ लेते हैं?

क्योंकि प्रेम महामृत्यु है। जिसने मृत्यु को न समझा, वह प्रेम को भी समझ न पाएगा। जिसने प्रेम को न समझा, वह मृत्यु से सदा के लिए अपरिचित रह जाएगा। मृत्यु है स्वेच्छा से मरने की बात, तो ही समझी जा सकती है। स्वेच्छा से तो कोई प्रेम में ही मरता है। मृत्यु में स्वेच्छा से मरना तो बहुत कठिन होता। जिसने प्रेम में मरना सीखा, मिटना सीखा; जिसने मिटने का मजा ले लिया; जिसे मिटने का स्वाद आ गया--वह शायद मृत्यु में भी मिटने को स्वेच्छा से राजी हो जाए।

तो प्रेम पाठशाला है। उस पाठशाला में मिटना सीखना है। और मिटे बिना कोई प्रेम को उपलब्ध नहीं होता। तुम जब तक हो तब तक प्रेम न हो सकेगा। तुम्हारा सिंहासन जब खाली हो जाता है तभी प्रेम का सम्राट उतरता है। इसलिए मिटने की तैयारी हर हालत में जरूरी है। उससे ही तुम प्रेम को जानोगे। उससे ही तुम प्रार्थना को जानोगे। उससे ही तुम मृत्यु को जानोगे। उसी से तुम परमात्मा को जानोगे।

प्रेम कुंजी है। और उस एक कुंजी से सभी ताले खुल जाते हैं। इसलिए तो फरीद कहते हैं: अकथ कहानी प्रेम की! द्वार बहुत होंगे, ताले बहुत होंगे, लेकिन सब तालों के बीच एक कुंजी काम कर जाती है, वह प्रेम की है।

इसलिए अनिवार्यतया प्रेम के साथ मृत्यु की चर्चा करनी ही पड़ेगी। जिसने प्रेम की चर्चा की और मृत्यु को बाद दी, उसकी प्रेम की चर्चा व्यर्थ है, अधूरी है; उसमें कोई गहराई नहीं है। वह ज्यादा से ज्यादा आदमी की वासना की बात कर लेगा, कामना की बात कर लेगा; लेकिन प्रेम की गहराई छुई भी न जा सकेगी। तुम्हें विरोधाभास लगता है, क्योंकि तुम तो सोचते हो : प्रेम यानी जीवन। और मैं तुमसे कहता हूं : प्रेम यानी मृत्यु। तुम्हें विरोधाभास लगता है, क्योंकि न तो तुम जीवन को जानते, न तुम मृत्यु को। जीवन की गहनतम गहराई मृत्यु में है। जीवन को भी जानना हो तो भी डूबना पड़ेगा। जैसे बूंद सागर में खो जाती है, ऐसे तुम्हें जीवन के महासागर में खो जाना पड़ेगा।

जीसस की जीवन की कथा का यही सार है। इधर सूली लगी, उधर पुनरुज्जीवित हुए। ईसाइयत भूल गई उस बात को, ठीक से समझ न पाई; क्योंकि प्रेम को और मृत्यु को जोड़ना ईसाइयत को भी मुश्किल पड़ा। जीसस को मानने वाले, जीसस के सूली चढ़ते वक्त सोचते थे, जीसस मरेंगे नहीं। कोई चमत्कार होगा। मृत्यु से बचा लिए जाएंगे। क्योंकि वे भी मृत्यु से डरे थे। उन्हें पता ही न था कि प्रेम की आखिरी गहराई तो मृत्यु है, क्रॉस है, सूली है। और जब जीसस मर गए सूली पर, तो मित्र और अनुयायी विदा हो गए--उदास, थके-हारे। कोई चमत्कार घटित न हुआ। और जब तीन दिन बाद, कथा कहती है कि जीसस देखे गए जीवित, तो अनुयायी भरोसा न कर सके। क्योंकि यह हो ही कैसे सकता है? जो मर गया, जो मर गया सूली पर वह पुनरुज्जीवित कैसे? असंभव! फिर चूक गए।

प्रेम की गहराई मृत्यु है और मृत्यु से पुनरुज्जीवन है, नया जीवन है।

यह जीसस की पूरी कथा इतनी ही है। ऐसा कभी हुआ या नहीं, यह बात महत्वपूर्ण नहीं है। कोई सूली पर लटका, फिर चला जमीन पर, यह बात महत्वपूर्ण नहीं है। यह तो एक बोध-कथा है। सूली के बाद महाजीवन है। और इस कथा में एक बात समझ लेने जैसी है। उनके जो खास-खास शिष्य थे--ल्यूक, मार्क, थॉमस--वे कोई पहचान न सके। उनको पहचाना उनकी एक प्रेम करने वाली शिष्या ने। वह शिष्या भी असाधारण थी। वह एक वेश्या थी--मेरी मेग्दलीन। ईसाइयत इसको झुठलाने की कोशिश करती रही है, इस बात को छिपाती है, क्योंकि यह बात जमती नहीं। बड़े-बड़े अनुयायी, संत जिन्हें ईसाइयत कहती है, वे न पहचान सके--और पहचाना एक वेश्या ने।

यह बात भी मैं मानता हूं कारगर है, अर्थपूर्ण है, प्रेम ही पहचानेगा। वेश्या का प्रेम भी पहचान लेता है। संत का पांडित्य भी नहीं पहचान पाता है। प्रेम की ऐसी महिमा है। वेश्या का प्रेम भी पहचान लेगा। वेश्या के प्रेम में कितनी ही अपवित्रता हो तो भी प्रेम की एक पवित्र किरण तो मौजूद है। और संत के तथाकथित पांडित्य में कितनी ही पवित्रता की धारणाएं हों, पवित्रता की एक भी जीवित किरण नहीं है।

मस्तिष्क न पहचान सका, हृदय ने पहचाना। पुरुष न पहचान सके, स्त्री ने पहचाना। यह बात सोच लेने जैसी है, सोच-विचार काम न आया। हृदय की अंधी आंखें काम आ गईं।

प्रेम की कहानी बड़ी महत्वपूर्ण है। पर मृत्यु को समझोगे तो ही समझ में आएगी। और जो प्रेम में मरने को राजी है, उसे परमात्मा हजार रूपों में जिला देता है।

दूसरा प्रश्न :

ओशो, जो भी अस्तित्वगत है--प्रेम, काल, ध्यान--वह सब बेबूझ क्यों है हमारे लिए?

अस्तित्व रहस्य है। बेबूझ होना उसका स्वभाव है। बेबूझ होना कोई घटना नहीं है, कोई उलझन नहीं है, जिसको तुम सुलझा सकोगे। बेबूझ होना अस्तित्व का स्वभाव है।

इस भेद को ठीक से समझ लो।

ये कपड़े मैंने पहन रखे हैं--यह मेरा स्वभाव नहीं है। मैं दूसरे कपड़े पहन सकता हूं। मैं नग्न हो सकता हूं। मैं कपड़ों का त्याग कर दे सकता हूं। ऊपर की घटना है। संयोग है, स्वभाव नहीं है। पहना हूं तो ठीक; उतार दूं तो कोई कपड़े जबर्दस्ती न कर सकेंगे कि हम उतरते नहीं।

लेकिन फिर मेरी चमड़ी है, चमड़ी को उतारना बड़ा कठिन पड़ेगा; यद्यपि उतारी जा सकती है। संयोग वह भी है; थोड़ा गहरा संयोग है। लेकिन फिर भी संयोग है। चमड़ी भी खींची जा सकती है, उतारी जा सकती है। फिर उसके भीतर मैं हूं। उस मैं को तो मुझसे अलग नहीं किया जा सकता। कोई उपाय नहीं है। कोई प्लास्टिक सर्जरी काम नहीं आएगी। वह मेरा स्वभाव है।

जो भी मुझसे अलग किया जा सके, वह मेरा स्वभाव नहीं है, संयोग है। कोई संयोग बहुत गहरा होगा, कोई बहुत गहरा नहीं होगा। लेकिन सब संयोग तोड़े जा सकते हैं। नदी-नाव संयोग हम कहते हैं। कोई अनिवार्य नहीं है कि नदी नाव में रहे। ऐसा भी अनिवार्य नहीं है कि नाव में नदी रहे ही या नाव नदी में रहे। कोई अनिवार्यता नहीं है। नाव को तुम नदी से उठा लो तो कोई अड़चन नहीं है। नदी बिना नाव के हो सकती है। नाव बिना नदी के हो सकती है। संयोग ऊपरी है। लेकिन कुछ नदी का स्वभाव है--जैसे बहाव। नदी में बहाव न हो तो तालाब हो जाएगी, नदी नहीं रहेगी, फिर सड़ेगी। जिस नदी में बहाव न रहा, वह सागर की तरफ जाना बंद हो गई। वह उसका स्वभाव था। उसके बिना वह नदी ही न रही। फिर तुम्हें उसे कुछ और नाम देना पड़ेगा--सरोवर कहो, कुछ और कहो; नदी न कह सकोगे। उसका बहाव ही खो गया।

फिर जल है नदी का। जल ही खो जाए तो भाषा में हमें इस तरह के प्रयोग करने पड़ते हैं--हम कहते हैं, सूखी नदी। यह बिलकुल पागलपन की बात है। सूखी कहीं कोई नदी हो सकती है? सूखी नदी तो केवल नदी के न होने का नाम है। कभी यहां नदी बहती थी, अब सिर्फ सूखा पाट रह गया है। मत कहो कि यह नदी है। इतना ही कहो कि कभी यहां नदी बहती थी। अब तो नदी का बिलकुल अभाव है, इसको तुम सूखी नदी कहते हो। यह भाषा का गलत उपयोग है। क्योंकि नदी और गीली न हो तो नदी कहां? नदी सूखी कैसे हो सकती है? उसका कोई उपाय नहीं है।

अस्तित्व का स्वभाव है बेबूझता, रहस्य। कोई भी उपाय नहीं है कि हम उसे उतार कर अलग कर दें। साइंस कितनी चेष्टा करती है--यही चेष्टा है कि किसी तरह बेबूझपन मिट जाए; किसी तरह बात समझ में आ जाए; व्याख्या हो जाए, कोई सिद्धांत बन जाए जो जीवन को सुलझा दे। लेकिन विज्ञान ने जितने उपाय किए हैं उतनी ही मुसीबत बढ़ी है। चीजें सुलझी नहीं हैं और उलझ गईं। जितना विज्ञान गहरा गया है उतना ही उसने पाया कि और गहराइयां खुल गईं। एक रहस्य को लगता था सुलझा रहे हैं, दस नये रहस्य उलझ गए।

बहुत बड़े वैज्ञानिक एडिंग्टन ने लिखा है कि सौ वर्ष पहले वैज्ञानिक सोचते थे, हम बिलकुल अब द्वार के करीब हैं, रहस्य का द्वार आया, आया, अब खुला अब खुला, जरा समय की देर है, थोड़े प्रयोग और, थोड़ी चेष्टा और। बड़े आश्वस्त थे। लेकिन इस सदी के प्रारंभ में आश्वासन डगमगा गया। द्वार पर आ गए, द्वार खुल भी गया; पता चला, और नये द्वार हैं। जैसे प्याज को छीलो, एक पर्त निकली और दूसरी पर्त आ गई। प्याज तो कभी छिल भी जाएगी पूरी और हाथ में कुछ भी न बचेगा। लेकिन जीवन का ढंग ऐसा है, अस्तित्व का ढंग ऐसा है--पर्त पर पर्त है। कभी छिल नहीं पाएगा। तुम उघाड़ते जाओगे, उघड़ने को शेष रहेगा।

तुमने महाभारत की कथा सुनी है; वह कथा महाभारत की नहीं है, विज्ञान और अस्तित्व की है। द्रौपदी का वस्त्र उघाड़ा गया है, वह बढ़ता चला जाता है। वे जो वस्त्र उघाड़ रहे थे, वे द्रौपदी को नग्न करने को उत्सुक हुए थे। विज्ञान प्रकृति को नग्न करने को उत्सुक हुआ है: जान लेना है पूरा।

कथा है कि कृष्ण वस्त्र को बढ़ाते चले गए। यह तो कथा है। कोई ऐसा कृष्ण बैठे नहीं। द्रौपदियां निश्चिंत न रहें। वस्त्र छीना जाने लगे तो कुछ करें, कोई कृष्ण बैठे नहीं कहीं जो वस्त्र को बढ़ा देंगे।

नहीं, लेकिन कहानी बड़ी महत्वपूर्ण है। उसको यथार्थ मत समझना, उसको प्रतीक समझना। वह यह है कि परमात्मा का ढंग ऐसा है, उसका होना ऐसा है, स्वभाव ऐसा है : कि तुम उघाड़ो, वह ढंकता ही चला जाता है। तुम जितना उघाड़ते हो उतना तुम ही थकते हो।

एडिंग्टन ने लिखा है कि हम सोचते थे पहले कि पदार्थ समझ लिया गया, पदार्थ का स्वरूप समझ लिया गया। हम सोचते थे, संसार यंत्रवत है; लेकिन अब, अब हालत उलटी हो गई है। पदार्थ तो बिलकुल खो गया। वैज्ञानिक कहते हैं, पदार्थ जैसी तो कोई चीज ही नहीं है। और अस्तित्व का स्वभाव विचार जैसा मालूम होने लगा, वस्तु जैसा नहीं। और भी रहस्य बढ़ गया।

आइंस्टीन ने मरते वक्त कहा है कि जब मैंने शुरू की थी यात्रा खोज की, विज्ञान की, तो मैं सोचता था, कुछ न कुछ हाथ लग जाएगा। कुछ हाथ नहीं लगा। इतना ही जान पाया हूं कि जानना असंभव है। इतना ही जान पाया हूं कि जीवन के रहस्य को कभी पूरा खोला न जा सकेगा।

आइंस्टीन, एडिंग्टन, प्लांक, बड़े वैज्ञानिक अंतिम दिनों में कविता की भाषा बोलने लगे, धर्म की भाषा बोलने लगे। जो वैज्ञानिक धर्म की भाषा तक न पहुंच पाए, समझना कि मीडियाकर है, थोड़ा मध्यम बुद्धि का है, बहुत गहरे नहीं जा सका। जो भी गहरे गए हैं उन्हें तो थाह मिली ही नहीं। उन्होंने तो कहा : अथाह है। हां, जो किनारे पर ही बैठे रहे, वे कहते हैं, थाह है। जो गए गहरे में उन्होंने थाह न पाई। जो जितना गहरा गया उतना अथाह पाया।

इसलिए तो फरीद कहते हैं : अकथ कहानी प्रेम की! कहता हूं, लेकिन कही न जा सकेगी। थाह लेता हूं, लेकिन अथाह है। चेष्टा करूंगा; जानता हूं, यह होगा नहीं।

अस्तित्व का स्वभाव है रहस्य।

अस्तित्व कोई समस्या नहीं है जिसको हल करना है, जिसे तुम हल कर सकते हो। अस्तित्व एक रहस्य है। तुम जीओ तो जी सकते हो; नाचना चाहो, नाच सकते हो अस्तित्व को; गाना चाहो, गा सकते हो; हल करने भर की कोशिश मत करना। वह भ्रांत चेष्टा है।

और होना भी यही चाहिए कि वह चेष्टा भ्रांत हो। क्योंकि तुम अस्तित्व के अंग हो; अंग पूर्ण को कैसे जान सकेगा? बूंद सागर को कैसे जान सकेगी? तुम अंश हो; अंश अंशी को कैसे जान सकेगा? अस्तित्व तुमसे पहले है, तुमसे बाद भी रहेगा। तुम अस्तित्व की एक लहर हो--आए और गए। तुम नहीं थे तब भी अस्तित्व था, तुम नहीं हो तब भी अस्तित्व रहेगा। तुम कैसे इस अनंत को जान सकोगे?

तुम तो जागरण की एक छोटी सी घटना हो। जरा सी चेतना उठी है। जरा सा होश आया है। एक किरण उतरी है। इस किरण के सहारे तुम इस विराट को कैसे जान सकोगे? असंभव है। और अगर

यह अहंकार तुम्हारे मन में आ जाए कि इसे जान कर रहेंगे तो तुम्हें एक अवसर मिला था आनंद का, वह भी तुम खो दोगे।

ज्ञान मत खोजना, आनंद खोजना। यही फर्क धर्म और विज्ञान का है। विज्ञान कहता है, ज्ञान खोजेंगे; धर्म कहता है, आनंद खोजेंगे। विज्ञान कहता है, उस आनंद का अर्थ ही क्या, जिसका हमें ज्ञान न हो?

सुकरात ने सिलसिला शुरू किया पश्चिम में विज्ञान का। सुकरात ने कहा है : अपरीक्षित जीवन जीने योग्य नहीं है। अनएग्जामिन्ड लाइफ इज़ नॉट वर्थ लिविंग। इससे शुरुआत हुई विज्ञान की। यह बीज है। जीवन को जब तक ठीक से न समझ लिया जाए, व्याख्या न हो जाए, उसका परीक्षण न हो जाए--तब तक जीने में क्या सार है?

धर्म कहता है, ज्ञान का क्या करोगे, अगर उससे आनंद उपलब्ध न हो? ज्ञान का ढेर लगा लोगे। ज्ञान के पहाड़ भी इकट्ठे हो जाएं तो भी आनंद की एक बूंद भी तो उससे नहीं निचुड़ सकती। ज्ञान का करोगे क्या? ज्ञान किसलिए? अगर तुम गौर करोगे तो ज्ञान का खोजी भी कहेगा कि ज्ञान पाकर मैं आनंदित होऊंगा। तो धर्म कहता है, जब आनंदित ही होना है तो इतने ऊहापोह की क्या जरूरत है? और ज्ञान कभी किसी को हुआ नहीं। हां, जो आनंद को उपलब्ध हो गए हैं, उनका अज्ञान मिट गया है। ज्ञान कभी किसी को हुआ नहीं। जो आनंद को उपलब्ध हो गए उनका अज्ञान मिट गया है। उनके भीतर से यह भाव ही गिर गया कि कुछ जानना है; सारे प्रश्न मिट गए। उत्तर मिल गए हैं, यह मैं नहीं कह रहा हूं। सारे प्रश्न गिर गए हैं। वे निष्प्रश्न हो गए हैं। और जहां प्रश्न गिर गए, जहां कोई खोजने की बात न रही--वहां जीवन की पुलक, जीवन का अहोभाव उठता है।

जब तक तुम दौड़ते हो, खोजते हो, तब तक नाचने की फुर्सत कहां? जब कोई दौड़ नहीं रह जाती, कोई खोज नहीं रह जाती, कहीं जाने का कोई सवाल नहीं रह जाता, तुम जहां हो वहीं मंजिल होती है--तब तुम नाचते हो। नाचने वाला पैर, यात्रा पर जाने वाले पैर से बिलकुल अलग है। नाचने वाला पैर कहीं भी नहीं जा रहा। उसकी गति तो हो रही है, लेकिन कोई गंतव्य नहीं है। तुम नाचने वाले पैर की अगर वैज्ञानिक परीक्षा करोगे तो उसमें और दुकान की तरफ जाने वाले पैर की परीक्षा में कोई फर्क न पाओगे। क्योंकि दोनों में मसल्स की गति होगी, खून बहेगा, ऊर्जा व्यय होगी, विद्युत प्रवाहित होगी, खर्च होगा। अगर तुमने भौतिकवादी की तरह दुकान की तरफ जाने वाले पैर की और मंदिर के द्वार पर नाचने वाले पैर की परीक्षा की, तो दोनों में तुम्हें कोई फर्क न मिलेगा। लेकिन मैं तुमसे कहता हूं और तुम भी समझोगे कि फर्क है। मंदिर के द्वार पर नाचने वाला पैर कहीं भी नहीं जा रहा, सिर्फ अहोभाव प्रकट कर रहा है--कि मैं हूं; धन्यभाग मेरे कि आज श्वास है और मैं गीत गा सकता हूं; कि आज पैर युवा हैं और मैं नाच सकता हूं।

कोई मंजिल नहीं है। धार्मिक व्यक्ति के लिए यात्रा ही मंजिल है। तीर्थयात्रा है। कहीं पहुंचना नहीं है। पहुंचे तो हुए ही हैं पहले से ही। उस परमात्मा में विराजमान ही हैं पहले से। उससे बाहर कभी

जाना हुआ नहीं। घर लौट कर आना नहीं है। घर के बाहर कभी गए नहीं; क्योंकि घर के अतिरिक्त और कुछ है ही नहीं।

ऐसे आनंद के अहोभाव में जो डूब जाता है। उसका अज्ञान गिर जाता है। अज्ञान के गिर जाने को हमने परम ज्ञान कहा है। और ज्ञान की खोज तो विराट अस्तित्व की टेबल पर जो भोजन चल रहा है, नृत्य अहोभाव चल रहा है, उसके टेबल से गिर गए रूखे-सूखे रोटी के टुकड़े हैं, उनको कोई जोड़ ले, इकट्ठा कर ले--उसको तुम जीवन मत समझना।

ज्ञान कचरा है। उस ज्ञान को मैं कचरा कहता हूं जिससे अज्ञान मिट न जाता हो। और ऐसा कोई ज्ञान नहीं है जिससे अज्ञान मिटता हो। अज्ञान तो अपनी जगह बना रहता है; ज्ञान का कचरा इकट्ठा होता जाता है। तुम कितना ही जान लो, जब तक तुम्हारे जीवन में पुलक न आएगी आनंद की, तब तक तुम्हारे जानने का क्या सार है?

धर्म कहता है, नाचो। विज्ञान कहता है, ज्ञान मिलेगा तो हम आनंदित होंगे। धर्म कहता है, आनंदित होते ही ज्ञान मिल जाता है। इसलिए हमने परमात्मा की आखिरी व्याख्या में 'आनंद' शब्द को रखा है--'सच्चिदानंद।' वह आखिरी है। आनंद के पार फिर कुछ भी नहीं है। वह आखिरी आकाश है; आखिरी गंतव्य है; आखिरी अर्थ और प्रयोजन और नियति है!

अस्तित्व का बेबूझ होना स्वाभाविक है।

इसलिए संतपुरुष बेबूझ मालूम पड़ते हैं, क्योंकि उनसे अस्तित्व बोलता है। उनकी वाणी अटपटी मालूम पड़ती है। उनकी वाणी में अतर्क्य कुछ छिपा हुआ मालूम पड़ता है। भारत में तो साधुओं की वाणी को हमने अलग ही नाम दे रखा है: सधुक्कड़ी। वह कोई साधारण भाषा नहीं है; सधुक्कड़ी है। उसका कुछ पक्का नहीं है कि वे क्या कर रहे हैं और क्या कहना चाह रहे हैं और क्या कह गए हैं।

कबीर के वचनों को हमने उलटबांसी कहा है। वे सीधे-सीधे वचन नहीं हैं, उलटे मालूम पड़ते हैं।

कबीर कहते हैं: 'एक अचंभा मैंने देखा, नदिया लागी आग।' मैंने एक अचंभा देखा है कि नदी में आग लगी है।

क्या मतलब होगा? यह बात तो बड़ी बेबूझ है। पर संतों से अस्तित्व बोलता है, बात बेबूझ हो जाती है।

कबीर ठीक कह रहे हैं। कबीर यह कह रहे हैं, जो कभी नहीं हो सकता, वह होते देख रहा हूं। तुम परमात्मा को पाए हुए हो और खोज रहे हो--नदिया लागी आग! तुम आनंद के घर में बैठे हो और रो रहे हो, ज़ार-ज़ार आंसू गिर रहे हैं--नदिया लागी आग! एक अचंभा मैंने देखा कि परमात्मा परमात्मा की ही खोज पर निकला है--नदिया लागी आग! एक अचंभा मैंने देखा, तुम कभी न मरोगे और मौत से कंप रहे हो--नदिया लागी आग!

पर संत की वाणी बेबूझ है। उसको ऊपर से देखो तो उलटबांसी है। अगर जीवन को समझो तो उसकी उलटबांसी तत्क्षण सीधी हो जाती है।

यही हुआ है। तुम हो अचंभे। मैं भी तुम्हें देखता हूं तो कबीर ठीक मालूम पड़ते हैं।

किसको खोज रहे हो? जिसको तुम खोजने निकले हो उसको कभी खोया था कि चल पड़े खोजने? किसकी तरफ हाथ जोड़ कर आकाश में तुम प्रार्थना करते हो? यह प्रार्थना करने वाले को तो जरा गौर से देख लो, कहीं यह ही न हो जिसकी तुम प्रार्थना कर रहे हो। कहां जा रहे हो? किस दिशा में? किसलिए? कहीं ऐसा न हो कि जिसे तुम खोजते हो वह तुम्हारे भीतर बैठा हो।

फरीद ने कहा है: वह रब, वह परमात्मा तेरे भीतर है। तू कहां जंगल-जंगल भटकता है? तू किसे खोजता है? खोज ही व्यर्थ है। खोज करने वाले में, जिसकी खोज चल रही है, वह छिपा बैठा है। जैसे बीज में वृक्ष है, ऐसा व्यक्ति में परमात्मा है। तब कबीर ठीक लगते हैं--नदिया लागी आग! और इसलिए तो तुम कितना ही खोजो, पा न सकोगे। पाने का संबंध तुम्हारी खोज से नहीं है। पाने का संबंध इस बात से है कि पहले तुम ठीक से पता तो लगा लो, कभी खोया था?

कई बार ऐसा हो जाता है, खासकर चश्मा जो लोग लगाते हैं उनको हो जाता है, चश्मा लगा है, और वे भूल जाते हैं और वे टेबल पर इधर-उधर चश्मा देखने लगते हैं। तब अचानक उनको खयाल आता है कि चश्मा नाक पर है। बस ऐसा ही कुछ हुआ है--नदिया लागी आग!

तुम्हें कई दफे ऐसा हुआ होगा। कलम कान में खोंस ली है--और सब तरफ खोजते फिर रहे हो। कोई छोटा बच्चा हंसने लगता है। वह कहता है, कलम कान में लगी है, तब तुम्हें याद आता है।

परमात्मा खोया नहीं है, सिर्फ विस्मरण हुआ है। और विस्मरण हुआ है, ऐसा कहना भी शायद ठीक नहीं है; तुम किसी और गोरखधंधे में अति व्यस्त हो गए हो, इसलिए उसकी सूझ भूल गई है, बस। तुम्हारा मन इतना उलझ गया है किसी धंधे में कि तुम भूल ही गए कि चश्मा आंख पर रखा है। याद ही न रही।

बहुत बार ऐसा होता है। जब तुम बहुत जल्दी में होते हो, तब देर होने लगती है। ट्रेन पकड़नी है। चाबी नहीं जाती ताले में। रोज चली जाती थी, आज नहीं जाती है। आज तुम कंप रहे हो। आज तुम भागे हुए हो। असल में तुम यहां हो ही नहीं। तुम आधे स्टेशन की तरफ जा चुके हो। बटन लगाते हो, नीचे की बटन ऊपर लग जाती है। कभी ऐसा नहीं होता था। और आज देर में और देर हुई चली जाती है। तुम यहां हो नहीं। तुम्हारा मन कहीं और व्यस्त हो गया है।

परमात्मा को कोई कभी खोया नहीं है, किसी गोरखधंधे में व्यस्त हो गया है। धन है, पद है, प्रतिष्ठा है--इसकी दौड़ इतनी हो गई है कि तुम्हें चैन नहीं कि तुम थोड़ी देर बैठ कर देख पाओ कि तुम्हारी भीतरी संपदा क्या है।

अस्तित्व बेबूझ है। उसी के कारण संतों के वचन बेबूझ मालूम पड़ते हैं। और जहां तुम्हें बेबूझ वचन सुनाई पड़ जाएं, उस जगह को शरण मान लेना। वहां से भागना मत। तुम्हारा तर्क तो कहेगा

कि यह बात तो कुछ समझ में आती नहीं। जो बात तुम्हारी समझ में आ जाती है, वह तुम्हें उठा न सकेगी। जो तुम्हारी समझ में आ गई, वह तुम्हारी समझ से नीची है। जो तुम्हारे सिर के ऊपर से निकल जाए, समझ में न आए--वहीं समझना कि सीढ़ी है, कुछ ऊपर उठने की संभावना है।

पंडितों की बातें बिलकुल समझ में आ जाती हैं। संतों की बातें समझ में नहीं आतीं। पंडितों से तुम्हें कुछ भी न मिलेगा। उनसे तुम कुछ भी न पा सकोगे।

मैंने सुना है, इंग्लैंड की लार्ड्स-सभा का अध्यक्ष किसी गांव की यात्रा पर गया था, रास्ता भटक गया। कोई पास दिखाई नहीं पड़ता था तो उसने गाड़ी रोक दी। एक किसान चला आ रहा था जंगल से घास बांध कर। उसने उससे पूछा कि भाई, तुम मुझे बता सकते हो कि मैं कहां हूं? सीधा प्रश्न है। वह यह पूछ रहा है कि मैं किस जगह हूं, कौन सा गांव पास है? उससे पूछा : तुम मुझे बता सकते हो कि मैं कहा हूं? उस किसान ने नीचे से ऊपर तक देखा। उसने कहा कि बिलकुल, आप कार में बैठे हुए हो।

उस लार्ड्स-सभा के अध्यक्ष ने अपने संस्मरणों में लिखा है कि उसका उत्तर बिलकुल पार्लियामेंटेरियन था। उसने उत्तर भी दिया और तुम जो जानते थे पहले, उससे रत्ती भर जानने में बढ़ती न हुई। उत्तर तो बिलकुल ठीक दिया। ऐसा ही तो मंत्रीगण उत्तर देते हैं राज्य-सभाओं में, पार्लियामेंट्स में। उत्तर तो बिलकुल देते मालूम पड़ते हैं; लेकिन उत्तर से कुछ मिलता नहीं। तुम जितना जानते थे, उसमें रत्ती भर जुड़ता नहीं है। तुम उतना पहले ही जानते थे कि तुम कार में बैठे हो। उस किसान ने उत्तर दिया, वह बिलकुल धारा-सभा का उत्तर था।

पंडित तुम्हें जो उत्तर देते हैं, वे सब धारा-सभा के उत्तर हैं; उनसे तुम्हें कुछ मिलता नहीं। तुम जानते ही थे वही तुमसे कह देते हैं; शायद थोड़े अच्छे ढंग से कह देते होंगे, लफ्फाजी में कुशल होंगे। जो तुम हिंदी में कहते, वे संस्कृत में कह देते होंगे। जो तुम हिंदी में समझते, वे फारसी में दोहरा देते होंगे। जो तुम अपनी सामान्य भाषा में कहते, वे उसे शास्त्र की भाषा में कह देते होंगे। मगर तुम्हारे जीवन में कुछ भी जुड़ता नहीं।

संत तुम्हारे जीवन को अस्तव्यस्त कर देता है। वह तुम्हारे जीवन में कोई क्रांति की घड़ी ले आता है। अगर संत के वचन को समझने की तुमने चेष्टा की, उसी चेष्टा में तुम सीढ़ियां चढ़ने लगोगे। जहां तुम बेबूझ को पाओ वहां रुक जाना, जल्दी मत करना। शायद वहां से कोई रास्ता अस्तित्व के लिए खुलता हो।

तीसरा प्रश्न :

ओशो, 'अकथ कहानी प्रेम की'--कबीर, नानक, दादू, फरीद, मीरा, चैतन्य, आप कहते ही चले जाते हैं। कहानी आगे बढ़ती जाती है। उसका अंत आता हुआ नहीं मालूम होता। क्या कोई अंत है या नहीं?

प्रेम का प्रारंभ है, अंत नहीं।

इसे थोड़ा समझना पड़े।

प्रेम का प्रारंभ है, अंत नहीं। घृणा का अंत है, प्रारंभ नहीं। तुमने घृणा कब प्रारंभ की, तुम्हें कुछ पता है? तुम बता सकोगे, फलां दिन, फलां तारीख कैलेंडर में, उस दिन घृणा शुरू हुई? घृणा तुम लेकर ही आए हो जैसे। उसका कोई प्रारंभ नहीं है; अंत है। क्योंकि जिस दिन प्रेम का जन्म होगा, उसी दिन घृणा का अंत हो जाएगा। प्रेम का प्रारंभ होगा और अंत नहीं होगा।

पुराने ज्ञानियों ने जो शब्द प्रयोग किए हैं, वे बड़े ठीक हैं। महावीर ने कहा है : संसार का कोई प्रारंभ नहीं है; अंत है। मोक्ष का प्रारंभ है; अंत नहीं है। ठीक कही है बात। मोक्ष का भी अंत हो जाए तो वह क्या मोक्ष होगा? संसार का अंत है, लेकिन प्रारंभ नहीं है। कब संसार हुआ शुरू, बता सकोगे? पूछो महावीर से, बुद्ध से, कब संसार शुरू हुआ? वे कहेंगे : कभी शुरू नहीं हुआ, बस है। पर इतना वे कह सकते हैं कि एक घड़ी आई जब अंत हुआ। चालीस वर्ष के थे बुद्ध, तब एक रात अंत हो गया संसार का, मोक्ष शुरू हुआ। अब तुम पूछो कि मोक्ष का अंत होगा कभी? कभी नहीं होगा।

जीवन में जो पाप है, उसका प्रारंभ नहीं होता, अंत होता है। और जीवन में जो पुण्य है, उसका प्रारंभ होता है और अंत नहीं होता।

अकथ कहानी प्रेम की! वह शुरू तो होती है। एक दिन वीणा के तार बजने शुरू होते हैं, उसके पहले भनक भी नहीं थी। फिर वीणा बजती ही चली जाती है। सब समाप्त हो जाता है, पर वीणा के स्वर फिर गूंजते ही रहते हैं। वह गूंज अनंत की है, शाश्वत की है। वह गूंज समय का हिस्सा नहीं है, समय के पार है।

तो एक दिन तुम जागते जरूर हो, लेकिन फिर तुम कभी सोते नहीं। जो प्रेम में जाग गया, जाग गया। इसलिए तो हमने प्रेम को शाश्वत कहा है। और जब तक प्रेम शाश्वत न हो तब तक प्रेम का धोखा रहा होगा। जो प्रेम पैदा हो और समाप्त हो जाए, उसे तुम कुछ और कहना, कृपा करके प्रेम मत कहना। और नाम खोज लेना, लेकिन प्रेम मत कहना। क्योंकि प्रेम की तो परिभाषा यही है कि जो शुरू हो और समाप्त न हो। प्रेम इतना विराट है कि तुम ही उसमें समाप्त हो जाते हो; तुम उसे कैसे समाप्त कर पाओगे!

एक कहानी मुझे सदा प्रीतिकर रही है। रामकृष्ण कहते थे : मेला भरा था समुद्र के तट पर। बड़ा विवाद चल रहा था कि समुद्र अथाह है या नहीं। भीड़ इकट्ठी हो गई थी। बड़े पंडित शास्त्र खोल कर बैठे थे। बड़ी उत्तेजना फैल गई थी कि कौन जीतता, कौन हारता! बैठे सब किनारे पर थे। सागर में कोई उतर न रहा था। बैठ कर ही चर्चा हो रही थी। शब्दों की मार चल रही थी। बाल की खाल खींची जा रही थी। कोई कहता था, अथाह है, क्योंकि अब तक किसी ने भी नहीं कहा कि कितनी थाह है। अगर थाह होती तो कोई नाप लेता। दूसरे कह रहे थे :

चूंकि अब तक नापा नहीं गया, तुम कैसे कह सकते हो कि अथाह है? नाप हो जाए, और पता चले कि नाप नहीं हो पाता, तो ही अथाह कहना।

अब इसमें बड़ी जटिलता थी। नाप अब तक हुआ नहीं है, तो थाह तो कह ही नहीं सकते, अथाह भी नहीं कह सकते। पर किसी को यह खयाल नहीं आ रहा था कि उतरें और कूद जाएं। कहते हैं, नमक के दो पुतले भी उस भीड़ में खड़े थे। उनको जोश आ गया। उन्होंने कहा : रुको जी। विवाद से क्या होगा? हम पता लगा कर आते हैं।

वे दोनों कूद गए। वे जैसे-जैसे नीचे जाने लगे, वैसे-वैसे बड़े हैरान हुए कि सागर की गहराई का तो अंत नहीं होता, खुद पिघलते जा रहे हैं! नमक के पुतले थे। कहते हैं, वे पहुंच भी गए बड़ी गहराई में; लेकिन जब लौटने का खयाल आया तो वे थे ही नहीं; वे तो जा चुके थे। नमक नमक में घुल चुका था, सागर का हिस्सा हो चुका था।

ऐसा कई दिनों तक लोग घाट पर प्रतीक्षा करते रहे और उन्होंने कहा कि फिजूल है मेहनत अब और रुके रहना। शास्त्र का अर्थ फिर से शुरू किया जाए, यह बेकार मेहनत गई। यह समय ऐसे ही गया। इस बीच तो हम शास्त्र से ही निर्णय कर लेते।

फिर विवाद शुरू हो गया। और वे जो डूब गए गहराई में; वे कभी लौटे नहीं कहने, थाह है या नहीं।

कहानी अभी भी वहीं उलझी है--थाह है या नहीं है? विवाद घाट पर अब भी चल रहा है। पंडित अब भी अपनी-अपनी बातें कर रहे हैं।

ये जो दो नमक के पुतले हैं, ये संतों के प्रतीक हैं, ये संतत्व के प्रतीक हैं। जैसे सागर में नमक का पुतला घुल जाता है, ऐसे ही हम परमात्मा में घुल जाते हैं, उसके प्रेम में घुल जाते हैं। दो क्यों चुने प्रतीक? क्योंकि जब तक हम घुले नहीं तब तक दो मालूम होते हैं। घुल गए तो दो भी नहीं रह जाते, एक भी नहीं रह जाता; अद्वैत हो जाता है। फिर लौट कर कहे कौन? बताए कौन? थोड़ी देर घाट पर बैठे हुए पंडित प्रतीक्षा करते हैं; फिर वे कहते हैं, ये भी गए, कोई लौट कर बताता नहीं; हम अपना शास्त्रार्थ फिर शुरू करें। वे फिर विचार में लीन हो जाते हैं।

निर्विचार में जाना जाता है। विचार में सिर्फ विवाद है। शून्य में पहचान है। शब्द में केवल सिर-फोड़ है। लेकिन जो शून्य में उतरता है, वह प्रेम को समाप्त नहीं कर पाता, स्वयं समाप्त हो जाता है। इसलिए--अकथ कहानी प्रेम की!

चौथा प्रश्न :

ओशो, इस प्रवचनमाला के प्रारंभ में आपने कहा, प्रेम और ध्यान दो मार्ग हैं। पर अकथ कहानी प्रेम की भांति अकथ कहानी ध्यान की क्यों नहीं कही जाती?

कहानी के लिए कम से कम दो की जरूरत है। तो प्रेम की तो कहानी हो सकती है, ध्यान की नहीं हो सकती। ध्यान तो एक का ही एक में प्रवेश है; कहानी के लायक जगह नहीं है। कम से कम कहानी के लिए दो तो चाहिए, तो कुछ कहानी बने। तीन हों तो और भी अच्छी बन जाती है, ट्रायएंगल बन जाता है। और ज्यादा हों तो कहानी और बढ़ती चली जाती है।

ध्यान में तो अकेला एक ही व्यक्ति बचता है।

तुम थोड़ा ऐसा सोचो कि एक आदमी जन्मे और ध्यान में डूब जाए; सौ साल जीए और ध्यान में ही रहे--तुम उसकी कुछ कहानी कह सकोगे? उसके जीवन में कुछ घटा ही नहीं। न लड़ा, न झगड़ा, न अदालत गया, न प्रेम किया, न बच्चे पैदा किए, न इलेक्शन लड़ा, न नेता बना, न कुछ किया--कुछ भी नहीं किया। वस्तुतः तुम उस आदमी को पहचान ही न पाओगे कि वह कौन है, उसका नाम-धाम क्या है। क्योंकि ध्यानी का कोई नाम-धाम है, कोई पता-ठिकाना है? लोग उसे भूल ही जाएंगे कि वह है भी। किसी को उसका पता भी न रहेगा। वह कब आया और कब गया; हवा की लहर की तरह चला जाएगा। भीतर पीछे कोई रेखा भी न छूटेगी, कोई चरण-चिह्न भी न छूटेंगे--कहानी क्या होगी?

कहावत है फ्रांस में कि कहानी बुरे आदमी की होती है, अच्छे आदमी की नहीं। और यह बात सच है। अच्छे आदमी में कहानी ही क्या है? न चोरी की, न जुआ खेले, न शराब पी, न हत्या की, न मारा, न मारे गए--अच्छे आदमी की कहानी क्या है? अच्छे आदमी की कहानी लिखने को कुछ नहीं, कागज कोरा है।

सूफियों की एक किताब है। उस किताब का नाम है: दि बुक ऑफ दि बुक्स। उसमें कुछ भी लिखा हुआ नहीं है। वह कोरी है। उस किताब की तो कहानी है, लेकिन किताब में कोई कहानी नहीं है। किताब किसने बनाई, किस सम्राट के महलों में रही, किन तिजोड़ियों में सम्हाली गई--इसकी तो कहानी है; लेकिन किताब के भीतर कोई कहानी नहीं है। किताब कोरी है, बिलकुल खाली है।

वह अच्छे आदमी की, ध्यानस्थ आदमी की बात है।

प्रेम की कहानी हो सकती है। मीरा नाचेगी, रोएगी--विरह में, पीड़ा में, आनंद में; परमात्मा से निवेदन करेगी; कुछ कहेगी, कुछ सुनेगी; कुछ समझेगी, कुछ समझाएगी--खेल चलेगा, एक लीला होगी। बुद्ध के पास कोई भी खेल न होगा। किससे कहना है? न कोई परमात्मा है; न कोई भक्त है, न कोई भगवान है--एक ही बचा। मरुस्थल जैसा सन्नाटा है: कोई वृक्ष नहीं उगते; कोई फूल नहीं लगते; कोई पक्षी गीत नहीं गाते। मरुस्थल की क्या कहानी है? मरुस्थल कह दिया, कहानी पूरी हो गई।

ध्यानी की कोई कहानी नहीं है।

बहुत बड़ा झेन फकीर हुआ, रिंझाई। किसी ने पूछा कि मैं जरा जल्दी में हूं, एक शब्द में बता दो--क्या करने योग्य है? तो वह चुप बैठा रहा। उस आदमी ने कहा: जल्दी करो, चुप क्यों बैठे हो?

उसने कहा : कह दिया जो कहना था। क्योंकि जो कहना था, वह चुप्पी है। बोलने से खराब हो जाएगी। समझ गए तो समझ गए। नहीं समझे तो और कहीं समझ लेना।

उस आदमी ने कहा कि लुभाते हो तुम। तुम्हें देख कर रुकने का मन होता है, पर मैं जल्दी में हूं। और इतनी सी बात और अटकाएगी। मैं और चिंतित रहूंगा कि पता नहीं, क्या मतलब था! तुम संक्षिप्त में एक शब्द तो बोल दो।

तो रिंझाई ने कहा : ध्यान।

उस आदमी ने कहा : चलो कुछ तो तुम बोले; लेकिन इतने से कुछ बहुत साफ नहीं होता। ध्यान यानी क्या?

रिंझाई ने कहा : ध्यान यानी ध्यान।

उस आदमी ने कहा : अब और पहेलियां मत बूझो। मुझे जाना है, जल्दी में हूं, और तुम उलझाए चले जा रहे हो? ध्यान यानी ध्यान--इसका क्या मतलब?

रिंझाई ने कहा : अब तुम इतना ही पूछो, ध्यान यानी ध्यान और ध्यान यानी ध्यान--ऐसे ही मैं दोहराता चला जाऊंगा; क्योंकि ध्यान यानी ध्यान, और कुछ है नहीं। अब करो और जानो।

अब अगर तुम रिंझाई के ऊपर कोई शास्त्र बनाना चाहो तो क्या बनाओगे? खाक? गीता लिखना चाहो रिंझाई के ऊपर, क्या लिखोगे? ध्यान यानी ध्यान--गीता समाप्त। एक पोस्टकार्ड भी बहुत बड़ा हो जाएगा। और यह भी रिंझाई को पसंद न पड़ेगा इतना लिखना कि ध्यान यानी ध्यान; यह भी मजबूरी में, यह आदमी जिद्दी था इसलिए कहा। नहीं तो वे चुप ही थे। खाली पोस्टकार्ड भेज देते।

ध्यान की कोई कहानी नहीं है। प्रेम की कहानी है। और इसलिए तो मैं कहता हूं, प्रेम का एक रस है। ध्यान से तुम्हारा संबंध जरा मुश्किल है, क्योंकि कहानी में अभी तुम्हारा रस है। अभी तुम कहानी सुनना चाहोगे : न सही संसार की, परमात्मा की; न सही इस लोक की, उस लोक की। अभी तुम गीत गाना चाहोगे : न सही यहां के, वहां के। भगवद्गीता ही सही, पर गीत...। अभी तुम नृत्य देखना चाहोगे : न सही संसार का नृत्य, मीरा का।

तुम्हारे लिए प्रेम करीब होगा। उससे कुछ तुम्हारे तार जुड़ जाएंगे। प्रेम भी आखिर में ध्यान पर पहुंचा देता है, पर आखिर में। ध्यान तो सीधी छलांग है। प्रेम तो क्रमिक उपाय है। ध्यान छलांग है। ध्यान बड़ा दुस्साहस मांगता है--अंधेरे में कूद जाने का। प्रेम धीरे-धीरे फुसलाता है, आ जाओ। आश्वासन देता है, घबड़ाओ मत, साथ हूं मैं। प्रेम सुगम है। ध्यान दुर्गम है।

और ध्यान की कोई कहानी नहीं है--न अकथ और न कथ, कोई कहानी नहीं है।

पांचवां प्रश्न :

ओशो, आपने कहा, प्रेम पदयात्रा है; और ध्यान, जैसे वायुयान की यात्रा। फिर सभी सयाने और आप भी प्रेम पर ही जोर देते हैं। क्या सभी सयाने लंबी यात्रा के पक्ष में थे?

न, मेरा बस चले तो मैं तो यात्रा के बिलकुल पक्ष में नहीं हूं। मैं तुमसे यही कहता हूं कि यात्रा करनी ही नहीं, तुम वही हो; पर तुम नहीं सुनते। तुम कहते हो कि ठीक है, पर थोड़ा कुछ तो बताएं--कैसे चलें? कुछ आलंबन चाहिए। कोई सहारा चाहिए। ऐसा एकदम से पहुंचा देने में तो जंचती नहीं बात।

तुम भरोसा ही नहीं करते कि तुम, और इसी वक्त परमात्मा हो सकते हो। तुमने अपनी इतनी निंदा की है इतने कालों तक; तुमने अपने आप का इतना अपमान किया है इतने अनंत जन्मों में! तुम महानिंदक हो अपने। तुमने कभी अपने को स्वीकार नहीं किया। तुम सदा अपने को अच्छा बनाने की चेष्टा में रहे हो, और जाना तुमने सदा है कि तुम बुरे हो। जाना तुमने कि तुम पापी हो, और पुण्यात्मा होने की तुमने कोशिश की है। मैं आज अचानक तुमसे कहता हूं कि तुम पापी नहीं हो। तुम चाहो तो भी पापी नहीं हो सकते हो। पाप तुम्हारा भ्रम है और पुण्य तुम्हारा स्वभाव है। तुम सुन लेते हो, लेकिन बात जंचती नहीं। तुम्हारी आदत के विपरीत है। तुम सब सुन-सुना कर फिर कहते हो : ठीक कहते हैं आप, कुछ आत्म-सुधार का मार्ग बताइए।

मेरे पास रोज लोग आते हैं। उनसे मैं कहता हूं, कुछ करना नहीं है; तुम जैसे हो, परम सुंदर हो। वे इधर-उधर देखते हैं। वे कहते हैं : मान नहीं सकते। चाहे मेरी बात सुन कर चुप भला हो जाएं, लेकिन राजी थोड़े ही होते हैं। कैसे मान सकते हैं कि मैं जैसा हूं, परम सुंदर हूं? मैंने अपनी शक्ल देखी है आईने में। मैंने अपना व्यवहार देखा है।

और पंडितों ने तुम्हें इतना ज्यादा निंदित किया है कि उनके शब्द तुम्हारे भीतर गूंजते रहते हैं कि तुम पापी, महापापी। तुम और परमात्मा? परमात्मा बहुत दूर है। हजारों साल की यात्रा है, तब तुम पहुंच पाओगे। इंच-इंच बदलना है। तपश्चर्या करनी है।

मैं तुमसे कहता हूं कि तुम अभी वही हो, इसी क्षण। एक क्षण भी खोने की जरूरत नहीं है।

लेकिन उससे तुम राजी नहीं होते। वह ध्यान का मार्ग है। वह तत्क्षण जगा देता है। पर वह इतनी जल्दी होती है उसमें कि तुम भरोसा ही नहीं कर सकते कि इतनी जल्दी हो सकती है। तुमने तो धीरे-धीरे करके भी नहीं पाया, इतनी जल्दी कैसे पाओगे? तुम तो जन्म-जन्म चल कर नहीं पहुंचे; और मैं कहता हूं, बिना चले पहुंच जाओगे--तुम्हारे तर्क को बात जमती नहीं, तुम्हारे गणित में बैठती नहीं। तुम कहते हो : हो गया होगा तुम्हें, कोई प्रभु-कृपा से, किन्हीं पुण्य फलों से; या किसी पीछे की द्वार से तुम प्रविष्ट हो गए होओगे; यह अपने लिए नहीं है।

तुम बुद्ध को कहते हो : तुम अवतार हो, तुम्हारी बात और; हम साधारणजन हैं।

कृष्ण को तुम कहते हो : तुम तो उसी के रूप हो; तुम्हें हो गया होगा। तुम परमात्मा से जरा करीब से नाते-रिश्ते में बंधे हो, सगे-संबंधी हो, भाई-भतीजा हो--तुम्हें हो गया होगा।

जीसस को तुम कहते हो : तुम उसके इकलौते बेटे हो; लेकिन हम पापी हैं। हमें होना तो चाहिए नरक में; हम यहां पृथ्वी पर कैसे हैं, इस पर ही भरोसा नहीं आता। और तुम कहते हो कि तुम स्वर्ग में इसी क्षण प्रवेश के अधिकारी हो!

यह तुम्हारा मन हिम्मत नहीं कर पाता। तुम डरते हो। तुम भयभीत हो। इससे अड़चन है। मैं तो चाहूं कि तुम अभी बिना चले पहुंच जाओ। और मैं तुमसे कहता हूं, तुम पहुंचे ही हुए हो--इस बात का होश भर चाहिए। तुम वहीं सो रहे हो जहां परमात्मा है; सिर्फ आंख खोलनी है और उठ कर बैठ जाना है। जरा चाय पीओ और चारों तरफ देखो आंख खोल कर। थोड़ा मुंह धो डालो। एक क्षण को भी तुम कहीं और गए नहीं। वह जो तुमने पाप किए, पुण्य किए--सब सपना था। वह जो तुम बहुत बार जन्मे और मरे--सब सपना था। तुम कहीं मर सकते हो? तुम कहीं जन्म सकते हो? तुम्हारा न कोई जन्म है, न कोई मृत्यु है। तुम शाश्वत हो।

पर यह बात तो तुम्हें जमेगी नहीं। तुम कहोगे, होगी कभी, जन्मों-जन्मों के बाद हमें भी होगी, तब शायद समझ में आएगी।

इसलिए सयानों की भी मजबूरी है। वे तुमसे कहते हैं, ठीक है, तुम्हें लंबा रास्ता चाहिए, लंबा रास्ता बताते हैं। लंबे रास्ते पर तुम्हें आसानी मालूम पड़ती है। तुम कहते हो : यह हम सम्हाल लेंगे। एक-एक सीढ़ी चलना है। इतनी ही हमारे पैर में सामर्थ्य है, हम धीरे-धीरे चल लेंगे।

ज्ञानी तो यही चाहेंगे कि तुम अभी हो जाओ वहीं। तुम राजी नहीं हो। तो फिर क्या किया जाए? तो थोड़ा चक्कर लगा कर आओ।

प्रेम थोड़ा लंबा मार्ग है; परमात्मा से होकर अपने पर ही लौटता है, जाता कहीं नहीं। अपना ही कान पकड़ना है; हाथ घुमा कर पकड़ना है; सिर के पीछे से पकड़ना है।

ध्यान सीधा है, एकदम सीधा है, इतना सीधा है कि क्षण भर की भी स्थगन की कोई जरूरत नहीं। इसलिए प्रेम...!

और प्रेम के और भी कारण हैं। तुम्हारी तैयारी उसके लिए आसानी से हो सकेगी।

अगर अपनी तरफ देखूं तो लगता है, क्यों व्यर्थ तुम्हारा समय खराब हो; ध्यान! तुम्हारी तरफ देखूं तो सोचता हूं, ध्यान को समझाऊंगा, तो मेरा समय व्यर्थ होगा; प्रेम! अब तुम समझ सकते हो। अगर मेरी सुनो तो ध्यान; अगर तुम्हारी तरफ देखता हूं तो मुझे भी लगता है--प्रेम। ध्यान तुम्हारी पकड़ में न आएगा। ध्यान आखिर में घटेगा तुम्हें। तब तुम भी हंसोगे कि अच्छा पागलपन हुआ; यह तो बिना चले भी पहुंच जाते। लेकिन बिना चले तुम्हें यह समझ नहीं आती। तुम्हें थोड़ा दौड़ना पड़ेगा। तुम्हें थोड़ा भटकाना पड़ेगा। तुम्हें जरा दूसरे दरवाजों पर भी दस्तक देनी पड़ेगी, तभी तुम अपने घर पहुंचोगे। तुम्हें थोड़ा परदेश में घूमना पड़ेगा, तभी तुम अपने देश को पहचान पाओगे।

जो जगत के बड़े प्रसिद्ध यात्री हुए हैं, उन सबका यह कहना है कि जब तक कोई व्यक्ति दूसरे देशों में नहीं भटकता, तब तक अपने देश का सुख और शांति अनुभव नहीं होती। जब तुम दूसरे देशों में भटक लेते हो और लौट कर थके-मांदे घर आते हो, तब अपना झोपड़ा भी महल जैसा मालूम पड़ता है, रूखी-सूखी रोटी भी बड़ी सुखद मालूम पड़ती है।

वह जो लंबी यात्रा है वह तुम्हें इतना दिखा देती है कि अपने घर से ज्यादा विश्राम कहीं भी नहीं है। पराए महल भी पराए महल हैं। बड़ी राजधानियां भी सिर्फ शोरगुल, उपद्रव हैं। शांति तो अपने घर में है। जहां अपनेपन का चारों तरफ फैलाव है वहीं विश्राम है।

लेकिन यह जानने के लिए भटकना जरूरी है। यह तुम अपने घर में बैठे-बैठे न जान सकोगे। घर में बैठे-बैठे तो बड़ी बेचैनी होती है कि जीवन व्यर्थ जा रहा है, यहीं बैठे हैं, ऊब रहे हैं, परेशान हो रहे हैं। सारी दुनिया मजे कर रही है, लोग जा रहे हैं--कोई कहीं, कोई कहीं; कोई हिमालय जा रहा है, कोई स्विटजरलैंड जा रहा है, कोई चीन जा रहा है। सारी दुनिया यात्रा कर रही है; हम ही यहां बैठे हैं--दीन-हीन, इसी घर से बंधे, यही खंभे में जिंदा रहे, इसी में मर जाएंगे!

तब तुम्हें बड़ी बेचैनी लगती है।

भटकना जरूरी है घर पहुंचने के लिए। प्रेम जरूरी है ध्यान तक आने के लिए। और प्रेम की भाषा तुम्हारी समझ में आ जाती है, क्योंकि तुम्हारे संसार की भाषा से थोड़ी शृंखला है।

तुमने पत्नी को प्रेम किया है। न किया होगा बहुत गहरा, फिर भी किया है। न पाई होगी पूरी-पूरी एकात्मता, फिर भी किन्हीं क्षणों में, कभी-कभी, क्षण भर को ही सही, दोनों हृदय एक साथ धड़के हैं, दोनों श्वास एक साथ चली हैं। क्षण भर को आभास ही सही, हुआ हो, एक होने का आभास हुआ है। उसकी भाषा तुम्हें समझ में आती है।

तुमने अपने बच्चे को प्रेम किया है। उसकी आंखों में झांका है। तुमने अपने मित्र को प्रेम किया। कभी किसी जोश के क्षण में तुम अपने मित्र के लिए मरने को भी राजी हो गए हो। मरे नहीं, समझ आ गई, सोच-विचार आ गया, हिसाब लगा लिया! बाकी कभी किसी क्षण में, जोश और उत्साह में, तुमने मरने की भी हिम्मत, कम से कम कल्पना तो की है। उससे तुम्हें थोड़ा प्रेम की भाषा समझ में आ जाती है।

कबीर, नानक, फरीद, मीरा, चैतन्य तुम्हारे पास खड़े मालूम पड़ते हैं। बुद्ध और तुम्हारे बीच अनंत आकाश का फासला लगता है। वे किसी और लोक की भाषा बोल रहे हैं, जिसका अनुवाद भी मुश्किल है, जो तुम तक आते-आते, आते-आते विकृत ही हो जाता है, तुम जब तक समझो, समझो, तब तक बात ही बिगड़ जाती है। जो बुद्ध कहते हैं, वह सुनने में नहीं आता; जो तुम सुनते हो, वह बुद्ध ने कहा नहीं है।

प्रेम संसार को स्वीकार करके, संसार की भाषा को स्वीकार करके धीरे-धीरे परिशुद्धि की तरफ ले जाता है। सीढ़ी-सीढ़ी वह यात्रा है। ध्यान छलांग है--आकस्मिक; एक क्षण में क्षणातीत।

सयाने तुम्हारी तरफ देखते हैं तो कहते हैं--प्रेम; अपनी तरफ देखते हैं तो कहते हैं--ध्यान। अगर तुम सयानों की मानो तो ध्यान; अगर तुम न मान सको तो समझौता है--प्रेम। उससे चलो। तुम्हारे लिए सुलभ होगा प्रेम। और कुछ जल्दी भी ऐसी नहीं है कि अभी हो ही जाए; कल भी हुआ तो क्या हर्ज है! इस अनंतकाल में दिन दो दिन की देरी-अबेर का कोई अंतर नहीं है।

छठवां प्रश्न :

ओशो, आपको इतना सुनने के बावजूद नकली प्रेम का गोरखधंधा ठप क्यों नहीं होता है?

अभी सुना नहीं। अभी सुनने की सिर्फ शुरुआत है। कानों ने सुना होगा, तुमने नहीं सुना। कान के सुन लेने से क्या होगा? कान की कोई समस्या थोड़े ही है। कान की समस्या होती, हल हो जाती। समस्या हृदय की है; हृदय सुनेगा तभी हल होगी।

इतना सुनने का तो सवाल ही नहीं है। एक शब्द भी तुमने सुन लिया होता, एक इशारा भी सुन लिया होता, तो भी बात हो गई होती! क्योंकि मैं वही कह रहा हूं बहुत-बहुत रूपों में। मैं कोई वीणा नहीं बजा रहा हूं; एकतारा है; एक ही तार है, उसी को छेड़े चला जा रहा हूं। थोड़े ढंग बदलता हूं कि तुम ऊब न जाओ, कहीं तुम्हारा रस ही न खो जाए। अन्यथा मुझे जो बजाना है, जो गाना है, वह तो एक ही बात है। ध्यान यानी ध्यान। प्रेम यानी प्रेम। बहुत रूपों में उसकी प्रतिमा तुम्हारे लिए सजाता हूं कि किसी दिन शायद तुम सुन लोगे, किसी दिन जागोगे और देख लोगे; किसी सौभाग्य के क्षण में मेरा और तुम्हारा शायद मिलन हो जाए।

पर ऐसा मत सोचो कि 'आपको इतना सुनने के बावजूद...।' अभी सुना ही नहीं है, क्योंकि सुनते ही घटना हो जाएगी।

यह तो ऐसा ही हुआ कि तुम कहो, आग में इतना हाथ डालने के बावजूद मैं जलता क्यों नहीं? तो डाला ही न होगा हाथ। हाथ डाल दो तो फिर जलोगे नहीं? जलोगे ही। कोई उपाय नहीं है बचने का। हाथ न डाला होगा। दूर ही दूर हाथ को रखा होगा। या सपने की किसी आग में हाथ डाला होगा कि सुबह जाग कर पाया जाता है कि नहीं, हाथ जला नहीं। या तो आग झूठी रही होगी या हाथ डाला ही न होगा।

ये ही दो संभावनाएं हैं। या तो मैं जो कहता हूं, वह आग ही न होगी, तो तुम्हारा हाथ नहीं जलता। या फिर तुमने हाथ ही न डाला होगा। और मैं तुमसे कहता हूं, वह आग झूठी नहीं हो सकती, क्योंकि उसमें मैं जल गया। तो कोई कारण नहीं है कि तुम क्यों न जल जाओ।

तुम दूर-दूर से, खेल में लगे हो। सुनते तुम हो; सुनते कहां हो? सुनते मालूम पड़ते हो; सुनते कहां हो? सुनते हो, ऐसा मान लेते हो; सुनते कहां हो?

सातवां प्रश्न :

ओशो, दर्शन के लिए जाते हुए तैंतीस नंबर के फाटक पर से ही मुझे कंपकंपी होने लगती है, जब कि कुछ और मित्र डट कर जाते हैं, और बातचीत करते हैं। सिर्फ मुझे ही ऐसा भय क्यों होता है?

वे जो डट कर बातचीत करते हैं, वे भी भयभीत हैं।

भय के दो रूप हैं। या तो कंपकंपी लगती है या आदमी डट कर खड़ा हो जाता है। वे दोनों ही भय के रूप हैं।

कायरता और बहादुरी भय के दो सिक्के हैं; उनमें कोई फर्क नहीं है बड़ा। बहादुर से बहादुर भी भीतर कायर होता है और कायर से कायर भी भीतर बहादुर होता है। वे एक ही सिक्के के दो पहलू हैं।

सामान्य, स्वाभाविक जो बात है, वह न तो कंपकंपी लगती है और न डट कर तुम खड़े होते हो। डट कर किसके खिलाफ खड़े होना है? डट कर अपनी ही कंपकंपी के खिलाफ खड़े हो रहे हो। भय क्या है? डटना किसके खिलाफ है? भय यह है कि तुम मेरे सामने आओगे तो तुमने अपनी जो प्रतिमा बना रखी है, वह खंडित होगी। मेरा दर्पण तुम्हारी असलियत तुम्हें दिखाएगा। इससे तुम भयभीत हो।

यह एक ढंग है।

दूसरे हैं जो अकड़ कर आ जाते हैं दर्पण के सामने, खड़े हो जाते हैं कि अकड़े रहेंगे, जरा भी शिथिल न होंगे, दर्पण को मौका ही न देंगे कि वह असलियत बता दे। हमारा अकड़ापन ही दर्पण में झलकेगा; हमारी असलियत न दिखाई पड़ेगी।

दोनों तरह के लोगों को मैं जानता हूं। कुछ हैं जो आकर बहुत बातचीत करने लगते हैं; वे इतनी बातचीत करने लगते हैं कि मैं देखता हूं कि बातचीत कर-कर के वे मुझे टाल रहे हैं। वे मुझे सुनने को नहीं आए हैं। वे घबड़ाए हैं कि वे अगर चुप हुए और मैं कुछ बोला तो मुसीबत होगी। तो वे कहे ही चले जाते हैं। वे मेरी तरफ देखते तक नहीं। वे नीचे देखते हैं। वे कहे चले जाते हैं। वे न मालूम, जरूरी, गैर-जरूरी बातें बड़ी लंबी करके कहते हैं, जिनका कोई सार नहीं है, जिनको मेरे पास लाने का कोई प्रयोजन नहीं है। वे अपने चारों तरफ एक सुरक्षा का उपाय करते हैं शब्दों को खड़ा करके, कि मेरा कोई शब्द उनके भीतर प्रविष्ट न हो जाए। वे तुम्हें लगेंगे कि बिलकुल डट कर बात कर रहे हैं।

दूसरे हैं तो कंपते हैं, डरते हैं। वे बोल ही नहीं पाते। उनसे मैं पूछता हूं: कैसे आए, क्या कहना है, क्या है मन की पीड़ा? वे कहते हैं, कुछ भी कहना नहीं है। वे भी कंप रहे हैं। दोनों ही डरे हुए हैं। एक तीसरा सामान्य, सरल, स्वाभाविक व्यक्तित्व है, संतुलित--जो कहना है कह देता है; जो सुनना है सुन लेता है; जो देखना है देख लेता है; जो सच्चाई है उसे पकड़ने की कोशिश करता है।

न, तुमसे मैं नहीं कहता कि तुम डट कर आने लगो। अगर कंपकंपी आती है, वह भी गलत है। डट कर आए, वह भी गलत। डट कर आने का मतलब है कि कंपकंपी न आने देंगे, अकड़े रहेंगे। दोनों ही गलत हैं।

संतुलन चाहिए।

मुझसे भय क्या है? मैं तुमसे छीन क्या लूंगा? तुम्हारे पास है क्या जिसे मैं छीन लूंगा। तुम मेरे पास से कुछ लेकर ही जा सकते हो; देने को तुम्हारे पास कुछ भी नहीं है। तुमसे मैं छीनूंगा क्या?

ज्यादा से ज्यादा तुम्हारा भिखमंगापन छीन सकता हूं। तुमसे मैं छुड़ा क्या लूंगा? तुम्हारे पास काश कुछ होता! कुछ भी नहीं है।

तुम्हारी दशा वैसी है जैसे भिखारी रात भर जाग कर बैठा रहता है कि कोई चोरी न कर ले। कुछ है ही नहीं; एक भिक्षापात्र है।

या मैंने सुना है--तुमने भी कहावत सुनी होगी--कि नंगा नहाता नहीं है, क्योंकि डरता है, फिर निचोड़ेगा कहां? कपड़े कहां सुखाएगा? कपड़े हैं ही नहीं। स्नान नहीं करता।

तुम्हारे पास है क्या? तुम भयभीत क्यों हो? तुम अगर गौर से देखो कि तुम्हारे पास कुछ भी नहीं है, सारा भय चला गया। भय तो खोने का भय है। लेकिन तुमने कुछ मान रखा है कि तुम कुछ हो, इसलिए भय है। उस मान्यता को गौर से देखो। क्या हो तुम? तुम्हारे देखने में ही तुम्हारी मान्यता तिरोभूत हो जाएगी। तब तुम सहज भाव से मेरे पास आ सकोगे।

न तो डट कर आओ। क्योंकि डट कर तुम क्या करोगे? क्या फायदा है? अगर तुम मुझसे लड़ रहे हो, अपना समय खो रहे हो। उसी समय में तुम जाग सकते थे; वह तुमने लड़ने में गवांया। अगर तुम भयभीत हो रहे हो तो अपनी सुरक्षा में लगे हो। वह भी तुमने व्यर्थ गंवाया।

थोड़ी देर मैं तुम्हारे साथ हूं, उसका तुम उपयोग कर लो। पीछे पछतावा बहुत होगा। पर पीछे पछताने से कुछ भी नहीं होता। 'पाछे पछताए होत का, जब चिड़िया चुग गई खेत।'

मैं सदा तुम्हारे पास नहीं रहूंगा; तुम सदा तुम्हारे पास रहोगे। फिर पीछे घबड़ा लेना, डट लेना, अकड़ लेना, कंपकंपी कर लेना, जो करना हो कर लेना। थोड़ी देर मैं तुम्हारे पास हूं, उसका उपयोग कर लो। यह दर्पण फूट जाएगा; फिर तुम अपना चेहरा इसमें न देख सकोगे। हालांकि मैं जानता हूं, फिर तुम फूटे दर्पण की चौखट को रखे पूजा करोगे। उसमें कुछ भी दिखाई न पड़ेगा। लेकिन तब तुम बिलकुल निश्चिंत आओगे।

मैंने देखा है लोगों को मंदिर में जिस निश्चिंत भाव से जाते हैं, उस निश्चिंत भाव से उनको बुद्ध के पास जाते नहीं देखा है। मंदिर की प्रतिमा से डर क्या है? न कंपकंपी लगती, न डट कर जाते। मंदिर की प्रतिमा है ही नहीं; चौखट बची है, दर्पण तो कभी का जा चुका।

इसके पहले कि वैसी घड़ी आए, उपयोग कर लो। अपने को देखने का मौका मिला है, उसे खोओ मत--न घबड़ाने में, न अकड़ने में। सरल सामान्य बनो। सहज बनो।

आठवां प्रश्न :

ओशो, आपने पूर्व में कहा है, जीवन प्रयोजन-रहित है। फिर खाली हाथ जाएं या भरे हाथ, इससे क्या फर्क पड़ता है।

यही समझ में आ जाए तो हाथ भर गए। यही समझ में आ जाए कि खाली हाथ जाएं कि भरे हाथ, कोई फर्क नहीं पड़ता--हाथ भर गए। इसको ही मैं हाथ भरना कहता हूं। यही समझ में न आए

और चेष्टा चलती रहे कि हाथ भरे जाऊंगा : तुम हाथ खाली जाओगे। सफलता और असफलता समान दिखाई पड़ने लगे : तुम सफल हो गए; सफल ही नहीं, सुफल भी हो गए। जीत और हार बराबर हो जाए : जीत गए तुम। अब तुम्हें कोई न हरा सकेगा। यही जीत है।

प्रयोजन, निष्प्रयोजन तराजू पर समान तुल जाएं : तुमने जीवन का अर्थ पा लिया, प्रयोजन पा लिया। कुछ और ज्यादा पाने को नहीं है। लेकिन इससे ज्यादा और पाने को हो भी क्या सकता है? इस घड़ी में ही तो तुम्हारे जीवन का कमल खिल जाता है--जब न कोई प्रयोजन है, न कोई प्रयोजन नहीं है; न कोई सार है, न कुछ असार है। जीवन को तुमने बिना द्वंद्व के स्वीकार कर लिया। हार न जीत, सफलता न असफलता, अंधेरा न प्रकाश, जीवन न मृत्यु--तुमने द्वंद्व छोड़ दिया; जीवन को तुमने जैसा है स्वीकार कर लिया, अनन्य भाव से! वहीं तुम्हारे जीवन का कमल खिल जाता है। हाथ तुम्हारे भर गए। दुनिया तुम्हारे हाथ भला खाली देखे, दुनिया से क्या लेना-देना है? तुम जानोगे कि तुम्हारे हाथ भरे हैं। तुम नाचते जाओगे। तुम रोते न जाओगे। तुम्हारे आंसू भी गिरेंगे, तो उन आंसुओं में गीत होंगे। आनंद का अहोभाव होगा। तुम मरोगे भी, तो तुम एक सुगंध छोड़ जाओगे; जैसा फूल गिर जाता है भूमि में और सुगंध आकाश में उड़ जाती है। तुम्हारी मृत्यु भी एक परम उत्सव का क्षण होगी। हाथ भर गए!

यही मेरा अर्थ है।

आखिरी प्रश्न :

ओशो, क्या बताने की कृपा करेंगे कि :
एक : राजनीति के आप इतने विपक्ष में क्यों हैं?

जहर के मैं विपक्ष में क्यों हूं--ऐसा क्यों नहीं पूछते?

राजनीति जहर है। उससे जीवन का कोई लेना-देना नहीं। वह मरघट है।

राजनीति का अर्थ क्या है?

राजनीति का अर्थ है दूसरे पर काबू पाने की चेष्टा। राजनीति का अर्थ है दूसरे के मालिक हो जाने का ख्वाब। और जब भी कोई व्यक्ति दूसरे का मालिक होना चाहता है, तभी वह परमात्मा-विरोधी है। क्योंकि प्रत्येक व्यक्ति के भीतर परमात्मा है। उतना ही परमात्मा है जितना तुम्हारे भीतर। तुम हो कौन किसी और के मालिक हो जाने वाले? तुम अपने मालिक हो जाओ--इतना काफी है।

राजनीति का अर्थ है दूसरे पर मालकियत। धर्म का अर्थ है अपने पर मालकियत।

मैं राजनीति के विपक्ष में नहीं हूं; धर्म के पक्ष में हूं। धर्म के पक्ष में होने के कारण अनिवार्यतः राजनीति का विपक्ष पैदा हो जाता है। उससे मुझे कुछ लेना-देना नहीं है। राजनीति इतनी व्यर्थ है कि विपक्ष में होने तक की मुझे सुविधा नहीं है। कंकड़-पत्थरों के खिलाफ भी क्या बोलना! हीरे-

जवाहरातों के पक्ष में बोलता हूं। और अगर कभी कंकड़-पत्थरों के खिलाफ बोलना पड़ता है तो इसीलिए कि तुमने कंकड़-पत्थरों को हीरे समझ रखा है।

जब मैं राजनीति के विरोध में बोलता हूं, तो राजनीतिज्ञों के विरोध में नहीं बोल रहा हूं। वे दया के पात्र हैं। उनके विरोध में क्या बोलना? वे वैसे ही दुख के मारे हैं। उनके खिलाफ क्या बोलना है?

जब मैं राजनीतिज्ञों के खिलाफ बोलता हूं तो मैं तुम्हारे भीतर छिपे राजनीतिज्ञ के खिलाफ बोल रहा हूं। मुझे तुमसे प्रयोजन है।

हर व्यक्ति के भीतर राजनीतिज्ञ छिपा है--छोटा हो, बड़ा हो। सिकंदर छोटे हों, बड़े हों, इससे क्या फर्क पड़ता है? जहर तुम बाल्टी भर कर पी जाओ कि चुल्लू भर पीओ--इससे क्या फर्क पड़ता है? जहर मारेगा।

तुमने कभी खयाल किया? तुम पति हो: पत्नी से तुम्हारा संबंध धर्म का है या राजनीति का? तुम पाओगे कि सौ में निन्यानबे मौके पर संबंध राजनीति का है, धर्म का नहीं। तुम कहोगे के पति और पत्नी के बीच क्या राजनीति का सवाल है? है। तुम्हारे बच्चे से तुम्हारा संबंध धर्म का है या राजनीति का? तुम बाप की अकड़ से बोलते हो या परमात्मा की सृजन की प्रक्रिया में एक विनम्र भागीदार हुए, इस तरह बोलते हो बेटे से? तुम बेटे की तरफ इस तरह देखते हो कि परमात्मा तुम्हारे माध्यम से संसार में आया, या तुम इस भांति देखते हो कि तुझे मैंने पैदा किया है--जो मैं कहूं वह कर; मैं जानता हूं तू अज्ञानी है! तुम बेटे को नियंत्रित करने की कोशिश करते हो या सहारा देते हो? तुम बेटे को सदा के लिए बांध लेना चाहते हो, पंगु बनाना चाहते हो, या चाहते हो, उसे मुक्त आकाश मिले?--चाहे वह मुक्त आकाश कभी तुम्हारे विपरीत ही क्यों न पड़े।

तुम पत्नी को प्रेम किए हो या प्रेम केवल फांसी लगाने का उपाय है? या प्रेम केवल बहाना है, राजनीतिक चाल है?

जब मैं राजनीतिज्ञ के खिलाफ बोलता हूं तो दिल्ली में बैठे राजनीतिज्ञों से मुझे क्या लेना-देना है? मैं तुम्हारे भीतर बैठे राजनीतिज्ञ के खिलाफ बोल रहा हूं। उतना ही तुम ध्यान से समझना। और वह भी इसलिए बोल रहा हूं उसके खिलाफ कि अगर तुम उसमें उलझे रहे हो तो कभी धार्मिक न हो सकोगे।

धर्म का अर्थ है अपना मालिक होना। धर्म का अर्थ है न तो किसी को अपना मालिक होने देना और न किसी के मालिक होने की चेष्टा करना। धर्म परम स्वतंत्रता की चेष्टा है। और राजनीति?--दूसरे को परतंत्र करने का उपाय है। जितने ज्यादा लोग तुम्हारे परतंत्र हो जाएं, राजनीतिज्ञ मन उतना ज्यादा प्रसन्न होता है। अगर तुम महाराष्ट्र के मुख्यमंत्री हो तो महाराष्ट्र के ऊपर तुम्हारा कब्जा है। अगर तुम भारत के प्रधानमंत्री हो जाओ तो कब्जा और बड़ा हो गया।

आदमी कब्जे की कोशिश में लगा है: कब्जा बढ़ता जाए! करोड़ों-करोड़ों लोग मुट्ठी में हो जाएं! यह बहुत पीड़ित आदमी की मनोदशा है। यह विक्षिप्त चित्त की दशा है। इसको मैं पागलपन कहता हूं।

तुम अपनी ही मुट्ठी में नहीं हो, तुम किसको मुट्ठी में करने चले हो? सच तो यह है कि तुम जितना ही अपने को कम मुट्ठी में पाते हो उतनी ही कमी-पूर्ति करते हो दूसरे लोगों को मुट्ठी में करके। उससे एक वहम पैदा होता है कि हम शक्तिशाली हैं।

एक ही शक्ति है, और वह स्वयं के मालिक हो जाने की है; बाकी सब अशक्ति को छिपाने के उपाय हैं।

तुम पूछते हो : 'राजनीति के मैं इमना विपक्ष में क्यों हूं?'

विपक्ष में राजनीति के नहीं हूं; धर्म के पक्ष में हूं।

दूसरा : क्या आप अराजकवादी हैं, अनारकिस्ट हैं?

वादी मैं बिलकुल नहीं हूं। किसी वाद में मेरी उत्सुकता नहीं है, अराजकवाद में भी नहीं।

लेकिन इतना जरूर मैं जानता हूं कि दुनिया में राज्य जितना कम हो उतना अच्छा होगा। राज्य बिलकुल मिट जाएगा, ऐसा मैं नहीं सोचता। बिलकुल मिटना असंभव है। क्योंकि जहां एक से ज्यादा लोग हैं, वहां उनके संबंधों को तय करने के लिए कोई माध्यम चाहिए होगा, व्यवस्था चाहिए होगी।

तो मैं कोई क्रोपाटकिन जैसा अराजकवादी नहीं हूं। मेरी कोई मान्यता नहीं है कि राज्य मिट जाना चाहिए। मेरी इतनी ही दृष्टि है कि राज्य कम से कम होना चाहिए। राज्य ऐसे ही होने चाहिए जैसे पोस्ट आफिस है, रेलवे है। जरूरत है, रेलवे की व्यवस्था करनी पड़ेगी। अगर रेलवे की कोई व्यवस्था न हो तो असंभव है कि बंबई से पूना ट्रेन कैसे आएगी, कि चिट्ठी तुमने जो डाली पोस्ट आफिस में, वह पहुंचेगी कहीं कि नहीं पहुंचेगी। व्यवस्था करनी चाहिए।

राज्य व्यवस्थापक होना चाहिए, नियंत्रक नहीं। राज्य का उपाय-उपयोगिता व्यवस्था-आधारित होनी चाहिए। लोगों के जीवन में कितनी सुविधा आ सके, उसके लिए राज्य को फिकर करनी चाहिए। और राज्य को बाधा नहीं देनी चाहिए लोगों के जीवन में। बाधा तभी देनी चाहिए जब कोई व्यक्ति किसी दूसरे के जीवन में बाधा दे रहा हो, अन्यथा नहीं।

मेरी राज्य की धारणा का अर्थ ही यह है कि राज्य बड़ा गौण होना चाहिए। जैसे कि तुम्हारे घर में रसोइया है, तो रसोइए की तुम पूजा करते हो कि फूलमाला पहनाते हो? अच्छा खाना बनाता है तो तुम उसकी प्रशंसा करते हो; बुरा खाना बनाता है तो तुम कहते हो कि यह गलत है तेरा काम, ठीक सुधार कर। तुम्हारे खाद्यमंत्री की हैसियत भी राष्ट्र के रसोइए से ज्यादा नहीं होनी चाहिए। इससे ज्यादा क्या प्रयोजन है? बड़े रसोइया हो...।

तुमने घर पर एक पहरेदार लगा रखा है, तो उसका काम है, वह उतना काम करता है। राज्य की व्यवस्था पहरेदारी की होनी चाहिए। लेकिन राजनेताओं को सिर पर उठा कर चलने का कोई कारण नहीं है। पागलपन है।

राजनीति इतनी प्रमुख नहीं होनी चाहिए। जीवन में बड़ी बहुमूल्य चीजें हैं जो प्रमुख होनी चाहिए। राजनेता को सिर पर लेकर तुम चलोगे, उससे राजनेता तो ऊंचा नहीं होगा, तुम नीचे होओगे। राजनेता के तो ऊंचे होने का कोई उपाय नहीं है। वह तो खुद पागल है। और जो उसकी अरथी को ढो रहे हैं, वे भी पागल हैं। लेकिन अगर तुम किसी फकीर को कंधे पर उठा कर चले तो तुम ऊंचे हो जाओगे। उससे फकीर ऊंचा नहीं होगा, वह ऊंचा है ही। लेकिन तुम ऊंचे हो जाओगे। वे चरण तुम्हारे लिए पारस सिद्ध होंगे; तुम लोहे से सोना हो जाओगे।

तुमने अगर संगीत को ऊपर उठाया तो तुम्हारे हृदय में ऊंचाइयों की लहरें उठेंगी। तुमने अगर राजनीति को ऊपर उठाया तो तुम गंदे हो जाओगे। तुमने अगर गीतकार को ऊपर उठाया, संगीतज्ञ को ऊपर उठाया, कवि को ऊपर उठाया, चित्रकार को पूजा--तो तुम्हारे जीवन में सुगंध के हजार-हजार रास्ते खुल जाएंगे; तुम्हारे जीवन में एक सजावट आ जाएगी। तुमने अगर राजनेता को ऊपर उठाया तो सिवाय युद्ध, हिंसा, इसके अतिरिक्त तुम कुछ भी न पाओगे।

पूरी मनुष्य-जाति का इतिहास हिंसा और युद्धों का इतिहास है। वह राजनेता को सिर पर लेकर चलने के कारण है। मैं अराजकवादी नहीं हूं। लेकिन राज्य जरूरत से ज्यादा अधिकारी हो गया है; उतने अधिकार की आवश्यकता नहीं है। व्यक्ति परम मूल्य है। राज्य व्यक्ति का सेवक है, मालिक नहीं। बस सेवक की हैसियत से काम करे, ठीक है। उससे ज्यादा उसका मूल्य नहीं होना चाहिए।

अखबार राजनीति से ही नहीं भरे होने चाहिए। आखिरी पन्ने पर उनकी जगह होनी चाहिए। मगर वे पहले पन्ने को घेरे हुए हैं। सारी सुर्खियां अखबार की राजनीतिज्ञों के नाम से घिरी हैं। इससे अगर जीवन विकृत हो, विध्वंस की तरफ उन्मुख हो, तो स्वाभाविक है।

अखबार की सुर्खियां तो किन्हीं और सुंदर चीजों से भरनी चाहिए। थोड़ा सौंदर्य का बोध होना चाहिए। राजनीतिक नेताओं के चित्रों की बजाय तो किसी के बगीचे में गुलाब के अच्छे फूल खिले हों, उनके चित्र भी ज्यादा उपयोगी होंगे। किसी के बगीचे में हरियाली हो, उसके चित्र ज्यादा उपयोगी होंगे। किसी ने मधुर गीत गाया हो, उसके मधुर गीत की मधुरिमा काम की होगी।

राजनीतिज्ञों की बकवास, एक-दूसरे के प्रति गाली-गलौज, छीछालेदर, कीचड़ का फेंकना--वही तुम्हारा भोजन हो गया है। सुबह उठ कर तुम गीता नहीं पढ़ते, कुरान नहीं पढ़ते; अखबार पढ़ते हो। अभागे दिन हैं। इससे तो अच्छा था, तुम कुरान ही पढ़ते, गीता ही पढ़ते। कम से कम कुरान की आयत की तरन्नुम तुम्हें घेर लेती। कम से कम गीता का शायद कोई दूर का भूला-भटका स्वर तुम्हारे हृदय में घोसला बना लेता।

तुम सुबह उठे नहीं कि तुम अखबार पढ़ते हो। आंख खोलते नहीं कि अखबार टटोलते हो। अखबार तुम्हारी गीता है। राजनैतिक विक्षिप्त व्यक्ति तुम्हारे प्रतिमान हैं, तुम्हारे आदर्श हैं।

मैं अराजकवादी नहीं हूं। लेकिन राज्य की शक्ति क्रमशः न्यून होती जाए...।

इसे तो एक स्वप्न ही मानना चाहिए कि कभी ऐसा होगा कि राज्य की बिलकुल जरूरत न रह जाएगी। मुश्किल है। थोड़ी-बहुत जरूरत रहेगी। थोड़ी-बहुत तो जहर की भी जरूरत होती है; कभी-कभी औषधि के भी काम पड़ता है। थोड़ी-बहुत तो जहर की भी जरूरत होती है; कभी-कभी किसी को बेहोश भी करना पड़ता है--सर्जरी के लिए, ऑपरेशन के लिए। उतनी ही जरूरत राज्य की होनी चाहिए जितनी जहर की है। बस उससे ज्यादा जरूरत नहीं होनी चाहिए।

और राज्य का मुख्य काम इतना ही होना चाहिए कि वह एक व्यक्ति को दूसरे व्यक्ति के जीवन में दखल न देने दे।

अभी हालत उलटी है। अभी एक व्यक्ति को तो रोकता ही नहीं दूसरे के जीवन में दखल देने से, खुद ही दोनों के जीवन में दखल देता है।

व्यक्ति की स्वतंत्रता चरम मूल्य है। राज्य, राजनीति, राजनेता सेवक से ज्यादा नहीं होने चाहिए। कहते तो वे भी यही हैं कि हम सेवक हैं। मगर यह वे कहते हैं जब वे इलेक्शन में खड़े होते हैं। इलेक्शन के बाद फिर तुम्हें कहना पड़ता है: हुजूर, हम आपके सेवक हैं। फिर वे दरबार में बैठते हैं दरबार लगा कर। फिर तुम्हें कहना पड़ता है कि हम आपके सेवक हैं; याद रखना, सेवक को भूल मत जाना। यही उन्होंने तुमसे कहा था, जब वे ताकत में न थे।

तो, सेवा जैसे माध्यम है सत्ता में पहुंचने का। जैसे कोई किसी के पैर दबाना शुरू करे और फिर धीरे-धीरे पहुंच कर गर्दन पकड़ ले; शुरू मालिश से की थी कि पैर दबा रहे हैं--फिर जब गर्दन पकड़ ली, तब तुम्हें होश आया कि यह तो बहुत मुश्किल हो गई है, छुड़ाना मुश्किल है। जब कोई पैर पकड़े तभी जरा गौर से देखना कि हाथ गर्दन की तरफ तो नहीं जा रहे हैं।

लेकिन सभी सत्ताधारी सेवा का बहाना करते हैं, सत्ता की आकांक्षा है।

सत्ता उनके हाथ में होनी चाहिए जिनको सत्ता की आकांक्षा न हो। पर यह तो असंभव है। इसलिए यही हो सकता है कि सत्ता न्यून से न्यून हाथ में रह जाए; इतनी कम रह जाए कि कोई नुकसान न पहुंचा सके।

राज्य कम से कम हो--वही राज्य श्रेष्ठतम है।

तीसरा: समाज और राज्य से आपने स्वयं को इतना अलग-थलग क्यों कर लिया है?

कर लिया है--ऐसा नहीं है। तुम भी जागोगे तो ऐसे ही अलग-थलग हो जाओगे। कर लिया है--ऐसा नहीं है; ऐसा हो गया है।

ऐसा ही समझो कि तुम सोए हो और जाग जाओगे--तब क्या मैं तुमसे पूछूंगा कि तुमने अपने सपनों के राज्य से, सपनों की भीड़ से इतना अलग-थलग क्यों कर लिया? तुम कहोगे, अलग-थलग किया नहीं; नींद खुल गई, सपने खो गए!

जागते ही समाज और राज्य सपने हो जाते हैं; सत्य तो एक परमात्मा ही रह जाता है। बाकी सब खेल-खिलौने हो जाते हैं। कोई अलग नहीं करता, अपने को अलग पाता है।

संबंध हो ही नहीं सकता। जिसके भीतर से राजनीति मर गई, उसी के भीतर तो संन्यास फलता है। संबंध तो हो ही नहीं सकता। राजनीति की राख पर ही तो संन्यास का अंकुर उभरता है। तो संन्यास का तो अर्थ ही यही होता है कि तुम्हारे भीतर अब कोई राजनीति न रही।

आप अपने संन्यासियों से क्या अपेक्षा रखते हैं?

मैं कोई अपेक्षा किसी से नहीं रखता, और न चाहता हूं कि कोई मुझसे कोई अपेक्षा रखे; क्योंकि अपेक्षा एक-दूसरे को गुलाम करने की विधि है, ढंग है।

नहीं, मेरी तुमसे कोई अपेक्षा नहीं है। मैं नहीं चाहता कि तुम ऐसा करो, वैसा करो। मैं, तुम क्या करो, यह कह ही नहीं रहा हूं। मैं तो तुम्हें इतने ही इशारे दे रहा हूं कि अगर तुम सोए हो तो राजनीति में रहोगे, अगर जाग गए तो धर्म में आ जाओगे। अगर जाग गए तो तुम्हारे भीतर से दूसरे की मालकियत का जो पागलपन है, वह खो जाएगा, और अपनी ही मालकियत का आनंद उसकी जगह स्थापित हो जाएगा। तब तुम दूसरे के सिर पर न बैठना चाहोगे; क्योंकि तुम पाओगे, तुम्हारे भीतर का सिंहासन परम सिंहासन है, परम पद है--इसके ऊपर कोई पद नहीं, न कोई राष्ट्रपति, न कोई प्रधानमंत्री।

मेरी तुमसे कोई अपेक्षा नहीं है, सिर्फ निर्देश हैं कि अगर तुम्हारे मन में अभी भी राजनीति हो तो ध्यान रखना कि तुम संन्यासी नहीं हो। यह सीधी वैज्ञानिक परिभाषा कर रहा हूं। तुमसे कह नहीं रहा हूं कि राजनीति से संबंध मत रखो; इतना ही कह रहा हूं कि राजनीति जहर है--अगर मरना ही हो, आत्महत्या ही करनी हो, डट कर पी लो, भर पेट पी लो। इतना ही कह रहा हूं कि यह जहर है--मरना ही हो तो ही पीना; अगर न मरना हो तो इससे जरा सावधान रहना। हालांकि जहर के दुकानदारों ने जहर पर अमृत के लेबल लगा रखे हैं। लेबल पर मत जाना। डब्बे के ऊपर क्या लिखा है--इसकी बहुत फिकर मत करना; डब्बे के भीतर क्या है--इसका बहुत निरीक्षण कर लेना।

आपके संन्यासी राजनीतिक आंदोलनों में सम्मिलित हों या न हों?

अगर उनके भीतर अभी राजनीतिक आंदोलनों में सम्मिलित होने की आकांक्षा बची है, तो वे संन्यासी नहीं हैं; कम से कम मेरे संन्यासी तो नहीं हैं, किसी और के होंगे।

पांचवां : क्या संन्यास एक प्रकार का पलायन नहीं है?

एक अर्थ में कह सकते हो, है। जैसे घर में आग लग जाए और तुम भाग कर बाहर आ

जाओ--भीड़ कह सकती है: तुम पलायनवादी हो, एस्केपिस्ट हो, घर से भाग कर बाहर निकले? जब घर में आग न लगी थी तब तो बड़े मजे से रहे; अब जब आग लगी, मुसीबत का क्षण आया घर को तो तुम बाहर निकल कर आ गए? जाओ अंदर! कायर हो!

तो तुम क्या कहोगे? तुम कहोगे: पागल नहीं हूं। जब घर में आग लगी हो तो भागना ही उपाय है।

कोई गड्ढे में गिर जाए और निकलने की कोशिश करे, क्या तुम उससे कहोगे, तुम पलायनवादी हो, गड्ढे से भागने की कोशिश कर र हे हो? कोई बीमार हो जाए और चिकित्सा की चेष्टा करे, तुम उससे कहोगे: कायर, अब बीमारी से निकलने की कोशिश कर रहे हो? रहो वहीं! हिम्मतवर हो, डटे रहो! कहां जीना है?

संसार गड्ढा है, बीमारी है। संसार आग-लगा घर है। जिनको थोड़ा बोध है वे बाहर निकलेंगे। वे असल में घर छोड़ कर नहीं भाग रहे हैं। घर रहने योग्य ही न था। अब तक कैसे रहे--यही सवाल है। अब तक क्यों न दिखाई पड़ीं ये लपटें? जब दिखाई पड़ गईं, तभी सवेरा है। इसलिए बाहर आ रहे हैं।

एक अर्थ में तुम कह सकते हो, संन्यास पलायन है। एक अर्थ में तुम कह सकते हो, संन्यास जागरण है। मैं तो उसे जागरण ही कहता हूं।

घर में आग लगी हो तो वही आदमी घर के भीतर रह सकता है जो सोया हो या शराब पीकर पड़ा हो। जागा हुआ आदमी तो बाहर आ जाएगा। न केवल जागा हुआ आदमी खुद बाहर आएगा, सोए को जगाने की कोशिश करेगा कि भाई, जागो! शराबी के मुंह पर पानी छिड़केगा, घसीटेगा कि निकल आओ तुम भी। हालांकि शराबी कहेगा: क्या ऊधम मचा रखा है? शांति से सोने दो। क्या सुबह-सुबह जगा रहे हो? कहां आग लगी है? कहीं कोई आग नहीं लगी है। कोई सपना देखा होगा।

फिर भी जो जागा है उसके जागरण के कारण ही, उस पर एक उत्तरदायित्व आ गया--वह उत्तरदायित्व है कि जो सोए हैं आस-पास, उनको भी हिला कर जगा दे। इसलिए बुद्धपुरुष इतनी चेष्टा करते हैं कि तुम जागो; क्योंकि तुम जहां हो वहां लपटें हैं, लेकिन तुम कहते हो, यह तो पलायन है। और तुम्हारी भीड़ ज्यादा है। जागता एक है; हजार सोए हैं घर में। वे हजार अपनी नींद में ही बडबड़ाते हैं। वे कहते हैं कि हम ही ठीक हैं; हमारी भीड़ जो कह रही है वह ठीक है, कि एक आदमी जो कह रहा है वह ठीक है? यह तो डिक्टेटरशिप हो गई, तानाशाही हो गई। एक आदमी कह रहा है, घर में आग लगी है और हजार आदमी कह रहे हैं, मत दे रहे हैं कि नहीं लगी, हम सोए हैं मजे से, गड़बड़ मत करो; और वह गड़बड़ किए चला जा रहा है।

लेकिन संत की अपनी मजबूरी है। तुम चाहे हजार हो, चाहे लाख हो--इससे सही नहीं होते। जाग कर देखा गया जो है वही सत्य है। यह कोई लोकतंत्र नहीं है सत्य का कि वहां वोट से तय होता है, कौन सत्य है। हाथ और सिर नहीं गिनने हैं; यहां आत्माएं गिनी जाती हैं; यहां भीतर का बोध

गिना जाता है। एक भी सत्य हो सकता है; करोड़ गलत हो सकते हैं। सवाल करोड़ का और एक का नहीं है--सवाल जागे होने का है।

और छठवां : आप क्रांति के अगुआ बनें, ऐसी हजारों की आकांक्षा थी, लेकिन आपने क्यों उनकी आकांक्षाओं को ठुकरा दिया?

जैसे मैंने कहा, न तो यहां मैं किसी की आकांक्षाएं पूरा करने को हूं, न कोई और मेरी आकांक्षाएं पूरा करने को है। मैं स्वयं होने को हूं यहां; तुम स्वयं होने को हो यहां। दूसरे पर आकांक्षाएं थोपना उचित नहीं है।

अगर हजारों की आकांक्षाएं थीं कि मैं क्रांति का अगुआ बनूं, तो वे सोए हुए लोगों की आकांक्षाएं थीं। उनकी आकांक्षाओं का कोई मूल्य नहीं है। क्योंकि क्रांति यानी क्या?

घर में आग लगी है, तुम फर्नीचर बदल रहे हो, टेबल यहां से हटा कर कुर्सी लगा रहे हो, बिस्तर की जगह बदल रहे हो, रंग-रोगन पोत रहे हो, चित्र-फोटो लटका रहे हो! घर में आग लगी है, तुम क्रांति कर रहे हो!

सारी क्रांति फर्नीचर की बदलाहट है।

क्रांति मात्र, आज तक जिसको लोगों ने कहा है, वह कोई क्रांति नहीं है।

क्रांति तो सिर्फ एक है--वह है इस जीवन में लगी आग को देख लेना और किसी नये जीवन में उठ जाना; इस घर को छोड़ देना, और किसी नये घर को बना लेना। बाकी सब क्रांतियां तो इसी घर के भीतर बदलाहट हैं। इस दीवाल में थोड़ा सा लीपा-पोती करके रंग-रोगन कर दिया--इससे लपट थोड़े ही मिटेगी। इससे बाहर जो आग लगी है वह लगी ही रहेगी।

क्या हुआ--रूस में क्रांति हुई उन्नीस सौ सत्रह में--क्या हुआ? जो मालिक थे वे उतार दिए गए; जो उतरे थे वे मालिक हो गए; मालकियत जारी रही। फर्नीचर बदल गया : कुर्सी नीचे थी वह ऊपर आ गई, जो ऊपर थी वह नीचे आ गई। वही उपद्रव जारी रहा, कोई फर्क न पड़ा। अमीर अमीर न रहा, गरीब गरीब न रहा; लेकिन अब एक नया वर्ग पैदा हो गया--सत्ताधिकारियों का और गैर-सत्ताधारियों का। साधारण जनता और कम्युनिस्ट पार्टी, अब ये दो वर्ग पैदा हो गए।

वर्ग जारी रहा, नाम बदल गए। पहले कोई दूसरे लोग शोषण करते थे, अब कोई दूसरे लोग शोषण करते हैं--शोषण जारी है; सत्ता जारी है; परतंत्रता जारी है।

दुनिया की सारी क्रांतियां मिट्टी हो गई हैं।

नहीं, मैं तुम्हारी किसी मूढ़ता का अगुआ नहीं होना चाहता। मुझे कोई उत्सुकता नहीं है तुम्हारे फर्नीचर बदलने में।

और बड़ा मजा है! राजनीति एक बड़ा गहरा षडयंत्र है!

इंग्लैंड में दो पार्टियां हैं। इंग्लैंड बड़ा कुशल मुल्क है : होना भी चाहिए; राजनीति का उसका अनुभव बड़ा पुराना है। बड़े होशियार लोग हैं! एक पार्टी सत्ता में होती है, दूसरी उसकी निंदा करती है। स्वभावतः किसी की भी सत्ता सुंदर नहीं है, लेकिन जनता को एक भ्रम बना रहता है। एक पार्टी सत्ता में है, दूसरी पार्टी निंदा करती है मुल्क में, भूल-चूक बतलाती है। दस साल एक पार्टी सत्ता में रहती है, तब तक उसकी प्रतिष्ठा गिरती जाती है, क्योंकि वह कुछ कर तो पाती नहीं। कोई कुछ नहीं कर पाता, मुल्क की मुसीबत बनी रहती है, बढ़ती जाती है। मुल्क क्रोध में भरता जाता है। जो सत्ता में नहीं हैं, लोग उनके प्रेम में पड़ने लगते हैं कि ये लोग ठीक मालूम पड़ते हैं।

और जनता की स्मृति बड़ी कमजोर है। दस साल बाद वे पहली पार्टी को नीचे उतार देते हैं, इस पार्टी को ऊपर बिठाल देते हैं। दूसरी पार्टी पहले काम में लग जाती है--इनकी निंदा में।

इनसे भी कुछ होता नहीं। लेकिन दस साल में जनता फिर भूल जाती है। वे जो सत्ता में होते हैं, उनकी भूल दिखाई पड़ती है। जो सत्ता में नहीं होते, उनकी तो भूल दिखाई कैसे पड़ेगी? क्योंकि भूल तो वे कोई करते नहीं। वे कुछ करते ही नहीं; वे सिर्फ निंदा करते हैं। दस साल में फिर जनता उनके प्रेम में पड़ जाती है; उनको सत्ता में बिठा देती है, सत्ता वालों को नीचे बुला लेती है।

जिनको तुम विरोधी पार्टियां कहते हो, वे सब आपसी षडयंत्र में हैं। वे एक-दूसरे के सहारे हैं। वे विरोधी वगैरह नहीं हैं। भला वे एक-दूसरे को जेल में डालें, भला उनको भी पता न हो--मगर वे विरोधी वगैरह नहीं हैं; वह सब एक-दूसरे की साजिश है, वह पूरा खेल है।

जब एक सत्ता में होता है तब जनता को यह पता नहीं चल पाता कि भूल वस्तुतः सत्ता में एक पार्टी की हो रही है या भूल ऐसी है जो हमारी जीवन-चेतना की है। दुख इसलिए है कि हमारी जीवन-चेतना सोई है। जीवन में इतनी पीड़ा इसलिए है कि हम बेहोश हैं। यह नहीं दिखाई पड़ पाता। यह दिखाई पड़ता है कि ये लोग हट जाएं। दूसरी पार्टी सपने बता रही है, झंडे उठा रही है। वह कहती है, हम सब ठीक कर देंगे। वह आश्वासन दे रही है। उस पर भरोसा आ जाता है।

अ का भरोसा ब पर चला जाता है। फिर ब से भरोसा अ पर चला जाता है। कभी अपनी याद नहीं आ पाती कि यह भूल कहीं हमारी है। ऐसे जीवन सदियों तक चलता रहा है। विरोधी आपस में ऐसा लड़ते हैं कि तुम्हें ऐसा लगता है कि ये तो बिलकुल एक-दूसरे के विपरीत हैं। और अगर इनको हम ताकत में पहुंचा देंगे तो सब ठीक हो जाएगा। कभी ठीक कुछ नहीं होता।

क्रांतियां सब असफल हो गई हैं। एक ही क्रांति कभी असफल नहीं हुई, वह व्यक्ति की क्रांति है। कोई नींद से जागता है : बुद्ध हो जाता है, कृष्ण हो जाता है, फरीद हो जाता है, मोहम्मद, नानक...बस वही एकमात्र क्रांति है।

तो, तुम्हारी अपेक्षाओं से मैं तुम्हारा अगुआ नहीं हो सकता। मेरी दृष्टि से ही मैं कुछ कर सकता हूं। मेरी दृष्टि यही है कि तुम जागो--यही एकमात्र क्रांति है। तुम्हारे घर के फर्नीचर को यहां से वहां

हटाने की मेरी उत्सुकता नहीं है। धूल-धवांस झाड़ने का मेरा मन नहीं है। तुम्हारी भूल, तुम्हारी बेहोशी है--वही टूट जानी चाहिए। तब तुम अगर अमीर भी न हुए, गरीब भी रहे, तो भी आनंद की वर्षा तुम्हारे घर पर होगी। तब तुम्हारे पास दो जोड़ी वस्त्र भी रहे, तो भी तुम नाच सकोगे। तुम्हें रूखा-सूखा भी खाने को मिला तो भी तुम्हारे कंठ से गीत का जन्म हो सकेगा।

और मनुष्य-जाति उसी दिन सुखी होगी, जिस दिन व्यक्ति-व्यक्ति सुखी होता है, और समाज की भ्रांति छूट जाती है कि हम समाज को सुखी कर सकते हैं। समाज कभी सुखी नहीं हो सकता। समाज है ही नहीं। समाज तो एक संज्ञामात्र है, एक नाममात्र है। जहां भी तुम पाओगे, व्यक्ति को पाओगे, धड़कते हुए व्यक्ति के हृदय को पाओगे।

व्यक्ति की आत्मा की क्रांति एकमात्र क्रांति है।

मेरा राजनीति में कोई रस नहीं है। ऐसे प्रश्न तुम न पूछो तो अच्छा। तुम अपनी बदलाहट की कुछ बात पूछो।

आज इतना ही।

नवां प्रवचन

इसी क्षण उत्सव है

सरवर पंखी हेकड़ो, फाहीवाल पचास।
इहु तन लहरी गडु थिआ, सचे तेरी आस।।
कवणु सु अखरु कवणु गुणु, कवणु सु मड़ीआ मंतु।
कवणु सु वेसो हउ करि, जितु वसी आवै कंतु।।
निवणु सु अखरु खवणु गुणु, जिहवा मणीआ मंतु।
एत्रै भैणे वेस करि, ता वसि आवी कंतु।।
मति होंदी होइ इआणा, तान होंदे होइ निताणा।
अणहोंदे आपु वंडाए, कोइ ऐसा भगतु सदाए।।
इक फिक्का ना गालाई, सभना मैं सचा धणी।
हिआउ न कैही ठाहि, माणिक सभ अमोलवै।।
सभना मन माणिक, ठाहणु मूलि म चांगवा।
जे तउ पिरी आसिक, हिआउ न ठाहे कहीदा।।

सैमुअल बेकेट, पश्चिम का एक बहुत बड़ा विचारक और नाटककार, पेरिस की एक गली से गुजर रहा था। सांझ हो गई थी। एक भिखारी जैसा दिखने वाला आदमी उसके पास आया--ऐसे हाव-भाव से जैसे भीख मांगना चाहता हो। लेकिन इसके पहले कि बेकेट उसे कोई उत्तर दे, उसने जेब से छुरा निकाला और बेकेट की छाती में भोंक दिया। बेकेट बेहोश होकर गिर गया और वह आदमी पकड़ लिया गया। पंद्रह दिन बाद बेकेट जब अस्पताल से बाहर निकला, चोट घातक थी। लेकिन पंद्रह दिन अस्पताल में वह यही सोचता रहा कि इस आदमी ने चोट की क्यों? न कोई दुश्मनी; दुश्मनी तो दूर, कोई जान-पहचान भी हीं। इस

आदमी को इसके पहले कभी देखा ही न था। एक ही जिज्ञासा उसके मन में चलती रही, अस्पताल से छूटूं तो सीधा जेलखाने जाऊं। कोई शिकायत नहीं थी मन में; सिर्फ यह जानने की जिज्ञासा थी कि हमला इसने किया क्यों? अकारण मालूम होता है। आदमी पागल है? पागल भी नहीं दिखाई पड़ता था।

अस्पताल से मुक्त होते ही वह जेलखाने गया। आज्ञा लेकर आधिकारियों से वह उस कैदी के पास पहुंचा और कहा कि मुझे कोई शिकायत नहीं है। न तुम्हारे अपराध की निंदा करने आया हूं। न तुमसे यह कहने आया हूं कि तुम ऐसा न करते। ये सब सवाल नहीं है। एक ही मेरे मन में सवाल है कि तुमने मुझे छुरा मारा क्यों? कारण क्या है?

उस आदमी ने बेकेट की तरफ गौर से देखा और कहाः कारण तो मुझे भी पता नहीं। तुम ही परेशान हो, ऐसा मत सोचो; मैं भी पंद्रह दिन से यही सोच रहा हूं कि मैंने छुरा मारा क्यों? न कोई जान, न कोई पहचान, न कोई दुश्मनी। तुमने हां-ना भी न कहा था। मैं भी अपने से यही पूछ रहा हूं। तुम तो मेरे पास पूछने आ गए, मैं किसके पास पूछने जाऊं कि मैंने छुरा मारा क्यों?

बेकेट का सारा जीवन बदल गया उस घटना से।

आदमी मूर्च्छित है।

क्यों का कोई उत्तर तुम्हारे पास भी नहीं है। किसी के प्रेम में पड़ गए--क्यों? किसी को देखते ही दुश्मनी हो जाती है, देखते ही विकर्षण होता है--क्यों? किसी को देखते ही श्रद्धा आ जाती है। कोई कारण नहीं है। एक अचेतन, एक मूर्च्छित दशा है; जैसे कोई स्वप्न में चलता हो, या नशे में चलता हो।

घटनाएं घटती चली जाती हैं, तुम उनके मालिक नहीं हो। घटनाएं घटती हैं, तुम उनके कर्ता नहीं हो। तुममें घटनाएं घटती हैं, लेकिन तुम्हारा नियंत्रण नहीं है। तुम्हारे भीतर इतनी होश की किरण भी नहीं है कि तुम कह सको, मैंने ऐसा क्यों किया।

बेकेट विद्यार्थी था दर्शनशास्त्र का, लेकिन उस घटना के बाद दर्शन से उसकी आस्था उठ गई। क्योंकि दर्शन की तो सारी खोज यही हैः क्यों, ऐसा क्यों है? उस दिन के बाद उसने जो कविताएं लिखीं, नाटक लिखे, वे बड़े असंगत हैं, एब्सर्ड। उनमें झेन फकीरों की झलक है, लेकिन कोई तुक नहीं है।

घटनाएं घटती हैं, लेकिन कोई कारण नहीं है।

उसकी बड़ी प्रसिद्ध किताब हैः वेटिंग फॉर गोडोट, गोडोट की प्रतीक्षा। पूरी किताब पढ़ जाने के बाद भी यह पता नहीं चलता कि गोडोट है कौन, जिसकी प्रतीक्षा हो रही है।

दो व्यक्ति हैं। बस वे बैठे हैं। और ऐसा उनका खयाल है, गोडोट आने वाला है। ऐसी उनकी धारणा है कि उसने आश्वासन दिया है कि मैं आऊंगा। और वे एक-दूसरे से बात करते हैं कि अभी तक गोडोट आया नहीं। वह दूसरा भी इधर-उधर देखता है। वह कहता है, पता नहीं क्यों देर हो गई है! और इस तरह बात चलती है। पूरा नाटक, बस ये दो आदमी बैठे हैं एक कबाड़खाने के पास,

और इनकी बात चलती है। बड़े ऊब जाते हैं, थक जाते हैं। एक उनमें से कभी-कभी क्रोधित हो जाता है। वह कहता है : अब मैं जाता हूं, बहुत हो गई। कब तक प्रतीक्षा करेंगे?

वह दूसरा भी कहता है : चलो चलें। लेकिन जाते-करते कहीं नहीं, बैठे वहीं हैं। जाएं भी कहां? जाने को है भी कहां? करें भी क्या, अगर प्रतीक्षा न करें?

तो फिर प्रतीक्षा करते हैं। फिर दूसरा दृश्य आता है नाटक का। फिर वे बैठे हैं। फिर वे प्रतीक्षा कर रहे हैं कि आज तो आना ही चाहिए, आज तो बिलकुल पक्का है। फिर समय निकल जाता है। फिर वह नहीं आता। बस उसी की बात चलती है। ऐसे-ऐसे प्रतीक्षा ही होते-होते नाटक पूरा हो जाता है।

जब इस वेटिंग फॉर गोडोट की फिल्म बनी तो जो डायरेक्टर था, उसने बेकेट को पूछा कि आखिर यह तो बताओ, यह गोडोट है कौन? उसने कहा कि अगर मुझे ही पता होता तो मैंने नाटक में ही बता दिया होता। यह तो मुझे भी पता नहीं है।

पर यह 'गोडोट' शब्द अच्छा है; यह गॉड से मिलता-जुलता है। इसमें कुछ गॉड की भनक है, ईश्वर की।

तुम किसकी प्रतीक्षा कर रहे हो? प्रतीक्षा तुम भी कर रहे हो और तुम्हें ऐसा लग रहा है : कोई आने वाला है, कुछ होने वाला है, कुछ होकर रहेगा। लेकिन किसकी? नहीं होता, तुम भी नाराज हो जाते हो। कहने लगते हो : सब बेकार है, छोड़ो-छाड़ो! पर जाओ कहां? छोड़-छाड़ कर भी कहां जाओगे? जहां जाओगे, वहां भी यही होगा। वहां भी प्रतीक्षा करनी होगी। प्रतीक्षा किसकी हो रही है, इसका भी कुछ ठीक-ठाक पता नहीं है। लेकिन बिना प्रतीक्षा किए भी कैसे रहोगे? उसके सहारे समय गुजर जाता है। गोडोट सही, अ ब स कोई भी सही। मोक्ष, निर्वाण, ईश्वर कोई भी सही। लेकिन यह दशा है!

यह बेकेट का नाटक, वेटिंग फॉर गोडोट, पूरी मनुष्यता की कथा है। आदमी की यह स्थिति है।

एक प्रतीक्षा है, पता नहीं किसकी। होना हो गया है; क्यों हो गए हैं--इसका कोई पता नहीं। कृत्य भी घट रहे हैं, लेकिन क्यों तुम कर रहे हो--इसका कोई जवाब न दे सकोगे। तुम्हारे होने का भी तुम्हारे पास कोई जवाब नहीं है : तुम क्यों हो? तुम अपने कंधे बिचकाओगे। तुम कहोगे, पता ही होता...।

इस अंधेरी दशा में, दो संभावनाएं हैं। एक संभावना तो यह है कि तुम कोई कल्पित अर्थ अपने जीवन को दे दो। तुम किसी गोडोट की प्रतीक्षा करने लगो, जिसका तुम्हें न पता है, न जिससे तुम्हारा कभी मिलना हुआ है, न तुम ठीक से जानते हो कि वह कौन है। कोई ऐसे अर्थ की तुम अपने जीवन में कल्पना कर लो, उस अर्थ के सहारे जीना हो जाएगा। जीना तो क्या होगा, आराम से मरना हो जाएगा। ऐसे धीरे-धीरे मर जाओगे। कभी पता न चलेगा कि भीतर खालीपन था। वे अर्थ जो तुमने कल्पित कर लिए थे, उनके सपने तुम्हें घेरे रहेंगे। और इसी तरह के अर्थ के सपने तुमने अपने आस-पास खड़े कर लिए हैं।

बाप मेरे पास आता है, वह कहता है, बेटे के लिए जी रहा हूं। इसका बाप इसके लिए जी रहा था। इसका बेटा अपने बेटे के लिए जीएगा। कौन किसके लिए जी रहा है?

पत्नी से पूछो, वह पति के लिए जी रही है। पति से पूछो, वह कहता है कि परेशान हो रहे हैं, मेहनत कर रहे हैं, श्रम कर रहे हैं--पत्नी के लिए जीना है! छोटे बच्चे हैं, उनका विवाह करना है, शादी करनी है, पढ़ाना-लिखाना है। वे क्या करेंगे? वे भी यही करेंगे। उनके छोटे बच्चे होंगे, उनको पढ़ाएंगे-लिखाएंगे, उनकी शादी-विवाह करेंगे।

अगर तुम आदमी की जिंदगी को गौर से देखो तो तुम जो भी कारण से जी रहे हो, तुम पाओगे वह कल्पित है। लेकिन बिना कल्पना के जीना भी तो बहुत कठिन है।

नीत्शे ने कहा है : उस आदमी को मैं आदमी कहूंगा जो बिना कल्पना के जीने को समर्थ हो; जो जीवन की सच्चाई के साथ जीने को समर्थ हो--सच्चाई कोई भी हो; किसी कल्पना के ताने-बाने न बुने।

पर ऐसा आदमी खोजना मुश्किल है।

फ्रायड ने एक किताब लिखी है धर्म के ऊपर : दि फ्यूचर ऑफ एन इलूजन, एक भ्रम का भविष्य। उसमें उसने सिद्ध करने की कोशिश की है : धर्म बिलकुल मनुष्य की भ्रमणा है, मन का ही खेल है।

किसी ने फ्रायड को पूछा कि अगर ऐसा है तो एक न एक दिन मनुष्य भ्रम से मुक्त हो जाएगा और धर्म से मुक्त हो जाएगा? फ्रायड ने कहा कि वह मैं नहीं कह सकता; क्योंकि मनुष्य कभी भ्रम के बिना जीने को राजी होगा, यह बात संदिग्ध है। मनुष्य बिना भ्रम के जी कैसे सकेगा? साधारण उपाय एक ही है कि तुम कोई भ्रम खड़ा कर लो, कोई इंद्रधनुष खींच लो आकाश में--जो कभी मिलता भी नहीं, लेकिन जिसके मिलने की आशा बनी रहती है। ऐसे तुम खिंचते चले जाते हो। ऐसे मौत करीब आ जाती है, एक दिन तुम डूब जाते हो।

करोड़ में एक को छोड़ कर अधिक लोग ऐसे ही जीते हैं। उनका संसार भी सपना है, उनका धर्म भी सपना है। उनके सिद्धांत भी सपने हैं, उनके शास्त्र भी सपने हैं। उनकी गृहस्थी भी सपना है। उनका संन्यास भी सपना है। सपने का कोई भी संबंध नहीं है वस्तु से। सपने का संबंध चित्त की दशा से है। मूर्च्छित आदमी बिना सपने के जीएगा कैसे?

सपने का कारण विज्ञान से पूछें : आदमी रात सपने क्यों देखता है? तो वे कहते हैं, इसलिए देखता है कि अगर सपने न देखे तो नींद टूट जाए। तुम उलटा सोचते होओगे, तुम सोचते होओगे रात भर सपने चलते रहे, इसलिए ठीक से सो न पाए। मनोवैज्ञानिक कहते हैं कि अगर सपना न चले तो तुम बिलकुल न सो पाओगे। सपना तुम्हारी नींद को बचाता है।

तुमको रात की नींद में भूख लगी। अगर सपना न हो तो नींद टूट जाएगी। भूख नींद तोड़ देगी। तुम सपना देखते हो कि पहुंच गए अपने फ्रिज के पास, सामान निकाल लिया--सपने में! तृप्ति भर

भोजन कर लिया--सपने में! लेकिन इस सपने ने नींद को नहीं टूटने दिया--नींद की भूख को झूठे भोजन में छिपा दिया।

अलार्म की घंटी बजी, नींद टूट जाएगी; लेकिन सपने में तुम सुनते हो, मंदिर की घंटी बज रही है। एक सपना आ गया : मंदिर की घंटी बज रही है। अब नींद के टूटने की कोई जरूरत नहीं। तुमने अलार्म को भी अपने सपने में समाविष्ट कर लिया। अब तुम मजे से करवट लेकर सो जाओगे।

वैज्ञानिक कहते हैं : सपना नींद को बचाता है।

सपने तो उन्हीं के समाप्त होते हैं जिनकी नींद ही समाप्त हो जाती है।

कृष्ण ने गीता में कहा है : या निशा सर्वभूतानां तस्यां जागर्ति संयमी। जो सबकी रात है, योगी-संयमी तब भी जागता है।

स्वप्न तो किसी बुद्धपुरुष के ही समाप्त होते हैं; क्योंकि उसकी नींद ही समाप्त हो गई; अब बचाने को ही कुछ न रहा, सपने की कोई जरूरत न रही। जैसे रात में सपना है वैसे दिन में अर्थ, प्रयोजन, सार्थकता, दायित्व--ऐसे सपने हैं दिन के। दिन के सपने हैं, रात के सपने हैं--वे तुम्हारी नींद को बचाते हैं।

एक और ढंग भी है जीने का--वह है सारे सपनों को, नींद को तोड़ कर जीना। झूठे अर्थ नहीं, अपने मनोकल्पित अर्थ नहीं। जगह खाली है माना, लेकिन गोडोट की प्रतीक्षा नहीं; क्योंकि जिसको हम जानते ही नहीं उसकी प्रतीक्षा क्या करनी? उसकी प्रतीक्षा में माना कि समय भरा हुआ निकल जाएगा, लेकिन हाथ क्या आएगा? उसकी प्रतीक्षा में माना कि ज्यादा बेचैनी न लगेगी, कुछ करने को लगता रहेगा, खाली न मालूम पड़ोगे, भरे रहोगे; लेकिन उस भरावट का भी क्या मूल्य है, जो कभी घटने वाली नहीं?

जागे हुए पुरुष का एक और जीवन है। उस जीवन का संबंध कोई अर्थ निर्मित करने से नहीं है, वरन जागने से है। जागते ही उस अर्थ की प्रतीति होनी शुरू होती है जो अस्तित्व में छिपा है। फिर तुम गोडोट की प्रतीक्षा नहीं करते। फिर किसी की प्रतीक्षा नहीं करते। फिर तो अस्तित्व में जो छिपा है उसका नर्तन शुरू हो जाता है। उसे तुम आंख भर देखते हो। कहना ठीक नहीं कि देखते हो; उसे तुम अनुभव करते हो, क्योंकि तुम भी वही हो।

तुम वही अर्थ हो जो छिपा है वृक्षों में। तुम वही अर्थ हो जो छिपा है पहाड़ों में, पर्वतों में। तुम वही अर्थ हो जो बहता है झरनों में, गाता है पक्षियों में। तुम वही अर्थ हो जिसका नाम परमात्मा है।

वह अर्थ तुमसे दूर नहीं है। तुम उसकी कल्पना नहीं करते, तुम उसका सपना नहीं देखते, तुम उसका प्रक्षेपण नहीं करते--तुम तो मौन और शून्य और शांत हो जाते हो! उस शांति में, जो है, वह प्रकट होता है। तुम तो अपने भीतर बिलकुल खाली हो जाते हो। तुम तो कहते हो : न कुछ करने को है, न कुछ जानने को है, न कुछ खोजने को है। तो तुम चुप हो जाते हो, मौन हो जाते हो। उसी मौन में अचानक एक गूंज उठती है। यह गूंज तुम्हारे मन की नहीं है। एक गीत पैदा होता है। यह गीत

तुम्हारा आयोजित नहीं है। तुम पाते हो कि तुम स्वयं इस गीत की एक लहर हो, तुम इस गीत की ही एक कड़ी हो। गीत तुमसे पहले भी चलता था, गीत तुम्हारे बाद भी चलता रहेगा। तुम बस बीच की एक शृंखला हो, एक कड़ी हो।

जिस दिन ऐसी प्रतीति होती है, उस दिन है मोक्ष। फरीद के शब्दों में कहें, उस दिन है प्यारे से मिलन। उसके पूर्व अंधेरे में टटोलना है।

और ये दो दिशाएं हैं। अंधेरे में टटोलते-टटोलते तुम घबड़ा जाओ, तो मन की कल्पनाएं कर लो, मन की कल्पनाओं में ही डूबे रहो--यह सांसारिक व्यक्ति की अवस्था है।

किसे मैं गृहस्थ कहता हूं?--वह जो सपनों में खोया है। तुम्हारे घर के कारण मैं तुम्हें गृहस्थ नहीं कहता; न तुम्हारी पत्नी, न तुम्हारे बच्चों के कारण तुम्हें गृहस्थ कहता हूं। तुम गृहस्थ हो अगर तुमने सपनों के घर बनाए। तुम्हें मैं संन्यस्त कहूंगा अगर तुमने सपनों के घर छोड़ दिए।

अगर तुम यथार्थ में जीना शुरू हो गए तो तुम्हारे जीवन में संन्यास का प्रादुर्भाव हुआ। तब किसी की प्रतीक्षा नहीं करनी पड़ती। जो घटना है वह अभी घट रहा है। कल की फिर कोई जरूरत नहीं है। जो हो रहा है वह अभी हो रहा है। इसी क्षण जीवन की महाघटना मौजूद है। इसी क्षण अस्तित्व अपने शिखर पर है।

अस्तित्व सदा ही शिखर पर है। उससे नीचे अस्तित्व होना जानता ही नहीं। इसी क्षण नाच चल रहा है। इसी क्षण उत्सव है; कल नहीं, आने वाले क्षण में नहीं!

तो, इसको तुम कसौटी समझना। अगर तुम आने वाले क्षण के लिए जी रहे हो कि कल कुछ होगा, तो वेटिंग फॉर गोडोट, तो तुम गोडोट की प्रतीक्षा कर रहे हो, जिसका तुम्हें कुछ भी पता नहीं है। अगर तुम अभी जी रहे हो, इस क्षण जो हो रहा है उसमें जी रहे हो, तो तुमने सारी प्रतीक्षा छोड़ दी, तुम जीवन को उपलब्ध हो गए।

इस जीवन को ही परमात्मा कहा है। वह एक शब्द है परमात्मा, इस जीवन की तरफ इशारा है। वह शब्द तुम्हें ठीक न लगे--क्योंकि इस सदी में उस शब्द की सार्थकता धीरे-धीरे खो गई है--तो तुम दूसरा शब्द चुन लेना। कहना अस्तित्व; कहना जीवन, महाजीवन; या जो तुम्हें रुचिकर लगे। किसी शब्द पर मेरा कोई आग्रह नहीं है, क्योंकि शब्द तो इशारे हैं। किस शब्द से तुम परमात्मा को पुकारोगे, इससे क्या फर्क पड़ता है? तुम कोई भी शब्द दे देना।

लेकिन परमात्मा अभी और यहीं है। और संसार कल, और कहीं और है। संसार यानी भविष्य। परमात्मा यानी वर्तमान।

और तुम दो ढंग से जी सकते हो : भविष्य के सहारे या वर्तमान में। वर्तमान में जो जीता है वह संन्यस्त है। वही है भक्त। वही है धार्मिक। भविष्य में जो जीता है वह संसारी है। वही है अज्ञानी। वही है भटका--स्वप्न में, तंद्रा में, निद्रा में, बेहोशी में।

फरीद के इन आखिरी वचनों को ध्यान से समझने की कोशिश करो।

सरवर पंखी हेकड़ो, फाहीवाल पचास।

--कि सरोवर में पक्षी तो एक है और फंसाने के जाल पचास।

सरवर पंखी हेकड़ो,...

अकेला है पक्षी और जाल हैं पचास फंसाने के। बचना मुश्किल मालूम होता है। बचना करीब-करीब असंभव मालूम होता है।

थोड़ा सोचो। कितने जाल हैं! धन का जाल है। पद का जाल है। यश का जाल है। कितने जाल हैं--वासनाओं के, आसक्तियों के, लोभ के, क्रोध के, मोह के! कितने जाल हैं--शरीर के, मन के! चारों तरफ फंसाने के उपाय हैं। और पक्षी है अकेला, और जाल हैं पचास। एक से बचो, दूसरे में उलझना हो जाता है। इधर बच नहीं पाते खाई से कि कुएं में गिरना हो जाता है। इसलिए जो बहुत सजग है वही बच पाएगा। बच वही पाएगा जो एक जाल से नहीं बच रहा, बल्कि जो जाल के रहस्य को समझ गया, उससे बच रहा है। एक जाल से बचने में कोई कठिनाई नहीं है, तुम बच सकते हो।

समझो, तुम्हारे जीवन में कामवासना है। बड़ा जाल है। बड़े से बड़ा जाल है। उद्दाम उसका वेग है। स्वाभाविक है, क्योंकि कामवासना से ही मनुष्य पैदा होता है। शरीर का कण-कण कामवासना से ही निर्मित होता है। मां के पेट में जो तुम्हारा पहला अणु था, वह तुम्हारे पिता और तुम्हारी मां की वासना के दो अणुओं का मेल था। फिर उसी का विस्तार होकर तुम्हारा पूरा शरीर बना, तुम्हारा मन बना, तुम बने। तुम्हारे रोएं-रोएं में वासना है। स्वाभाविक है। उसका वेग इतना है, तुम लाख कसमें खाओ--व्रत, नियम, संयम बनाओ, टूट-टूट जाते हैं। पछताओ कितने ही, फिर-फिर उलझ जाते हो। लेकिन अगर तुम जबर्दस्ती करो तो बच सकते हो।

फिर बहुत से संन्यासी, साधु, भिक्षु जबर्दस्ती अपने को रोक लेते हैं। तुम चाहो तो रोक सकते हो जबर्दस्ती; क्योंकि कामवासना कुछ ऐसी वासना नहीं है कि उससे जीवन संकट में पड़ जाए। अगर तुम भूख को जबर्दस्ती रोको तो ज्यादा से ज्यादा तीन महीने जिंदा रह सकोगे। अगर प्यास को जबर्दस्ती रोको तो दो-चार दिन भी जिंदा रहना मुश्किल हो जाएगा। अगर श्वास को जबर्दस्ती रोको तो घड़ी भर भी जिंदा रहना मुश्किल हो जाएगा। लेकिन कामवासना को तुम जबर्दस्ती रोको तो पूरी जिंदगी तुम मजे से जी लोगे। कोई अंतर नहीं आएगा। तुम मर न जाओगे।

इसलिए कामवासना को रोकने की चेष्टा लोगों को बहुत आकर्षित करती है। भूख को रोको तो अड़चन है, मौत खड़ी है। प्यास को रोको तो अड़चन है, मौत खड़ी है। श्वास को रोको तो अभी मरे, कल की बात ही नहीं है। कामवासना को रोकना आसान मालूम पड़ता है। रोके रहो, तुम नहीं मर जाओगे; क्योंकि कामवासना का तुम्हारे जीवन से कोई सीधा संबंध नहीं है। कामवासना से तुम्हारे बच्चों के जीवन का संबंध है; तुम्हारे जीवन का संबंध नहीं है। तुम्हारा जीवन तो तुम्हारे मां-पिता की वासना से शुरू हो गया। अब कोई अड़चन नहीं है, अब तो तुम यात्रा पूरी करोगे।

तो कामवासना को लोग रोक लेते हैं। कामवासना के रुकते ही दूसरा जाल शुरू हो जाता है। जिन-जिन ने कामवासना को रोका, तुम उन्हें पाओगे कि उनके जीवन में क्रोध अतिशय हो जाएगा। इधर रोका काम, उधर क्रोध का जाल उलझा। इसलिए साधु-संन्यासियों को तुम क्रोधी ज्यादा पाओगे। तुम्हें ऋषि-मुनियों की कथाएं मिल जाएंगी जो अभिशाप देने को तैयार ही बैठे हैं; जरा सी भूल-चूक हो जाए और अभिशाप दे दें, और यह जन्म ही न बिगाड़ें, अगले जन्म भी बिगाड़ दें।

तुमने कभी सोचा कि ऋषि-मुनियों के साथ ऐसी कथाएं क्यों जुड़ी हैं? ऋषि-मुनि के जीवन में तो अभिशाप होना ही नहीं चाहिए। उसकी तो वाणी पर अभिशाप का स्वर आना ही नहीं चाहिए। उसके जीवन से तो सदा ही आशीर्वाद के फूल गिरने चाहिए। अभिशाप के कांटे!...

लेकिन जिन्होंने कहानियां लिखी हैं उन्होंने कल्पना नहीं लिखी, सच्चाई लिखी है। जिनको तुम ऋषि-मुनि कहते हो, उनमें से सौ में से निन्यानबे ने कामवासना को जबर्दस्ती रोक लिया है। स्वभावतः क्रोध बढ़ जाएगा; क्योंकि जो वेग काम से निकलते थे, अब वे कहां से निकलेंगे? तुमने एक द्वार बंद कर दिया वेग के निष्कासन का, वे कहीं और दूसरी जगह से द्वार खोज लेंगे। झरने को तुमने रोक दिया, झरना कहीं और से फूट कर निकलेगा। तुमने बीमारी एक तरफ से रोकी, बीमारी दूसरी तरफ से पकड़ लेगी।

अगर तुम क्रोध को भी रोक दो, क्रोध भी रोका जा सकता है। थोड़े ही श्रम की जरूरत है तो क्रोध भी रुक जाएगा। तो तुम पाओगे, कहीं और से निकलना शुरू हो गया। जो लोग क्रोध को रोक देंगे उनके जीवन में लोभ बढ़ जाएगा, भयंकर लोभ बढ़ जाएगा। लोभ को रोको, कुछ और बढ़ जाएगा।

जाल हैं पचास, जान है एक! एक जाल से बचे नहीं कि दूसरे में उलझ जाओगे। और कई बार तो तुम समझोगे कि एक जाल से बचने का उपाय ही यही है कि दूसरे जाल में उलझ जाओ, तो पहले जाल से बच जाओगे। खाली तो तुम भी न रह सकोगे।

तो जिस व्यक्ति को जीवन में क्रांति ही लानी हो, सच में ही क्रांति लानी हो, वह एक जाल से दूसरे जाल में नहीं उलझता; वह रुक कर सोचता है कि सभी जालों का मूल आधार क्या है। मूल आधार से बचने की फिकर करना। पत्ते-पत्ते मत जाना, जड़ काटना।

महावीर से कोई पूछता है: साधु कौन? तो महावीर कहते हैं: असुत्ता--जो सोया हुआ नहीं, जागा हुआ है। पूछता है कोई: असाधु कौन? तो महावीर कहते हैं: सुत्ता--जो सोया हुआ है। महावीर ने न क्रोध की बात कही, न काम की बात कही, न लोभ की; जड़ की बात कही--सोना और जागना; होश और बेहोशी; चैतन्य और अचेतना। यह जड़ है।

तो माना कि जाल पचास हैं, लेकिन हर जाल का बुनियादी सूत्र एक है।

सरवर पंखी हेकड़ो, फाहीवाल पचास।

फंसाने को पचास जाल लगे हैं और सरोवर में पक्षी अकेला है। तुम एक जाल से बचने की कोशिश करके तुम दूसरे में फंस जाओगे।

एक मित्र हैं मेरे। हिंदू थे, ईसाई हो गए। मैंने उनसे पूछा कि क्या कारण? उन्होंने कहा : देख लिया हिंदू धर्म का असार रूप। कुछ नहीं सब धोखाधड़ी है!

मैंने कहा : यही आंख खुली अगर रखी तो ईसाइयत भी धोखाधड़ी दिखाई पड़ेगी। तुम एक जाल से बच गए, यह ठीक; लेकिन दूसरे में फंस गए।

उन्होंने कहा कि नहीं, यह कभी नहीं होगा। मैं बहुत सोच-समझ कर गया हूं।

वर्ष भर बाद मुझे मिलने आए, कहने लगे : ठीक ही कहा था। यह तो वही का वही जाल है। नाम भर अलग है। मंदिर नहीं है, चर्च है। शंकराचार्य नहीं है तो पोप है। धोखाधड़ी वही है। माल भीतर वही है, सिर्फ डब्बे के ऊपर रंग-रोगन का फर्क है, लेबल अलग-अलग हैं। मैं तो फंस गया। अब आप ही मुझे बताएं कि मैं किस धर्म में सम्मिलित हो जाऊं?

मैंने कहा : मैं तुम्हें किसी और जाल में फंसने की सहायता न करूंगा। तुम जागते क्यों नहीं? अब तुम्हें मुसलमान होना है, कि तुम्हें जैन होना है, कि बौद्ध होना है--क्या होना है?

उन्होंने कहा : जो भी आप कहें।

मैंने कहा : मैं कुछ भी न कहूंगा। मैं तुमसे पूछता हूं : तुम यह क्यों नहीं देखते कि सभी संप्रदाय जाल हैं? तुम ऐसा क्यों नहीं देखते कि धर्म का संगठन से कोई संबंध नहीं है?

धर्म निजी है और वैयक्तिक है। धर्म का भीड़ से क्या लेना-देना है? भीड़ कभी समाधिस्थ हुई है, कि भीड़ कभी स्वर्ग गई है, कि भीड़ ने कभी मोक्ष के द्वार पर दस्तक दी है? जब भी कोई गया, अकेला गया है। यह आकांक्षा कि मैं किसी भीड़ का हिस्सा हो जाऊं, किसी समूह-संगठन का अंग बन जाऊं--यह आकांक्षा मूर्च्छित है। जागा हुआ व्यक्ति अकेला है, सोए हुए व्यक्तियों की भीड़ है। सोया हुआ आदमी सहारे मांगता है, अकेला नहीं हो सकता। अकेले होने से डर लगता है। जागा हुआ आदमी पाता है कि अकेला होना स्वभाव है। अकेले होने के अतिरिक्त और कोई उपाय नहीं है।

इसलिए तो महावीर जैसे जागे व्यक्ति ने कहा--मोक्ष को जो नाम दिया, स्वर्ग को, परम अवस्था को जो शब्द दिया, वह कैवल्य है, कि वहां पहुंचते-पहुंचते व्यक्ति बिलकुल अकेला हो जाता है, केवल मात्र, अस्तित्व मात्र बचता है। वहां दो नहीं रह जाते। इसलिए शंकर ने 'अद्वैत' शब्द का उपयोग किया, वहां एक ही बचता है।

कबीर ने कहा : 'प्रेम गली अति सांकरी, तामे दो न समाए।' वहां दो नहीं समाते। जहां दो नहीं समाते वहां बीस करोड़ हिंदुओं की भीड़ कहां समाएगी, वहां साठ करोड़ मुसलमान कहां समाएंगे, वहां सौ करोड़ ईसाई कहां समाएंगे? वहां तो एक-एक ही गुजरता है और यात्रा करता है। वह गली बड़ी संकरी है।

मैंने उनसे कहा कि अब और झंझट में न पड़ो। जिंदगी ऐसे ही आधी गंवा दी, अब तो जागो! अब और नये जाल की कोशिश कर रहे हो!

पर ऐसा ही होता है। तुम एक जगह से छूट नहीं पाते कि छूटने की कोशिश में ही तुम दूसरे जाल का सहारा पकड़ने लगते हो। इसके पहले कि तुम छूटो, तुम नये जाल में उलझ गए होते हो। होश ही बचाएगा। जाल बदलने से कुछ न होगा।

सरवर पंखी हेकड़ो, फाहीवाल पचास।

सरोवर में पक्षी तो अकेला एक है और फंसाने के जाल पचास हैं।

'यह शरीर लहरों में डूब रहा है। ऐ सच्चे मालिक, मुझे अब एक तेरी ही आशा है।'

इहु तन लहरी गड्ड थिआ, सचे तेरी आस।

फरीद कहते हैं: यह शरीर डूब रहा है।

यह थोड़ा सोचने जैसा है। फरीद यह नहीं कहते कि यह आत्मा डूब रही है। फरीद कहते हैं: यह शरीर डूब रहा है। ये जाल पचास हैं, पक्षी अकेला है। यह शरीर डूबा जा रहा है।

क्या तुम भी यह कह सकोगे, यह शरीर डूब रहा है? अगर तुम अपनी तरफ देखोगे तो तुम पाओगे कि हम तो पूरे ही डूब रहे हैं। शरीर ही नहीं डूब रहा, आत्मा भी डूब रही है। शरीर ही नहीं डूब रहा है, चैतन्य भी डूब रहा है। अगर चैतन्य भी डूब रहा है, तब फिर बचने का उपाय बहुत मुश्किल है; क्योंकि प्रार्थना भी कौन करेगा, पुकारेगा भी कौन? उस परमात्मा की तरफ हाथ भी कौन उठाएगा?

यह शरीर लहरों में डूब रहा है। फरीद इसे देख रहे हैं कि यह शरीर लहरों में डूब रहा है। यह देखना ही होश है। इसी होश से प्रार्थना के द्वार खुलते हैं।

तुम बेहोश प्रार्थना न कर सकोगे। यद्यपि तुमने बेहोशी में कई बार प्रार्थनाएं की हैं, पर उन प्रार्थनाओं पर बेहोशी का धुआं था। और वे प्रार्थनाएं तुम्हारे कंठों में ही दबी रह गईं, आकाश तक पहुंची नहीं हैं।

तुम्हारी प्रार्थनाएं ऐसी हैं जैसे तुमने कभी दुखस्वप्न देखा हो, नाइटमेयर, कि रात तुमने अनुभव किया कि कोई तुम्हारी छाती पर चढ़ा बैठा है। तुम लाख उपाय करते हो, तुम हिल-डुल नहीं पा रहे हो। तुम हाथ उठाना चाहते हो, हाथ नहीं उठता, लकवा लग गया है। सपने में ही! तुम चिल्लाना चाहते हो, लेकिन कंठ अवरुद्ध है, आवाज नहीं निकलती।

तुम्हारी प्रार्थनाएं बेहोशी में ऐसी ही हैं। तुमने की भी हैं तो भी आवाज निकली नहीं। तुमने हाथ जोड़े तो भी सिर न झुका। शरीर झुका, पर तुम बिन झुके रह गए। मंदिर तक तुम पहुंचे, लेकिन वे मंदिर तुम्हारे ही बनाए हुए मंदिर थे, परमात्मा के मंदिर की तुम्हें कोई झलक न मिली।

शरीर डूबता हो और तुम देखने वाले साक्षी हो, तो ही, तो ही तुम कह सकोगे कि ऐ सच्चे मालिक, मुझे अब एक तेरी ही आशा है।

यह थोड़ा गौर से समझ लेने की बात है। सिर्फ होश से ही प्रार्थना वास्तविक हो सकती है। और मजा यह है कि अगर होश आ जाए तो प्रार्थना न की तो भी सुन ली जाएगी। और अगर होश न हो

तो तुमने प्रार्थना जन्मों-जन्मों तक दोहराई तो भी न सुनी जाएगी। होश सुना जाता है, प्रार्थना नहीं सुनी जाती। प्रार्थना में कुछ भी नहीं है। तुम्हारे हृदय में, जहां से प्रार्थना आती है, जागरण हो, जागरण की सुगंध हो, जागरण की धूप जलती हो, तो ही उस धूप पर यात्रा करती है प्रार्थना। और तब तो एक ही प्रार्थना रह जाती है, और कुछ तो कहने को रह नहीं जाता--ऐ सच्चे मालिक, मुझे अब एक तेरी ही आशा है! अपने से तो बहुत करके देख लिया। हर बार पाया कि जो भी मैं करता हूं, वह एक जाल से तो बचा देता है, लेकिन दूसरे जाल में उलझा देता है। काम से बचा तो क्रोध में उलझ गया। संसार से बचा तो संन्यास में उलझ गया। घर से छोड़ कर भागा तो मंदिर में फंस गया। बाजार से छोड़ कर जंगल गया, जंगल में ही आसक्ति हो गई। धन छोड़ा, लंगोटी पकड़ ली। पकड़ न छूटी। ऐसे भागता रहा, बचता रहा; लेकिन हर बार आखिर में पाया कि कोई झंझट खड़ी हो गई। क्योंकि मेरे भीतर से तो मूर्च्छा टूटी नहीं, तो मैंने जो भी किया, वहीं संसार खड़ा हो गया।

संसार मूर्च्छा से पैदा होता है, वह मूर्च्छा की संतति है। तुम मूर्च्छित हो, तुम जो भी करोगे, वह संसार होगा। तुम होश से भर जाओ, तुम जो भी करोगे, वह धर्म होगा। धर्म करने से कोई होश से नहीं भरता, होश से भरने से धर्म करता है। संसार छोड़ने से कोई जागता नहीं; जागने से संसार छूटता है।

इहु तन लहरी गडु थिआ, सचे तेरी आस।

अब एक तेरी ही आशा है, अपने पर आशा छोड़ते हैं। अपने को बचा-बचा कर देख लिया, बचा न पाए, अब तू ही बचा!

यह बड़ा गहरा अनुभव है जीवन का; जिसे उपलब्ध हो जाता है वह प्रौढ़ हो गया। जब तक ऐसा अनुभव न उपलब्ध हो तब तक तुम समझना, अभी बालपन चल रहा है, प्रौढ़ता न आई। बालपन का मतलब ही यह है कि तुम सोचते हो, अपने किए हो जाएगा। समस्या बड़ी है, तुम बहुत छोटे हो। समस्या विराट है; तुम्हारे हाथों की इतनी पहुंच नहीं। आंखें बड़ी छोटी हैं, देखने को विराट है। हाथ बड़े छोटे हैं, पकड़ने को आकाश है। नहीं, यह पकड़ नहीं हो पाएगी।

तुमने अपनी तरफ से कोशिश की तो वह सारी कोशिश तुम्हारी अहंता, अस्मिता और अहंकार ही होगी। तुमने तप भी किया तो भी अहंकार होगा। तुमने पूजा की तो भी अहंकार होगा। तुम मंदिर गए तो भी इसलिए जाओगे कि उससे अहंकार की तृप्ति होती है--लोग कहते हैं : बड़े धार्मिक हो।

तुमने कभी खयाल किया, अपने ही ऊपर कभी खयाल किया कि आदमी कैसे खेल खेलता है? तुम मंदिर में खड़े हो, कोई देखने वाला नहीं तो प्रार्थना में कुछ मजा नहीं आता। भीड़ इकट्ठी है, लोग देख रहे हैं : तुम्हारे स्वर एकदम तेज हो जाते हैं, आरती में गति आ जाती है; पैर थिरकने लगते हैं। तुम परमात्मा के लिए नाच रहे हो या इन दर्शकों के लिए नाच रहे हो। जब कोई देखने वाला नहीं होता, तुम संक्षिप्त प्रार्थना करके रास्ते पर निकल जाते हो। तुम जल्दी-जल्दी करकुरा लेते हो। जब देखने वाले होते हैं तो प्रार्थना बड़ी लंबी हो जाती है। और ऐसा समझो कि सम्राट भी आया हो देखने

तब तो तुम्हारी प्रार्थना में ऐसी लवलीनता लगेगी, आंख से आंसू झरेंगे। तुम्हें देख कर ऐसा लगेगा, तुम बिलकुल समाधिस्थ हो गए हो।

लेकिन वह सब झूठ है। प्रार्थना का तुम्हें कोई रस नहीं, रस कोई और है--रिस्पेक्टबिलिटी, आदर-सम्मान, लोग धार्मिक समझते हैं।

मैंने सुना है, एक बिलकुल बहरा और अंधा आदमी रोज चर्च जाता था--एक बच्चे का सहारा लेकर। किसी ने उससे एक दिन पूछा कि तू किसलिए आता है? न तो तुझे कुछ दिखाई पड़ता, न तुझे कुछ सुनाई पड़ता। चर्च में पादरी क्या समझाता है, वह तुझे सुनाई नहीं पड़ता। कौन सी प्रार्थनाएं होती हैं, गीत गाए जाते हैं, वे तुझे सुनाई नहीं पड़ते। तू क्यों रोज इतना परेशान होता है?

उसने कहाः यह सवाल नहीं है। यह सवाल नहीं है सुनने और देखने का। क्या तुम सोचते हो, जिनको दिखाई पड़ता है, वे देखने आते हैं; और जिनको सुनाई पड़ता है वे सुनने आते हैं? कोई इसलिए नहीं आता, देखने और सुनने। लोग दिखाने आते हैं कि देखो मैं चर्च में आया हूं, मैं धार्मिक हूं! मैं भी दिखाने ही आता हूं। देखना किसको है? आंख का क्या प्रयोजन है? सुनना किसको है? सुन ही लिया होता तो फिर आने कि जरूरत क्या रहती? नहीं, मैं तो यह दिखाना चाहता हूं ताकि लोग जान लें कि मैं भी धार्मिक हूं, और ताकि परमात्मा भी देख ले कि हर रविवार को मौजूद रहा हूं; कभी एक रविवार चूका नहीं, यद्यपि अंधा था, बहरा था। आना मुश्किल था, कठिनाई थी; लेकिन बराबर आया हूं।

यह तो एक दावेदारी है।

तुम पुण्य के लिए मंदिर जाते हो। मंदिर जाने में तुम्हें आनंद नहीं है। तो तुम एक से बचोगे...घर से बचोगे, मंदिर में फंसोगे। क्योंकि तुम्हारे होने का ढंग ही ऐसा है कि तुम फंस ही सकते हो, मुक्त नहीं हो सकते हो। मूर्च्छा में कभी कोई मुक्त नहीं होता।

यह शरीर लहरों में डूब रहा है।

शरीर को अपने से अलग करके देखना होश की तरफ पहला कदम है। यह शरीर मैं नहीं हूं, ऐसी प्रतीति गहन होने लगे। चलते समय देखना कि शरीर चल रहा है, मैं नहीं। भूख के समय देखना, शरीर को भूख लगी है, मुझे नहीं। प्यास कंठ को तड़फाए, तब जानना कि शरीर को बड़ी जरूरत है जल की, मुझे नहीं। नींद आने लगे, कहना, शरीर विश्राम चाहता है। शरीर सोए, शरीर चले, शरीर भूखा हो, तृप्त हो--तुम जरा दूर-दूर रहना; तुम जरा फासला साधना। तुम बहुत नजदीक मत रहना। जितने तुम नजदीक रहोगे शरीर के, उतना ही तुम शरीर के साथ डूबोगे। जितना यह अलगाव और फासला बढ़ने लगे, उतना ही तुम्हारे भीतर साक्षी चैतन्य का जन्म होगा, उतना ही तुम्हारा होश बढ़ेगा। तब शरीर बीमार पड़ेगा और तुम जानोगे कि शरीर बीमार पड़ा है, मैं जानने वाला हूं। तभी यह संभव है कि फरीद की तरह तुम भी कह सकोः 'इहु तन लहरी गडु थिआ।' यह शरीर तो डूब रहा है लहरों में, लेकिन मैं देख रहा हूं। और यह जो मैं देख रहा हूं, यह जो मैं साक्षी हूं--यही साक्षी तो प्रार्थना है।

ऐ सच्चे मालिक, मुझे अब एक तेरी ही आशा है। अपनी तरफ से सब किया, डूबने के अतिरिक्त कुछ भी न पाया। बहुत नदियों में डूबे, बहुत घाटों पर उतरे; लेकिन हर जगह डूबना ही हुआ। आखिर में हाथ कुछ न लगा, सिर्फ मौत लगी। आखिर में सिवाय दुख के और कुछ भी न पाया। अशांति, बेचैनी, विषाद! अपनी तरफ से करके चुक चुके, अब कुछ और करने को नहीं रहा। ऐ सच्चे मालिक, मुझे अब एक तेरी ही आशा है।

जो फरीद का वचन है, वह अनुवाद से भी सुंदर है: 'सचे तेरी आस।' वह इतना ही कह रहा है, तू सच है। 'सचे तेरी आस।' और अब सच्चे की ही आस है। अपने तईं रह कर देख लिया, वह झूठे के साथ आशा थी। मैं ही झूठा था, तो उसके साथ जितनी आशाएं बांधीं, वे सब डूबीं। मैं ही झूठा था, तो उस नाव में जितनी यात्राएं कीं, वे सब व्यर्थ गईं। वह कागज की नाव थी। वह हमेशा मझधार तक पहुंचते-पहुंचते डूब गई, गल गई। 'सचे तेरी आस।' अब तो मैं तेरी तरफ देखता हूं। तू सच्चा है, मैं झूठा हूं--यह भक्त का भाव है।

मैं सच्चा हूं, तू झूठा है--यह सांसारिक का भाव है। बस इतना सा ही फर्क है, पर कितना बड़ा फर्क है!

लोग मेरे पास आते हैं, वे कहते हैं: ईश्वर कहां है? दिखाई नहीं पड़ता।

जो लोग ईश्वर पर भी संदेह करते हैं, वे कभी अपने पर संदेह नहीं करते कि मैं कहां हूं, मैं कहां दिखाई पड़ता हूं? नहीं, उस पर कभी संदेह नहीं आता, वह सच्चा है। परमात्मा झूठा है। जब तीर बदल जाता है--सच्चाई परमात्मा की तरफ हो जाती है और झूठ अपनी तरफ हो जाता है--तब भक्त का जन्म होता है। तब भक्त कहता है: तू तो सब तरफ दिखाई पड़ता है, मैं कहीं दिखाई नहीं पड़ता। 'सचे तेरी आस।' झूठ था मैं, इसलिए जालों में उलझा। मैं खुद ही झूठ था। जालों ने उलझाया, यह कहना ठीक नहीं, मैं झूठ था, इसलिए उलझा।

मैं एक गांव में गया। एक संन्यासी मेरे पहुंचने के पहले उस गांव में थे। बड़ी चर्चा थी। उस संन्यासी ने एक आदमी को धोखा दे दिया। धोखा यह दिया कि उस संन्यासी ने कहा कि मैं सोने को दुगना कर देता हूं, सौ रुपये के नोट को दोहरा कर देता हूं, दो नोट कर देता हूं एक की जगह। उसने करके भी दिखाया। कोई चालबाजी की होगी। सौ रुपये का नोट उसने दो करके दिखा दिया, भरोसा आ गया। तो सारे घर का जो कुछ भी था--सोना, चांदी, सब इकट्ठा कर दिया। उसको डबल करना है, दोहरा करना है। उसने कहा: सब रख दो, दोहरा हो जाएगा। उसने एक मटकी में सब रखवा लिया। काफी आधी रात तक उसने मंत्र-तंत्र किए और फिर कहा कि अब इस मटकी को लेकर मरघट चलना पड़ेगा। साथ चलो, कोई भय की बात नहीं है।

थोड़ी घबड़ाहट तो हुई, लेकिन लोभी आदमी! सोचा दुगुना हो जाएगा। कोई दस-बारह हजार रुपये का सोना था, तो मरघट जाने को भी तैयार हो गया। फिर उसने रास्ते में मरघट के भय बतलाए कि घबड़ाना मत, अगर कोई गर्दन पकड़ ले; घबड़ाना मत, अगर कोई अस्थिपंजर एकदम खड़ा हो

जाए, क्योंकि भूत-प्रेत आएंगे। वह फंस ही गया। मरघट के बाहर-बाहर पहुंच कर उसने कहाः ऐसा करो महाराज, आप ही अंदर चले जाओ, मुझे तो बहुत डर लग रहा है।

और उसने कहा कि अगर डर लगा तो डबल तो होगा ही नहीं सोना, सोना मिट्टी हो जाएगा। उस गृहस्थ ने यह भी कहा कि भई वापस ही लौट चलो, जितना है उतना ही रहने दो। उसने कहा कि बीच में तो कभी हो ही नहीं सकता वापस। तो वह तो मरघट के बाहर रह गया, और वह मरघट के भीतर गया तो लौटा ही नहीं, वह लेकर मटकी उनकी नदारद हो गया। उन्होंने पुलिस में रिपोर्ट की। सारे गांव में संन्यासी की निंदा थी। वे मेरे पास भी आए। दूसरे ही दिन मैं उस गांव पहुंचा। रोने लगे। कहने लगे कि ऐसा-ऐसा हो रहा है। संन्यास के नाम पर ऐसा धोखा चल रहा है। धर्म के नाम पर ऐसी बेईमानी चल रही है। ऐसे चालबाज और गुंडे और बदमाश धर्म की आड़ में छिपे हैं।

मैंने उनसे कहाः उस संन्यासी की बात बाद में करेंगे, क्योंकि वह तो यहां मौजूद नहीं। तुम कोई भले आदमी नहीं हो। तुम फंसे हो अपनी चालबाजी से। तुम दोहरा करना चाहते थे सोना! तुम सोचते हो, तुम सज्जन आदमी हो? तुम उस संन्यासी की शरारत से नहीं फंसे हो, तुम अपनी बेईमानी से फंसे हो। अगर तुम ईमानदार आदमी होते तो तुम कहतेः मुझे करना भी नहीं है; सौ के दो नोट मुझे बनाने नहीं हैं, क्योंकि यह तो गैर-कानूनी है। संन्यासी तो जब पकड़ा जाएगा, पकड़ा जाएगा, मुझे आश्चर्य है कि सरकार तुम्हें कैसे छोड़े हुए है! तुम इसी वक्त पकड़े जाने चाहिए, तुम तो कम से कम उपलब्ध हो। तुमने सौ रुपये के डबल बनाना चाहे, तुम बारह हजार का सोना चौबीस हजार का करना चाहते थेः तुम हो बेईमान! तुम फंसे अपनी बेईमानी से।

अरब में एक कहावत है कि सच्चे आदमी को धोखा देना मुश्किल है। मैं भी इसमें भरोसा करता हूं। तुम सच्चे आदमी को धोखा कैसे दोगे? क्योंकि धोखा देने के लिए तुम जो उपाय करते हो, वे सिर्फ झूठे आदमी पर काम आते हैं। ईमानदार आदमी के साथ बेईमानी करनी असंभव है। और तुम कर भी लोगे बेईमानी तो तुमको ही लगेगा कि तुमने की है; ईमानदार आदमी को पता भी न चलेगा। ईमानदारी की महिमा ऐसी है कि उसको बेईमानी छूती ही नहीं; ऐसे ही जैसे सूरज को कभी अंधेरा नहीं छूता। कोई उपाय नहीं है। कितना ही अंधेरा हो, सूरज को कभी नहीं छूता। सूरज को तो छोड़ दो, छोटे से मिट्टी के दीये को भी नहीं छू पाता। जरा सी लौ जलती है, उसको भी नहीं छू पाता।

आदमी फंसता है अपने भीतर के झूठ के कारण।

फरीद यह कह रहे हैं कि वे पचास जाल हैं, माने; लेकिन असली जाल तो यह है कि मैं जो झूठा था उसको मैं सच्चा समझता था। अब वह झूठ टूट गई। फंस-फंस कर मैंने देख लिया कि कोई और न फंसाता था, मैं ही फंसता था। 'सचे तेरी आस।' अब तुझ पर ही सब छोड़ता हूं। अब तेरी ही एक आशा है।

और एक बड़े मजे की बात, तुमने शायद ध्यान दी हो कि दुनिया में बीमारियां तो हजारों तरह की होती हैं, लेकिन स्वास्थ्य एक तरह का होता है। बीमारियों के हजार ढंग हैं, करोड़ ढंग हैं। बीमारियों

की कोई संख्या है?--असंख्य हैं। लेकिन स्वास्थ्य? स्वास्थ्य बस एक ही ढंग का होता है--हिंदू का हो, मुसलमान का हो, ईसाई का हो, काले का हो, गोरा हो, स्त्री हो, पुरुष हो। स्वास्थ्य का स्वाद एक है।

झूठ अनेक होते हैं, सत्य एक है।

...सचे तेरी आस।

जब तक तुम झूठ में फंसते हो, तुम भी भीतर अनेक को पकड़े हो, एक को नहीं पकड़ा है तुमने। इसलिए अनेक तुम्हें फंसा लेते हैं। भीतर की माया ही बाहर की माया से मिल जाती है, तुम फंस जाते हो। भीतर का झूठ बाहर के झूठ से उलझ जाता है, तुम फंस जाते हो। भीतर का झूठ न रह जाए, बस बात समाप्त हो गई।

एक झेन फकीर रात सोने के ही करीब था कि चोर उसके घर में आ गया। गांव से दूर था घर। फकीर को बड़ी बेचैनी हुई की बेचारा चोर! इतनी रात अमावस की, अंधेरी रात में, इतने दूर चल कर आया और झोपड़े में कुछ है ही नहीं। सिर्फ एक कंबल है जो वह खुद ही ओढ़े है। तो वह चुपचाप कंबल को एक कोने में रख कर सरक गया अंधेरे में, कि यह कुछ तो ले जाए; अन्यथा इतनी दूर आया और खाली हाथ जाए! ऐसा हमारा सौभाग्य कहां कि यहां चोर आएं। चोर तो धनियों के घर जाते हैं। पहली दफे तो यह भाग्य आया कि चोर ने हमें यह सम्मान दिया, और इसको भी हम अधूरा हाथ, खाली हाथ भेज दें! तो सरका कर अपने कंबल को एक कोने में हट गया। चोर कुछ डरा कि मामला क्या है! वह अंधेरे में खड़ा देख रहा है। और जब यह कंबल को छोड़ कर हट गया तो उसे और भी भय लगा कि यह फंसाने की तरकीब तो नहीं है, क्या मामला है? घर में कुछ है भी नहीं, आदमी भी अजीब है! कुछ भी नहीं है घर में; बस यह कंबल ही एकमात्र दिखता है, खुद नंगा मालूम होता है। तो वह निकल कर भागना चाहा। और उसने सोचा कि इसका कंबल भी किस मतलब का होगा; हजार छेद होंगे, सड़ा-गला होगा! जिसके पास कुछ भी नहीं, उसके कंबल का भी क्या भरोसा!

भागने को था कि उस फकीर ने आकर दरवाजे पर रोक लिया और कहा कि ऐसी ज्यादती मत करो, वह कंबल ले जाओ; नहीं तो मन में सदा के लिए पीड़ा रह जाएगी कि तुम आए भी, खाली हाथ गए। कौन आता है अंधेरी रात में? और हम फकीरों के घर तो कभी कोई आता ही नहीं। तुमने तो हमें धनी होने का सम्मान दिया। अब तुम ऐसा न करो, जल्दी न करो; ले जाओ कंबल, अन्यथा हमें बड़ी पीड़ा रह जाएगी। और दुबारा आओ तो जरा खबर कर देना, हम इंतजाम पहले से कर देंगे, कुछ मिलेगा जरूर। पता ही न हो तो हम भी क्या कर सकते हैं? ऐसे अतिथि की तरह मत आना, एक चिट्ठी डाल देना।

वह आदमी तो घबड़ा गया था। घबड़ाहट में उसे कुछ सूझा नहीं, उसने सोचा, लो कंबल और निकल जाओ; यह आदमी तो कुछ आदमी जैसा नहीं मालूम पड़ता; या तो पागल है या फिर किसी और लोक का है। जब वह कंबल लेकर भागने लगा तो उस फकीर ने कहा कि देख भाई, दरवाजा

अटका दे; और ध्यान रख, कभी भी किसी के घर जाए, दरवाजा जब खोलते हो तो अटका कर जाना चाहिए।

वह चोर भी सोचा कि कहां के आदमी से पाला पड़ गया। और जब वह दरवाजा अटकाने लगा तो उस फकीर ने कहा कि देख धन्यवाद दे दे, पीछे काम पड़ेगा। हमने तुझे कंबल दिया, नाहक चोर क्यों बन रहा है? धन्यवाद दे दे, बात खत्म हो गई।

तो उसने धन्यवाद दिया और भागा। वह पकड़ा गया बाद में। और चोरियां पकड़ीं, यह कंबल भी पकड़ा गया। मजिस्ट्रेट ने इस फकीर को बुलाया; क्योंकि अगर यह फकीर कह दे कि हां, यह चोरी करने घर में आया था तो बस काफी है। इसके वचन का तो भरोसा था मुल्क में। फिर कोई और खोज-बीन की जरूरत नहीं, यह निष्णात चोर है। लेकिन उस फकीर ने कहा कि नहीं, इसने चोरी नहीं की, मैंने भेंट दिया था; और इसने भेंट के बाद धन्यवाद भी दिया था, इसलिए बात खत्म हो गई थी।

फकीर तो अदालत से बाहर निकल आया, चोर भी छोड़ दिया गया। वह आकर फकीर के पैर पकड़ लिया, उसने कहा कि मुझे भी साथ ले चलो। अब जब तक तुम जैसा न हो जाऊं तब तक चैन न मिलेगी। तुम भी आदमी गजब के हो। तुमने मेरी इतनी फिकर की उस रात, कंबल भी दिया और भविष्य की भी चिंता ली कि धन्यवाद भी मुझसे दिलवा लिया कि मैं चोर न रह जाऊं।

उस फकीर ने कहा : जब से हम साधु हुए तब से कोई हमारे लिए चोर न रहा।

इसे थोड़ा सोचो। जब तुम साधु हो जाओगे तो तुम्हारे लिए कोई चोर न रह जाएगा। और जब तक तुम्हारे लिए कोई चोर है, तब तक जानना कि भीतर कोई चोर मौजूद है। चोर से ही चोर की पहचान होती है। साधु से साधु की पहचान होती है। तुम साधु हो तो तुम चोर में भी साधु को देख लोगे। तुम चोर हो तो तुम साधु में भी चोर को देख लोगे।

आदमी फंसता है, जाल के कारण नहीं; भीतर के मोह, भीतर की माया, भीतर के असत्य, भीतर की मूर्च्छा के कारण।

ऐ सच्चे मालिक, मुझे अब एक तेरी ही आशा है! वह झूठ का मैंने सहारा छोड़ दिया; अब उस कागज की नाव पर यात्रा नहीं करता। 'सचे तेरी आस।'

कवणु सु अखरु कवणु गुणु, कवणु सु मड़ीआ मंतु।
कवणु सु वेसो हउ करी, जितु वसी आवै कंतु।।

'वह कौन सा शब्द है फरीद, वह कौन सा गुण है फरीद, वह कौन सा अनमोल मंत्र है, कौन सा वेश मैं धारण करूं मेरे मालिक जिससे कि मैं तुझे अपने बस में कर लूं?'

कौन से कपड़े पहनूं, कौन सा गुण धारण करूं, कौन सा मंत्र पढ़ूं कि मैं अपने स्वामी को बस में कर लूं!

अब और सबको बस में करके देख लिया, भिखारी से भिखारी और भिखारी से भिखारी होता

गया। साम्राज्य जीत कर देख लिए, संपत्ति हाथ न लगी। अब तो तुझ मालिक को ही, तुझ मालिक को ही पाना है, और कुछ पाने जैसा न रहा।

जीसस का एक बड़ा प्रसिद्ध वचन है। एक आदमी निकोडेमस जीसस के पास आया और उसने कहा कि मुझे आशीर्वाद दो कि मेरे धन में बढ़ती हो, मेरी समृद्धि बढ़े, मेरे सौभाग्य में हजार गुनी गति हो।

जीसस ने कहाः सीक यी फर्स्ट दि किंगडम ऑफ गॉड, दैन ऑल एल्स शैल बी एडेड अनटु यू। तू सिर्फ परमात्मा को खोज, परमात्मा के राज्य को खोज; शेष सब अपने आप पीछे चला आएगा।

और इससे उलटी बात भी ध्यान रखना, जिसने शेष को खोजा, उसने कभी कुछ न पाया; शेष तो खोया ही, परमात्मा भी खोया। जिसने परमात्मा को खोजा उसने परमात्मा को तो पाया ही, शेष सब भी पा लिया; क्योंकि उसके बाहर और क्या है?

फरीद कहता हैः कौन सा शब्द है, जो तेरे कानों को मीठा हो, मैं वही गाऊं, वही गुनगुनाऊं? कौन सा गुण है, जो मैं ओढ़ लूं और तेरे प्रेम की नजर मेरी तरफ हो जाए? कौन सा अनमोल मंत्र है, जो कुंजी बन जाए और तेरे हृदय के द्वार मेरे लिए खुल जाएं? कौन सा वेश धारण करूं? कौन सा वेश तुझे प्रिय है? मैं वही वेश धारण करने को राजी हूं। लेकिन अब बस तुझे ही बस में करने का खयाल है। और सब दौड़ दौड़ कर देख ली, व्यर्थ पाई।

कवणु सु अखरु कवणु गुणु,...

निवणु सु अखरु खवणु गुणु, जिहवा मणीआ मंतु।

'दीनता वह शब्द है, धीरज वह गुण है, शील वह मंत्र है। तू इसी तीन के वेश को धारण कर बहिन, तेरा स्वामी तेरे बस में हो जाएगा।'

एत्रै भैणे वेस करि, ता वसि आवी कंतु।

ये तीन शब्द गौर से समझें।

दीनता वह शब्द है।

जीसस ने कहा हैः ब्लैसिड आर दि मीक। धन्य हैं वे जो दीन हैं।

लाओत्सु के सारे वचन दीनता की महिमा को गाते हैं। धन्य है वह जो सबके पीछे है, क्योंकि वही आगे हो जाएगा। धन्य है वह जिसके पास कुछ भी नहीं है, क्योंकि सभी कुछ उसका है।

दीनता वह शब्द है।

दीनता का क्या अर्थ है?

दीनता का अर्थ है कि मेरे पास ऐसा कुछ भी नहीं जिसके कारण मैं अकड़ सकूं। न बुद्धि है, न ज्ञान है, न त्याग है, न तपश्चर्या है--मेरे पास ऐसा कुछ भी नहीं जिसके कारण मैं अकड़ सकूं।

अकड़ अहंकार है। और अहंकार के लिए सहारे चाहिए। धन हो तो अकड़ हो सकती है। पद

हो तो अकड़ हो सकती है। ज्ञान हो तो अकड़ हो सकती है। त्याग हो तो अकड़ हो सकती है। ऐसा कुछ भी नहीं मेरे पास जिससे मैं अकड़ सकूं। मेरे पास ऐसा कुछ भी नहीं है जिससे मैं कह सकूं कि मैं हूं। मैं बिलकुल रिक्त हूं।

ध्यान रखना, आदमी का मन इतना चालाक है कि वह दीनता के कारण भी अकड़ सकता है। वह यह कह सकता है: मैं बिलकुल दीन हूं, देखो; मैं तुमसे ज्यादा दीन हूं; मुझसे ज्यादा दीन और कोई भी नहीं! तो फिर दीनता ही धन हो गई।

मैंने सुना है, चार ईसाई फकीर एक चौराहे पर मिले। उन चारों के चार बड़े आश्रम थे जंगल में। चारों लौटते थे शहर से उपदेश करके, राह में मिलना हो गया। विश्राम करते थे वृक्ष के नीचे बैठ कर। पहले ईसाई फकीर ने कहा कि तुम्हें पता होना चाहिए कि हमारी जो मोनेस्ट्री है, हमारा जो आश्रम है, उसने आज तक जितने बड़े दार्शनिक दुनिया को दिए, उतने तुम्हारे किसी आश्रम ने नहीं दिए।

दूसरे ने कहा: यह बात बिलकुल ठीक है, जितने बड़े दार्शनिक तुम्हारे आश्रम से पैदा हुए, किसी आश्रम से पैदा नहीं हुए। लेकिन जितने बड़े त्यागी हमने पैदा किए हैं हमारे आश्रम से, उतने बड़े त्यागी तुम्हारे आश्रम या किसी भी आश्रम से कभी पैदा नहीं हुए।

तीसरे ने कहा: यह बात भी सच है; लेकिन पांडित्य में तो तुम हमारा कोई मुकाबला न कर सकोगे। जैसे शास्त्र के जानकार और जैसी बाल की खाल निकालने वाले कुशल चिंतक हमने पैदा किए हैं, किसी ने पैदा नहीं किए।

तीनों ने चौथे की तरफ देखा, जो चुपचाप बैठा था। उसे चुप देख कर उन्होंने कहा: तुम कुछ बोलते नहीं?

उसने कहा कि जहां तक हमारे आश्रम का संबंध है, जैसे दीन, ना-कुछ, विनम्र व्यक्ति हमने पैदा किए हैं, उसका कोई मुकाबला नहीं। वी आर दि टॉप इन ह्यूमिलिटी।

टॉप इन ह्यूमिलिटी! शिखर पर हैं विनम्रता के! मगर विनम्रता का कोई शिखर होता है? शिखर ही के कारण तो विनम्रता नहीं होती। जहां विनम्रता है वहां विनम्रता का भाव भी नहीं हो सकता। विनम्रता का भाव भी हो तो विनम्रता नष्ट हो गई। विनम्रता बड़ी नाजुक बात है। विनम्रता का भाव भी नष्ट कर देता है उसे। उससे ज्यादा बारीक और कोमल कोई तंतु नहीं है।

दीनता का अर्थ है: मैं कुछ भी नहीं हूं। जैसे ही यह घड़ी घटती है कि मैं कुछ भी नहीं हूं, वही परमात्मा सब-कुछ हो जाता है। जब तक मैं कुछ हूं तब तक परमात्मा सब-कुछ नहीं हो सकता। जितना मैं हूं उतना परमात्मा से कटा रहेगा। जिस दिन मैं शून्य हूं उस दिन परमात्मा पूर्ण है। जब तक मैं पूर्ण हूं तब तक परमात्मा शून्य है।

वह कौन सा शब्द है?

दीनता वह शब्द है।

वह कौन सा गुण है?

धीरज वह गुण है।

धीरज को भी समझें। धैर्य का अर्थ होता है : मिलना निश्चित है; मिलना इतना निश्चित है कि जल्दी क्या है? जल्दी तो इसलिए होती है कि मिलना अनिश्चित है। तुम्हें पक्का भरोसा नहीं कि मिलना होगा, इसलिए तुम जल्दी में होते हो। जब मिलना बिलकुल ही निश्चित हो, जब उसमें रत्ती भर संदेह न हो तो फिर जल्दी क्या? जब मिले, तब मिले। जब मिले तभी जल्दी है।

धीरज का अर्थ है: चाहता तो हूं इसी क्षण तू मिल जाए; लेकिन अगर अनंतकाल में भी मिला तो भी शिकायत नहीं है। अनंतकाल भी तेरी प्रतीक्षा में मधुर हो जाएगा। तेरी प्रतीक्षा का ही काल होगा, बेचैनी का नहीं होगा। तेरी राह पर आंखें बिछा कर बैठे रहेंगे। वे क्षण भी सुख के ही क्षण होंगे। तू आने वाला है!

और अगर धीरज परिपूर्ण हो तो मिलन इसी क्षण हो जाता है। यह बड़ी विरोधाभासी बात है। इसे ऐसा समझने की कोशिश करें: जितनी तुमने जल्दी की उतनी देर हो जाएगी; क्योंकि तुम्हारी जल्दी बेचैनी और अशांति की खबर है। और जितनी तुमने जल्दी न की उतनी जल्दी हो जाएगी; क्योंकि तुम्हारा जल्दी न करना तुम्हारे शांत, प्रफुल्लित होने का लक्षण है। अगर तुम्हारा धैर्य अनंत है तो इसी क्षण परमात्मा मिल जाएगा। अगर तुम्हारे धैर्य में थोड़ी कमी है--उतनी ही देर लगेगी। जितनी धैर्य में कमी है उतनी ही देर लगती है।

मैं एक बहुत पुरानी कहानी तुमसे कहूं जो मैं निरंतर कहता रहता हूं। नारद जाते हैं स्वर्ग की तरफ। एक बूढ़ा फकीर, बड़ा पुराना तपस्वी, वृक्ष के नीचे अपनी तपश्चर्या कर रहा है। नारद उसके पास से गुजरते हैं अपनी वीणा बजाते, तो वह कहता है: कहां जाते हैं? परमात्मा की तरफ जाते हैं? अगर जाते हों, तो पूछ लेना मेरे संबंध में कि अब और कितनी देर है? तीन जन्म हो गए मुझे तपश्चर्या करते। किसी चीज की सीमा होती है, हद होती है। अब यह बात बेहद हुई जा रही है। धैर्य का गुण ठीक है, लेकिन कब तक? जरा पूछ लेना: और कितनी देर है?

नारद ने कहा: जरूर पूछ लूंगा। हंसी तो नारद को बहुत आई कि यह बात भी कोई प्रार्थना से भरे चित्त की बात है! प्रार्थना से भरे चित्त की कभी कोई धैर्य की सीमा आती है? यह भी कोई प्रेमी का लक्षण है? लेकिन अब ठीक है, पूछ लेंगे।

एक दूसरे वृक्ष के नीचे एक युवक संन्यासी नाच रहा था, अपना एकतारा लिए, उससे उन्होंने मजाक में ही पूछा कि भई, तुझे भी तो नहीं पूछना कि कितनी देर है? तेरी भी पूछ लेंगे इन्हीं के साथ।

लेकिन उसने कोई जवाब न दिया, वह नाचता ही रहा। थोड़ा नारद को भी हैरानी हुई। कहा: सुनते नहीं, बहरे हो? जा रहा हूं परमात्मा की तरफ, तुम्हारी भी पूछ लूंगा।

लेकिन उस युवक ने फिर भी कोई ध्यान न दिया, वह नाचता ही रहा।

कुछ दिन बाद नारद वापस लौटे। उस बूढ़े आदमी से कहा... वह बैठा था तैयार; माला का मनका भी हाथ में घूमता रुक गया था। उसने पूछा: पूछा? क्या बोले?

नारद ने कहा कि क्षमा करें, उन्होंने कहा, तीन जन्म और लग जाएंगे। उसने माला वहीं फेंकी। लात मार कर मूर्ति हटा दी। पूजा के फूल बिखरा दिए और कहा : बस हो गया बहुत! यह तो अंधेर है। तीन जन्म से धक्के खा रहे हैं। और तीन जन्म! नहीं, अब नहीं सहा जाता।

नारद उस युवक फकीर के पास गए जो अभी भी नाच रहा था तंबूरा लिए। कहा कि भाई, डर लगता है तुझसे कहें कि न कहें, क्योंकि तीन जन्म की बात से ही वह बूढ़ा संन्यासी इतना नाराज हो गया कि डर था कहीं हमला न कर दे हम पर, जैसे हमारा कोई कसूर हो! लेकिन जब पूछ ही लिया है तो कह देना उचित है। तुम्हारे संबंध में भी पूछा था। नाराज मत होना। परमात्मा ने कहा कि जितने उस वृक्ष में पत्ते हैं जहां वह नाच रहा है युवक संन्यासी, उतने जन्म लगेंगे।

वह संन्यासी और जोर से नाचने लगा। उसने कहा : तब तो पा ही लिया! इतने से पत्ते! संसार में कितने पत्ते हैं! सिर्फ इतने ही पत्ते जितने इस वृक्ष में हैं! जीत लिया, मामला हल हो गया! धन्यवाद!

और कहते हैं, यह कहते ही वह संन्यासी मुक्त हो गया। क्योंकि जिसकी इतनी प्रतीक्षा हो; जो कह सके इतने से पत्ते इस वृक्ष में। पृथ्वी तो अनंत पत्तों से भरी है, इतने में ही पा लूंगा, तो तो यह किनारा पास ही है। मिल ही गया, अब इसमें कुछ देर क्या रही!

जो इस भाव से भरा हो उसे क्षण भर की देर न लगेगी।

इसलिए फरीद कहते हैं : धीरज वह गुण है। दीनता वह शब्द है। धीरज वह गुण है। शील वह अनमोल मंत्र है।

प्रतीक्षा करो अनंत की, लेकिन तैयारी ऐसे रखो जैसे वह अभी आया, अभी आया। शील का यही अर्थ है। जैसे मेहमान घर में आता है तो तुम ताजे तकिए लगाते हो, बिस्तर बनाते हो, घर की सफाई करते हो। तुमको अगर पता हो, आएगा कभी तो कोई आज तो सफाई न करोगे। जब आएगा तब देखेंगे। लेकिन जैसे आता हो अभी, तो तुम घर साफ कर लिए हो। बंदनवार बांध दिए हैं। घी का दीया जला दिया है। वह चाहे अनंतकाल में आए, लेकिन तुम्हारे लिए तो अभी आ रहा है। अनंतकाल यानी अभी।

यह तो धीरज का लक्षण हुआ; लेकिन सिर्फ धीरज रख कर बैठे रहने से कुछ न होगा, क्योंकि धीरज भी आलस्य हो सकता है। तुम आलस्य को धीरज का नाम दे सकते हो कि हम तो धैर्य वाले हैं, जब जाएगा तब ठीक। लेकिन यह उदासी न हो।

शील का अर्थ है : तैयारी। शील का अर्थ है : अपने हृदय के मंदिर को पवित्र करना। शील का अर्थ है : अपने पात्र को योग्य बनाना। शील का अर्थ है : अमृत की वर्षा होगी तो स्वर्ण का पात्र तो तैयार कर लूं; परमात्मा घर आएगा, तो मैं उसके योग्य तो हो जाऊं। धीरज करूंगा, धीरज रखूंगा, जब आएगा तब ठीक है; लेकिन मेरी तरफ से तैयारी अभी है। तेरी तरफ से तू अनंतकाल में आना, कोई शिकायत नहीं है, लेकिन मेरी तरफ से मैं अभी तैयार हूं। दीन हूं, कुछ भी नहीं है मेरे पास। दावा

कुछ भी नहीं कर सकता कि तू अभी आ। दावा तो उसके पास होता है जिसके पास कुछ बल हो, कोई बल मेरे पास नहीं है। प्रतीक्षा अनंत तक करूंगा। दीन हूं। राह तेरी जोहूंगा। जब भी आएगा तभी धन्यभाग मेरे। तभी अनुग्रह मानूंगा, अहोभाव से नाचूंगा। लेकिन तैयार अपने को रखा है जैसे तू अभी आता हो।

पुरानी लाओत्सु की कहावत है : जीओ ऐसे जैसे यह आखिरी दिन हो, और जीओ ऐसे भी जैसे सदा रहना हो। बड़ा कठिन है! जीओ ऐसे जैसे यह आखिरी दिन हो। कल पर मत टालो। जो भी करना है आज कर लो, अभी कर लो। यही क्षण एकमात्र क्षण है। हाथ में बस यही है। कल की सोच कर मत टालो। जीओ ऐसे जैसे आज आखिरी दिन हो; यह सूरज ढलेगा और तुम भी ढलोगे।

और लाओत्सु उसी के साथ यह भी कहता है : जीओ ऐसे भी जैसे सदा यहां रहना हो। तो जल्दी भी मत करो। करने में तो अभी कर लो, लेकिन प्रतीक्षा अनंत की रखो। बीज तो अभी बो दो, लेकिन फल जब आएंगे तभी ठीक है। कोई जल्दी नहीं है; जैसे अनंत तक यहां रहना हो; जैसे कभी यहां से जाना न हो।

परमात्मा के मिलन के लिए भी तैयारी तो ऐसी करो जैसे अब आया, अब आया; द्वार पर दस्तक पड़ती ही है; उसके चरण-चिह्न सुनाई पड़ने लगे, चरण की आवाज आने लगी, पद-चिह्न पड़ने लगे द्वार पर; पग-ध्वनि आ गई; अभी आ ही रहा है--तैयार तो ऐसे रहो। और प्रतीक्षा इतनी रखो कि अनंतकाल में भी आएगा तो भी तुम्हारे भीतर शिकायत न होगी।

'दीनता वह शब्द है, धीरज वह गुण है, शील वह मंत्र है--इन तीन के ही वेश को धारण कर बहिन।'

फरीद अपने से ही कह रहा है, क्योंकि अब वह स्त्री हो गया है। अब वह पुरुष नहीं है। अब वह परमात्मा पर आक्रमण नहीं कर रहा है। अब तो स्त्री की तरह अपने हृदय के द्वार को खोल कर प्रतीक्षा कर रहा है।

इन तीन के वेश को धारण कर बहिन, तेरा स्वामी तेरे बस में हो जाएगा।

मति होंदी होइ इआणा, तान होंदे होइ निताणा।

'प्रभु के ऐसे विरले ही भक्त हैं जो बुद्धिमान होते हुए भी सरल हैं।'

अणहोंदे आपु वंडाए, कोइ ऐसा भगतु सदाए।

'जो बलवान होते हुए भी निर्बल हैं और जो अकिंचन होते हुए भी अपना सर्वस्व दे डालते हैं।'

'एक भी अप्रिय बात मुंह से न निकाल, क्योंकि सच्चा मालिक हर प्राणी के भीतर है। किसी के दिल को तू मत दुखा, क्योंकि हर दिल एक अनमोल रत्न है।'

इक फिक्का ना गालाई, सभना मैं सचा धणी।
हिआउ न कैही ठाहि, माणिक सभ अमोलवै।।

'हर दिल एक रत्न है; उसे दुखाना किसी भी तरह अच्छा नहीं है। अगर तू प्रीतम का आशिक है तो किसी के भी दिल को मत दुखा।'

सभना मन माणिक, ठाहणु मूलि म चांगवा।
जे तउ पिरी आसिक, हिआउ न ठाहे कहीदा।।

एक-एक शब्द को गौर से समझें।

'प्रभु के ऐसे विरले ही भक्त हैं जो बुद्धिमान होते हुए भी सरल हैं।'

बुद्धू होकर सरल होना आसान है। इसलिए सरल व्यक्ति बुद्धू जैसा मालूम होता है। और बुद्धू से भी सरल होने का धोखा होता है। लेकिन होना ऐसा चाहिए कि बुद्धिमान होते हुए कोई सरल हो।

बुद्धि बड़ी चालाक है। इसलिए बुद्धि जैसे ही शिक्षित होती है, दीक्षित होती है, चालाकी प्रविष्ट कर जाती है। इसलिए शिक्षा जितनी दुनिया में बढ़ती है, लोग उतने चालाक, बेईमान, धोखेबाज होते चले जाते हैं। अशिक्षित आदमी सरल होता है, क्योंकि बुद्धू होता है। शिक्षित आदमी जटिल हो जाता है, क्योंकि बुद्धू नहीं रह जाता, उसकी सरलता खो जाती है।

लेकिन फरीद ठीक कह रहा है। वह कह रहा है, सरलता अगर बुद्धू होकर हो तो वह भी क्या सरलता? और अगर बुद्धिमान होकर चालाक हो गए तो वह कैसी बुद्धिमानी? बुद्धिमान होकर कोई सरल हो--कभी कोई बुद्धपुरुष ऐसा ही होता है: बुद्धिमान होकर सरल! बुद्धिमत्ता अप्रतिम होती है, आखिरी होती है; लेकिन चालाकी नहीं होती। सरलता ऐसी होती है छोटे बच्चे जैसी, बुद्धिमानी ऐसी होती है बूढ़े जैसी। प्रौढ़ता वृद्ध की, सरलता बच्चे की।

प्रभु के ऐसे विरले ही भक्त हैं जो बुद्धिमान होते हुए सरल हैं।

और यही साधना है। साधना है बुद्धि को, चैतन्य को, होश को; लेकिन सरलता नहीं खो देनी है, सरलता को भी साथ में बचाते चलना है। अन्यथा मंहगा सौदा हो जाएगा। बुद्धिमान तो हो जाओगे, सरलता खो गई--तो पंडित ही रह जाओगे, प्रज्ञावान न हो पाओगे। अगर बुद्धिमत्ता के साथ सरलता भी बच गई तो प्रज्ञा का आविर्भाव होता है।

'जो बलवान होते हुए निर्बल हैं...।'

निर्बल होकर निर्बल होने में तो कोई खास बात नहीं है, लेकिन जो बलवान होते हुए निर्बल हैं, उनकी निर्बलता की एक खूबी है, एक महिमा है।

अगर तुम कायर हो, इसलिए निर्बल हो; अगर भयभीत हो, इसलिए भगवान के सामने झुके हो; अगर तुम्हारा भगवान तुम्हारे भय से पैदा हुआ है तो दो कौड़ी का है।

नहीं, भगवान तुम्हारे अभय से पैदा होना चाहिए। डर कर मत झुकना, प्रेम से झुकना। निर्बल होकर मत झुकना; क्योंकि निर्बलता में तो कोई भी झुक जाता है। और जब निर्बलता में तुम झुकते हो तो झुकने में आनंद नहीं होता, झुकने में एक पीड़ा होती है कि मैं निर्बल हूं, इसलिए झुक रहा हूं।

नहीं, बलवान होते हुए भी निर्बल होना।

बलवान होते हुए निर्बल होने का अर्थ है: बलवान होने की अकड़ मत लेना। तो निर्बलता तुम्हारा भाव रहेगी, बलवान तुम्हारी स्थिति होगी।

'...और जो अकिंचन होते हुए भी अपना सर्वस्व दे डालते हैं।'

यह बड़ी कठिन बात है। यह तीसरी बात सबसे ज्यादा कठिन है : 'अकिंचन होते हुए अपना सर्वस्व दे डालते हैं।'

जिनके पास कुछ है, वे तो कुछ दे सकते हैं : धन है, धन दे सकते हैं। लेकिन जिनके पास कुछ भी नहीं है, वे क्या देंगे? अकिंचन, दीन--वे तो सिर्फ अपने को ही दे सकते हैं, और तो कुछ देने को बचा नहीं। मेरा तो कुछ है ही नहीं, बस मैं ही हूं!

अकिंचन होते हुए जो अपना सर्वस्व दे डालते हैं--जो जानते हैं कि मेरे पास कुछ भी नहीं है, फिर भी अपने को पूरा दे डालते हैं!

परमात्मा के मार्ग पर तुम्हारे धन से कुछ भी नहीं होगा। दान धन का न चलेगा। दान तो स्वयं का ही चलेगा। अपने को ही दे डालना पड़ेगा।

और जिसके जीवन में ये तीन बातें घट जाती हैं--बुद्धिमान होते सरल; सबल होते निर्बल; अकिंचन होते हुए सर्वस्व का दानी--उसके मुंह से फिर किसी के प्रति अप्रिय बात नहीं निकलती।

एक भी अप्रिय बात मुंह से न निकले, क्योंकि सच्चा मालिक हर प्राणी के अंदर है--तब तो फिर उसे सब जगह उसी की झलक दिखाई पड़ने लगती है।

एक ही ज्योति जल रही है सभी दीयों में। और एक ही प्राण प्रज्वलित है सभी घटों में।

किसी के दिल को तू मत दुखा, क्योंकि हर दिल एक अनमोल रत्न है। और हर दिल एक रत्न है, उसे दुखाना किसी भी तरह अच्छा नहीं। अगर तू प्रीतम का आशिक है तो किसी के भी दिल को मत दुखा, किसी के दिल को मत सता।

भक्ति फरीद की बढ़ते-बढ़ते महावीर की अहिंसा हो जाती है। भक्ति बढ़ते-बढ़ते बुद्ध की करुणा हो जाती है। शुरू हुआ प्रेम परमात्मा से, अंत होता है प्रेम समस्त से, सर्व से। शुरू तो हुई थी गंगोत्री, बड़ी क्षीण धार थी; जब सागर में गिरती है तो गंगा बहुत बड़ी हो जाती है।

शुरू तो होता है ऐसे ही प्रेम जैसे आशिक का माशूक से, माशूक का आशिक से; लेकिन जैसे-जैसे प्रेम की धारा गहरी होती है, सभी में वही परमात्मा दिखाई पड़ने लगता है। और एक ऐसी घड़ी आती है कि उसके सिवाय कोई भी दिखाई नहीं पड़ता। सभी घर उसके मंदिर हो जाते हैं। और हर आंख में वही झांकता है। और हर प्राण में वही धड़कता है। और जिस दिन भक्ति इस ऊंचाई पर पहुंचती है, उस दिन भक्त भगवान हो गया। उस दिन भक्त और भगवान में कोई भेद नहीं।

ऐसी यह प्रेम की कथा है! अकथ कहानी प्रेम की!

आज इतना ही।

दसवां प्रवचन

समाधि समाधान है

प्रश्न-सार

दीनता, धीरज और शील को कैसे साधें?

प्रकृति के कण-कण की भगवत्ता और बुद्धत्व की भगवत्ता के गुणधर्म में क्या फर्क है?

क्या कभी भगवान भी भक्त होता है?

सार-असार की सीमा-रेखा कहां है?

स्वप्ना से रहित जीवन भी रसपूर्ण कैसे होता है?

फरीद जैसे संत हमें इतने आत्मीय क्यों लगते हैं?

परमात्मा ने हमें बनाया--फिर भी उसका विस्मरण क्यों?

पहला प्रश्न :

ओशो, संत फरीद ने दीनता, धीरज और शील की बात कही, और आपने उनकी व्याख्या करते हुए उन्हें बहुत महत्वपूर्ण बताया। कृपापूर्वक बताएं कि क्या ये गुण बाहर से सीखे जा सकते हैं, बाहर से साधे जा सकते हैं?

धर्म को बाहर से सीखने का कोई उपाय नहीं है। और जिसने धर्म को बाहर से सीखना चाहा, वह धर्म के नाम पर सिर्फ अपने को धोखा देगा।

धर्म तो आविर्भूत होता है भीतर से। वह तुम्हारे भीतर के जागरण का परिणाम है।

धर्म आचरण नहीं है। भूल कर भी धर्म को आचरण मत समझना। इसका यह अर्थ नहीं है कि धर्म से आचरण रूपांतरित नहीं होता; रूपांतरित होता है, लेकिन आरोपित नहीं किया जाता। तुम

बदलते हो इसलिए तुम्हारा व्यवहार बदल जाता है। तुम नये हो जाते हो इसलिए तुम्हारे व्यवहार में नई गंध आ जाती है। लेकिन तुम्हारा व्यवहार बदलने से तुम न बदलोगे। तुम तुम्हारे व्यवहार से बहुत बड़े हो। तुम जो करते हो, उससे तुम्हारा होना बहुत विराट है। तुम्हारा कृत्य तुम्हें न छू सकेगा। कृत्य तो ऐसा है जैसा वृक्षों पर लगे पत्ते हैं, हजारों हैं। और ध्यान रखना, वृक्ष के पत्तों को तुम रंग डालो, इससे कुछ फर्क न पड़ेगा; वृक्ष में जब नये पत्ते आएंगे तब फिर वे उसी रंग के होंगे जिस रंग के थे। तुम्हारे रंगे पत्ते दिन दो दिन के लिए धोखा दे दें, इससे ज्यादा काम के नहीं है। वृक्ष की जड़ में ही कोई रूपांतरण हो, जड़ से ही बदलाहट हो, तो वृक्ष में नये रंग, नये ढंग आ सकते हैं।

जीवन को बदलने के दो उपाय हैं। एक है कि तुम बाहर से जीवन पर रंग-रोगन कर लो। नीति यही करती है। इसलिए नीति के पास तुम धर्म के संबंध में सभी झूठे सिक्के पाओगे। जैसे धर्म कहता है : दीनता! अगर भीतर से आएगी तो इस दीनता में कोई भी अहंकार न होगा; अगर बाहर से रोपोगे तो इस दीनता में अहंकार होगा। बाहर से तुम दीनता को रोपोगे तो तुम दिखलाना चाहोगे कि तुम दीन हो। तुम चाहोगे कि लोग जानें कि तुम दीन हो। तुम जगह-जगह उछालते फिरोगे अपनी दीनता को। प्रदर्शन होगा उसका।

एक फकीर सुकरात को मिलने आया। वह बड़ा दीन फकीर था। उसके कपड़े फटे थे। और सुकरात से जब वह बात करने लगा तो सुकरात थोड़ा हैरान हुआ, क्योंकि आदमी के कपड़े तो फटे थे, लेकिन अहंकार बिलकुल ताजा था, साबित था। कपड़ों में तो छेद थे, जरा-जीर्ण थे, ऊपर से तो गरीबी थी; लेकिन भीतर बड़े अहंकार का भाव था। सुकरात ने उससे कहा : महानुभाव, कपड़े फाड़ने से कुछ भी न होगा। तुम्हारे कपड़ों के छेदों से तुम्हारा अहंकार ही झलक रहा है, और कुछ भी नहीं।

अगर दीनता तुमने ऊपर से थोपी तो तुम्हें दीनता की अकड़ पैदा होगी। लेकिन अगर दीनता भीतर से आई, तो तुम्हारे अहंकार को पूरा बहा ले जाएगी। तुम भूल ही जाओगे कि तुम दीन हो। तुम्हें याद ही न रहेगी कि तुम दरिद्र हो। तुम इसकी घोषणा न करते फिरोगे। कौन घोषणा करेगा? भीतर एक शून्य छा जाता है।

तो एक तो शून्य की दीनता है, शून्य से उपजी दरिद्रता है, जिसको जीसस ने पुअर इन स्प्रिट कहा है--वे जो अपने भीतर से आत्मा से दीन हो गए हैं। और एक तुम्हारे तथाकथित साधु, संन्यासी, मुनियों की दीनता है, जो उन्होंने ऊपर से थोप ली है। उनकी आंखों में जरा आंख डाल कर देखना और तुम वहां अहंकार को ही झांकता पाओगे।

फरीद कहता है : धीरज! भीतर से जो धीरज आएगा, उस धीरज में परम शांति होगी, कोई तरंग भी न उठेगी बेचैनी की। बाहर से जो धीरज होगा, वह केवल धीरज का आश्वासन होगा। बाहर से जो धीरज होगा वह धीरज कम, एक तरह की सांत्वना होगी। तुम कहोगे : घबड़ाओ मत, ज्यादा देर नहीं है, बस अब आने ही आने को हुआ है प्रीतम; अब प्यारा आता ही होगा; थोड़ी धीरज और रख मन, बस अब आने में ज्यादा देर नहीं है।

ऐसा तुम समझाओगे। तुम्हारा धीरज समझावट होगी। तुमने अपने को समझा-बुझा कर बिठा लिया है, लेकिन भीतर तो तुम्हारा अधैर्य जगता रहेगा। और तुम्हारे बाहर क्या है, यह परमात्मा नहीं देखता; तुम्हारे भीतर क्या है, वही कसौटी है।

धीरज जिसके भीतर फलित हुआ है वह तो फिकर ही छोड़ देता है, वह आएगा कि नहीं आएगा; समझाता भी नहीं कि अब आता ही होगा। जिसको धीरज भीतर से आया है उसके लिए तो परमात्मा आ ही गया। परमात्मा की तरफ से आना जब होगा, होगा; लेकिन भक्त की तरफ से तो आना हो ही गया। वह तो उसके धीरज में ही आ गया, अब कुछ और अलग से पाने की बात नहीं है। अब न आए अनंत तक तो भी भक्त पीछे लौट कर न देखेगा कि अब तक आए नहीं। शिकायत न होगी।

और दोनों धीरज में बड़ा फर्क है। एक धीरज दिखावा है, एक धीरज सत्य है।

शील!--फरीद कह रहा है। शील का अर्थ है: पवित्रतम आचरण।

तो एक तो पवित्रता होती है, जो तुम्हें समाज सिखलाता है: क्या करो, क्या न करो। हर समाज की पवित्रता की धारणाएं अलग हैं। हिंदू किसी बात को पवित्र मानते हैं, मुसलमान किसी बात को पवित्र मानते हैं, जैन किसी तीसरी बात को पवित्र मानते हैं। अगर तुम जैन घर में पैदा हुए तो तुम्हारी पवित्रता और तुम्हारा शील और आचरण मुसलमान से भिन्न होगा, हिंदू से भिन्न होगा, बौद्ध से भिन्न होगा; क्योंकि वह तुमने सीखा है। लेकिन अगर भीतर से शील आया तो तुम अचानक पाओगे, तुम्हारे आचरण का न तो हिंदू से, न मुसलमान से, न ईसाई से कुछ लेना-देना है। अब तुम्हारे भीतर एक आचरण पैदा हुआ जो तुम्हारा अपना है। शील तुम्हारा होगा तब। तब संस्कार न होगा। तब तुम्हारे अनुबोध से आएगा, तुम्हारी समझ से आएगा। तुम ठीक करोगे, क्योंकि तुम्हारे पास ठीक देखने का ढंग होगा। दूसरे लोग कहते हैं, क्या ठीक है, इस कारण नहीं, तुम्हें दिखाई पड़ेगा कि क्या ठीक है। सम्यक दृष्टि होगी तुम्हारे पास।

इन तीनों गुणों को बाहर से साधने का कोई उपाय नहीं है, भीतर से ही साधा जा सकता है। बाहर से साधने का अर्थ है, तुम उत्सुक हो कि दूसरे लोग तुम्हें कैसा मानते हैं। भीतर से साधने का अर्थ है, तुम उत्सुक हो कि तुम भीतर से कैसे हो। दूसरों से क्या लेना है, क्या प्रयोजन है? दूसरे समझते हों कि तुम अधैर्यवान हो, और तुम धैर्यवान हो--क्या अंतर पड़ता है? क्या समझाने जाना है उनको? उनसे क्या प्रयोजन? दूसरे समझते हैं, तुम आचरणहीन हो। तुम आश्वस्त हो अपने आचरण से, अब तुम किसी को समझाने, दावा करने, प्रमाण देने तो नहीं जाओगे। क्या प्रयोजन है? कौन किसको समझा पाया है? और जब तुम आचरणवान हो, बात समाप्त हो गई।

परमात्मा यह नहीं पूछेगा कि दूसरे तुम्हारे संबंध में क्या कहते थे; परमात्मा के सामने जब तुम खड़े होओगे, तुम्हारा अंतस झलकेगा।

कैसे इन्हें भीतर से साधें? बाहर से साधना आसान है। भीतर से साधना बड़ा कठिन है। क्योंकि बाहर से साधने में बदलना तो पड़ता ही नहीं। तुम तो तुम ही रहते हो, ऊपर से थोड़ा सा कपड़े बदल लेते हो। तुम तो तुम ही रहते हो, तुम्हारी कुरूपता तो कुरूपता ही रहती है, ऊपर से थोड़ा सुगंध छिड़क लेते हो।

बाहर से साधना तो बिलकुल आसान है। वह तो नाटक है। वह तो अभिनय है। भीतर से साधना तो कठिन है; क्योंकि तुम्हें बदलना होगा। इंच-इंच बदलाहट करनी होगी। नये को जन्म देना होगा, पुराने को विदा करना होगा। क्रांति होगी। आग से गुजरोगे।

भीतर से कैसे साधोगे? और क्या आधार होगा भीतर के साधने का?

दो आधार हैं, जैसा मैंने तुमसे फरीद की चर्चा में बार-बार कहा। एक आधार प्रेम है और एक आधार ध्यान है। जिसको भीतर से साधना है, या तो वह परमात्मा के गहन प्रेम में पड़ जाए। क्योंकि जब तुम उसे वस्तुतः प्रेम करने लगते हो, तो वही प्रेम तुम्हें बदल देगा। तुमने प्रेम किया और तुम बदले। क्योंकि जिसे तुमने प्रेम किया, उसे तुम धोखा तो न दे सकोगे। और जिसे तुमने प्रेम किया, चाहा, पूरे मन से चाहा, तुम उसके लिए अपने को तैयार भी करोगे। जिसको बुलाया है, उसके पात्र भी होना पड़ेगा। निमंत्रण भेजा है तो शील भी निर्मित होगा। लेकिन इसे तुम्हें कुछ करना न होगा; तुम्हारा प्रेम ही कर लेगा।

तो या तो तुम प्रेम में पड़ जाओ अस्तित्व के, तब तुममें फूलों जैसी गंध, सुबह की ओस जैसी ताजगी अपने आप पैदा होने लगेगी। और एक अनंत धैर्य तुममें आ जाएगा। क्योंकि उसकी याद भी जब इतना सुख देगी, उसका स्मरण भी जब तुम्हें इतनी पुलक और नृत्य से भर जाएगा, तो उसके मिलन की तो बात ही क्या कहनी! उसके मिलन का खयाल भर काफी होगा; मिलन तो बहुत दूर हो तो भी कोई अंतर नहीं पड़ता। उससे मिलना होने वाला है--बस इतना काफी होगा। इससे ही तुम धैर्य से भर जाओगे। तुम्हारे मन की झील पर कोई लहर न उठेगी, सब लहरें सो जाएंगी। सन्नाटे में चुप होकर तुम उसकी प्रतीक्षा करोगे। मौन होकर प्रतीक्षा करोगे : कहीं बेचैनी में वह आए और तुम चूक न जाओ। कहीं ऐसा न हो कि तुम विचारों में उलझे रहो, वह द्वार पर दस्तक दे और तुम पहचान न पाओ। कहीं ऐसा न हो कि वह किसी ऐसे रूप में आए और तुम उसकी प्रत्यभिज्ञा न कर सको। वह तो आता है हजार रूपों में; हजार बहानों से तुम्हारे द्वार पर दस्तक देता है; बहुत-बहुत रूपों में तुम्हारे हाथ पकड़ता है; बहुत-बहुत रूपों से तुम्हें पुकारता है, बुलाता है, रिझाता है। तुम ही अपने भीतर इतने बेचैन हो और उलझे हो कि तुम्हें ये बातें समझ में नहीं आतीं। तुम कुछ का कुछ समझ लेते हो।

तो जैसे ही तुम उसके प्रेम से भरोगे, तुम सन्नाटे से भर जाओगे।

तुमने कभी दो प्रेमियों को पास बैठे देखा है? वे चुप हो जाते हैं। बोलना भी बाधा मालूम पड़ती है। बोलने से भी यह जो सन्नाटा दोनों के बीच चल रहा है, टूट जाएगा। शब्द उपद्रव करेंगे। वे चुप हो जाते हैं। एक गहन मौन में उनका मिलन होता है।

यह तो साधारण प्रेमियों की बात है। जब तुम अस्तित्व के प्रेम में पड़ोगे, परमात्मा के, तब तो तुम बिलकुल चुप हो जाओगे। उसका प्रेम ही तुम्हें उठा लेगा तुम्हारे गर्त से। उसका प्रेम ही सेतु बन जाएगा, सहारा बन जाएगा। तुम अपनी गहरी अंधेरी खाइयों के बाहर चले आओगे। सूरज की तरफ आंख उठाते ही तुम्हारे जीवन की यात्रा प्रकाश की तरफ हो जाती है।

एक तो मार्ग है प्रेम। एक मार्ग है ध्यान।

अगर तुम प्रेम न कर पाओ; तुम कहो, किसे प्रेम करें; तुम पूछो, कहां है वह, पहले पता हो तभी तो प्रेम करेंगे; अगर तुम अज्ञात को प्रेम न कर पाओ--और सब प्रेम अज्ञात का प्रेम है। जब तुम किसी साधारण व्यक्ति के भी प्रेम में पड़ जाते हो तो तुम जानते हो, कौन है वह? पहचानते हो? कुछ पता-ठिकाना है? शक्ल-सूरत पहचानने से क्या होता है; कौन है भीतर? वहां तो अजनबी छिपा है,

अज्ञात छिपा है। एक स्त्री के प्रेम में पड़ो, एक पुरुष के प्रेम में पड़ो, एक छोटे बच्चे से लगाव लग जाए--कौन है वहां भीतर? पहचाने हो? ठीक-ठीक पता कर लिया? प्रेम जैसा गहन संबंध बांधने चले हो, पहचान ठीक से कर ली है या नहीं?

तो भीतर तो अजनबी है। सभी प्रेम अज्ञात का प्रेम है। प्रेम अज्ञात की ही घटना है।

तो अगर तुम पूछो कि कहां है परमात्मा, पहले पता हो, पहले ठीक से जांच-परख कर लें, पुलिस में जाकर पुलिस के बहीखातों में देख लें कि इस आदमी के संबंध में क्या-क्या लिखा है, कोई काले करनामे तो नहीं हैं, औरों से पूछ लें जो इसके प्रेम में पड़े हैं कि पड़ कर कुछ पाया है कि गंवाया है--अगर तुमने इतनी होशियारी बरतनी चाही तो तुम प्रेम में न पड़ सकोगे। इतना विचार, इतनी कुशलता, इतनी होशियारी, इतनी चालाकी: प्रेम के लिए दरवाजा बंद हो जाता है।

प्रेम तो निर्दोष मन की प्रार्थना है। वह तो भोलेपन का भाव है। वह तो एक छोटे बच्चे के साथ, जैसे छोटे बच्चा बाप का हाथ पकड़ कर चल पड़ता है, बिना फिकर किए कि बाप कहां ले जाएगा। गड्ढे में गिराएगा, क्या करेगा--वैसा ही है। प्रेम तो एक ट्रस्ट, एक श्रद्धा है।

अगर वह न हो सके तो ध्यान मार्ग है। घबड़ाने की कोई जरूरत नहीं। प्रेम न हो सके तो जबर्दस्ती करने की कोशिश में मत पड़ना; क्योंकि जबर्दस्ती प्रेम होता ही नहीं। न हो तो समझना कि वह द्वार तुम्हारे लिए नहीं है। लेकिन कुछ चिंता की बात नहीं है; और भी एक द्वार है। और यह मेरी प्रतीति है कि जो भी प्रेम में असमर्थ पाता है, ध्यान में एकदम समर्थ है। जो ध्यान में असमर्थ पाता है, प्रेम में समर्थ है। परमात्मा ने तुम्हें कितने ही दूर भेजा हो, दरवाजे बंद नहीं कर लिए हैं। और तुम कितने ही दूर चले आए हो उसकी तरफ पीठ करके, लेकिन उस तक पहुंचने के द्वार सदा ही खुले हैं। हां, गलत द्वार पर दस्तक मत देना, अपना द्वार ठीक से पहचान लेना।

अगर प्रेम न कर सको तो ध्यान।

ध्यान का अर्थ है: शांत हो जाना अपने में, बिना किसी के सहारे के; मौन हो जाना बिना किसी की मौजूदगी के; अपने तईं मौन हो जाना; अपने एकांत में ही लीन हो जाना। फिर न तो किसी की प्रतीक्षा करनी है, इसलिए धीरज का कोई सवाल नहीं है। प्रतीक्षा ही नहीं करनी है तो अधैर्य कहां से होगा? कोई आने को ही नहीं है तो अधैर्य कहां से होगा? तुम ही हो, तुम काफी हो--बस इसी से धीरज पैदा हो जाता है। इसको धीरज कहना भी ठीक नहीं, क्योंकि इसमें अधैर्य को मिटाने की भी बात नहीं है। कोई आने को ही नहीं है, किसी के लिए तैयारी ही नहीं करनी है। लेकिन तुम जब अपने भीतर उतरते हो तो तुम पाते हो, जितने तुम पवित्र होते हो उतने आनंदित होते चले जाते हो। अब शील परमात्मा को पाने का उपाय नहीं है; अब तो शील भीतर का आनंद है। तुम जितने पवित्र होते हो उतना ही मधुर संगीत बजने लगता है। पवित्रता का गीत पैदा होता है; वह तुम्हें खींचता चला जाता है। शील बढ़ता चला जाता है।

किसी और के लिए अच्छे होने के लिए नहीं, अपने ही प्रति अच्छे होने की बात है। और जैसे-जैसे तुम शांत होते हो, शील बढ़ता है, धैर्य उपलब्ध होता है--तुम अचानक पाते हो, भीतर एक शून्य उतरने लगा। पूर्ण तो तुम्हें नहीं उतरेगा; क्योंकि तुम्हारी भाषा में, ध्यानी की भाषा में

परमात्मा का नाम शून्य है, पूर्ण नहीं। प्रेमी की भाषा में शून्य का नाम पूर्ण है, परमात्मा है। ये भाषा के भेद हैं, उतरता तो वही है। उसका एक नाम पूर्ण है, एक नाम शून्य है। ध्यानी जब उसे देखता है तो वह शून्य मालूम होता है। प्रेमी जब उसे देखता है तो वह पूर्ण मालूम होता है। ये एक ही सिक्के के दो पहलू हैं। ये देखने के ढंग पर निर्भर हैं।

इसलिए बुद्ध, महावीर शून्य की बात करते हैं। कृष्ण, मीरा, चैतन्य पूर्ण की बात करते हैं। इनमें कुछ विरोध नहीं है, हो ही नहीं सकता। शब्द कितने ही विपरीत हों, इनकी अनुभूति तो एक है।

तो या तो अपने भीतर उतरते जाओ, धीरे-धीरे तुम शून्य होओगे, दीन हो जाओगे। लेकिन वह दीनता अहोभाग है। उस शून्य में कुछ भी न बचेगा, सब खो जाएगा। तुम परिपूर्ण दीन हो जाओगे। लेकिन उस दीनता से बड़ी कोई संपदा नहीं है। उस दीनता में ही धैर्य होगा, क्योंकि न कहीं जाना है, न कहीं कुछ पाना है। स्वयं को तो पाए ही हुए हो। वह मिली ही हुई बात है। वहां तो तुम पहुंच ही गए हो। वह मंदिर तो सदा तुम्हारे साथ ही था; तुमने आंख न फेरी थी उस तरफ, बस इतनी ही बात थी। अब आंख देख ली मोड़ कर, पहचान गए। अब धैर्य है। अब एक शील की सुगंध उठनी शुरू होती है।

तो चाहे प्रेम, चाहे ध्यान--पर घटनाएं भीतर से बाहर की तरफ बहेंगी, बाहर से भीतर की तरफ नहीं। जैसे गंगोत्री से गंगा बहती है, ऐसे ही तुम्हारे भीतर की गंगोत्री से गंगा बहेगी तुम्हारे जीवन की। गंगा गंगोत्री की तरफ नहीं बहती है। तो बाहर से तुम्हारे भीतर के स्रोत की तरफ आचरण न बहेगा। वैसा आचरण पाखंड है। और वैसे आचरण से कोई कभी रूपांतरित नहीं होता; उलटे, जो समय रूपांतरण के काम आ जाता, वह व्यर्थ गंवा दिया जाता है। हां, पाखंड से तुम चाहे दूसरों को धोखा दे लो, अपने को धोखा न दे पाओगे। और जिसने अपने को धोखा न दिया, वह व्यक्ति आज नहीं कल क्रांति में से गुजर ही जाएगा।

दूसरा प्रश्न :

ओशो, एक भगवत्ता है जो प्रकृति के कण-कण में, नदी, झरने में, वृक्ष, पक्षी के गीत में बसती है; और एक भगवत्ता है जो किसी मनुष्य के बुद्धत्व के माध्यम से प्रकट होती है। क्या दोनों एक ही हैं या उनके गुणधर्म में कुछ फर्क है?

दोनों एक ही हैं। गुणधर्म में कोई भी फर्क नहीं है। लेकिन अभिव्यक्ति में भेद है।

पक्षी गाते हैं। बुद्धपुरुषों के कंठ से भी एक गीत पैदा होता है। लेकिन पक्षी बेहोशी में गाते हैं। बुद्धपुरुष का गीत परिपूर्ण होश का है, जागरण का है।

पक्षी गाते हैं, उन्हें पता नहीं: क्यों गाते हैं? पक्षी गाते हैं, उन्हें यह भी पता नहीं कि वे गाते हैं। बुद्धपुरुष गाते हैं तो उन्हें पता है: क्यों गाते हैं? उन्हें पता है कि वे गाते हैं।

तो एक तो गीत सोए हुए प्राणों से पैदा हो रहा है और एक गीत जाग्रत पैदा हो रहा है। गुणधर्म में तो कोई फर्क नहीं है, क्योंकि गीत एक ही स्रोत से आ रहा है--वह जो चैतन्य की गंगोत्री है वहीं से आ रहा है। लेकिन अभिव्यक्ति में फर्क है।

जैसे तुम कभी रात सो गए और तुमने नींद में गुनगुनाया, तुमने एक गीत की कड़ी गाई, या प्रार्थना का एक स्वर उठाया--यह हो सकता है कि उसी समय मंदिर में जाग कर कोई उसी कड़ी को दोहराता हो। उन कड़ियों में कोई भेद न होगा। जहां से आती हैं वहां से भी कोई भेद नहीं है। तुम नींद में गुनगुनाओ या जाग कर--तुम ही गुनगुनाते हो। लेकिन अभिव्यक्ति में फर्क है। तुम नींद में गुनगुना रहे, तुम्हें पता नहीं तुमने क्या गुनगुनाया। तुम्हें यही पता नहीं कि तुमने गुनगुनाया। सुबह उठ कर तुम भूल ही जाओगे। कोई दूसरा तुम्हें याद दिलाएगा तो भी तुम मानोगे न कि यह कैसे हो सकता है कि मैं नींद में गुनगुनाऊं; नहीं, ऐसी ही अफवाह उड़ा दी होगी किसी ने।

लेकिन जिसने जाग कर गुनगुनाया...!

ऐसा समझो कि तुम्हें इस बगीचे में लाया गया। तुम शराब पीए बेहोश थे। फूलों की गंध तुम्हारे नासापुटों को छुएगी। वृक्षों की हरियाली तुम्हारी आंखों को स्पर्श देगी। बगीचे की ठंडक तुम्हारे रोएं-रोएं को शीतल करेगी। पक्षियों के गीत भी तुम्हारे कानों से टकराएंगे। लेकिन तुम्हें कुछ भी पता न होगा, तुम शराब पीए बेहोश हो। फिर दूसरे दिन तुम होश में आए, शराब नहीं पीए थे, भीतर जलता हुआ होश का दिया था--वे ही पक्षी थे, वे ही वृक्ष थे, वही फूल थे, वही आकाश था; लेकिन अब बात ही और है।

बुद्धपुरुषों से जो प्रकट होता है वह वही है जो झरनों और पहाड़ों से प्रकट हो रहा है। लेकिन बुद्धपुरुषों में झरने और पहाड़ जाग गए हैं। बुद्धपुरुषों में पक्षी और वृक्ष होश से भर गए हैं। पक्षी और वृक्षों में बुद्ध सोए हुए हैं। चट्टान से चट्टान में भी भविष्य का कोई बुद्ध सोया है। परम बुद्धत्व में भी अतीत की कोई चट्टान जागी है। इसलिए चट्टान पर भी सम्हाल कर पैर रखना, पवित्र भूमि है। क्षमा मांगना जब पैर रखो। और चट्टान जब तुम्हें पार करने का मार्ग बने, सीढ़ी बने तो धन्यवाद देना, क्योंकि कोई बुद्धपुरुष सोया है।

चट्टानों में और बुद्धपुरुषों में फासला है--फासला गुण का नहीं है, फासला केवल सोने और जागने का है।

तीसरा प्रश्न :

ओशो, आपने कहा है, भक्त ही भगवान हो जाता है। क्या कभी भगवान भी भक्त होता है?

भगवान तो भक्त हुआ ही हुआ है, अन्यथा भक्त आएगा कहां से?

तुम भगवान हो! तुम्हें पता न हो, इससे कोई फर्क नहीं पड़ता।

भगवान तो भक्त हुआ ही है, वह घटना तो घटी ही है, उसको घटने की अब और कोई जरूरत नहीं है। वह तो प्रतिपल वही घट रही है। अब तो दूसरी घटना को पूरा करना है कि भक्त भगवान हो। भगवान ही है--अनेक-अनेक रूपों में, अनंत-अनंत अभिव्यक्तियों में। गहरे खोजोगे तो सदा उसी को पाओगे। जैसे हर लहर में खोजोगे तो सागर को पाओगे, ऐसे हर अभिव्यक्ति में खोजोगे तो उसी को पाओगे।

जीसस ने कहा है: उठाओ पत्थरों को, मुझी को दबा पाओगे। तोड़ो वृक्षों को, मुझी को छिपा पाओगे।

वह तो मौजूद ही है। भगवान तो भक्त हो ही गया है। शृंखला पूरी हो जाएगी, अगर भगवान जैसे भक्त हुआ, वैसे भक्त पुनः भगवान हो जाए--तो यात्री अपने घर वापस लौट जाएगा; तो यात्रा पूरी हो जाएगी।

चौथा प्रश्न :

ओशो, आज हमें जो सारपूर्ण लगता है वही कल असार हो जाता है। सार और असार के बीच सीमा-रेखा कहां है? क्या आप बुद्धपुरुषों को सार-असार साथ-साथ दिखते हैं?

जो तुम्हें आज सार लगता है, कल असार हो जाता है। जो आज असार लगता है, कल सार हो सकता है। क्यों, क्योंकि तुमने जाग कर नहीं देखा है। बिना जागे जो तुम देखते हो, वह देखना अधूरा है।

अंधेरी रात है, तुम एक राह से गुजरते हो : दूर दिखता है कि कोई चोर छिपा है अंधेरे में, डरते हो, घबड़ाते हो। वही प्रतिक्रिया होती है जो चोर को छिपे देख कर होगी : रास्ता निर्जन है, निकलना जरूरी है, पार तो होना है--छुरा निकाल लेते हो, सम्हल जाते हो, हमले की तैयारी कर लेते हो। लेकिन जैसे-जैसे पास आते हो, पाते हो कि नहीं, चोर नहीं है; यह तो वर्दी पुलिसवाले की मालूम होती है, कोई पुलिसवाला खड़ा है। छुरे को वापस रख लेते हो। फिर निश्चिंत चलने लगते हो, गीत गुनगुनाने लगते हो : कोई डर नहीं है। और पास आते हो, पाते हो कि पुलिसवाला भी नहीं है, वृक्ष का ठूंठ है। अंधेरे में धोखा हो गया। फिर बिलकुल पास आ जाते हो। फिर छूकर वृक्ष को देखते हो, टार्च जला लेते हो, सब तरफ से पहचान लेते हो। अब कोई फर्क न पड़ेगा। अब तुम दूर भी चले जाओ, और फिर अंधेरे में तुम्हें भ्रम होने लगे कि कहीं पुलिसवाला तो नहीं खड़ा : तुम खुद ही हंसोगे। तुम कहोगे : वह ठूंठ है। कहीं कोई चोर तो नहीं छिपा है : तुम खुद ही हंसोगे। तुम कहोगे : वह पुराना ठूंठ है; हमने उसे पास से देख लिया है।

आज जो सार है, कल असार हो जाता है। आज जो असार है, कल सार हो जाता है। क्योंकि तुमने दूर से देखा है, बड़े दूर से देखा है।

दूरी क्या है? दूरी है बेहोशी की। तुमने ठीक-ठीक आंख खोल कर नहीं देखा। तुमने तंद्रा में देखा है, मूर्च्छा में देखा है। जिस दिन तुम परिपूर्ण होश से भर कर देखोगे, उसी दिन बात समाप्त हो जाएगी। उस दिन जो जैसा है वैसा ही दिख जाएगा। फिर सार सार ही रहता है, असार असार ही रहता है।

इसलिए हमने इस देश में जो कसौटी बनाई है, वह यह है कि जब तुम उस चीज को जान लो जो बदलती न हो, तभी जानना कि सत्य से पहचान हुई। जो बार-बार बदल जाती हो वह कामचलाऊ है।

इसलिए तुम चकित होओगे जान कर कि भारत में हमने ज्ञान के दो विभाजन किए थे। एक को हम कहते हैं विद्या और एक को कहते हैं अविद्या। तुम शायद सोचते होओगे कि अविद्या का अर्थ अज्ञान है, तो तुम गलती में हो। अविद्या ज्ञान का एक विभाजन है, अज्ञान नहीं। जिसको आज साइंस कहते हैं उसको उपनिषदों ने अविद्या कहा है। जिसको आज विज्ञान कहते हैं उसको अविद्या

कहा है, अज्ञान को नहीं। अविद्या ऐसी विद्या है जो थिर नहीं है; जो बदलती चली जाती है; जो आज कुछ, कल कुछ, परसों कुछ। वैज्ञानिक दावे से नहीं कह सकता कि मैं जो कह रहा हूं वह सत्य है। वह इतना ही कहता है: करीब-करीब!

करीब-करीब सत्य का क्या अर्थ होता है? तुम कभी किसी से कहते हो कि मैं तुम्हें करीब-करीब प्रेम करता हूं? भूल कर मत कहना; नहीं तो दूसरा कहेगा: अपने रास्ते पर लगो। करीब-करीब प्रेम का क्या मतलब होता है? करीब-करीब का अर्थ तो हुआ: नहीं।

विज्ञान कहता है: यह जो हम कह रहे हैं, आज तक जो जाना है उसका निचोड़ है, कल यह बदल सकता है।

पिछले दो सौ वर्षों में विज्ञान ने जो भी कहा, वह हर बार बदलना पड़ा। इधर वैज्ञानिक कह नहीं पाता कि कोई दूसरा वैज्ञानिक उसे गलत सिद्ध करने को तैयार हो जाता है। तब तो विज्ञान कहता है कि कोई निर्णीत सत्य है ही नहीं; सभी सत्य कामचलाऊ हैं। जब तक काम चलता है ठीक है; जब बड़ा सत्य प्रकट होगा तो वे गिर जाएंगे।

इस बात को उपनिषदों ने, वेदों ने, अविद्या कहा है। अविद्या का अर्थ है: अभी सार मालूम पड़ता है, फिर असार मालूम पड़ने लगता है। और कई बार ऐसा होता है कि वर्षों के बाद वह जो असार सिद्ध हो गया था, फिर से सार हो जाता है।

तुम्हारा मन ही डांवाडोल ही है। तुम्हारा मन चंचल है। उस चंचल मन के माध्यम से तुम जो देखते हो, वह सब डांवाडोल है, कंपता हुआ है। उस कंपते हुए में तुम सत्य को न पा सकोगे।

फिर सत्य कैसे पाओगे?

सत्य को पाने का सवाल वस्तु से नहीं है, ऑब्जेक्ट से नहीं है, विषय से नहीं है--सत्य को पाने का संबंध तुम्हारे भीतर के अहर्निश जागरण से है। तुम्हारी चेतना की लौ न कंपे, तुम्हारी चेतना की लौ निष्कंप हो जाए, जैसे कोई हवा का झोंका न आता हो, द्वार-दरवाजे बंद हों, और दीये की लौ अकंप जलती हो--उसको गीता ने स्थितप्रज्ञ की अवस्था कहा है, जहां प्रज्ञा की ज्योति स्थिर हो गई हो। उस स्थिर दशा में कोई भी चीज कंपती नहीं है। उस स्थिर दशा में तुम जो जानते हो, वह विद्या है। फिर तुम जैसा जानते हो, वैसा ही है; फिर वह सदा-सदा के लिए वैसा है, फिर चिरकाल के लिए वैसा है।

इसलिए महावीर को, बुद्ध को हमने सिर्फ ज्ञानी नहीं कहा है; क्योंकि ज्ञानी तो कई बार बदलते देखे जाते हैं: आज कुछ कहते हैं, कल कुछ कहते हैं। हमने उनको त्रिकालदर्शी कहा है। यह सोचने जैसा है। त्रिकालज्ञ कहा है। इसका अर्थ है कि वे जो जानते हैं वह तीनों काल में सत्य है--अतीत में, वर्तमान में, भविष्य में; किसी काल में असत्य नहीं होगा। उन्होंने जो कहा है, बस ऐसा ही सदा काल में सदा-सदा सत्य होगा।

जिसकी प्रज्ञा स्थिर हो गई वह त्रिकालज्ञ है। इसका मतलब यह नहीं है कि तुम उससे पूछने जाओगे कि मेरे घर पत्नी गर्भवती है तो लड़का होगा कि लड़की, तो वह तुम्हें बताएगा कि लड़का होगा। त्रिकालज्ञ का मतलब तुम यह मत समझ लेना।

तुम तो जीवन की गहरी से गहरी चीज को बाजार में खींच लाते हो। तुम यह मत पूछने चले जाना कि नंबर लगा रहे हैं घोड़े पर, कौन सा घोड़ा आएगा, कि लाटरी की टिकट खरीद रहे हैं, अब बता ही दो जब त्रिकालज्ञ हो, तो नंबर बता दो वही खरीद लें, क्यों झंझट में पड़ें! त्रिकालज्ञ का अर्थ यह नहीं होता कि वह तुम्हें अतीत और भविष्य बताएगा।

त्रिकालज्ञ का अर्थ होता है कि उसने जो भी जाना है वह तीनों काल में सत्य है। इस फर्क को ठीक से समझ लेना। नहीं तो जैनियों ने महावीर की फजीहत करवा डाली है। वे कहते हैं: त्रिकालज्ञ! तो फिर महावीर ने जो-जो कहा है वह भविष्यवाणी है। अगर वैसा न हो तो मुसीबत; क्योंकि उससे महावीर का त्रिकालज्ञ होना संदिग्ध होता है।

त्रिकालज्ञ का कुल अर्थ इतना ही है कि महावीर ने जो भी कहा है, जो भी उन्होंने अपने परम ज्ञान के प्रकाश में जाना है वह किसी काल में भी बाधित न होगा, वह हर समय सत्य होगा। इसका कोई संबंध इस आपा-धापी के संसार से नहीं है। इसका कोई संबंध इतिहास, रोजमर्रा की घटनाओं से नहीं है। इसका संबंध जीवन के निगूढ़तम सत्यों से है। फिर जो सार है वह सार है, और जो असार है वह असार है।

और ठीक पूछा है: 'ज्ञानी को, जाग्रत पुरुष को दोनों साथ-साथ दिखाई पड़ते हैं?'

अलग-अलग नहीं दिखाई पड़ते, दोनों साथ-साथ दिखाई पड़ते हैं। जब प्रज्ञावान व्यक्ति देखता है कि संसार झूठ, उसी क्षण देखता है युगपत--परमात्मा सत्य। ये दो बातें नहीं हैं कि पहले वह देखता है कि संसार झूठ, माया, और फिर वर्षों की खोज के बाद पाता है कि परमात्मा सत्य है। न, जब देखता है: संसार असत्य; उसी का दूसरा पहलू है: परमात्मा सत्य। तुम जब देखते हो, परमात्मा नहीं दिखाई पड़ता, उसका अर्थ है कि तुम्हें संसार दिखाई पड़ता है।

परमात्मा जब तक असत्य है, संसार सत्य है। जब तक संसार सत्य है तब तक परमात्मा असत्य है।

और अज्ञानियों ने भी बड़े अजीब-अजीब प्रश्न ज्ञानियों से पूछे हैं! जैसे शंकर के पास लोग पहुंच जाते हैं। वे कहते हैं: ठीक है, तुम कहते हो--संसार माया, ब्रह्म सत्य; हम तुमसे पूछते हैं, दोनों का संबंध क्या? प्रश्न बिलकुल ठीक मालूम पड़ता है। और प्रश्न बिलकुल गलत है। क्योंकि दो तो दिखाई ही नहीं पड़ते शंकर को। जब संसार माया दिखाई पड़ता है, तभी तो परमात्मा सत्य दिखाई पड़ता है। ये एक ही बात के दो पहलू हैं, ये दो चीजें नहीं हैं।

ऐसा समझो कि एक रस्सी पड़ी है और तुमने अंधेरे में समझा कि सांप है; फिर तुम पास आए, दीया जलाया, देखा कि रस्सी है--तो जो सांप तुमने देखा था, माया हो गया, असार हो गया, असत्य हो गया; और जो रस्सी अब तक न देखी थी, वह सत्य हो गई। अब तुमसे कोई यह पूछे कि जो सांप तुमने पहले देखा था, और रस्सी तुम जो देख रहे हो, इन दोनों में संबंध क्या है--तो तुम क्या कहोगे? तुम कोई संबंध बता सकोगे? तुम कहोगे: पागल हो? दो हों तो संबंध हो सकता है; दो हैं कहां? जब तक मैंने सांप देखा तब तक रस्सी नहीं देखी थी--तब भी एक था। जब मैंने रस्सी देखी तब सांप नहीं दिखाई पड़ा--तब भी एक ही रहा। अब दोनों के बीच तुम संबंध पूछते हो? दो साथ हों तो संबंधित हो सकते हैं।

एक ही दिखाई पड़ता है। जिनको संसार दिखाई पड़ता है उन्हें ब्रह्म दिखाई नहीं पड़ता। जिन्हें ब्रह्म दिखाई पड़ता है उन्हें संसार दिखाई नहीं पड़ता।

तुम्हें जो दिखाई पड़ता है उसमें और मुझे जो दिखाई पड़ता है उसमें क्या संबंध है? कोई संबंध नहीं है। वह तुम्हारा देखना है, यह मेरा देखना है। मैंने जो अज्ञान में देखा उसमें और मैंने जो ज्ञान में देखा उसमें क्या संबंध है? वे दोनों एक साथ तो कभी आते ही नहीं, संबंध हो नहीं सकता।

इसलिए शंकर उत्तर देने की कोशिश भी करते हैं तो भी उत्तर जम नहीं पाता। और लोग पूछे चले जाते हैं तो उत्तर देना पड़ता है। नहीं तो लोग सोचते हैः हमारी उपेक्षा हो रही है, उत्तर नहीं दिया जा रहा, और हम इतना कीमती सवाल पूछ रहे हैं, इतना महत्वपूर्ण, माया और ब्रह्म को जोड़ने वाला सवाल! और अगर जवाब न दे सको तो कुछ कमी है तुम्हारे ज्ञान में।

बुद्ध शंकर से ज्यादा हिम्मतवर हैं। शंकर ने तो कुछ न कुछ जवाब दिए, किसी न किसी तरह समझाने की कोशिश की; बुद्ध ने साफ कह दिया कि नहीं, ये सवाल ही मत पूछो, ये सवाल ही गलत हैं--उत्तर मैं न दूंगा।

भारत से बुद्ध का प्रभाव समाप्त हो गया--उसका कुल कारण इतना है कि भारत की आदत व्यर्थ के सवाल पूछने और उत्तर पाने की है। बुद्ध ने उस आदत का सहयोग न किया। लोगों ने कहाः तो फिर इनको पता ही न होगा।

भारत पुराना पंडित है। यहां दुकान-दुकान पर बैठा, पान की दुकान पर बैठा, पान बेचने वाला भी पंडित है। यहां ब्रह्मज्ञान तो घर-घर में है। यहां हर आदमी को ब्रह्मज्ञानी मान सकते हो। सभी को पता है।

और जब बुद्ध ने कहाः नहीं, इसका कोई जवाब न देंगे, ये प्रश्न ही गलत हैं--तो लोगों ने कहाः पता ही न होगा इस आदमी को। अगर प्रश्न ही गलत थे तो वेद में क्यों उत्तर दिया गया है? उपनिषद में क्यों उत्तर है? सदा ज्ञानी उत्तर देते रहे हैं; यह आदमी कहता हैः प्रश्न गलत है। मामला मालूम होता है, इसे उत्तर पता ही नहीं है। और हमें पता है उत्तर, और इसको पता नहीं है।

बुद्ध का प्रभाव भारत से उठ गया! उसका कुल कारण इतना था, बुद्ध ने भारत की पांडित्यपूर्ण मनोदशा के साथ कोई सहयोग न किया।

जब असार दिखता है तभी सार दिखाई पड़ जाता है।

सार और असार दो चीजें नहीं है--एक ही प्रकाश का अनुभव है। एक चीज असार हो जाती है, दूसरी चीज सार हो जाती है। जो कल तक असार थी वह आज सार हो जाती है; जो कल तक सार थी आज असार हो जाती है। लेकिन, अगर यह अनुभव निर्बाध हो, भविष्य में कभी खंडित न हो, तुम्हारी प्रज्ञा ने थिर होकर जाना हो, तो फिर शाश्वत होगा, फिर बदलेगा नहीं। मानी हुई बातें तो बदल जाएंगी, जानी हुई बातें भी बदल जाएंगी--सिर्फ जीए हुए अनुभव नहीं बदलते हैं।

तो सत्य को जानना नहीं है--सत्य को जीना है; सत्य के साथ एकरूप हो जाना है। तुम्हारी प्रज्ञा थिर होकर सत्य हो जाए; तुम्हारी प्रज्ञा का कंपन खो जाए, ध्यानस्थ हो जाए, समाधिस्थ हो जाए--उस समाधि की दशा में जो समाधान तुम्हें मिलेगा, वह किसी काल में, किसी लोक में खंडित नहीं होता है। उस अखंड को ही हम सत्य कहते हैं।

पांचवां प्रश्न :

ओशो, हमें तो स्वप्नों से रहित जीवन रसहीन लगता है। पर आप जैसे बुद्धपुरुषों का जीवन तो स्वप्नों से रहित है, फिर भी इतना रसपूर्ण क्यों है?

तुम्हें जीवन रसहीन लगता है बिना स्वप्नों के, क्योंकि तुमने जीवन का रस तो जाना नहीं। तुम सपने का ही रस जानते हो और उसी से अपने को समझाए चले जा रहे हो।

ऐसा समझो, तुम्हें भूख लगी है और तुम्हें असली भोजन मिला ही नहीं, तो आंख बंद करके तुमने सपने के भोजन किए हैं: सुस्वादु थे, खूब दिल भर कर खाया, खूब चबाया, खूब जुगाली की, अपने को धोखा भी दे लिया कि भूख समाप्त हो गई; लेकिन सपने का भोजन असली भूख को न मिटा सकेगा। यह हो सकता है कि धोखा धीरे-धीरे इतना गहरा हो जाए कि असली भूख ही लगना बंद हो जाए: लेकिन शरीर सूखेगा, कुम्हलाएगा। और जितना ही शरीर सूखेगा, कुम्हलाएगा, और जीवन से जड़ें जितनी ही उखड़ी-उखड़ी होने लगेंगी, उतने ही ज्यादा सपने तुम्हें देखने पड़ेंगे, क्योंकि तब और सपनों की जरूरत पड़ेगी, ताकि तुम अपने को समझा लो कि नहीं, भोजन तो हम रोज कर रहे हैं, घंटों कर रहे हैं।

जीवन झूठे भोजन से नहीं भरता, और न ही रस सपनों से आ सकता है। सपने तो जीवन में तुम जो रस चूक रहे हो उसके परिपूरक हैं। झूठे परिपूरक हैं। ऐसा ही है जैसे कि छोटे बच्चे को हम चूसनी मुंह में दे देते हैं, वह सोचता है स्तन है मां का; वह चूसनी को चूसता रहता है, सो जाता है। इससे कुछ पेट नहीं भरता, न पुष्टि मिलती है, न रक्त बनता, न हड्डियां बनतीं--लेकिन झपकी लग जाती है सोचते-सोचते कि दूध पी रहा हूं, सो जाता है। हमने बच्चे को धोखा दे दिया। बच्चा इस धोखे से कभी न कभी सम्हल ही जाएगा क्योंकि हमने दिया है। फिर जीवन में ऐसे भी धोखे हैं जो तुम खुद ही दे रहे हो, उनसे जागना बहुत मुश्किल हो जाता है।

तुमने कभी कुत्ते को देखा?--सूखी हड्डी को चबाता है और बड़ा रस लेता है! सूखी हड्डी में कोई रस है नहीं। सूखी हड्डी से कोई रस निकल भी नहीं सकता। होता क्या है? जब कुत्ता सूखी हड्डी चबाता है, तो सूखेपन के कारण, हड्डी की कठोरता के कारण, उसके मुंह में से खून निकलने लगता है। वह उसी खून को चूसता है और सोचता है कि हड्डी से रस आ रहा है। घाव बने रहे हैं मुंह में हड्डी से, रस नहीं आ रहा है! नुकसान हो रहा है। हानि हो रही है। घातक है। लेकिन कुत्ते को कौन समझाए? अगर तुम हड्डी छीनना चाहो, कुत्ता मरने-मारने को उतारू हो जाएगा। क्योंकि कुत्ता सोच रहा है कि जो खून भीतर उसके कंठ से उतर रहा है वह हड्डी से निकल रहा है।

दूसरों के धोखे तो तोड़ देना आसान है; अब तुम खुद ही अपने को धोखा दो तो बहुत मुश्किल है।

जिनको तुम पागल कहते हो, वे कौन हैं? वे तुम्हारे जैसे ही लोग हैं, जिन्होंने सपना इतना देखा, इतना देखा कि धीरे-धीरे सपना ही सच हो गया और जिंदगी पूरी झूठ हो गई। सपने में इस बुरी तरह खो गए हैं कि अब तुम उनको सपने के बाहर खींच कर नहीं ला सकते, तुम उन्हें जगा नहीं सकते। लेकिन तुम जानते हो कि पागल कितने ही मस्त दिखाई पड़ें उनकी मस्ती झूठी है। इलाज की जरूरत

है। पागलों के जीवन में कितना ही रस दिखाई पड़े, तुम जानते हो कि तुम इस रस को पागल होकर लेने को राजी न होओगे।

पागलखाने में जाओ, तुम पागलों को साधारण लोगों से ज्यादा मस्त पाओगे। कारण क्या है? क्या उनको कोई मस्ती उपलब्ध हो गई है? नहीं, वे सपनों में इतने खो गए हैं कि अब जिंदगी के यथार्थ उनको चौंकाते भी नहीं। वे अपने सपनों में ही रहते हैं। किसी का प्रेम इजिप्त की रानी क्लियोपैत्रा से है। क्लियोपैत्रा को मरे हुए हजारों साल हो गए। लेकिन पागलखाने में कोई उसका प्रेमी है क्लियोपैत्रा का, वह क्लियोपैत्रा के साथ अपने सपने में रह रहा है। वह उसी के साथ उठता है, बैठता है, बात करता है। वह क्लियोपैत्रा के साथ ही जी रहा है। तुम सब हंसोगे, लेकिन वह प्रसन्न है। उसका जीवन बड़ा रसपूर्ण मालूम होगा।

तुम्हारे सपनों का रस भी ऐसा ही है। तुम बिना सपने के नहीं रह पाते; क्योंकि तुम्हारी जिंदगी में कुछ खालीपन है जो तुम सपनों से भरते हो। और ध्यान रखना, ऐसे अगर तुम अपने को धोखा देते गए, और झूठी चूसनी ही चूसते रहे, और झूठे भोजनों में रस लेते रहे, और कल्पना के ताने-बाने बुनते रहे--तो धीरे-धीरे तुम्हारा यथार्थ से सारा संबंध टूट जाएगा, तब जागना बहुत मुश्किल होगा।

बुद्धपुरुषों के जीवन में जो रस दिखाई पड़ता है, वह सपनों का नहीं है, वह वास्तविक जीवन का है।

दुनिया में दो तरह के लोग मस्त दिखाई पड़ते हैं--या तो बुद्धपुरुष या पागल; या तो विक्षिप्त या विमुक्त। इसलिए कई बार तो बुद्धपुरुषों को भी लोगों ने पागल समझ लिया है; या तो विक्षिप्त या विमुक्त। इसलिए कई बार तो बुद्धपुरुषों को भी लोगों ने पागल समझ लिया है; क्योंकि उनमें एक बात समान दिखाई पड़ती है। और कई बार ऐसा भी हुआ है कि पागलों को बुद्धपुरुष समझ लिया है, क्योंकि उनमें भी समानता मालूम पड़ती है।

पूरब में ऐसा बहुत बार हुआ है कि पागलों को लोगों ने परमहंस समझ लिया, क्योंकि मस्ती तो उनकी ऐसी ही लगती है जैसी बुद्धपुरुषों की है। और हमारे पास नापने-मापने का कोई उपाय भी नहीं है। और पश्चिम में ऐसा आज भी हो रहा है : बहुत से ऐसे पुरुष जो पागल नहीं हैं, सिर्फ मस्त हैं अपनी मस्ती में, पागलखानों में पड़े हैं। क्योंकि पश्चिम कहता है : और तो कोई कारण नहीं, सिर्फ पागल...! जैसे पूरब में पागल परमहंस हो गए बहुत बार, वैसा पश्चिम में बहुत से परमहंस पागलखानों में पड़े हैं। क्योंकि पूरब में एक तरह की भ्रांति थी कि जो भी मस्त हो गया वही ज्ञान को उपलब्ध है। सभी मस्त हो जाने वाले ज्ञान को उपलब्ध नहीं होते। सभी ज्ञान को उपलब्ध हो जाने वाले मस्त जरूर हो जाते हैं; लेकिन सभी मस्ती को उपलब्ध लोग ज्ञान को उपलब्ध नहीं हो जाते। बहुतों की मस्ती तो पागलपन की होती है, विक्षिप्तता की होती है।

तो दो तरह से रस संभव है : या तो तुम पागल हो जाओ, या तुम जाग जाओ; या तो तुम मन में इस भांति खो जाओ कि बाहर निकलने की जगह ही न रह जाए; या मन बिलकुल खो जाए और मन के लौटने का रास्ता न रह जाए; या तो तुम मन में खो जाओ या मन तुममें पूरी तरह खो जाए। दो उपाय हैं। इन दोनों के बीच में साधारण आदमी जीता है। न तो वह पागल है, न वह परमहंस है।

वह थोड़ा-थोड़ा यथार्थ भी देखता है, थोड़ा-थोड़ा सपना भी देखता है। उसका जीवन बड़ी दुविधा का है। वह बीच में फंसा है त्रिशंकु की भांति।

तुम भी सपने देखते रहते हो। दुकान पर बैठे हो, ग्राहक नहीं है--सपना आना शुरू हो जाता है कि अचानक रास्ते पर करोड़ो रुपये की थैली मिल गई है। अब तुम जानते हो, तुम भलीभांति जानते हो कि क्या पागलपन सोच रहे हो। कई बार तुमको समझ में भी आ जाता है कि यह क्या पागलपन है; लेकिन फिर भी रस मालूम होता है। फिर तुम सोचते हो कि चलो, कोई हर्जा नहीं। क्या करोगे अगर करोड़ रुपये मिल जाएं?--तो तुम मकान बना रहे हो, महल खड़े कर रहे हो। फिर भी तुम्हारे भीतर कोई कहे चला जाता है कि क्या कर रहे हो; क्यों समय खराब कर रहे हो; क्यों व्यर्थ की बातों में पड़े हो? लेकिन फिर भी रस आता है! हड्डी से अपने ही मुंह का खून बहने लगता है।

सपना झूठा है, यह जानते हुए भी, तुम्हारे जीवन में सच्चा भेजन इतना कम है कि झूठे भोजन में भी रस आने लगता है, तुम उसी रस में डूबने लगते हो।

मैं जानता हूं, तुम्हारा प्रश्न ठीक है कि 'हमें तो स्वप्नों से रहित जीवन रसहीन लगता है।'

लगेगा ही, क्योंकि तुम्हें असली रस से कोई परिचय नहीं है।

'और आप जैसे बुद्धपुरुषों का जीवन स्वप्नों से रहित है, फिर भी इतना रसपूर्ण क्यों है?'

क्योंकि रस का पता है। और जितना जल्दी जाग सको सपनों से, चाहे जागने में कितनी ही रसहीनता पैदा हो, उसे झेलना पड़ेगा। वह तपश्चर्या है। वही साधना है। झूठे सपने को तोड़ना ही पड़ेगा, चाहे टूट कर तुम अचानक पाओ कि महल है ही नहीं, झोपड़े में बैठे हैं, महल केवल सपने में था। शायद सपना टूट कर तुम पाओ कि सामने पत्थर-कंकड़ों के ढेर लगे हैं, ये हीरे-जवाहरात नहीं हैं। लेकिन इस यथार्थ से परिचित होना पड़ेगा; क्योंकि यथार्थ से परिचित होकर ही कोई और महायथार्थ की तरफ जा सकता है। अगर ये कंकड़-पत्थर हैं तो छोड़ो, हीरों की खोज में निकलो।

लेकिन जो आदमी कंकड़-पत्थरों का सपना देख रहा है कि ये हीरे हैं वह तो कभी हीरों की खोज में न जाएगा; उसे तो हीरे मिले ही हुए हैं। पीड़ा होगी। इसलिए पागलपन से परमहंस की तरफ जाने में, स्वप्न से सत्य की तरफ जाने में, एक संक्रमण का काल है, जब बड़ी पीड़ा होगी; जो-जो था वह छूटता मालूम पड़ेगा; जो-जो मान रखा था कि मिला ही है, अचानक जानना होगा कि कभी मिला न था, अपने को धोखा दे रहे थे; हाथ थोड़ी देर के लिए बिलकुल खाली हो जाएंगे; बड़ी रिक्तता पकड़ेगी।

ध्यान रखना, रिक्तता और शून्यता में यही फर्क है। रिक्तता का अर्थ है: जो था नहीं, मान रखा था है, वह खो गया--तो रिक्तता, एंप्टीनेस। और जब कोई इस रिक्तता में रहने को राजी हो जाता है, तो धीरे-धीरे उसका अवतरण होता है जो है; जो सदा ही छिपा था और हम व्यर्थ में उलझे रहे, इसलिए उसकी तरफ नजर न गई--अब उसका अवतरण होता हो रहा है। उसका नाम शून्यता है।

शून्यता और रिक्तता में बड़ा फर्क है। रिक्तता है सपनों का टूट जाना। शून्यता है सत्य का उतर जाना। रस तो सत्य में है। रसो वै सः! रस तो बस उसी में ही है।

और किसी रस में अपने को मत उलझाना। और तुम जानते हो भलीभांति क्योंकि कितना ही धोखा दो, कैसे धोखा दे पाओगे? तुम जानते हो कि रस का दिखावा कर रहे हो कि मिल रहा है,

लेकिन मिल नहीं रहा; अन्यथा तुम्हारे चेहरे इतने उदास क्यों हैं? कोशिश करते हो हंसने की, मुस्कुराने की; लेकिन कंठ में कुछ अटक जाता है; लगता है व्यर्थ ही हंस रहे हो, हंसने योग्य कुछ नहीं है; शायद इसलिए हंस रहे हो कि कहीं रोने न लगो, कहीं आंसू न आ जाएं; शायद आंसुओं को छिपा रहे हो मुस्कुराहटों में।

ये धोखे बंद करो। ये खेल किससे खेल रहे हो? ये खेल अपने से ही चल रहा है और आत्मघाती है। इस खेल को छोड़ो, तोड़ो। इसके बाहर आओ। कितनी ही पीड़ा हो, बाहर आना ही होगा; क्योंकि तभी आनंद के द्वार खुल सकते हैं।

छठवां प्रश्न :

ओशो, फरीद जैसे संत हमें हमारे अपने इतने आत्मीय क्यों लगते हैं?

स्वाभाविक है कि वे आत्मीय लगें, क्योंकि वे तुम्हारे उस दुख को भी पहचानते हैं जहां तुम हो, और वे तुम्हारे उस आनंद को भी पहचानते हैं जहां तुम हो सकते हो। वे तुम्हारा वर्तमान भी बोलते हैं और तुम्हारा भविष्य भी। वे तुम्हारे आज के दुख की गाथा भी कहते हैं और कल के सुख का परम सौभाग्य भी।

फरीद में तुम अपने आज के यथार्थ को भी पाओगे और कल के सत्य को भी। फरीद एक सेतु हैं। वे तुम्हें खबर देते हैं कि तुम कौन हो और कहां हो। वे तुम्हें जगाते हैं तुम्हारी नींद से और तुम्हें बुलाते हैं उस जागरण की ओर भी, जो तुम हो सकते हो, जो तुम्हारा स्वभाव सिद्ध अधिकार है; जिसे खोने का कोई कारण नहीं है, सिर्फ जागने मात्र से जो मिल जाएगा; जिसे तुमने खोया है अपनी ही छोटी सी भूलों के कारण, छोटी-छोटी भूलों के कारण खोया है। तुम अकारण ही भिखारी बने हो। वे तुम्हारे भिखारीपन का भी बोध देते हैं और तुम्हारे भीतर छिपे सम्राट की तरफ भी इशारा करते हैं। वे तुम्हें दुख भी देते हैं और तुम्हें महासुख की तरफ भी उठाते हैं।

इसलिए फरीद जैसे संत बहुत आत्मीय मालूम होंगे। फरीद जैसे व्यक्ति के साथ तुम्हें बड़ी निकटता मालूम होगी। वे कल तुम्हारे ही साथ थे--उन्हीं अंधेरे रास्तों पर जहां तुम हो; उन्हीं अंधेरी अंधी गलियों में भटकते थे जहां तुम हो; तुम्हारे जैसे ही पीड़ा और दुख और नरक में जीते थे; तुम जहां खाइयों में पड़े हो, गड्ढों में पड़े हो--लंगड़े, अपाहिज, अपंग--ऐसे ही वे भी थे। पर उन्होंने हिम्मत जुटाई। उन्होंने अपने को सम्हाला--उठे। राह उन्हें मिल गई। प्रकाश का अवतरण हुआ। अब वे तुम्हें पुकार रहे हैं।

तुम पंडितों की भाषा में इस तरह की आत्मीयता न पाओगे। पंडित की भाषा में तुम निंदा पाओगे--यह फर्क है संत और पंडित की भाषा का। पंडित की भाषा में तुम पाओगे कि वह तुमसे कह रहा है : तुम पापी हो, निंदित हो, बुरे हो। संत की भाषा में तुम पाओगे, वह कहेगा कि तुम बुरे नहीं हो, तुमने मान रखा है कि तुम बुरे हो; तुम भले हो। तुमसे भला और कुछ भी नहीं है। तुम परमात्मा हो स्वयं। पंडित कहेगा : तुम नारकीय हो, पापी हो, तुमने बहुत बुरे कर्म किए हैं। संत कहेगा : बुरे कर्म तुमसे हो ही

कैसे सकते हैं! जरा जागो! हुए होंगे नींद में, सपने देखे होंगे। लेकिन पाप तुम्हें छू कैसे सकता है? तुम्हारे भीतर परमात्मा का कमल है; उसे पानी छूता नहीं, ऐसे तुम्हें पाप नहीं छूता है।

संत तो तुम्हें भरते हैं आश्वासन से; तुम जो हो सकते हो, उसकी तरफ इशारा है उनका--मुक्त आकाश की तरफ! पंडित तुम्हें निंदा से भरते हैं; तुम जो अभी हो, उसकी तरफ उनका इशारा है। पंडित तुम्हें डराते हैं, क्योंकि डरा कर ही तुम्हारा शोषण हो सकता है। तुम भयभीत हो जाओ तो तुम पंडित के पैर पकड़ लोगे, पुरोहित के पैर पकड़ लोगे कि अब कुछ करो, कुछ बीच-बचावा करो, कुछ दलाली जो तुम्हें लेना हो ले लेना। हम तो पापी हैं। हमारे अपवित्र शब्द तो उस तक न पहुंच पाएंगे। तुम पुण्यात्मा हो, तुम हमारे लिए प्रार्थना करो, आशीर्वाद दो। तुम परमात्मा से हमारे लिए तरफदारी करो, तुम हमारे वकील हो जाओ!

पंडित तुम्हें डरवाता है, कंपाता है: नरक का भय, पापों की लंबी कथा! वह तुम्हें इतना कंपा देता है कि फिर तुम कभी जीवन में सम्हल न पाओगे, भीतर डर लगता ही रहेगा। उसी डर में तुम मंदिर में झुकोगे, मस्जिद में झुकोगे, गुरुद्वारे में जाओगे। उसी डर में कुरान पढ़ोगे, बाइबिल पढ़ोगे, वेद दोहराओगे। उसी डर में तुम्हारे सब क्रियाकांड, यज्ञ पैदा होंगे।

लेकिन भय से भगवान का क्या संबंध हो सकता है?

हां, पंडित तुम्हें चूसेगा, तुम्हारा शोषण करेगा, तुम्हारी मालकियत करेगा। पुरोहित तुम्हारे ऊपर छाती पर बैठ जाएगा।

संत को तुम्हारा कोई शोषण नहीं करना है। संत को तुम्हें जगाना है ताकि तुम्हारा शोषण ही असंभव हो जाए। संत तुम्हें किसी मंदिर का रास्ता नहीं बताता; वह कहता है: तुम मंदिर हो! संत किसी परमात्मा की तरफ आकाश में तुम्हारी आंखें नहीं उठाता; वह कहता है: करो आंखें बंद, वह रब तुम्हारे भीतर है, वह परमात्मा तुम्हारे घट-घट में है--झांको वहां।

पांडित्य आलोचना सिखाता है, दूसरे की निंदा सिखाता है, और दूसरे की निंदा से तुम्हारे अहंकार को भरने के उपाय देता है। संत कहता है: अपने गरेबां में देखो। 'जे तू अकलि लतीफ...फरीदा जे तू अकलि लतीफ'--अगर तू बुद्धिमान है फरीद, तो अपनी तरफ देख, दूसरे के खिलाफ काले अंक मत लिख; दूसरे की भूल मत देख, अपने गरेबां में झांक!

संत तुम्हें तुम्हारी तरफ मोड़ते हैं। संत तुम्हें तुम्हारे घर वापस ले आते हैं। इसलिए स्वभावतः संतों के वचनों में एक माधुर्य है। पंडितों के वचनों में एक कर्कशता है। पंडित के वचनों में तर्क हो भला, शास्त्र हो, शास्त्रीय शब्द हों--लेकिन हृदय का अंतर्नाद नहीं है। उधार है सब। बासा है। झूठा है। हजार-हजार ओंठों से चला है। गंदा है।

संत फिर से मूल-स्रोत से खबर लाता है। संत वेद नहीं दोहराता; संत स्वयं वेद है। पंडित वेद दोहराते हैं। संत उपनिषद, कुरान, बाइबिल के लिए प्रमाण इकट्ठे नहीं करता; संत स्वयं प्रमाण है। सभी कुरान, सभी बाइबिल, सभी वेद उसके होने से सच हैं। संत में फिर से परमात्मा उतरता है--अभिनव रूप, फिर से नया और ताजा, सद्यःस्नात! इसलिए संत मधुर है, प्रीतिकर है। एक काव्य है संत में, जो तुम्हारे हृदय को गुदगुदाएगा। संत से तुम्हारी आत्मीयता सध जाएगी।

संत से सिर्फ उन्हीं लोगों की आत्मीयता नहीं सधती है जो महान अहंकारी हैं। संत की वाणी उन्हीं तक नहीं पहुंचती जिनके हृदय पर अहंकार के पत्थर हैं। संत की वाणी उन्हीं के प्राणों को नहीं पुकार बन पाती जिनके प्राण करीब-करीब मुर्दा हैं और मर चुके हैं, जो जीते-जी लाश बन गए हैं। संत केवल उन्हीं को नहीं जगा पाता जिनके संप्रदायों ने शराब की तरह असर किया है। संत केवल उन्हीं को नहीं उठा पाता जो शास्त्रों में इस बुरी तरह दब गए हैं कि अब उनके उठने की सामर्थ्य छूट गई है। संत केवल उन्हीं को मुक्त नहीं कर पाता जिन्होंने अपने कारागृहों को ही मोक्ष समझ रखा है; जिन्होंने अंधेरे को प्रकाश मान लिया है; मृत्यु को जीवन समझ रहे हैं। अन्यथा अगर तुम थोड़े भी जीते-जी हो अभी और तुम्हारी श्वास अभी टूट नहीं गई है और तुम्हारे भीतर रत्ती भर भी बोध है, और तुमने जीवन को केवल शास्त्रों की आंखों से नहीं, अपनी आंखों से भी देखने की कोशिश की है तो कोई न कोई फरीद तुम्हारे लिए नाव बन जाएगा; किसी न किसी फरीद की वाणी तुम्हें उस पार ले जाने के लिए रास्ता बन जाएगी।

स्वाभाविक है कि संत आत्मीय मालूम पड़ते हैं। आत्मीय न मालूम पड़ें तो चिंतित होना। उसका अर्थ है कि तुम कहीं गलत हो। अगर संतों से तुम्हें चोट लगे, उनके होने से तुम्हें पीड़ा हो, तो समझना कि तुम रुग्ण हो, बीमार हो। जैसे बुखार के बाद सुस्वादु भोजन भी सुस्वादु नहीं मालूम होता, ऐसे ही अहंकार के बाद संतों की मधुर वाणी भी मधुर नहीं मालूम होती। तुम्हारी जीभ ही खराब हो गई, तुमने स्वाद की क्षमता ही खो दी; अन्यथा यह बिलकुल स्वाभाविक है, जैसे पक्षियों के गीत मधुर लगते हैं; फूल प्राणों को लोभित करते हैं; आकाश के तारे पुकारते हैं; एक अहोभाव पकड़ता है--संतत्व तारों से बड़ा तारा है; फूलों से बड़ा फूल है; वृक्षों से ज्यादा हरियाली है उसमें; वह जीवन का परम शिखर है; उसके पार फिर कुछ भी नहीं है; वह परमात्मा की इस पृथ्वी पर श्रेष्ठतम झलक है; अधिकतम परमात्मा इस पृथ्वी पर वह है। इसलिए तो संतों को हमने अवतार कहा।

अवतार का इतना ही मतलब है कि तुझे यहां पाना बहुत मुश्किल है, पर कभी-कभी कोई तुझे यहां भी खींच लाता है। जैसे भगीरथ की कथा है कि गंगा को भगीरथ पृथ्वी पर ले आए। बड़ा मुश्किल था लाना। गंगा का विराट रूप था। डर था कि पृथ्वी डूब न जाए। लाना भी जरूरी था, क्योंकि गंगा के बिना पृथ्वी भी क्या पृथ्वी होती? गंगा के बिना सब सूना होता। स्वर्ग में बहती थी गंगा। स्वर्ग की गंगा चाहिए ही पृथ्वी पर; नहीं तो पृथ्वी निष्प्राण हो जाएगी, एक बड़ा मरघट हो जाएगी।

भगीरथ ने बड़ी साधना की। गंगा को रिझाया, राजी किया। गंगा राजी तो हो गई, लेकिन उसने कहा कि मेरे आघात को न झेल पाओगे। पवित्रता का आघात भी तो बड़ा है। जैसे पांच कैंडल के बल्ब में और हजार कैंडल की बिजली दौड़ जाए तो फ्यूज उड़ जाए, बल्ब टूट जाए, फूट जाए, खतरा हो।

गंगा ने कहा : मैं स्वर्ग में बहती रही हूं, इतनी बड़ी पवित्रता, इतना स्वर्गीय पुण्य पृथ्वी न झेल सकेगी! मुश्किल हो जाएगी। तुम जाओ, किसी को राजी करो जो मुझे झेलने को राजी हो।

भगीरथ ने गंगा को तो आने को राजी कर लिया, लेकिन अब झेलेगा कौन? उन्होंने शिव की बड़ी प्रार्थना की, पूजा की कि तुम इसे रोक लो। कथा बड़ी मधुर है! शिव राजी हो गए। और कहते हैं, गंगा उतरी तो उनकी जटाओं में कई जन्मों तक भटकती रही। जटाओं में उतार लिया उसे।

भटकती रही वहां। रास्ता ही मिलना मुश्किल हो गया उसे। मिटाने की तो बात दूर, पृथ्वी को डुबाने की बात दूर--उसे शिव की जटाओं से बाहर आने का उसे रास्ता न मिले। तब तक उसका जो तूफानी रूप था, अंधड़ जो उसके प्राणों में था वह शांत हो गया। शिव ने उसे कोमल बना दिया। शिव ने उसे नम्र बना दिया। अकड़ चली गई।

पवित्रता की भी एक अकड़ है। स्वर्ग की गंगा थी! बड़ी अकड़ थी! बड़ी अस्मिता थी! शिव के सिर में भटक कर वह अहंकार खो गया। दीन अनुभव हुई। फिर उतरी पृथ्वी पर।

शिवत्व का अर्थ, शिव का अर्थ है, ऐसे बुद्धपुरुष!

और जटा-जूट की बात बड़ी ठीक है, क्योंकि जब पहली दफा परमात्मा उतरता है तो वह तुम्हारे सिर के भीतर, बाहर के जटा-जूट में नहीं, भीतर के जटा-जूट में उतरता है, भीतर जो अनंत नाड़ियों का जाल है, मस्तिष्क में जो कोई सात करोड़ सेल हैं--उनमें ही उतरता है, उनमें ही भटकता है, उनसे ही रास्ता खोजता है।

बुद्धपुरुष का मस्तिष्क जब जागता है तो परमात्मा उतरा! फिर शिव मिले स्वर्ग की गंगा को! फिर वर्षों लग जाते हैं वहां भटकने में। वहां सौम्य रूप ग्रहण होता है। जैसे तुम मिट्टी को सीधा न खा सकोगे, हालांकि रोज मिट्टी को खाते हो--कभी गेहूं की शक्ल में खाते हो, कभी अनार की शक्ल में खाते हो, कहीं अमरूद, आम की शक्ल में खाते हो--खाते मिट्टी को ही हो; पर मिट्टी को सीधा न खा सकोगे। पहले वृक्ष मिट्टी को खाता है, फिर वृक्ष मिट्टी को रूपांतरित करता है, फल बन जाता है। फिर फल तुम खा लेते हो। है मिट्टी ही; लेकिन बीच में वृक्ष का माध्यम जरूरी था।

परमात्मा को तुम सीधा न खा सकोगे। वह तुम्हारे लिए बहुत मुश्किल हो जाएगा। कोई शिव पहले उसे पचाता है, फिर वह तुम्हारे योग्य हो जाता है। फिर तुम्हें छोटे-छोटे, जितनी तुम्हें जरूरत है, जितना तुम झेल सकोगे, पचा सकोगे, उस मात्रा में मिल जाता है। बुद्ध तो पूरे परमात्मा को पचा लेते हैं, फिर उनके एक-एक वचन में एक-एक फल की तरह वे तुम पर बरसने लगते हैं, एक-एक फूल में तुम्हारे पास आने लगते हैं। गंगा का तूफान तो शिव झेल लेते हैं, फिर गंगा सौम्य हो जाती है; फिर तुम उस पर तीर्थयात्रा कर पाते हो; फिर तुम घाट बना लेते हो; फिर मंदिर बना लेते हो; फिर तुम पूजा कर पाते हो।

संतपुरुष उस गंगा को बार-बार लाते हैं।

अतीत में भी वह गंगा हजारों बार उतरी है; लेकिन शास्त्रों में जो उसके संबंध में लिखा है, वह अब बहुत पुराना पड़ गया, उस पर बहुत धूल जम गई, उस पर शब्दों की पर्त-दर-पर्त इकट्ठी हो गई है। अब पहचानना मुश्किल है। उसकी ताजगी खो गई है। पंडित उसी को दोहराए चले जाते हैं। वे उसी पर और भी पर्तें जमाए चले जाते हैं--अर्थों की पर्तें--अर्थ और छिपता चला जाता है। पंडित जितनी टीका करते हैं, उतने ही शास्त्र बेबूझ हो जाते हैं। फिर बात इतनी कठिन हो जाती है कि उस तरफ से मार्ग ही नहीं रह जाता। फिर कोई संतपुरुष, कोई फरीद, कोई कबीर, कोई दादू, कोई सहजो फिर उतार लाती है।

स्वाभाविक है कि उनसे तुम्हें आत्मीयता लगे। न लगे तो समझना कि तुम रुग्ण हो, तुम्हारा चित्त विषाक्त है। आत्मीयता न लगे तो समझना कि स्वयं को स्वस्थ करना जरूरी है।

सातवां प्रश्न :

ओशो, परमात्मा ने हमें बनाया, और वही हमारा सुखकर्त्ता और दुखकर्त्ता है; फिर हमें जन्म के साथ उसका विस्मरण क्यों हो जाता है? परमात्मा हमें उसकी चिरंतन याद क्यों नहीं दिलाता है?

परमात्मा ने हमें बनाया, वही हमारा सुखकर्ता, दुखकर्ता है--ऐसा तुमसे किसने कहा? यह तुमने कैसे जाना? तुमने सुन लिया होगा। किसी ने कह दिया होगा। तुमने बात पकड़ ली।

दूसरों की बातों को मत पकड़ो, जब तक तुम्हें ही पता न हो; क्योंकि दूसरों की उधार बातों से जो तुम प्रश्न उठाओगे, वे तुम्हें कहीं भी न ले जाएंगे। प्रश्न तुम्हारे प्राणों से आना चाहिए। मुझसे उन प्रश्नों के उत्तर मांगो जो तुम्हारे प्राणों में उठते हों, तो कुछ लाभ होगा।

पहले तो प्रश्न ही झूठा है, क्योंकि तुम्हें पता ही नहीं कि परमात्मा ने बनाया। यही जिसको पता चल गया उसके क्या कोई प्रश्न शेष रह जाते हैं?

तुम्हें पता नहीं है कि परमात्मा दुखकर्ता-सुखकर्ता है। यही तुम्हें पता होता तो फिर और क्या बाकी रह जाता है जानने को? सुख और दुख में सभी आ गया। कुछ और बचा होगा, वह परमात्मा में आ गया। सब समाप्त हो जाता है।

नहीं, यह तुमने सुन लिया है। इसे तुमने सुना है, माना भी नहीं है अभी। तुम्हारे हृदय ने इसको स्वीकार भी नहीं किया है। तुम्हें संदेह बना है। लेकिन संदेह को भी सीधा पूछने की हिम्मत नहीं है। उसको भी तुम आस्तिक के ढंग से पूछते हो। नास्तिक के ढंग से पूछना बेहतर है: कम से कम ईमानदार होता है।

तो तुम कहते हो ऊपर से: 'हमें परमात्मा ने बनाया; वही सुखकर्ता, दुखकर्ता! फिर हमें जन्म के साथ-साथ उसका विस्मरण क्यों हो जाता है?'

अगर विस्मरण ही हो गया है तो किस परमात्मा की बात कर रहे हो जिसने तुम्हें बनाया? यह बकवास छोड़ो। सीधा कहो कि हमें परमात्मा का कोई स्मरण नहीं है--यह परमात्मा कौन है? कहां है? हमें तो कोई भी याद नहीं है। हम कैसे मानें कि उसने हमें बनाया? हम कैसे मानें कि उसने ही सुख, उसने ही दुख बनाए?

सीधी बात पूछो, तो रास्ता आसान हो जाता है। जब तुम उलटी-सीधी बातों में पड़ते हो, तो रास्ता और भी कठिन हो जाता है।

ठीक है बात, तुम्हें याद नहीं है, विस्मरण हो गया है। यह भी सवाल इसीलिए उठता है कि तुमने मान लिया कि कोई परमात्मा है जिसकी हमें याद नहीं है, जिसका हमें विस्मरण हो गया है। इस मान्यता की झंझट पड़ोगे तो प्रश्न के बाद प्रश्न उठते चले जाएंगे।

तुम मन की स्लेट को कोरी करो। किसी की मत मानो। इतना ही कहो कि मैं हूं, इससे ज्यादा मुझे कुछ भी पता नहीं। यह ईमानदारी होगी। तुम्हारे अतिरिक्त तुम्हें और क्या पता है? तुम्हारे अतिरिक्त तुम्हारी बाकी जितनी बातें हैं, सब मान्यताएं हैं।

मैं यहां बोल रहा हूं, यह भी पक्का नहीं हो सकता; क्योंकि हो सकता है, तुम स्वप्न देख रहे हो। कैसे तय करोगे कि मैं जो यहां बैठ कर बोल रहा हूं, वस्तुतः हूं, और तुम्हारा स्वप्न नहीं है? कैसे तय करोगे? क्या उपाय है? कभी-कभी तुमने स्वप्न में भी मुझे बोलते सुना है। जब स्वप्न में बोलते सुना है तब बिलकुल ऐसा लगा है कि यह बिलकुल सत्य है; सुबह जाग कर पाया कि यह तो बात झूठ थी। क्या तुम्हें पक्का है कि किसी दिन जाग कर तुम न पाओगे कि जो तुम सुन रहे थे, वह तुमने सुना ही नहीं था, तुम्हारे ही मन का खेल था?

दूसरे का भरोसा भी नहीं हो सकता। भरोसा तो सिर्फ एक चीज का हो सकता है--वह तुम्हारा अपना होना है। परमात्मा तो बहुत दूर; पत्नी और पति का भी पक्का भरोसा नहीं हो सकता कि वे हैं। तुम्हारे पड़ोस में जो बैठा है, जिसे तुम छू सकते हो, उसका भी पक्का भरोसा नहीं हो सकता है कि वह है, क्योंकि स्वप्न में भी तुमने कई बार लोगों को छुआ है और पाया है कि वे हैं। यह भी स्वप्न हो सकता है।

तो साधक को, जो खोज पर निकला है परमात्मा की, सत्य की, कोई भी नाम, या जीवन की--उसके लिए एक बात खयाल रखनी चाहिएः सुनिश्चित आधारों से शुरू करो यात्रा। एक ही चीज सुनिश्चित है कि मैं हूं और कुछ भी सुनिश्चित नहीं है। हां, इस पर संदेह असंभव है कि मैं हूं; क्योंकि इस पर तो संदेह करने के लिए भी मुझे होना पड़ेगा, नहीं तो कौन संदेह करेगा? अगर मैं कहूं कि पता नहीं मैं हूं या नहीं--तो भी पक्का है कि मैं हूं; अन्यथा कौन कहेगा कि पता नहीं मैं हूं या नहीं? स्वप्न देखने के लिए भी तो एक देखने वाला चाहिए। झूठ दोहराने के लिए भी तो कोई चाहिए जो सचमुच हो, अन्यथा झूठ भी कौन दोहराएगा?

एक चीज सुनिश्चित है कि मैं हूं। अब बेहतर यही होगा कि मैं इसी को जानने चलूं कि यह मैं कौन हूं, क्या हूं!

जैसे ही तुम इसमें उतरने लगोगे सीढ़ी-सीढ़ी, वैसे ही वैसे तुम पाओगे कि यह तो बड़ी अनूठी बात होने लगी कि उतरते तुम अपने में हो, पहुंचते परमात्मा में हो! जानते अपने को हो, पहचान परमात्मा से होने लगती है। क्योंकि तुम परमात्मा हो। और जिस दिन तुम अपने भीतर पूरे उतर जाओगे, अपनी पूरी गहराई को छू लोगे और ऊंचाई को छू लोगे, अपने पूरे विस्तार को स्पर्श कर लोगे, अपनी अनंतता के स्वाद से भर जाओगे, उस दिन तुम पहली दफा जानोगे कि परमात्मा है। और उस दिन तुम यह भी जानोगे कि वही सब-कुछ है। और उस दिन तुम यह भी जानोगे कि उसे हमने भुला दिया हो, लेकिन हम भुला न पाए; भुलाने की कोशिश की हो, लेकिन सफल न हो पाए।

कोई मनुष्य परमात्मा को भुलाने में सफल नहीं हो पाया है। इसीलिए तो इतने मंदिर हैं, इतनी मस्जिदें, इतने गिरजे, गुरुद्वारे हैं। ये इसी बात के सबूत हैं कि तुमने लाख कोशिश की है भुलाने की, भुला नहीं पाते।

परमात्मा को भुलाना असंभव है, क्योंकि वह तुम्हारा स्वभाव है। हां, तुम चाहो तो उसकी याद न करो, यह हो सकता है। यह जरा जटिल होगा। मैं फिर से दोहरा दूंः परमात्मा को भुलाना असंभव है; हां, चाहो तो याद न करो, यह हो सकता है। तुम अपनी याददाश्त को दूसरी चीजों से भरे

रहो--धन है, पद है, प्रतिष्ठा है, घर है, संपत्ति है, दुकान है, बाजार है, तिजोड़ी है--इस सबसे भरे रहो अपनी याददाश्त को, तुम उसे जगह ही न दो प्रकट होने की, तुम मौका ही न दो कि वह तुम्हें याद आ जाए, बस इतना तुम कर सकते हो; परमात्मा को भूला नहीं सकते। हां, परमात्मा को दबा सकते हो, दूसरी याददाश्तों से भर सकते हो। लेकिन जिस दिन भी तुम चाहोगे, बस चाह चाहिए। जिस दिन तुम चाहोगे, जिस दिन तुम ऊब जाओगे इस सब खेल से, इस बकवास से जिससे तुमने अपने को भर लिया है--उसी दिन एक क्षण में तुम हटा दोगे यह कचरा, झांक कर भीतर देखोगे, उसे तुम बैठा पाओगे। वह सदा वहां मौजूद है, क्योंकि तुम ही वही हो।

कोई परमात्मा को कभी भूला नहीं है। नास्तिक भी नहीं भूलते हैं। उनके याद करने का ढंग अलग है। वे कहते हैं, परमात्मा नहीं है--यह उनके याद करने का ढंग है।

मैंने सुना है, एक ऋषि किसी पर नाराज हो गया, तो उसने उसे अभिशाप दे दिया कि तुझे तीन जन्मों तक संसार में भटकना पड़ेगा। जिस पर नाराज हो गया था, उसने बड़ी ऋषि की सेवा की, तो वह प्रसन्न हो गया; लेकिन अभिशाप को काटा नहीं जा सकता, दे दिया, दे दिया। छूट गए तीर शब्द के, उन्हें वापस कैसे लौटाओगे? जो शब्द छूट गया, छूट गया, अब उसे लौटाया नहीं जा सकता। जो हो चुका, हो चुका।

तो ऋषि बहुत प्रसन्न हो गया। उसने कहा: मजबूरी है। अब मैं वापस नहीं लौटा सकता, जो हो गया। शाप तो दे दिया। तीन जन्म तू भटकेगा। अब तू कोई वरदान चाहता हो तो वह मैं दे सकता हूं। तू वरदान मांग ले।

तो उसने कहा कि तीन जन्म भटकूंगा, आप मुझे एक ही वरदान दे दें कि मैं परमात्मा को कभी भूलूं न। उस ऋषि ने बहुत सोचा। उसने कहा: अच्छा जा, तू नास्तिक हो जा।

वह आदमी बहुत घबड़ाया। उसने कहा: यह कैसा वरदान? यह तो अभिशाप हो गया। पहले से भी बुरा हो गया। तीन जन्म के बाद तो वापस लौटना हो जाता; अब ये तीन जन्म अगर नास्तिक रहे, तो फिर लौटना कैसे होगा? यह तो हद हो गई। अब आप कहोगे, ये शब्द भी निकल गए, वापस नहीं लौट सकते।

ऋषि ने कहा: मैं तुझे सोच कर अनुभव से कहता हूं। आस्तिक तो कभी-कभी भूल जाता है, नास्तिक कभी नहीं भूलता। वह कहता ही रहता है, ईश्वर नहीं है। चौबीस घंटे लड़ने को तत्पर है कि ईश्वर नहीं है। विवाद करने को हजार काम छोड़ कर तैयार है। आस्तिक भी कहता है कि भई, अभी तो फुर्सत नहीं है, दुकान में लगे हैं। नास्तिक लड़ने को तैयार है। उसकी भी चेष्टा ईश्वर की याददाश्त की है; वह भुलाने की कोशिश कर रहा है, भुला नहीं पाता। वह चाहता है, ईश्वर न हो; लेकिन चाहने से क्या होता है? वह सिद्ध करता है कि नहीं है, लेकिन उसी को सिद्ध करने में लग जाता है।

नहीं, कोई उपाय नहीं है। न आस्तिक भूल सकता है, न नास्तिक। भूल तो तुम नहीं सकते हो, लेकिन तुम दूसरी चीजों की याददाश्त से भर सकते हो।

ध्यान का कुल इतना अर्थ है कि तुम बाकी याददाश्त को हटा दो: उसकी याददाश्त आर्विभूत हो जाएगी--जैसे ज्वालामुखी फूट पड़े! वह तुम्हारे भीतर दबी है।

प्रेम का इतना ही अर्थ है कि तुम दूसरी याददाश्तों को हटा दो : अचानक तुम पाओगे कि उसके विरह का गीत उठने लगा। अचानक तुम पाओगे, तुमने उसे टटोलना शुरू कर दिया, खोजना शुरू कर दिया। और जब भी किसी ने पाया है--चाहे ध्यानी ने, चाहे प्रेमी ने--सभी ने अपने भीतर पाया है।

इसलिए तुम अलग नहीं हो जो उसे भूल जाओ। तुम वही हो। स्वयं को कोई कैसे भूल सकेगा? हां, भूलने का खेल चाहे जितनी देर खेलना हो खेल लो। इसलिए संसार को हम लीला कहते हैं; वह परमात्मा की लुका-छिपी है। उसको जितनी देर खेलना है वह खेल ले सकता है। जिस दिन भी तुम्हारी अभीप्सा प्रगाढ़ होगी कि अब घर लौटना है, तुम लौट जाओगे।

अंत करना चाहूंगा बुद्ध की एक घटना से।

बुद्ध गुजर रहे हैं एक गांव से। नदी के तट पर उन्होंने कुछ बच्चों को रेत के घर बनाते देखा। वे खड़े हो गए। ऐसी उनकी आदत थी। भिक्षु भी चुपचाप, उनके साथ थे, वे खड़े हो गए। बच्चे खेल रहे हैं, रेत के घर बना रहे हैं नदी के तट पर। किसी का पैर किसी के घर में लग जाता है। रेत का घर बिखर जाता है। झगड़ा हो जाता है। मार-पीट भी होती है, गाली-गलौज भी होती है कि तूने मेरा घर मिटा दिया। वह उसके घर पर कूद पड़ता है। वह उसका घर मिटा देता है। फिर अपना घर बनाने में लग जाते हैं। बड़े तल्लीन हैं! उनको पता ही नहीं है कि बुद्ध आकर चुपचाप खड़े हो गए हैं। वे घाट पर चुपचाप खड़े देख रहे हैं। वे बच्चे इतने व्यस्त हैं कि उन्हें कुछ भी पता नहीं है। घर बनाना ऐसी व्यस्तता की बात भी है। और फिर दूसरे दुश्मन हैं, उनसे ज्यादा अच्छा बनाना है, प्रतियोगिता है, जलन है, ईर्ष्या है, सब अपने-अपने घर को बड़ा करने में लगे हैं। और जितना बड़ा घर होता है उतनी ही जल्दी गिर जाने का डर भी होता है। उसकी रक्षा भी करनी है। यह सब हो रहा है। और तभी अचानक एक स्त्री ने आकर घाट पर आवाज दी कि सांझ हो गई, मां घरों में याद करती हैं, घर चलो। बच्चों ने चौंक कर देखा, दिन बीत गया, सूरज डूब गया, अंधेरा उतर रहा है। वे उछले-कूदे अपने ही घरों पर, सब मटियामेट कर डाला। अब कोई झगड़ा भी नहीं किसी दूसरे से कि तू मेरे घर पर कूद रहा है कि मैं तेरे घर पर। अपने ही घर पर कूदे। अब कोई लड़ा भी नहीं। कोई ईर्ष्या भी न उठी, कोई जलन भी न उठी। खेल ही खत्म हो गया! मां की घर से आवाज आ गई : वे सब भागे दौड़ते अपने घर की तरफ चले गए। दिन भर का सारा झगड़ा, व्यवसाय, मकान, अपना-पराया--सब भूल गया। घर से आवाज आ गई!

बुद्ध ने अपने भिक्षुओं से कहा : ऐसी ही एक दिन जब घर से आवाज आ जाती है तब तुम्हारे बाजार, तुम्हारी राजधानियां ऐसी ही पड़ी रह जाती हैं : रेत के घर! जब तक खेलना हो खेल लो। खेल रहे हो तब भी घर भूल थोड़े ही गए हो। अगर भूल ही गए होते घर तो जब द्वार पर आकर कोई आवाज देता है, या घाट पर आवाज देता है कि मां घर याद करती है, चलो, तब तुम कैसे पहचानते : कौन मां, कैसा घर?

अगर मैंने तुम्हें आवाज दी है और कहा है कि सांझ हो गई है, अब घर चलो--और अगर तुमने उस आवाज को सुना, और तुम अगर थोड़ा भी समझ पाए हो, तो उसका अर्थ यही है कि परमात्मा को भूल कर भी भूला नहीं जा सकता। भुलाने की कोशिश कर सकते हो; सफल उसमें कभी कोई भी नहीं हुआ है। परमात्मा को भुलाने की कोशिश असफल ही होती है। वह सफल हो ही नहीं सकती। सफलता संभव ही नहीं है। हां, देर हो सकती है। लेकिन एक न एक दिन सांझ होगी, सूरज

डूबेगा, तुम्हें आवाज सुनाई पड़ेगी। आवाज सुनाई पड़ते ही यह सारा संसार ऐसे ही हो जाता है जैसे रेत के घरघूले। फिर उसमें पैदा हुए वैमनस्य, ईर्ष्या, संघर्ष--सब खो जाते हैं। अदालत, मुकदमे, बाजार, हिसाब-किताब सब व्यर्थ हो जाता है जब घर की याद आ जाती है! और घर को कभी कोई भूलता है? कोई कभी नहीं भूलता।

ठीक ऐसी ही घटना कबीर के जीवन में है। एक बाजार से गुजरते हैं। एक बच्चा अपनी मां के साथ बाजार आया है। मां तो शाक-सब्जी खरीदने में लग गई और बच्चा एक बिल्ली के साथ खेलने में लग गया है। वह बिल्ली के साथ खेलने में इतना तल्लीन हो गया है कि भूल ही गया कि बाजार में है; भूल ही गया कि मां का साथ छूट गया है; भूल ही गया कि मां कहां गई।

कबीर बैठे उसे देख रहे हैं। वे भी बाजार आए हैं, अपना जो कुछ कपड़ा वगैरह बुनते हैं, बेचने। वे देख रहे हैं। उन्होंने देख लिया है कि मां भी साथ थी इसके और वे जानते हैं कि थोड़ी देर में उपद्रव होगा, क्योंकि मां तो बाजार में कहीं चली गई है और बच्चा बिल्ली के साथ तल्लीन हो गया है। अचानक बिल्ली न छलांग लगाई। वह एक घर में भाग गई। बच्चे को होश आया। उसने चारों तरफ देखा और जोर से आवाज दी मां को। चीख निकल गई। दो घंटे तक खेलता रहा, तब मां की बिलकुल याद न थी--क्या तुम कहोगे?

कबीर अपने भक्तों से कहते: ऐसी ही प्रार्थना है, जब तुम्हें याद आती है और एक चीख निकल जाती है। कितने दिन खेलते रहे संसार में, इससे क्या फर्क पड़ता है? जब चीख निकल जाती है, तो प्रार्थना का जन्म हो जाता है।

तब कबीर ने उस बच्चे का हाथ पकड़ा, उसकी मां को खोजने निकले। तब कोई सदगुरु मिल ही जाता है जब तुम्हारी चीख निकल जाती है। जिस दिन तुम्हारी चीख निकलेगी, तुम सदगुरु को कहीं करीब ही पाओगे--कोई फरीद, कोई कबीर, कोई नानक, तुम्हारा हाथ पकड़ लेगा और कहेगा कि हम उसे जानते हैं भलीभांति; हम उस घर तक पहुंच गए हैं, हम तुझे पहुंचा देते हैं।

प्रार्थना का अर्थ है: याद, कि अरे, मैं कितनी देर तक भूला रहा! प्रार्थना का अर्थ है: स्मृति, कि अरे, मैंने कितनी देर तक विस्मरण किया! प्रार्थना का अर्थ है: याद, कि अरे, क्या यह भी संभव है कि इतनी देर तक याद भूल गई थी! तब एक चीख निकल जाती है। तब आंखें आंसुओं से भर जाती हैं; हृदय एक नई अभीप्सा से! तब सारा संसार पड़ा रह जाता है: रेत के घरघूले हैं! फिर तो जब तक मां न मिल जाए, तब तक चैन नहीं।

इसलिए तो फरीद कहते हैं कि बड़ा विरह है, बड़े रो रहे हैं! हड्डी-हड्डी इस लंबी यात्रा से थक गई है! पैर उठते नहीं। सब सपने धूल-धूसरित हो गए हैं। अब बस एक तेरी आस है! सच्चे, एक तेरी आस! यही प्रार्थना है। इस प्रार्थना के पीछे ही छिपा परमात्मा है। बस तुम प्रार्थना कर लो, शेष परमात्मा पर छोड़ दो। तुम पुकारो हृदय भर कर! और मैं तुमसे कहता हूं, कोई पुकार कभी खाली नहीं गई है।

आज इतना ही।

www.ingramcontent.com/pod-product-compliance
Lightning Source LLC
LaVergne TN
LVHW102102041026
849558LV00028B/464/J
* 9 7 8 9 3 7 6 9 6 6 2 5 7 *